Beiträge zur Westfälischen Kirchengeschichte Band 16
(Neue Folge der Beihefte zum Jahrbuch
für Westfälische Kirchengeschichte)

Im Auftrag des Landeskirchenamtes der
Evangelischen Kirche von Westfalen und
des Vereins für Westfälische Kirchengeschichte
herausgegeben von
Bernd Hey (Geschäftsführung),
Matthias Benad, Martin Brecht,
Wilhelm H. Neuser und Martin Stiewe

Jürgen Schäfer

Kurt Gerstein – Zeuge des Holocaust

Ein Leben zwischen Bibelkreisen und SS

2002
Luther-Verlag Bielefeld

Die Deutsche Bibliothek – CIP-Einheitsaufnahme

Schäfer, Jürgen:
Kurt Gerstein – Zeuge des Holocaust : ein Leben zwischen Bibelkreisen und SS / Jürgen Schäfer. – Bielefeld : Luther-Verl., 1999
(Beiträge zur westfälischen Kirchengeschichte ; Bd. 16)
ISBN 3-7858-0407-5

Umwelthinweis:
Dieses Buch wurde auf chlorfrei gebleichtem Papier gedruckt.

3. Auflage 2002

Satz: Hans Kock Buch- und Offsetdruck GmbH, Bielefeld
Druck und Bindung: ROSCH-Buch, Scheßlitz
Printed in Germany

Inhalt

Vorwort

Neun Jahre nach dem ursprünglich vorgesehenen Erscheinen dieses Buches in den „Heidelberger Untersuchungen zu Widerstand, Judenverfolgung und Kirchenkampf im Dritten Reich" kann nun diese längst überfällige Biographie Kurt Gersteins in den „Beiträgen zur Westfälischen Kirchengeschichte" erscheinen.

Damit kommt für mich eine Arbeit zum Abschluß, der ich seit Beginn mit einer gewissen Verpflichtung, aber auch Distanz gegenüberstand. Nachdem ich im Rahmen eines zeitgeschichtlichen Oberseminars zum protestantischen Widerstand mich in die Biographie Gersteins und das Quellenmaterial eingearbeitet hatte, lehnte ich das Angebot zur Promotion über dies Thema aus zwei Gründen ab: Die Quellenlage war mir zu diffus und unvollständig, die Gestalt Kurt Gersteins zu schwierig und abgründig. Allein dem beharrlichen Drängen des im Jahre 1990 verstorbenen Heidelberger Sozialethikers Heinz Eduard Tödt ist es zu verdanken, daß ich eine weitere Bearbeitung bis hin zur Veröffentlichungsreife dennoch auf mich nahm.

Die um eine Formulierung im damaligen Herausgebernachwort entstandenen Querelen und Streitigkeiten mit der Familie Kurt Gersteins sollen hier erwähnt, aber nicht ausgebreitet werden. Denn sie waren der maßgebliche Grund, warum ich 1990 von einer Veröffentlichung dieser Arbeit absah.

Zur Wiederkehr des 50. Todestages Kurt Gersteins im Jahre 1995 entstand in der nach Kurt Gerstein benannten Jugendbildungsstätte in Berchum ein neues Interesse und Bemühen, um eine Würdigung und Vergegenwärtigung dieser schwierigen Gestalt. Vor allem alte Freunde aus der Bibelkreisarbeit engagierten sich, um die Erinnerung und Würdigung des Widerstandes Kurt Gersteins voranzutreiben. In einer Ausstellung und mehreren Tagungsveranstaltungen, eine davon in der Gedenkstätte Deutscher Widerstand in Berlin, ging man den offenen Fragen seiner Biographie und Rezeption nach.

Gerade im Zusammenhang dieser Bemühungen zeigte es sich, daß diese Biographie dringend notwendig ist, weil sie eine Schneise schlägt in das Dickicht der vorhandenen Dokumente und die Vielzahl der Aussagen von Zeitzeugen, und den Versuch unternimmt, die Gestalt und das Engagement Kurt Gersteins auf dem Hintergrund der Geschehnisse in Kirche und Gesellschaft darzustellen.

Für die Bereitschaft zur Unterstützung dieser Veröffentlichung danke ich dem Kirchenkreis Hagen und der Westfälischen Landeskirche, insbesondere aber Herrn Prof. Dr. Hey und dem Verein für Westfälische Kirchengeschichte.

Für die Übersetzung der französischen Texte danke ich ganz herzlich Frank Sohler und Klaudia Freimuth-Schäfer, für die Hilfe bei der Erstellung des Typoskripts Christiane Wiesendt und vor allem meiner Frau Karin, die mit großer Ausdauer und Geduld mich und diese Arbeit begleitet hat.

Hagen, im Dezember 1998

I. Einleitung

Kurt Gersteins Lebensweg in der Zeit des Dritten Reiches gehört zu den Schicksalen, die sich hartnäckig einer eindeutigen Beurteilung zu entziehen scheinen. Während ihn die einen als außergewöhnliche Gestalt im Widerstand gegen den Nationalsozialismus achten, sehen andere in ihm einen der Mittäter bei der Organisation und Durchführung des schrecklichsten Verbrechens unseres Jahrhunderts.

Sein Weg vom aktiven Anhänger der Bekennenden Kirche zum Obersturmführer bei der Waffen-SS ist so ungewöhnlich wie die Motivation, die ihn zu diesem Schritt bewogen hat. Nach Gersteins eigenem Bekunden waren die Gerüchte über die „Euthanasie"-Morde der ausschlaggebende Grund für seinen Eintritt in die Reihen der Waffen-SS. Er wollte Genaueres erfahren und solche Verbrechen nach Möglichkeit in ihrer Ausführung sabotieren. Tatsächlich informierte er im Spätsommer 1942 kirchliche und diplomatische Kreise in Berlin über die in den östlichen Gebieten angelaufenen Massentötungen der deportierten Juden. Seine Informationen, die er auch vielen anderen mitteilte, fanden kein wirksames Echo und erreichten die ausländische Öffentlichkeit während des Krieges nicht. Er selbst blieb bis zum Kriegsende in seiner Dienststelle beim Hygiene-Institut der Waffen-SS. Ende April 1945 stellte er sich den französischen Truppen und verfaßte einen schriftlichen Bericht über die von ihm gesehenen Vernichtungslager Belzec und Treblinka. Da die Franzosen seine Aussagen jedoch als Eingeständnis seiner Verstrickung in Tötungsverbrechen auffaßten und gegen ihn Anklage erhoben, beging Gerstein im Militärgefängnis in Paris nach offizieller Version Selbstmord. Allein der Umstand, daß die Akte der französischen Behörden bis heute unauffindbar geblieben ist, gab Anlaß zu Spekulationen.

Für diejenigen, die Gerstein gekannt haben, bestand nach dem Krieg kein Zweifel daran, daß er trotz seiner Stellung bei der Waffen-SS eine glaubwürdige und wahrhaftige Persönlichkeit gewesen sei, die den Nationalsozialismus bekämpft habe. Namhafte Persönlichkeiten wie Otto Dibelius, Martin Niemöller und Hermann Ehlers setzten sich zur Rehabilitierung seiner Person ein.

Doch trotz prominenter Fürsprecher blieb die Ungewißheit über das Ausmaß seiner Verstrickung in die Mordmaschinerie. Denn in seiner Funktion im Hygiene-Institut der Waffen-SS in Berlin war er mit der Beschaffung von Gift zur Tötung von Menschen beauftragt. So blieb er eine umstrittene Figur des Widerstandes.

1. Die Rezeption von Gersteins Schicksal in der Nachkriegszeit

Schaut man sich die Beurteilungen der Rolle Gersteins in Urteilen der Nachkriegsjustiz und in der Literatur zur Widerstands-, Holocaust- und Kirchenkampfforschung an, so trifft man auf sehr unterschiedliche Bewertungen.

a. Der Prozeß gegen die Hauptkriegsverbrecher in Nürnberg

Im Prozeß gegen die Hauptkriegsverbrecher vor dem Internationalen Militärtribunal in Nürnberg wurde das Dokument PS-1553/RF-350 in der Vormittagssitzung des Gerichtshofes am 30. Januar 1946 vom französischen Hauptankläger Charles Dubost herangezogen, um damit den in der Existenz von Vernichtungslagern zum Ausdruck gekommenen Vernichtungswillen des Nationalsozialismus zu dokumentieren.[1] Dubost bezog sich allerdings nur auf die in diesem Dokument enthaltenen Rechnungen über Zyklon-Lieferungen an die Konzentrationslager Auschwitz und Oranienburg, nicht aber auf den Gerstein-Bericht selbst. Der Vorsitzende des Gerichtshofes, an jenem Vormittag war es der Brite Lord Justice Lawrence, erhob jedoch Einspruch gegen die Zulassung des Dokuments PS-1553 und forderte eine eidesstattliche Erklärung über Herkunft und Glaubwürdigkeit des Dokuments. Da eine solche Erklärung nicht vorgelegt werden konnte, lehnte der Gerichtshof das Dokument PS-1553/RF-350 als Beweismittel zunächst ab. Im Verlauf der Nachmittagssitzung des Gerichtshofs berief sich der britische Hauptankläger in anderem Zusammenhang auf eine eidesstattliche Erklärung, mit der die Glaubwürdigkeit aller Dokumente der Signaturreihe PS (Paris Storey) bestätigt sei. Nach einem Hinweis von Dubost auf die Zurückweisung des Dokuments PS-1553 vom Vormittag kam es nun zu einer Verlesung der Blausäuremengen, wie sie ausweislich der Rechnungen über Gerstein geliefert worden sind. Der Gerstein-Bericht wurde nicht verlesen, sondern lediglich als Anlage zu den Rechnungen erwähnt. In den später herausgegebenen Prozeßdokumenten sind unter der Signatur PS-1553 lediglich zwei der Blausäurerechnungen abgedruckt.

1 Der Prozeß gegen die Hauptkriegsverbrecher, Bd. VI, Nürnberg 1947, 370 f.

b. Das Frankfurter Schwurgericht und die Tübinger Spruchkammer

Das Frankfurter Schwurgericht befaßte sich im Jahre 1949 im Zusammenhang eines Strafverfahrens gegen Gerhard Peters, den Geschäftsführer der DEGESCH (Deutsche Gesellschaft für Schädlingsbekämpfung), der wegen der Lieferung von „Zyklon B" an die Vernichtungslager angeklagt worden war, mit der Rolle Gersteins.[2]

Das Schwurgericht Frankfurt lud zur Beurteilung von Gersteins Person eine Reihe von Zeugen, darunter Martin Niemöller und Otto Dibelius. Es kam in der Urteilsbegründung zwar zu einer positiven Würdigung der Gesinnung Gersteins:

> „Gerstein ist in seiner Gesinnung nicht SS-Mann gewesen. Er hat versucht, insbesondere dadurch dem Nazismus entgegenzuwirken, dass er seine Erfahrungen anderen und auch ausländischen Stellen mitteilte."

Doch das Gericht sah es als erwiesen an, daß die über Gerstein gelieferten Giftreserven zur Menschenvernichtung zumindest im Lager Auschwitz verwendet wurden. Gersteins Behauptung, er habe die Lieferungen unschädlich machen können, wies das Gericht ab:

> „Das Gericht ist der Überzeugung, dass Gerstein in diesem Bericht in vielfacher Hinsicht wissentlich die Unwahrheit sagt. ... Gerstein hatte den guten Willen gehabt, in der SS nicht nur zu spionieren, sondern auch nach Kräften zu sabotieren. Dies ist ihm aber in Wahrheit nur in ganz geringem Masse geglückt. ... Es war ihm aber nicht geglückt, die Giftgaslieferungen, in die er durch die Auftragserteilung an Dr. Peters ausserordentlich stark verstrickt war, in entscheidender Weise auszuschalten. Gerstein mußte daher sehr besorgt darüber sein, ob es ihm gelingen werde, den Alliierten seine wahre Gesinnung nachzuweisen. ... Aus dieser Situation heraus hat Gerstein in seinem Bericht offenbar seinen eigenen Anteil an der Durchführung des Vernichtungsprogramms als möglichst unbedeutend, seine Sabotage als möglichst erfolgreich erscheinen lassen wollen. So ist es psychologisch zu erklären, dass der Bericht in einer Reihe bedeutsamer Punkte unwahr ist."

Diese Beurteilung der Aussagen Gersteins wurde in einem späteren Wiederaufnahmeverfahren deutlich abgemildert. Das Schwurgericht Frankfurt kam im Mai 1955 in der Wiederaufnahmeverhandlung zu dem Schluß, daß der Bericht Gersteins bis auf wenige Ungenauigkeiten wahr sei:

> „Das Gericht ist auch nicht der Ansicht, daß Gerstein diese Berichte verfaßt hat, um sich nachträglich ‚weisszuwaschen'. Dies hat Gerstein, dessen antinationalsozialistische Einstellung durch so zahlreiche prominente Gegner des Nazi-Regimes glaubwürdig bestätigt werden konnte, nicht nötig."[3]

2 Die Urteile der verschiedenen Verfahren gegen Dr. Peters sind abgedruckt in: Justiz und NS-Verbrechen. Sammlung deutscher Strafurteile wegen nationalsozialistischer Tötungsverbrechen 1945–1966, Bd. XIII, hrsg. von I. Sagel-Grande/H. H. Fuchs/C. F. Rüter, Amsterdam 1975, 101–225. Zu den Prozessen siehe Willi Dreßen, Die Rolle eines Toten im sogenannten „DEGESCH-Prozeß". Kurt Gerstein und die Zyklon-B-Lieferungen, in: JWKG 91.1998, 199–210.

3 Justiz und NS-Verbrechen, 149 f. 166 f. 126.

Hinsichtlich des Erfolgs seiner Sabotagebemühungen stellte das Gericht allerdings fest:

> „Gerstein hat sich zwar bemüht, das Zyklon B anders als zu Tötungszwecken zu verwenden, es ist aber die Möglichkeit nicht auszuschließen, dass ihm dies nicht restlos gelungen ist.“[4]

Deutlich negativer entschied im Jahre 1950 die Tübinger Spruchkammer, als sie im Rahmen der Entnazifizierungsmaßnahmen Kurt Gerstein in die Gruppe der „Belasteten“ einstufte und damit etwaige Renten- oder Pensionsansprüche der Witwe abwies.[5] In der Begründung zu dieser Entscheidung kam die Spruchkammer zu der Feststellung, Gerstein habe „in maßgeblicher Weise an dem ungeheuerlichsten Massenverbrechen des Nazistaates mitgewirkt“, indem er an der Beschaffung von „Zyklon B“ für die Menschenvernichtung beteiligt gewesen sei. Nur durch Selbstmord habe er sich einer Strafverfolgung entziehen können. Anders als das Frankfurter Schwurgericht äußerte die Spruchkammer Zweifel gegenüber Gersteins Aussage, er sei in der Absicht zu spionieren und zu sabotieren in die Waffen-SS eingetreten. Nur die Tatsache, daß Gerstein kirchliche und diplomatische Kreise über die Verbrechen informiert hatte, veranlaßte die Spruchkammer zu einer milderen Beurteilung Gersteins: er wurde nur als „Belasteter“ eingestuft.

c. Hans Rothfels und die Dokumentation des Gerstein-Berichts

Drei Jahre später veröffentlichte der Historiker Hans Rothfels eine um einige Passagen gekürzte deutsche Fassung des von Gerstein verfaßten Berichts in den Vierteljahresheften für Zeitgeschichte und machte damit ein bisher nur für Prozeßzwecke verwendetes Dokument der zeitgeschichtlichen Forschung zugänglich.[6]

Zuvor war der Gerstein-Bericht erstmals 1951 von dem französischen Historiker Léon Poliakov in Auszügen veröffentlicht worden.[7]

In einer kurzen Einleitung ging Rothfels auf die Person Gersteins ein, schilderte dessen Lebensweg und zitierte Aussagen verschiedener Freunde und Bekannter Gersteins. Abschließend stellte er fest: „Gerstein stellt nach alledem einen exemplarischen Fall des ‚Mitmachens, um Schlimmeres zu verhüten‘ dar, das ja ein bekanntes Phänomen ist,

4 Ebd., 127.

5 Die beiden Spruchkammerentscheidungen im Fall Kurt Gerstein vom 17.8.1950 und vom 16.11.1950, Aktenzeichen N 3451, wurden mir von Frau Elfriede Gerstein zur Verfügung gestellt (Kopie in den Handakten des Verf.).

6 H. Rothfels, Augenzeugenbericht zu den Massenvergasungen, in: Vierteljahreshefte für Zeitgeschichte 1.1953, 177–194; ebenfalls abgedruckt bei L. Poliakov/J. Wulf, Das Dritte Reich und die Juden. Dokumente und Aufsätze, Berlin 1955, 111 ff. und H. Krausnick, Dokumentation zur Massenvergasung, in: Schriftenreihe der Bundeszentrale für Heimatdienst, H. 9, Bonn 1955.

7 L. Poliakov, Le Bréviaire de la Haine. Le 3e Reich et les Juifs, Paris 1951, veröffentlichte auszugsweise die französische Textfassung Ib.

hier aber nicht in seiner durchschnittlichen, oft nur allzu durchschnittlichen, sondern in einer äußerst zugespitzten Gestalt erscheint. ... Er wollte dabei sein, um in das Dunkelste hineinzusehen und um über das Gesehene seinen kirchlichen Freunden und dem Ausland zu berichten. Beides hat er nachweisbar getan. Er lebte in der Hoffnung (oder der Illusion), daß namentlich das Bekanntwerden im Ausland die Liquidierungen aufhalten könne. Aber er wurde zugleich selbst in das Innerste eines verbrecherischen Apparates hineingezogen. Wie weit er in Konsequenz dieser Lage an dem Furchtbaren aktiv mitgewirkt hat, ist nicht auszumachen. Gerstein selbst hat sich nur zu beratender Anteilnahme bekannt und immer betont, daß er ‚reine Hände' habe."[8]

Mit dieser positiven Bewertung Gersteins setzte sich Rothfels deutlich von dem Urteil der Spruchkammer ab. Im Hinblick auf Gersteins Verstrickung in die Blausäurebeschaffung betonte Rothfels, es bleibe vorerst offen, inwieweit Gerstein sich Aufträgen zur Beschaffung von Blausäure nicht tatsächlich entzogen und deren Ausführung sabotiert habe.

d. Der Prozeß gegen Adolf Eichmann

Erst im Prozeß gegen Adolf Eichmann in Jerusalem 1960–62 spielte der Gerstein-Bericht noch einmal eine wichtige Rolle. Eichmann, der im Range eines Obersturmbannführers als Abteilungsleiter des Judenreferats im Reichssicherheitshauptamt (RSHA) für die Judendeportationen in die Vernichtungslager zuständig gewesen war, war von Rudolf Höß, dem Kommandanten von Auschwitz, belastet worden. Höß zufolge hatte sich Eichmann nach einem für die Vernichtungsaktionen geeigneten Giftgas umsehen wollen.[9] Auch Gersteins Aussagen stellen einen Zusammenhang zwischen Eichmanns Dienststelle und der Beschaffung von „Zyklon B" zur Menschenvernichtung her. Gerstein schildert in seinem Bericht, ein Sturmbannführer Günther vom RSHA habe bei ihm

8 Rothfels, Augenzeugenbericht, 184 f.

9 KL Auschwitz in den Augen der SS, Katowice 1981, 106 ff. In den dort abgedruckten autobiographischen Aufzeichnungen von Höß „Kommandant von Auschwitz (1940–1943)" heißt es, Eichmann habe bei einem Besuch in Auschwitz vor dem 3. September 1941 geäußert, er wolle sich nach einem für die Tötungen geeigneten Gas umsehen. Nachdem dann in Auschwitz das Zyklon B am 3. September 1941 zur Tötung russischer Kriegsgefangener verwendet worden war, erklärte sich Eichmann beim nächsten Besuch in Auschwitz mit der Verwendung dieses Gases zur Menschentötung einverstanden. Vgl. auch: Kommandant von Auschwitz. Autobiographische Aufzeichnungen von Rudolf Höß, hrsg. von M. Broszat, Stuttgart [8]1958, 154 ff.
Zum Eichmannprozeß siehe: Jochen von Lang, Das Eichmannprotokoll, Berlin 1982; Der Staat Israel gegen Adolf Eichmann, hrsg. von A. W. Less mit einem Nachwort von Jochen von Lang, Weinheim [2]1995; G. Hausner, Justice in Jerusalem, Jerusalem 1966; ders., Die Vernichtung der Juden, München 1979. Ebenso H. Arendt, Eichmann in Jerusalem. Ein Bericht über die Banalität des Bösen, München 1964. Bei Arendt, 142, wird Gerstein nicht namentlich erwähnt, dafür aber Rolf Günther und sein Blausäureauftrag.

zweimal Blausäure zur Menschenvernichtung angefordert. Eichmann stritt bei Vorhaltung der Aussagen Gersteins jede Kenntnis dieser Aufträge ab und verwies darauf, daß seine Person bei diesen Vorgängen nicht genannt werde.[10] Tatsächlich findet sich der Name Eichmanns aber in den Fassungen des Gerstein-Berichts der Textgruppe T III, nicht jedoch in der Textfassung, wie sie im Dokument PS-1553 vorliegt.[11]

Doch wird Eichmann nur so beiläufig erwähnt, daß nicht klar ist, ob Günther ihn erwähnt hat oder ob Gerstein eine Beauftragung Günthers durch Eichmann nur annahm.

e. Hochhuths „Stellvertreter“

Durch Rothfels' Veröffentlichung des Gerstein-Berichts und dessen positive Würdigung durch die Ankläger im Jerusalemer Prozeß gegen Adolf Eichmann wurde Rolf Hochhuth auf die Figur Gersteins aufmerksam. Da Gerstein in seinem Bericht auch schildert, wie er vergeblich den päpstlichen Nuntius in Berlin von den Massenmorden zu informieren versucht habe, fügte sich die historische Figur Gerstein wie von selbst in Hochhuths Absicht, das Schweigen des Papstes Pius XII. angesichts der Judendeportationen in die nationalsozialistischen Vernichtungslager anzuprangern. So trat die Figur des Obersturmführers Gerstein in Hochhuths „Stellvertreter“ auf und wurde damit einem breiten Publikum bekannt.[12] Der Obersturmführer Gerstein des Theaterstücks agiert natürlich in aller künstlerischen Freiheit, vor allem aber wird er in Hochhuths Stück am Ende von den eigenen SS-Kameraden bei einer Hilfsaktion im Konzentrationslager Auschwitz entlarvt, festgenommen und abgeführt. In einem Anhang zum Stück bemerkte Hochhuth hinsichtlich Gersteins Tod in französischer Kriegsgefangenschaft: „Nie werde ich glauben, daß Gerstein Selbstmord beging. Wer sich mit diesem Mann eingehend beschäftigt hat und hört, welche seltsamen Angaben seiner Witwe aus Paris gemacht worden sind, der muß zu der Überzeugung kommen, daß Gerstein einer der noch ungezählten Deutschen und Franzosen ist, die nach der Befreiung 1945 in Frankreich ohne Gerichtsverfahren ermordet wurden.“[13] Auch einen Racheakt von den

10 Lang, Eichmannprotokoll, 78–81. Bei dem Sturmbannführer Günther handelte es sich um Rolf Günther, der zusammen mit seinem Bruder Hans Günther in Eichmanns Dienststelle beschäftigt war. Siehe dazu Lang, Eichmannprotokoll, im Dokumentenanhang. Zu den Aufträgen Günthers an Gerstein siehe folgende Abschnitte des Gerstein-Berichts (Dokumentation, S. 218 ff.): „6. Die Reise nach Lublin (17. August)“, „12. Ein zweiter Auftrag“, „13. Weitere Anfragen“.

11 So heißt es in Textfassung IIIb (National Archives Washington, PS-2170): „Welchen Personenkreis Günther auf Anweisung seines Vorgesetzten Eichmann gegebenenfalls umbringen sollte, habe ich nie erfahren.“

12 R. Hochhuth, Der Stellvertreter: Ein christliches Trauerspiel, Reinbek 1963 u.ö. (1984: 169.–175. Tausend).

13 Ebd., 233 f.

zusammen mit Gerstein inhaftierten SS-Männern hielt Hochhuth für möglich.

Unbestreitbar hat Hochhuth durch seinen „Stellvertreter“ Gersteins Schicksal einer breiteren Öffentlichkeit bekannt gemacht. So kam nun im Gefolge von Hochhuths „Stellvertreter“ die Diskussion um eine Rehabilitierung Kurt Gersteins voran. Außer vielen Freunden Gersteins wirkten besonders der Präses der westfälischen Landeskirche, Ernst Wilm, und der Zentralrat der Juden in Deutschland auf den damaligen baden-württembergischen Ministerpräsidenten Kiesinger ein, so daß Kurt Gerstein im Januar 1965 offiziell durch einen außergerichtlichen Gnadenakt des Ministerpräsidenten in die Gruppe der Unbelasteten umgestuft wurde.[14]

f. Helmut Franz über seinen Freund als „Außenseiter im Widerstand gegen Hitler“

Als Nachwirkung des „Stellvertreters“ und im Zusammenhang mit den Bemühungen um eine Aufhebung des Spruchkammerurteils kam es zu mehreren kleinen Darstellungen von Gersteins Lebensweg. Die wichtigste Schilderung gab Helmut Franz, ein Freund Gersteins aus der Bibelkreisarbeit, der unter dem Titel „Kurt Gerstein. Außenseiter des Widerstandes der Kirche gegen Hitler“ aus seinen Begegnungen und Gesprächen mit Gerstein berichtet.[15] Helmut Franz hatte Gerstein im Rahmen der Bibelkreisarbeit kennengelernt und ihn lange Jahre als Vorbild verehrt. Anhand von Briefen und Erinnerungen schildert er seine theologischen Auseinandersetzungen mit Gerstein und deutet ihn als Ausnahmeerscheinung in düsterer Zeit.

g. Saul Friedländer und die „Zwiespältigkeit des Guten“

Die erste über einen knappen Lebensabriß hinausgehende biographische Darstellung des Lebensweges Gersteins stammt von dem Historiker Saul Friedländer.[16] Sie erschien 1967 in Frankreich unter dem Titel „Kurt Gerstein ou l'ambiguïté du bien“ und lag ein Jahr später in deut-

14 Noch 1956 war ein Gnadenerweis von dem damaligen baden-württembergischen Ministerpräsidenten Gebhard Müller abgewiesen worden. Erst am 20. Januar 1965 erfolgte die Rehabilitation Gersteins.

15 H. Franz, Kurt Gerstein – Außenseiter des Widerstandes der Kirchen gegen Hitler, Zürich 1964, Nachdruck im Selbstverlag, Schiffsweiler/Saar 1987. Weitere kurze Darstellungen über Gerstein liegen vor von: A. Katthagen, Kurt Gerstein. Eine deutsche Passion in der Hitlerzeit, Wetter/Ruhr 1985; R. Gädeke, Der „Spion Gottes“ aus Hagen, in: Heimatbuch Hagen und Mark, Hagen 1985; E. Brinkmann, Im „Engagement für die christliche Sache“ – Kurt Gersteins Lebensweg, in: Swientek, H. O. (Hg.), Beiträge zur Geschichte Dortmunds und der Grafschaft Mark, 62. Jg., Dortmund 1965, 1–18.

16 S. Friedländer, Kurt Gerstein ou l'ambiguïté du bien, Paris 1967, in deutscher Übersetzung: Kurt Gerstein oder die Zwiespältigkeit des Guten, Gütersloh 1968.

scher Übersetzung mit dem Titel „Kurt Gerstein oder die Zwiespältigkeit des Guten“ vor. Friedländer bemühte sich als erster um eine möglichst umfassende Rekonstruktion des Lebensweges Gersteins unter Auswertung aller verfügbaren Dokumente. Vor allem wertete Friedländer die Korrespondenz Gersteins mit der Parteizentrale aus und dokumentierte erstmals die Bemühungen Gersteins um eine Aufhebung des im Jahre 1936 ausgesprochenen Parteiausschlusses. Behutsam verwies Friedländer auf eine latente antisemitische Grundeinstellung Gersteins und kam hinsichtlich des Eintritts in die Waffen-SS zu dem Schluß, daß die Beweggründe für den Eintritt weitaus vielschichtiger gewesen sein müssen, als dies Gersteins Aussagen vermuten lassen. Friedländer behandelte auch die Frage nach der möglichen Verstrickung Gersteins in die „Zyklon B“-Lieferungen an die Vernichtungslager. Er schloß sich aber nur der Feststellung des Frankfurter Schwurgerichts an, über die Verwendung des über Gerstein gelieferten „Zyklon B“ zu Tötungszwekken könne nichts mehr mit Sicherheit gesagt werden. In seiner abschließenden Würdigung der Person Gersteins betont Friedländer, daß der Widerstand in einem totalitären System von Natur aus zwiespältig sei und den Widerstandleistenden durchaus auch in die Nähe des Henkers bringen könne. Gersteins Tragik, so Friedländer, habe in seiner Einsamkeit bestanden, in der letztlichen Erfolglosigkeit seines Handelns, die sein Opfer in den Augen der Nachwelt zur Schuld werden lasse.

h. „Der Spiegel“ und sein Gerstein-Bild

Friedländers behutsame Darstellung des Lebensweges Gersteins hat im Nachrichtenmagazin „Der Spiegel“ ein sehr negatives Echo ausgelöst. Dort wurde unter dem Titel „Spion im Lager der Mörder“ ein längerer Aufsatz Saul Friedländers über Kurt Gerstein, den „Kronzeugen der Endlösung“, abgedruckt.[17] Friedländers Artikel wurde vom „Spiegel“ durch eine Einleitung und einen Schlußteil gerahmt. Anders als bei Friedländer wird Gerstein hier als „gläubiger Nationalsozialist oder zumindest als anpassungswilliger Bürger“ geschildert, der erst nach dem Erlebnis einer Massenvergasung im Vernichtungslager Belzec seine Bereitschaft zur Anpassung aufgab und sich in eine schizophrene Doppelrolle flüchtete. Demzufolge war Gerstein „am Tage der dienstbeflissene SS-Führer, am Abend der verbitterte Regime-Gegner, der aus seinem laut dröhnenden Radiogerät die Sendungen des Londoner Rundfunks durchs Haus tönen ließ“.

Die im „Spiegel“ gegebene Darstellung der Rolle und Person Gersteins hat darin ihren Wert, daß in ihr die Hypothese vom „gläubigen

17 Der Spiegel. Das deutsche Nachrichten-Magazin Nr. 50/51/52/53.1968.

Nationalsozialisten Gerstein" anhand des von Friedländer ausgebreiteten Materials einmal durchgespielt wird. Im Ergebnis läuft sie jedoch darauf hinaus, Gerstein für psychisch anomal zu erklären.

Hier stellt sich jedoch die Frage, ob man die zweifellos vorhandenen Ambivalenzen dieses Lebensbildes auf eine angeblich vorhandene psychische Anomalität vorschnell zurückführen darf. Steht eine solche Erklärung nicht in der Gefahr, die durch die außerordentlich schwierigen Lebensumstände in der Zeit der nationalsozialistischen Diktatur bedingten Ambivalenzen eines Lebensbildes in ein Charakter- oder Krankheitsbild einzuebnen?

Daneben wird in diesem „Spiegel"-Artikel – ohne ausdrücklichen Hinweis – auf die Arbeit von Raul Hilberg zurückgegriffen, die im Jahre 1961 zunächst nur in englischer Sprache erschienen war.[18] Hilberg kam in Verkennung der eigentlichen Zusammenhänge und des Inhalts eines Schreibens von Gerstein an Dr. Peters zu dem irrigen Schluß, Gerstein habe sich im Mai 1944 ernsthaft gesorgt, daß von ihm in Auschwitz angehäufte „Zyklon B" könne verderben und zur Menschenvernichtung nicht mehr geeignet sein. Diese irrige Annahme Hilbergs hat offenkundig die Tendenz des „Spiegel"-Artikels stark beeinflußt. Denn wäre Hilberg im Recht, dann hätten wir einen unumgehbaren Beleg dafür, daß Gerstein sich im Mai 1944 um eine Aufrechterhaltung der Menschenvernichtung in Auschwitz gemüht hat. Dann müßten wir von einer schizophrenen Dopplung seiner Persönlichkeit ausgehen, die es möglich macht, daß jemand den Holocaust verrät und ihn zugleich maßgeblich mit zu verantworten hat.[19]

18 R. Hilberg, The destruction of the european jews, Chicago 1961 und ders., The destruction of the european jews. With a postscript by the author, New York 1978. Jetzt auch in überarbeiteter Fassung und deutscher Übersetzung: ders., Die Vernichtung der europäischen Juden. Die Gesamtgeschichte des Holocaust, hrsg. von U. Wolter, Berlin 1982. Zuvor hatte G. Reitlinger, Die Endlösung. Hitlers Versuch einer Ausrottung der Juden Europas, Berlin ^{4}1961, Gersteins Zeugenbericht als wichtiges Dokument herangezogen. Da nach Aussage von Rudolf Höß alle „Zyklon B"-Einkäufe über Mrugowsky gelaufen sein sollen, sah er in Gerstein den dafür zuständigen Mitarbeiter Mrugowskys (163). Ähnlich auch in ders., Die SS. Tragödie einer deutschen Epoche, Wien 1956, 280, wo er Gersteins Reise nach Lublin auf einen Befehl Himmlers an Mrugowsky zurückführt.

19 Bei R. J. Lifton, Ärzte im Dritten Reich, Stuttgart 1988, 190 f., wird Gerstein als extremstes Beispiel für den Prozeß der Dopplung, d. h. der Verstrickung in Heilen und Töten, angeführt. Dort heißt es über Gerstein: „Wenige Figuren sind für Historiker und Biographen so verwirrend gewesen wie er mit seiner intensiven Bindung an die SS im Zentrum des Massenmords, seinem fanatischen SS-Betragen und seinen gleichzeitigen protestantischen Anti-Nazi-Verbindungen und verzweifelten Bemühungen (inklusive eines gefährlichen Treffens mit einem schwedischen Diplomaten), die Außenwelt von der Endlösung in Kenntnis zu setzen. . . . Die meisten Beobachter . . . haben Gersteins bemerkenswertes Widerstandsverhalten betont. Andere, wie Hilberg, sind eher von seiner Rolle beim Massenmord beeindruckt. Man kommt zu dem Schluß, daß beide Gruppen Recht haben könnten: Ich selbst glaube, daß Gerstein das extremste Beispiel für den Prozeß der Dopplung ist, das ich im Rahmen dieser Untersuchung gefunden habe." Lifton setzt allerdings falsche Tatbestände voraus, auf die später im Zusammenhang mit der Untersuchung von Hilberg noch eingegangen werden wird.

Warum die Annahme Hilbergs jedoch unhaltbar ist, wird an entsprechender Stelle ausführlich zu behandeln sein.[20]

i. Der „Spion Gottes“ – eine Würdigung Gersteins von Pierre Joffroy

Auf Friedländers Buch folgte 1971 eine zweite, ebenfalls zuerst in Frankreich erschienene biographische Arbeit über Gerstein unter dem Titel „L'espion de Dieu. La passion de Kurt Gerstein“, die von dem Journalisten und Schriftsteller Pierre Joffroy nach umfangreichen Recherchen und der Befragung von Zeitzeugen verfaßt worden ist.[21] Joffroys romanhafte und doch sehr informative Darstellung ist keine wissenschaftliche Biographie, basiert jedoch auf umfangreichen Zeugenaussagen, die gerade auch die Haftzeit in Paris betreffen.

Neben diesem großen Verdienst, letzte Spuren Gersteins in der Erinnerung von Zeitzeugen recherchiert und gesichert zu haben, hat diese Arbeit den Nachteil, daß sie den kritischen Leser hilflos zurückläßt: Entweder vertraut er Joffroys Charakterisierung Gersteins als einer genialverrückten Ausnahmeerscheinung, oder er bleibt mit dem Eindruck zurück, hier sei eine historische Gestalt legendenhaft verklärt worden. Dies liegt zu einem großen Teil daran, daß eine Einordnung der Gestalt Gersteins in den Kontext der kirchlichen Zeitgeschichte nur unzureichend erfolgt ist.

Joffroys Werk ist so etwas wie ein Denkmal für Kurt Gerstein. Ein Stück Literatur, dem man auf jeder Seite abspürt, mit welcher Intensität der Verfasser sich um ein Verstehen und Beschreiben der Gestalt Gersteins bemüht hat. Sie ersetzt natürlich keine wissenschaftliche Biographie. Doch sie ist eine eindrückliche und beeindruckende Würdigung des Opfers, das Kurt Gerstein mit seinem Leben gegeben hat.

j. Gerstein und die Literatur zur jüngeren Zeitgeschichte

In der Literatur zum Widerstand im Dritten Reich wird Kurt Gerstein in den einschlägigen Überblickswerken von Peter Hoffmann[22] und Ger van Roon[23] als Beispiel für den Widerstand eines einzelnen angeführt.

20 Siehe dazu unten im Kapitel VII den Abschnitt 5: Gerstein und die Blausäurelieferungen der DEGESCH.

21 P. Joffroy, L'espion de Dieu: La passion de Kurt Gerstein, Paris 1971, in deutscher Übersetzung: Der Spion Gottes. Die Passion des Kurt Gerstein, Stuttgart 1972 (im folgenden zitiert als Joffroy, Spion [1]). In überarbeiteter und erweiterter Fassung: ders., Der Spion Gottes. Kurt Gerstein – ein SS-Offizier im Widerstand?, Berlin 1995 (wird zitiert als Joffroy, Spion [2]).

22 P. Hoffmann, Widerstand – Staatsstreich – Attentat: Der Kampf der Opposition gegen Hitler, München ^{4}1985, 41 f., führt Gerstein unter den Beispielen eines „opferwilligen, aber doch meist machtlosen und aussichtslosen Widerstandes“ auf und betont dessen religiöse Motivation.

23 G. van Roon, Widerstand im Dritten Reich, München ^{3}1984, führt Gerstein im Zusammenhang mit Landesverrat (25) und als Beispiel für humanitären Widerstand an (36).

Günther van Norden sieht in Gerstein ebenfalls ein Beispiel für den politischen Widerstand eines einzelnen und betont, dies sei „der spektakulärste und bis heute nicht unumstrittene Fall im Umkreis des Widerstandes aus den Reihen der B[ekennenden] K[irche, JS]".[24]

In der Literatur zum Kirchenkampf wird auf Gerstein nur sehr selten verwiesen. Wilhelm Niesel erwähnt die Informationen, die der Bruderrat der altpreußischen Union durch Gerstein bekommen habe, und bemerkt dazu weiter: „Wir sind also ebenso schwer schuldig geworden wie alle anderen, die Kurt Gerstein um Rat und Hilfe gebeten hat."[25] Helmut Thielicke führt den Fall Gerstein in seiner Theologischen Ethik als „unheimliches Modell für eine Verleugnung des Glaubens aus Liebe" an, an dessen „Beispiel sich die Fragwürdigkeit des Prinzips, sich am Bösen zu beteiligen, ‚um Schlimmeres zu verhüten'", aufzeigen lasse.[26] Im Zusammenhang mit den „Euthanasie"-Morden erwähnt Kurt Nowak Gersteins Entschluß zum Eintritt in die Waffen-SS und sieht darin eine Resonanz auf Wurms schriftlichen Protest vom Juli 1940.[27] Kurt Meier erwähnt Gerstein in seinem großen Werk über den Kirchenkampf nicht, lediglich in seiner Monographie „Kirche und Judentum" zitiert er aus dem Gerstein-Bericht.[28] Auch bei Wolfgang Gerlach, der sich kritisch mit der Bekennenden Kirche und ihrer Haltung zum Judentum befaßt hat, fehlt erstaunlicherweise jede Erwähnung Gersteins.[29] Günther Bernd Ginzel nimmt in einem Beitrag zum Thema „Christen und Juden nach Auschwitz" auf Gersteins Rolle Bezug und fragt, ob die vielzitierte Trauerarbeit im Rahmen des christlich-jüdischen Dialogs nicht eher geleistet werden kann, „wenn wir uns die Leistungen eines Kurt Gerstein, dieses verzweifelten Christen, zum Vorbild nehmen, der während der Nazizeit Hunderten von Persönlichkeiten, führenden Kirchenmännern, Diplomaten und dem Vatikan die Wahrheit über die Vorgänge in den Vernichtungslagern berichtete, ... und der nicht aufhörte, zum Kampf gegen die Barbarei aufzurufen. Müßte sein Grab nicht eine Wallfahrtsstätte sein?"[30]

24 G. van Norden, Widerstand im deutschen Protestantismus, in: K.-J. Müller (Hg.), Der deutsche Widerstand 1933–45. Eine Dokumentation, Paderborn/München/Wien 1986, 131.

25 W. Niesel, Kirche unter dem Wort. Der Kampf der Bekennenden Kirche der altpreußischen Union, Göttingen 1978, 258.

26 H. Thielicke, Theologische Ethik, Bd. 2, Tübingen 1955, 140 f.

27 K. Nowak, „Euthanasie" und Sterilisierung im „Dritten Reich". Die Konfrontation der evangelischen und katholischen Kirche mit dem „Gesetz zur Verhütung erbkranken Nachwuchses" und der „Euthanasie"-Aktion, Göttingen [2]1980, 202 Anm. 24, sieht in Kurt Gersteins Entschluß zum Eintritt in die Waffen-SS eine Resonanz auf Wurms Protest.

28 K. Meier, Kirche und Judentum. Die Haltung der evangelischen Kirche zur Judenpolitik des Dritten Reiches, Göttingen 1968, 69.

29 W. Gerlach, Als die Zeugen schwiegen. Bekennende Kirche und die Juden, Berlin 1987.

30 G. B. Ginzel, Christen und Juden nach Auschwitz, in: ders. (Hg.), Auschwitz als Herausforderung für Juden und Christen, Heidelberg 1980, 252 f.

In dem 1988 erschienenen Sammelband „Der Holocaust und die Protestanten" führt Eberhard Bethge in seinem Beitrag Kurt Gerstein als hervorstechendsten Alleinkämpfer auf protestantischer Seite an.[31] Seine knappe Darstellung der Rolle Gersteins schließt mit dem Satz: „Seine Anerkennung unter den Protestanten ließ zu wünschen übrig, ja hat sich bis heute nicht ganz durchgesetzt. Zu unheimlich ist seine Geschichte."

2. Ansatz und Ertrag der vorliegenden Untersuchung

a. Der Ausgangspunkt der Untersuchung

Die Anregung zu einer erneuten Beschäftigung mit der Biographie Kurt Gersteins kam 1985 im Rahmen eines Forschungsprojekts zum Widerstandskreis Dietrich Bonhoeffer und Hans von Dohnanyi auf. Es galt die Frage zu klären, welche Rolle Gersteins Informationen über die Organisation und Durchführung des Holocaust für die evangelische Kirche und die Kontakte zum Widerstand gespielt haben. Es galt anhand der zur Verfügung stehenden Dokumente und Aussagen von Zeitzeugen nach den Kontakten zu fragen, die zwischen Kurt Gerstein und anderen Personen aus dem Umfeld des Kreises um Bonhoeffer und Dohnanyi bestanden haben.

Hinzu kam in jener Zeit, daß sich abseits der seriösen Zeitgeschichtsforschung rechtsextremistische Kreise der Biographie Gersteins angenommen hatten. Doch zielten deren Bemühungen darauf ab, die Unglaubwürdigkeit des Gerstein-Berichts aufzuzeigen und Zweifel an den in den nationalsozialistischen Vernichtungslagern begangenen Massentötungen vorzubringen. Diese Bemühungen gipfelten 1985 in dem in Frankreich unternommenen Versuch, im Rahmen einer linguistischen Doktorarbeit die Echtheit des Gerstein-Berichts in wesentlichen Passagen zu bestreiten.[32] Dies war ein weiterer Anstoß, das Schicksal Gersteins und seines Berichts zum Gegenstand einer erneuten, möglichst gründlichen Untersuchung zu machen und den Bestrebungen jener rechtsextremen Kreise mit einer zuverlässigen zeitgeschichtlichen Untersuchung entgegenzutreten.

31 E. Bethge, Schoa (Holocaust) und Protestantismus, in: J.-Ch. Kaiser/M. Greschat (Hg.), Der Holocaust und die Protestanten. Analysen einer Verstrickung, München 1989, 6 f., folgendes Zitat: ebd., 7.

32 Siehe dazu unten im Kapitel VIII den Abschnitt 1: Der „Skandal von Nantes" – der Gerstein-Bericht in der apologetischen Literatur.

b. Die zur Verfügung stehenden Quellen

Für die vorliegende Arbeit konnten über das von Friedländer und Joffroy verwendete Dokumentenmaterial hinaus weitere Quellen herangezogen werden, die eine detailliertere Darstellung des Lebensweges Gersteins ermöglichen. So konnte ein großer Teil des im Landeskirchlichen Archiv der Evangelischen Kirche von Westfalen in Bielefeld befindlichen Gerstein-Nachlasses für diese Arbeit benutzt werden.[33] Auch fanden sich im Archiv des Diakonischen Werkes in Berlin und Düsseldorf interessante Schriftwechsel Gersteins mit kirchlichen Stellen.[34] Darüber hinaus gewährte Frau Elfriede Gerstein Einblick in noch bei ihr befindliche Briefe ihres verstorbenen Mannes. Eine weitere für die Biographie wichtige Quelle wären die Prozeßaufzeichnungen des Verfahrens gegen Dr. Peters, den Geschäftsführer der DEGESCH, gewesen, da in diesem Verfahren zahlreiche Zeugen zur Person Gersteins Aussagen gemacht haben, die heute nicht mehr greifbar sind. Doch sind diese Unterlagen nach Auskunft der Staatsanwaltschaft beim Landgericht Frankfurt wohl zum größten Teil verlorengegangen.[35]

c. Der Ertrag der vorliegenden Untersuchung

Die hiermit vorgelegte Biographie Gersteins bietet einen detaillierten Überblick anhand der vorliegenden Dokumente und Erinnerungen. Dabei wird Leben und Handeln Gersteins in einem umfassenderen Maße als bisher in den zeitgeschichtlichen und kirchlichen Kontext eingeordnet.

So wird deutlich, daß der junge Kurt Gerstein hinsichtlich seiner Frömmigkeit und seines jugendpflegerischen und sexualethischen Engagements maßgeblich durch den Hagener Jugendpfarrer Theodor Noa geprägt worden ist.

33 Im Landeskirchlichen Archiv in Bielefeld (LkA Bielefeld) befinden sich im Bestand 5,2 eine ältere Sammlung (AS = Alte Sammlung) und eine neuere Sammlung (NS = Neue Sammlung) von Dokumenten aus dem Nachlaß Gersteins. Die ältere Sammlung stammt aus der Jugendbildungsstätte Berchum, wo sie von dem ehemaligen Leiter Herbert Weißelberg in langen Jahren angelegt wurde. Die neuere Sammlung enthält zum großen Teil Originaldokumente aus dem Nachlaß Gersteins, die die Witwe Gersteins an das Archiv abgegeben hat.
Zur Entstehung des Archivs siehe Bernd Hey, Das Kurt-Gerstein-Archiv, in: Kurt Gerstein. Ein Außenseiter im Widerstand gegen den Nationalsozialismus. Dokumentation des Historikerkolloquiums im „Kurt-Gerstein-Haus“ der eSw am 25./26. Oktober 1996, Hagen 1997, 25–30.

34 Im Archiv des Diakonischen Werkes der EKD in Berlin (ADW Berlin) sind im Bestand CA (Centralausschuß) Schriftwechsel bezüglich der Freizeit- und Schriftenarbeit Gersteins überliefert. Im Archiv des Diakonischen Werkes im Rheinland (ADW Düsseldorf) befinden sich im Bestand Ohl 75/8,1 und 8,2 interessante Briefwechsel, die Aufschluß über Gersteins Rückzug aus der kirchlich unterstützten Schriftenarbeit geben.

35 Das Verfahren gegen Dr. Peters wurde bei der Staatsanwaltschaft beim Landgericht Frankfurt unter dem Zeichen 4a Ks 1/55 geführt.
Bei einem Besuch bei der Staatsanwaltschaft konnte nur ein kleiner Teil der Prozeßakten dem Verf. vorgelegt werden. Der wesentliche Teil der Akten war nicht auffindbar.

Die Biographie zeichnet das Bild eines außergewöhnlich engagierten protestantischen Christen, der in den Jahren 1933–1939 in vielfacher Weise an den Auseinandersetzungen zwischen Bekennender Kirche und nationalsozialistischer Einflußnahme teilnahm. Er hatte überdies Kontakte zu Männern wie Thielicke, Niemöller, Dibelius, Hammelsbeck, Ehlers und Immer. In den Kreisen des zu Beginn des Jahres 1934 aufgelösten „Bundes Deutscher Bibelkreise" war Gerstein ein aktiver und bekannter Mitarbeiter. Eine von ihm aufgebaute sexualpädagogische Schriftenarbeit in einer Auflagenhöhe von 230.000 Exemplaren wurde mit namhaften Beträgen auch von der Bekennenden Kirche der altpreußischen Union unterstützt. Wegen des Massenversandes bekenntniskirchlicher Schriften wurde seine Berufslaufbahn im Jahre 1936 nach knapp fünf Monaten jäh unterbrochen. Der ebenfalls verhängte Parteiausschluß verbaute ihm die weitere berufliche Zukunft.

So dokumentiert Gersteins Lebensweg in der Zeit des Dritten Reiches ein Stück kirchlicher Zeitgeschichte aus der Perspektive eines engagierten protestantischen Christen, der kein kirchlicher Amtsträger war. Gerade dieser Aspekt seines Lebensweges, seine Verflochtenheit in das Milieu der aufgelösten „Bibelkreise" und der sich herausbildenden Bekennenden Kirche, macht die Biographie Gersteins für die Kirchenkampfgeschichtsschreibung interessant. An diesem Punkt geht die vorliegende Arbeit deutlich über die bisher vorliegenden Biographien von Friedländer und Joffroy hinaus.

In der Kirchenkampfgeschichtsschreibung hat die Rolle Gersteins – wie gezeigt – keine größere Beachtung gefunden. Eher waren es Profanhistoriker, die auf die Rolle Gersteins immer wieder hingewiesen haben und sein Bemühen um Öffentlichmachung des Holocaust würdigten.[36]

Auch Repräsentanten der evangelischen Kirche hat Kurt Gerstein über die schreckliche Wirklichkeit der Vernichtungslager in Kenntnis gesetzt.

Doch was ist mit diesen Informationen geschehen? Es ist ja überaus erstaunlich, daß Persönlichkeiten der Bekennenden Kirche der altpreußischen Union, wie Otto Dibelius, Wilhelm Niesel und Oskar Hammelsbeck, schon im Herbst 1942 detaillierte Informationen über die im Gang befindlichen Massentötungen der deportierten Juden in den Vernichtungslagern bekommen hatten. Für uns erkennbare Folgen hatte dieses Wissen um den organisierten Mord an der jüdischen Bevölke-

36 Siehe neben den oben schon Genannten auch: H. Mommsen/D. Obst, Die Reaktionen der deutschen Bevölkerung auf die Verfolgung der Juden 1933–1943, in: H. Mommsen/S. Willems (Hg.), Herrschaftsalltag im Dritten Reich. Studien und Texte, Düsseldorf 1988, 408.

rung nicht. Auch hat es keinen erkennbaren Widerhall in der Stuttgarter Schulderklärung vom Oktober 1945 gefunden.[37]

Durch die Analyse der zur Verfügung stehenden Dokumente läßt sich auch Gersteins Weg vom Engagement für die Bekennende Kirche hin zum Dienst in den Reihen der Waffen-SS detaillierter darstellen. Gerstein selbst hat die Gerüchte um die Euthanasiemorde als Beweggrund für seinen Eintritt in die SS angegeben. Für Freunde Gersteins steht diese Motivation außer Frage. Doch eine ernstzunehmende Biographie kann die Glaubwürdigkeit Gersteins nicht zur Voraussetzung machen, sondern muß die Glaubwürdigkeit seiner Aussagen kritisch befragen.

Die Motivation eines Menschen in schwieriger Situation ist ja oft vielschichtiger und weniger eindeutig, als es eine rückblickende Betrachtung wahrhaben will. Deshalb kann die Aufgabe einer Biographie nur die sein, mit Sorgfalt die Bedingungen zu rekonstruieren, in der eine solche Entscheidung getroffen worden ist, und diese mit den von Gerstein selbst geltend gemachten Motiven zu vergleichen.

Deutlicher, als dies bei Friedländer der Fall ist, kann aufgezeigt werden, daß Gerstein aufgrund der persönlichen und beruflichen Situation im Jahre 1939 ein Arrangement mit den Machthabern gesucht hat. Ein Arrangement nicht im Sinne einer völligen Abkehr von bisher vertretenen Grundsätzen und Überzeugungen. Aber ein Arrangement, das es ihm, dem bereits zweimal inhaftierten Bergassessor a. D., ermöglichen sollte, im nationalsozialistischen Deutschland wieder beruflich tätig zu sein.

Die sexualpädagogische Schriftenarbeit im kirchlichen Rahmen gab er auf, um sie in Zusammenarbeit mit Stellen der Hitlerjugend und des Reichserziehungsministeriums fortführen zu können. Seinem Entschluß zum Eintritt in die SS ging ein berufliches Scheitern unmittelbar voraus. Als auch sein Bemühen um eine Tätigkeit als Gewerbelehrer sich als aussichtslos erwies, meldete er sich zur Waffen-SS.

Die hier gegebene Darstellung der Umstände des Eintritts in die Waffen-SS und Gersteins eigene Aussage, er sei wegen der Euthanasiegerüchte zur SS gegangen, schließen einander nicht aus. Vielmehr war es die ungesicherte berufliche Zukunft, die den Hintergrund für die Entscheidung bildete, in subversiver Absicht dem nationalsozialistischen Eliteverband beizutreten. Denn es läßt sich eindeutig feststellen, daß Gerstein zum Zeitpunkt der Einberufung zur Waffen-SS seine Zeit in diesem Verband als subversives Engagement ansah. Er wollte „hinter

37 In der „Stuttgarter Schulderklärung" heißt es lediglich: „Wohl haben wir lange Jahre hindurch gegen den Geist gekämpft, der im nationalsozialistischen Gewaltregiment seinen furchtbaren Ausdruck gefunden hat; aber wir klagen uns an, daß wir nicht mutiger bekannt, nicht treuer gebetet, nicht fröhlicher geglaubt und nicht brennender geliebt haben." Zu Text und Entstehungsgeschichte dieser Erklärung siehe: G. Besier/G. Sauter, Wie Christen ihre Schuld bekennen. Die Stuttgarter Erklärung 1945, Göttingen 1985.

die Kulissen" des nationalsozialistischen Eliteverbandes schauen, er war wohl zutiefst davon überzeugt, dabei auf Schreckliches zu stoßen.

Es zeigt sich am Beispiel Gersteins, wie gering der Spielraum für einen unangepaßten und widerständigen Menschen in jenen Jahren war, wie schnell man aufgrund politischer Unzuverlässigkeit aus beruflichen und gesellschaftlich relevanten Positionen entfernt wurde. Doch dieses „Kaltstellen" politisch mißliebiger Personen war Gerstein unerträglich. Er suchte einen Handlungs- und Wirkungsspielraum. Angesichts der bevorstehenden Einberufung zur Wehrmacht wählte er den Weg zur Waffen-SS. Hier hoffte er auf einen Spielraum, einen Spielraum zu spionieren, zu informieren und nach Möglichkeit zu sabotieren.

Weitaus schwieriger ist die Frage zu beantworten, inwieweit Kurt Gerstein für Giftgaslieferungen zu Tötungszwecken verantwortlich war. Auch hier geht es um die Glaubwürdigkeit der Aussage Gersteins, er habe das auf seinen Namen bestellte Gift vollständig beseitigen können.

Über die tatsächliche Verwendung des über Gerstein nach Oranienburg und Auschwitz gelieferten „Zyklon B" kann keine gesicherte Kenntnis mehr gewonnen werden. Um so wichtiger scheint es, den wenigen Indizien für Gersteins Bemühen um Sabotage der Giftlieferungen nachzugehen. In diesem Zusammenhang sind das Gespräch Gersteins mit Dr. Peters vom Mai/Juni 1943 und ein Schreiben Gersteins an Peters vom 24.5.1944 von besonderer Bedeutung. Im Ergebnis lassen sich einige Indizien aufzeigen, die Anlaß zu der Vermutung geben, daß Gerstein beträchtliche Mengen an „Zyklon B" bis zum Mai 1944, als es in Auschwitz zu einem Mangel an „Zyklon B" kam, zurückhalten konnte. Ob diese Mengen tatsächlich nie für die Menschentötung, sondern nur für Zwecke der Desinfektion verwandt worden sind, darüber ist ein abschließendes Urteil nicht mehr möglich. Doch wenn es ihm gelungen sein sollte, was ja auch möglich ist, dann allerdings hätte Kurt Gerstein in einem erheblichen Maße die Tötungsmaschinerie sabotiert.

Der Gerstein-Bericht ist ein Dokument von historischem Rang. Deshalb bedürfen die existierenden Textfassungen einer eingehenden Untersuchung hinsichtlich ihrer Entstehungsgeschichte und ihrer Authentizität. Dabei erweisen sich die Behauptungen rechtsextremer Kreise als haltlos und konstruiert. Die Untersuchung schließt mit einer Dokumentation des Gerstein-Berichts ab.

d. „Wer hält stand?" – Der Widerstand des Kurt Gerstein

So unheimlich die Geschichte des Christen und SS-Obersturmführers Kurt Gerstein gerade im Hinblick auf seine mögliche Verstrickung in die Giftbeschaffung für die Massentötungen auch ist, so ist es doch auch die Geschichte des Widerstandes eines Einzelkämpfers gegen die Untaten eines Regimes, von dessen moralischer Verwerflichkeit Gerstein in zunehmendem Maße überzeugt war. In einer Zeit, in der man das Unheimliche, die Tötung „lebensunwerten Lebens" und der jüdischen Bevölkerung, nicht wahrhaben und nicht wissen wollte, erscheint Gerstein als einer der wenigen, die geradezu übersensibel für die unglaublichen Machenschaften des Regimes waren. Sein Weg in die Waffen-SS war ein Abenteuer, vielleicht auch ein Verzweiflungsakt, mit ungewissem Ausgang; nicht allein der Versuch, „Schlimmeres zu verhüten", sondern das Bemühen, der schrecklichen Wirklichkeit der nationalsozialistischen Herrschaft nicht auszuweichen. Er war bereit, Verantwortung zu übernehmen. Eine Verantwortung, von der er selbst seinem Vater schrieb: „Ich werde davon zerfressen."[38]

Dietrich Bonhoeffer schrieb an der Wende zum Jahr 1943 in einem Rückblick auf zehn Jahre Widerstand folgende Sätze:

> „Wer hält stand? Allein der, dem nicht seine Vernunft, sein Prinzip, sein Gewissen, seine Freiheit, seine Tugend der letzte Maßstab ist, sondern der dies alles zu opfern bereit ist, wenn er im Glauben und in alleiniger Bindung an Gott zu gehorsamer und verantwortlicher Tat gerufen ist, der Verantwortliche, dessen Leben nichts sein will, als eine Antwort auf Gottes Frage und Ruf. Wo sind diese Verantwortlichen?"[39]

Wie hält man stand angesichts eines totalitären Staatssystems? Wie widersteht man dem Sog der allmählichen Gleichschaltung, wie entgeht man der Versuchung, sich selbst zu neutralisieren, indem man angesichts einer aussichtslosen Situation in die innere Emigration geht?

Kurt Gerstein war im Hinblick auf seine sexualethischen Anschauungen ein moralischer Rigorist. Seine Bemühungen um „Ehre und Reinheit" in der Gestaltung des eigenen Lebens, sein Kampf gegen „Schmutz und Schund" appellierten an das Gewissen des einzelnen zu einer vor Gott verantworteten Lebenshaltung. Von diesem Standpunkt aus hinterfragte er auch das Handeln des nationalsozialistischen Staates, dessen totalitärem Anspruch er schon bald widersprach. Die Eingliederung der Jugendverbände in die Hitlerjugend, die Gleichschaltung der gesellschaftlichen Institutionen bis hin zur Justiz, die Eliminierung politisch unliebsamer Personen weckten seinen Widerspruch. Verhaftung und Ende der Berufslaufbahn als Bergassessor waren der Preis, den er persönlich dafür zahlen mußte.

Gerstein gehörte keiner politischen Widerstandsgruppe an, aber er identifizierte sich mit dem Kampf der Kirche um ihre Selbständigkeit und Freiheit. Sie war für ihn der Spielraum, in welchem er sich eine

38 Brief Gersteins an seinen Vater 5.3.44 (LkA Bielefeld 5,2 NS Nr. 29).

39 D. Bonhoeffer, Widerstand und Ergebung. Briefe und Aufzeichnungen aus der Haft, hrsg. von E. Bethge, München 1970, 14.

berufliche Zukunft vorstellen konnte. Doch spätestens seit der zweiten Verhaftung und angesichts des Kriegsausbruchs war dieser Spielraum kaum noch gegeben. Jetzt war zu erwarten, daß jeder öffentliche Protest umgehend mundtot gemacht werden würde.

Noch im Jahr 1938 gab sich Gerstein der Illusion hin, ein Widerstand von innen sei in der Lage, „das Schlimmste zu verhindern". Er selbst war bereit, das Seine zu tun, um mit einem Widerstand der Tat und der Sabotage Schlimmes zu verhindern. Angesichts des mißglückten beruflichen Wiedereinstiegs und der Gerüchte über den Mord an wehrlosen Kranken war für Gerstein der Zeitpunkt gekommen, an dem er selbst bereit war, sich in das Umfeld des Schreckens und Verbrechens zu begeben, um in eigener Verantwortung zu sehen und zu widerstehen. Es war die Zeit gekommen für einen Widerstand der Tat, der Sabotage und des Bezeugens.

Im Jahre 1944, zwei Jahre nach Bonhoeffers Reflexion über den Widerstand „Nach zehn Jahren", schrieb Kurt Gerstein an seinen Vater die folgenden Zeilen:

> „Ich bin weit entfernt von meiner Enge von vorgestern. Aber ich kenne unveräußerliche Begriffe und Maßstäbe, gegen die man nicht ohne schwerste Folgen und Auswirkungen verstoßen kann. Mögen dem einzelnen auch noch so enge Grenzen gesetzt sein und mag in vielem die Klugheit als die vorherrschende Tugend befolgt werden, niemals dürfte der Einzelne seine Maßstäbe und Begriffe verlieren. Nie darf er sich seinem Gewissen und der ihm gesetzten obersten Ordnung gegenüber darauf herausreden vor sich selbst: Das geht mich nichts an, das kann ich nicht ändern. – Sileat, sed cogitet: mea res agitur, ich stehe in dieser Verantwortung und in dieser Schuld, und zwar als ein Wissender mit entsprechendem Maß an Verantwortung."[40]

Kurt Gersteins Widerstand wirkt faszinierend und erschütternd zugleich. Er zeugt von einem hohen Maß an Zivilcourage und nimmt zugleich das Risiko der Kompromittierung und Selbstzerstörung auf sich. Aus diesem Grunde taugt Gerstein wohl kaum zum Vorbild für nachwachsende Generationen. Während seine Bedeutung als Zeuge für das schrecklichste Verbrechen dieses Jahrhunderts fest steht, wird sein Platz in der Reihe der Widerstandskämpfer umstritten bleiben.[41]

Hat Kurt Gerstein standgehalten? Wäre er enttarnt und hingerichtet worden, so würden wir diese Frage nicht stellen. Doch so sind wir versucht, die Beantwortung dieser Frage an eine weitere Frage zu knüpfen: Hat er sich allen verbrecherischen Befehlen und Absichten widersetzen oder entziehen können?

40 Brief Gersteins an seinen Vater 5.3.44 (LkA Bielefeld 5,2 NS Nr. 29).

41 P. Steinbach, Kurt Gerstein. Der Einzeltäter im Dilemma des exemplarischen Handelns, in: Kurt Gerstein. Ein Außenseiter im Widerstand gegen den Nationalsozialismus. Dokumentation des Historikerkolloquiums im „Kurt-Gerstein-Haus" der eSw am 25./26. Oktober 1996, Hagen 1997, 7–16; jetzt auch in: JWKG 91.1997, 183 ff.

Auf diese Frage werden wir keine Antwort geben können, weil sein Leben, sein Handeln und Tun nicht wie ein aufgeschlagenes Buch vor uns liegen. Denn die „weißen Flecken“ in seiner Biographie werden bleiben, und es wird Raum bleiben, ihn Belastendes zu vermuten.

Doch unsere Spekulation über seine mögliche Verstrickung wird nichts an dem aufheben können, was er an Sabotage tatsächlich hat leisten können, auch wenn wir davon kein sicheres Wissen haben. Sein Zeugnis von dem schrecklichsten Verbrechen unseres Jahrhunderts hat uns erreicht. Er hat die Kunde von dem gestreut, was zum Schrecklichsten deutscher Geschichte gehört, ohne dessen Vergegenwärtigung es aber keine verantwortete Zukunft geben kann. Mit seinem Leben und seinem Beispiel hat er das auf seine Art beantwortet, was Bonhoeffer „die letzte verantwortliche Frage“ nennt: „Die letzte verantwortliche Frage ist nicht, wie ich mich heroisch aus der Affäre ziehe, sondern wie eine kommende Generation weiterleben soll.“[42]

42 Bonhoeffer, Widerstand und Ergebung, 16.

II. Kindheit, Jugend und Studienzeit (1905–1932)

1. Das Elternhaus

Am 11. August 1905 wurde Kurt Gerstein im westfälischen Münster geboren.[1] Er war das sechste Kind der Eheleute Ludwig und Klara Gerstein. Kurt hatte vier ältere Brüder und eine ältere Schwester, fünf Jahre später kam noch ein jüngerer Bruder hinzu.

a. Der Vater

Der Vater Ludwig Emil Gerstein (1868–1954) war Jurist und seit April 1905 als Richter am Landgericht in Münster tätig. Er entstammte einer alteingesessenen westfälischen Familie, in welcher der Beruf des Juristen eine lange Tradition hatte. Als Sohn eines Landgerichtsrates aus Rheda im Kreis Wiedenbrück hatte Ludwig Gerstein nach anfänglichem Zögern ebenfalls die Juristenlaufbahn eingeschlagen und in Heidelberg, Marburg und Berlin studiert. In Marburg schloß er sich der studentischen Verbindung Teutonia an, der er zeitlebens verbunden blieb.[2] 1895 heiratete er die Kaufmannstochter Klara Schmemann aus Dortmund und begann seine Berufslaufbahn als Gerichtsassessor in Bielefeld. Dort wurden die Söhne Ludwig, Alfred und Johann Daniel geboren. Im Mai 1900 wechselte die Familie nach Hattingen, wo der Vater fünf Jahre als Amtsrichter tätig war, bis er im Jahre 1905 ans Landgericht in Münster versetzt wurde.[3] In Hattingen wurden der Sohn Karl und die Tochter Annemarie, in Münster die Söhne Kurt und Fritz geboren.

Erwähnt werden soll aus der väterlichen Familie auch der ältere Bruder Karl Gerstein. Er bekleidete von 1900 bis 1919 das Amt des Königlichen Landrats in Bochum. Parteipolitisch engagierte er sich für die Nationalliberale Partei und kandidierte im Jahre 1908 für die Landtagswahl im Wahlkreis Bochum. Nach dem verlorenen Krieg legte der Onkel sein Landratsamt nieder, „weil er der November-Republik nicht dienen wollte“, wie es im Familienbuch heißt.[4]

1 Eine am 27.6.1949 ausgestellte Geburtsurkunde findet sich im LkA (landeskirchlichen Archiv) Bielefeld, Bestand 5,2 NS (Neue Sammlung) Nr. 17 (Original) und 401 (Kopie).
2 Siehe dazu auch die Würdigung des Vaters durch Sohn Karl Gerstein anläßlich seines 100. Geburtstages in Nr. 1 der Corpszeitung, Jg. 1969, o. S.
3 Zu Ludwig Emil Gerstein siehe den Abschnitt in ders., Geschichte der Familie Gerstein, Hagen 1934, 63 f., und seine Personalakte im StA (Staatsarchiv) Münster, Personalakten I, Nr. 1850.
4 Geschichte der Familie Gerstein, 57–62, Zitat: 58.

b. Die Mutter

Klara Karoline Wilhelmine Gerstein (1874–1931), die Mutter Kurt Gersteins, entstammte der vermögenden Dortmunder Kaufmannsfamilie Schmemann. Sie wurde nur 56 Jahre alt und starb bereits im April 1931 an den Folgen einer Operation. Über sie wissen wir nur wenig. Ihr Mann, dem sie sieben Kinder gebar, charakterisierte sie im Familienbuch mit folgenden Worten:

> „Im Ehestande ging sie, die sich selbst einen Kindernarr genannt hat, ganz in der Sorge für das Haus auf, ohne dabei aber ihre Liebhaberei für die schönen Künste, für ihre Blumen und für die Werke der Literatur und Kunst zu vernachlässigen. Der Krieg gab ihr Gelegenheit, sich in ihrer ganzen Größe zu bewähren. . . . Hätten wir viele, viele Frauen von ihrem Schlag gehabt, der Krieg wäre uns nicht verlorengegangen.“[5]

Wir dürfen annehmen, daß diese etwas verklärende Beschreibung einer Frau gilt, die manches Mal bis an den Rand ihrer Kräfte gefordert war. Es waren nicht nur der Haushalt und die große Familie mit sieben Kindern, die es zu umsorgen gab. Auch sieben Umzüge, die durch den Berufswechsel ihres Mannes eintraten, galt es zu bewältigen.

Den zweifelsohne leidvollsten Einschnitt im Leben der Klara Gerstein stellte der Tod ihres ältesten Sohnes Ludwig dar, der als 18jähriger Kriegsfreiwilliger in den letzten Tagen des Ersten Weltkrieges fiel. Den Tod dieses Sohnes, zu dem sie eine besonders intensive Beziehung hatte, hat sie in der Folgezeit nur schwer verwunden.

2. Die Schulzeit in Saarbrücken, Halberstadt und Neuruppin

a. Saarbrücken

Im Jahre 1911 zog die Familie nach Saarbrücken, da der Vater dort in die Stelle eines Landgerichtsdirektors berufen worden war. Mit dem Umzug nach Saarbrücken begann für den sechsjährigen Kurt die Schulzeit. Er besuchte zunächst die Evangelische Volksschule St. Arnual und anschließend das Ludwigsgymnasium in Saarbrücken.[6] Wie aus einer Mitteilung des Gymnasiums an die Eltern Gerstein hervorgeht, fiel der Sextaner Kurt Gerstein gleich zu Beginn des Schuljahres auf, weil er sich während eines Hohenzollern-Festgottesdienstes, wie es dort heißt, „in sehr ungeziemender Weise“ benommen und „dadurch die Andacht einiger seiner Mitschüler in erheblichem Maße“ gestört habe.[7]

5 Ebd., 66.
6 Aus der Volksschule liegt ein Zeugnis der Klasse IVa vor (LkA Bielefeld 5,2 NS Nr. 412).
7 So in einer Mitteilung des Ludwigsgymnasiums vom 29.10.1915 (LkA Bielefeld 5,2 NS Nr. 414).

Daß der junge Kurt alles andere als ein Musterschüler war, geht aus fast jedem seiner Zeugnisse hervor.[8] Unter der Sparte „Betragen" findet sich regelmäßig eine Bemerkung wie: „Er neigt dazu, zu stören und unpassende Antworten zu geben." Der Zustand seiner Hefte und Bücher wird regelmäßig als „mangelhaft" beurteilt; auch in den Fächern Schreiben, Zeichnen und Turnen findet sich häufig diese Beurteilung.

Die gesamte Schulzeit auf dem Saarbrücker Ludwigsgymnasium wurde durch die Ereignisse des Krieges überschattet. Sowohl der Vater wie auch der älteste Sohn Ludwig meldeten sich als Kriegsfreiwillige und kamen zum Fronteinsatz.[9]

Zu welchen Streichen der junge Kurt Gerstein fähig war, zeigt der folgende Vorfall. Im Dezember 1917 wehte an einem Morgen eine weiße Flagge auf dem Gebäude des Generalkommandos der Ersatztruppen in Saarbrücken. Karl Andres, ein Freund aus jener Zeit, erinnert sich:

> „Es gab zunächst große Aufregung. Beratungen im engsten Kreis. Mein Vater war Oberkriegsgerichtsrat beim Generalkommando und u. a. auch für die Spionageangelegenheiten zuständig, und er nahm daran teil. Er riet von einer größeren Fahndungsaktion ab: Er hatte nämlich einen Jungen bemerkt, der sich etwas auffällig im oberen Stockwerk des Generalkommandos herumtrieb . . . Er wurde beauftragt, zunächst diesem Verdacht nachzugehen. Er führte ein Gespräch mit Kurt Gerstein (er war es), und dieser legte sofort ein Geständnis ab. Die Angelegenheit konnte ohne größeres Aufsehen beigelegt werden."[10]

Dieser Vorfall geschah während der Abwesenheit des Vaters, der als Kommandeur einer Munitionskolonne vom Herbst 1917 bis zum Kriegsende an der Front eingesetzt war. In einem Feldpostbrief vom 19. Dezember 1917 schrieb der Vater an die Mutter:

> „Die Vorfälle mit Kurt sind ernst und von Dir behandelt, wie ich sie wohl behandelt haben würde. Es ist bedauerlich, daß der Hang zum Bösen immer wieder bei ihm zum Durchbruch kommt, trotzdem er sicherlich gute Vorsätze gefaßt hat. Aber Du darfst nicht verzweifeln, vielleicht ist es sogar gut, daß alles das jetzt in die Erscheinung tritt, wo er doch von treuer liebender Hand geleitet wird. Es wird die Zeit kommen, wo er zur Einsicht gelangt."[11]

Daraufhin antwortete die Mutter am 21. Dezember 1917:

> „Kurt log mich sehr frech und anhaltend an. Erst als ich ihm zeigte, daß ich ihn durchschaut hatte, legte er ein Geständnis ab. Ich habe ihn zuerst weidlich verhauen, womit Du hoffentlich einverstanden bist, dann habe ich ihm gesagt, daß ich

8 Die Zeugnisse liegen vor im LkA Bielefeld 5,2 NS Nr. 413, 415, 416.

9 Der Vater war seit Oktober 1914 mit Mobilmachungsangelegenheiten beschäftigt. Erst Ende 1917 wurde seiner wiederholten Bitte um Frontverwendung entsprochen (StA Münster, Personalakten I, Nr. 1850). Der Sohn Ludwig Gerstein (1.11.86–8.10.18) meldete sich nach seinem Abitur gleich zu Beginn des Krieges als Freiwilliger. Im Familienbuch schrieb sein Vater darüber nicht ohne Stolz: „Da es ihm nicht schnell genug ging, ins Feld zu kommen, folgte er Ende 1914 einem Ruf seines Oheims Adolf Gerstein . . ." (Geschichte der Familie Gerstein).

10 Joffroy, Spion (2), 29.

11 Ebd.

Weihnachten nichts von ihm will, als daß er sich bessert, sein Geschenk, das er in vielen Stunden mit Hingabe gearbeitet hat, könne ich nicht nehmen, ehe ich nicht sicher sei, daß er sich ernstlich zu bessern bemüht sei. Die Strafe ist mir fast zu hart, aber nun muß ich mein Wort halten, so schwer es mir wird."[12]

Von Kurt Gerstein wissen wir, daß das Verhältnis zu seiner Mutter zeitlebens ein schlechtes war. Sicherlich war Kurt ein anstrengendes Kind, das die Geduld seiner Eltern auf eine harte Probe stellte. Doch andererseits artikuliert sich gerade in dem herausfordernden und provozierenden Verhalten des kleinen Kurt ein Bedürfnis nach Aufmerksamkeit und Anerkennung, das angesichts der großen Kinderschar und der Ereignisse des Krieges hinter anderem zurückstehen mußte.

Zum schwierigen Verhältnis zwischen Kurt und der Mutter äußerte sich der spätere Neuruppiner Schulfreund Martin Günther:

> „Seine Jugend war an tiefen Schatten reich. In einer zahlreichen Geschwisterschar fühlte er sich einsam. Es schien, als sei er nicht recht dazugehörig. Seine Mutter brachte kein Verständnis für ihn auf. Ich selbst sah sie immer mit Kurts Augen und deshalb ist es mir verwehrt, zu sagen, wie sie wirklich war. Ich empfand stets etwas Furcht vor ihr, weil ich wußte, wie schrecklich Kurt unter ihr litt. Aber ich halte es für möglich, daß auch sie nicht glücklich im Zusammenleben mit dem Sohne war. Es gab eine Zeit, in der Kurt sein Zimmer nur mittels einer Strickleiter durch das Fenster verließ, während die Tür verrammelt blieb."[13]

Im Herbst 1918, kurz vor dem Ende des Krieges, fiel der Bruder Ludwig bei Kämpfen in der Nähe von Cambrai. So trat neben die Niedergeschlagenheit über den verlorenen Krieg die Trauer über den Tod Ludwigs. Der Vater ließ auf den Gedenkstein seines Sohnes den Spruch setzen: „Sage niemals, daß die Gerechten tot sind."[14]

Die Mutter verwand den Tod des ältesten Sohnes nur schwer, da sie ein inniges Verhältnis zu ihm hatte. Angesichts der Trauer der Mutter und der Verklärung des Heldentodes des Bruders Ludwig wird die Anerkennung, die der kleine Kurt für sich beanspruchte, so manches Mal versagt geblieben sein.[15]

12 Ebd.

13 So in einem Brief an Martin Niemöller vom 21.6.49 (Zentralarchiv der Evangelischen Kirche von Hessen-Nassau [ZAdEKHN], Bestand 62/3210).

14 So Ludwig Gerstein in einer Rede vom 4.8.1922 in Marburg anläßlich der Einweihung des Gedenksteines für die Gefallenen des Corps Teutonia. Dort heißt es u. a.: „Auf Deinem Gedenkstein, lieber Ludwig, werden die Worte stehen: . . . Sage nicht, daß die Guten tot sind! Nein, Ihr lebt weiter in Euren Taten, Ihr lebt weiter in dem edlen Streben, in den Idealen, für die Ihr gelebt, gestritten und gelitten habt, für die Ihr in den Tod gegangen seid." Der Text der Rede findet sich in: Geschichte des Corps Teutonia zu Marburg von 1905–1936, Schwerin 1937, 193 ff. (Ein Exemplar der Corpsgeschichte befindet sich im LkA Bielefeld 5,2 AS Nr. 4 Fasc. 1). Zum Tode Ludwig Gersteins siehe auch die Todesanzeige für ihn in der Saarbrücker Zeitung vom 16.10.1918 (LkA Bielefeld 5,2 NS Nr. 405) und im Familienbuch die Seiten 69–76 und 173–196.

15 Ebd., 65–67. Über ihren Sohn Ludwig, „ihr sonnigstes Sonntagskind", schrieb die Mutter einige Erinnerungen nieder, die unter dem Titel „Unser Ludwig" im Anhang des Familienbuches auf S. 173–196 abgedruckt sind. Für das Verhältnis zwischen Kurt und der Mutter ist es wohl bezeichnend, daß sich darin über Kurt – im Gegensatz zu den anderen Geschwistern – keine persönliche Bemerkung findet.

Neben der Trauer um den gefallenen Sohn brachte das Kriegsende eine weitere Veränderung. Der Vater bat um Versetzung aus Saarbrükken, da er eine Ausweisung durch die französische Besatzungsmacht befürchtete. Möglicherweise waren aber Konflikte mit seinem Vorgesetzten der wirkliche Grund für das Versetzungsgesuch.[16]

b. Halberstadt

Der dreizehnjährige Kurt wechselte von der Untertertia des Ludwigsgymnasiums in die Obertertia des Staatlichen Domgymnasiums in Halberstadt. Doch auch hier zeigte er sich als ein Schüler, der es seinen Lehrern nicht leicht machte. Sein Betragen wurde immer häufiger getadelt. Es finden sich Kommentare wie: „Er wurde wegen Störung und Verschmutzung der Bänke mit Tinte im Klassenbuch notiert; wegen seiner ungehörigen Kritik mit einer Stunde Arrest bestraft."[17] Ein anderes Mal wird vermerkt, er habe staatliches Eigentum beschädigt, indem er durch eine Tischplatte ein daumengroßes Loch gebohrt habe. Die zur Strafe verhängten Einschlußstunden im Karzer trat Kurt des öfteren nicht an. Auch scheute er sich nicht, seine Lehrer öffentlich zu kritisieren.[18] Seine Leistungen in Fächern wie Griechisch, Mathematik und Geschichte fielen in dieser Zeit deutlich ab. Doch wäre es falsch, aufgrund der schlechten schulischen Leistungen auf eine mangelnde intellektuelle Begabung zu schließen. Kurt machte vielmehr auf Mitschüler und Lehrer den Eindruck eines aufgeweckten und sehr intelligenten Jungen, der die schulische Situation und die Autorität der Lehrer nicht allzu ernst nahm.[19] Als er einmal zum Nachsitzen am späten Nachmittag in die Schule bestellt war, mietete er sich eine Droschke und fuhr hutschwenkend an dem Lehrer Schinke vorbei, unter dessen Aufsicht er die Strafe verbüßen mußte.[20] Studienrat Gerhard Schinke berichtete über seinen Schüler:

> „Viel besser war es, Unfug zu machen und den Unterricht zu stören, und das tat er ausgiebig ... Die Folge war, daß er immer sehr schlechte Zeugnisse erhielt,

16 Gerstein begründete gegenüber seinem Vorgesetzten sein Versetzungsgesuch mit dem Hinweis, er fürchte eine Ausweisung aus dem Saargebiet wegen seiner Tätigkeit beim Generalkommando, wie sie im Falle eines Kollegen tatsächlich ausgesprochen worden war. Gegenüber dem zuständigen Oberlandesgerichtspräsidenten in Köln versicherte Gersteins Vorgesetzter jedoch, Gerstein drohe von französischen Behörden keine Ausweisung. Offenbar war das Verhältnis zwischen Gerstein und seinem Vorgesetzten gespannt, denn dieser stellte ihm – anders als der Vorgänger – ein schlechtes Zeugnis aus und verwies auf häufigere Verfahrensfehler (StA Münster, Personalakten I, Nr. 1850).

17 So im Zeugnis der Untersekunda (LkA Bielefeld 5,2 NS Nr. 415).

18 So in einer Mitteilung des Staatlichen Domgymnasiums Halberstadt vom 16.11.1920 (LkA Bielefeld 5,2 NS Nr. 415c).

19 So in der Mitteilung des Staatlichen Domgymnasiums Halberstadt vom 26.6.1920 (LkA Bielefeld 5,2 NS Nr. 415c).

20 So der Lehrer Schinke in einem Brief vom 10.9.1965 (LkA Bielefeld 5,2 AS Nr. 2 Fasc. 1).

sowohl in den wissenschaftlichen Fächern wie in seiner Führung. Das bekümmerte ihn aber gar nicht. Man hatte im Gegenteil den Eindruck, daß ihn die ungünstige Beurteilung noch amüsierte. Wir Lehrer bedauerten dies sehr. Denn es blieb uns nicht verborgen, daß er ein hochbegabter Junge war, der bei einigem guten Willen zu den besten Schülern gehört hätte."[21]

Wen wundert es, wenn Kurts Verhalten auch im Konfirmandenunterricht von der Art war, daß der Pfarrer ernstliche Bedenken hatte, diesen Flegel zu konfirmieren. Daraufhin bekam er zusammen mit seiner Schwester Annemarie privaten Konfirmationsunterricht und wurde ein Jahr später als die anderen seines Jahrganges konfirmiert.[22] Sein Konfirmationsspruch aus Kol 3,23 lautete: „Was immer ihr tut, das tut von Herzen, wie etwas, das für den Herrn geschieht und nicht für Menschen." Diesen Konfirmationsspruch wählte er später mit seiner Frau auch als Trauspruch.[23]

c. Neuruppin

Mit der Berufung des Vaters als Landgerichtspräsident nach Neuruppin wechselte Kurt zur Obersekunda erneut die Schule. Die letzten drei Schuljahre verbrachte er auf dem Friedrich-Wilhelm-Gymnasium zu Neuruppin. Über diesen Schulwechsel schrieb er rückblickend: „Mit schwersten Minderwertigkeitskomplexen und mit einer grenzenlosen inneren Unsicherheit folgte ich 1½ Jahre später meinem Vater bei dessen Versetzung als Landgerichtspräsident nach Neuruppin. Ich wurde sofort auf der Schule zum Gespött der Leute und habe zwei unsäglich schwere Jahre verlebt."[24] Was er selber als die schwersten Jahre seiner Schulzeit erlebte, schlug sich in seinen Zeugnissen darin nieder, daß nun jeder Hinweis auf sein ungehöriges Betragen fehlte und sogar die in dieser Sparte bisher unbekannte Note „gut" auftauchte. Trotzdem häuften sich in den anderen Fächern die mangelhaften Leistungen, so daß seine Versetzung manches Mal gefährdet erschien. Doch bis zur Prima hatte er sich soweit gefangen, daß seine Versetzung kein Problem mehr darstellte. Darüber hinaus engagierte er sich in der Oberprima als Klassensprecher und arbeitete maßgeblich an der Abiturzeitung mit. Der Sohn des damaligen Rektors Hermann Elß erinnert sich daran, wie Gerstein in dieser Abiturzeitung einen der Lehrer derart treffend und zugleich doch auch verletzend aufs Korn nahm, daß dieser bei den Abiturfeierlichkeiten der folgenden Jahrgänge auf eine Teilnahme ver-

21 Ebd.
22 Ebd. Lehrer Schinke berichtet darüber. Ein Auszug aus dem Kirchenregister Halberstadt befindet sich im LkA Bielefeld 5,2 NS Nr. 79.
23 Zur kirchlichen Trauung siehe LkA Bielefeld 5,2 NS Nr. 279b.
24 So in einem Brief an Alfred Bensch, den Bruder seiner späteren Frau, vom 6.3.1934 (LkA Bielefeld 5,2 NS Nr. 65a).

zichtete.[25] Neben der Schule engagierte sich der Oberprimaner Kurt Gerstein auch im Ruderklub des Friedrich-Wilhelm-Gymnasiums. Zusammen mit einigen anderen Ehemaligen verschickte er Rundbriefe an ehemalige Schüler, die über den Ruderklub des Gymnasiums noch mit diesem verbunden waren.[26]

Offensichtlich führte Gerstein auch während seiner Studienzeit, die er ab dem Sommersemester 1928 in Berlin verbrachte, Ruderfreizeiten mit jüngeren Schülern des Gymnasiums durch. Der Vater eines jüngeren Schülers bedankte sich in einer Postkarte für das finanzielle Engagement Gersteins, mit welchem dieser eine Fahrt mit dem Gymnasialvierer durchgeführt habe. Der Vater erwähnt dankbar den guten Einfluß, den Gerstein auf seinen Sohn ausgeübt habe.[27]

d. Gersteins Schulzeit im Rückblick

Es müssen diese letzten Schuljahre in Neuruppin gewesen sein, in denen Kurt Gerstein in Kontakt mit christlichen Kreisen kam. Aus dem Komiker und Spötter, aus dem genial-verrückten „Marabu", wie ihn die anderen Schüler nannten, wurde im Übergang von der Schule zum Studium ein junger Mann, der sich zunehmend mit großem Ernst für andere und für seine Überzeugungen einzusetzen begann.

Zwei Personen sind mit Sicherheit wichtige Stationen auf diesem Weg gewesen. Über seinen Freund Martin Günther, den Sohn des Neuruppiner Superintendenten, bekam er Kontakt zu den Schülerbibelkreisen und fand dort eine Anerkennung und ein Verständnis, das ihm in seiner Persönlichkeitsentwicklung weiterhalf. Über den Schüler Kurt Gerstein schrieb Günther später in einem Brief an Martin Niemöller:

> „Er kam auf Einfälle, die an Tollheit nicht mehr zu überbieten waren. Er existierte eigentlich nur noch von den ‚mildernden Umständen', die man seiner Exzentrizität, seinem Witz und dem unbestreitbar Genialen in seinen Einfällen zubilligte. Fast niemand nahm ihn wirklich ernst. Die einen hielten ihn für einen unfreiwilligen Komiker. Er wollte dies auch bis zu einem gewissen Grade und litt dennoch schwer darunter. Er rang um Anerkennung tieferer Art. Er meinte zumeist ganz etwas anderes, als worum er sich zu bemühen schien. Hinter allem stand ein um Verständnis flehendes, für die richtige Entfaltung seiner so besonderen Eigenart viel zu wenig geliebtes Herz."[28]

Im Jahre 1925 zog die Familie von Neuruppin nach Hagen, wohin sich der Vater auf eigenen Wunsch hatte versetzen lassen, als in Hagen das

25 So Eberhard Elß im Gespräch mit dem Verfasser am 9. 7. 86.
26 LkA Bielefeld 5,2 NS Nr. 281.
27 Brief von Dir. Müller vom 29.5.1929 (LkA Bielefeld 5,2 NS Nr. 287).
28 Brief von Martin Günther an Martin Niemöller vom 21.6.49 (ZAdEKHN 62/3210).

Amt des Landgerichtspräsidenten neu zu besetzen war. In Neuruppin war die Wohnungssituation derart angespannt, daß die Stadt dem Landgerichtspräsidenten keine angemessene Wohnung verschaffen konnte. Die Gersteins wohnten daher vier Jahre in einer Arztwohnung der dortigen Landesirrenanstalt, die sie nach kurzer Übergangszeit wieder hätten freigeben sollen.[29] In Hagen begegnete Kurt Gerstein dem Hagener Jugendpfarrer Theodor Noa, der Gersteins Frömmigkeit nachhaltig geprägt hat.

Werner Koch lernte den nur wenige Jahre älteren Gerstein im Kreise des Jugendpfarrers kennen. Er schildert Noa als einen eingefleischten Deutschnationalen und berichtet über Noas Arbeit als Jugendpfarrer: „In seinen zutiefst an unser Gewissen rührenden sog. WEISS-KREUZ-ANDACHTEN hatte Jugendpfarrer Theodor Noa (‚P. N.') uns Jungen in der Krise der Pubertät immer wieder die bis ins Mark erschütternde Frage gestellt: ‚Wisset ihr nicht, daß euer Leib ein Tempel des Heiligen Geistes ist?' (1. Kor 6,19 und Parallelen). Dabei muß man wissen: der ebenso wort- wie stimmgewaltige P. N. konnte wie kaum ein anderer auf der Klaviatur der pubertären Gefühle der Großstadtjugend spielen. ... Ein Fünftel der gesamten höheren Schülerwelt der Großstadt Hagen stand unter seinem Bann. Gerstein und er waren verwandte Naturen."[30]

Im Hinblick auf Gerstein äußerte Koch gegenüber dem Gerstein-Biographen Joffroy: „Von Pastor Noa hat er [gemeint ist Gerstein, JS] diesen moralischen Rigorismus – etwa in Fragen der Sexualmoral – und seinen Bekehrungseifer übernommen."[31]

In der Tat scheint der Hagener Jugendpfarrer Noa bei Kurt Gerstein einen prägenden Eindruck hinterlassen zu haben. Denn nach dem Weggang Noas aus Hagen hat Kurt Gerstein einige der Funktionen Noas sozusagen ehrenamtlich übernommen. Vor allem aber wird Gerstein in den kommenden Jahren im Bereich der Jugendfürsorge aktiv sein. Er wird, nach dem Vorbild Noas, sich um die Erziehung von Jugendlichen aus schwierigen Verhältnissen kümmern und sie als „Pflegekinder" in seinen Haushalt aufnehmen.[32]

Aufgrund dieser Prägung durch Pfarrer Noa war Gerstein in späteren Jahren in der sexualpädagogischen Arbeit aktiv und verfaßte mehrere jugenderzieherische Schriften. In einem seiner Aufsätze gibt Gerstein

29 Siehe hierzu das Schreiben des Landesdirektors der Provinz Brandenburg an Gerstein vom 28.5.1924 und das Schreiben von Gerstein an den Kammergerichtspräsidenten vom 30.8.1924 in der Personalakte I, Nr. 1850 im StA Münster.

30 Werner Koch im Schreiben an den Verfasser vom 26.1.1987 (Handakten des Verf.).

31 Joffroy, Spion (2), 35.

32 U. Hörsch/A. Stötzel, Theodor Noa (1891–1938), Siegen 1991, 90 ff. Hier wird Noas Tätigkeit in Hagen beschrieben.

uns einen Einblick in die inneren Nöte und die religiöse Sozialisation des Schülers Kurt Gerstein.[33]

Im Rückblick auf seine religiöse Sozialisation erinnert er sich an seinen Religionsunterricht in der Volksschule, wovon ihm die Belehrung über das 6. Gebot „Du sollst nicht ehebrechen" in fester Erinnerung geblieben ist:

> „In der Volksschule hatten wir einen sehr feinen Religionsunterricht. ... Ich selbst habe aus dem Ernst, mit dem mir damals mein Lehrer in der Volksschule das 6. Gebot wie die andern Gebote vor Augen gestellt hatte, und aus dem uns zutiefst von Gott eingepflanztem Unterscheidungsvermögen für Gut und Böse hier sehr bald so einigermaßen die Grenze zwischen Erlaubt und Unerlaubt herausgespürt."[34]

Seine religiöse Erziehung führte er rückblickend weniger auf die eigene Familie zurück als auf ein katholisches Kindermädchen, welches dem jungen Kurt so etwas wie ein Vorbild gelebter Frömmigkeit und religiöser Ernsthaftigkeit gewesen ist. So entwickelte er schon als Kind einen ausgeprägten religiösen Ernst, mit dem er innerhalb der Familie eigene Wege ging:

> „Meine Familie konnte mir in religiöser Beziehung nicht eben viel mitgeben. Es wurde fast nie von Gott gesprochen. Ich hatte aber irgendwo gelernt, für mich bei Tisch zu beten und nahm insbesondere mein Abendgebet sehr ernst. In einem durch und durch blutlosen und nur formalen Religionsunterricht an der höheren Schule blieb der Hunger, der ganz tief in mir lag, ungestillt. Den Weg zur Kirche zeigte mir niemand. Ich hätte ihn auch von mir aus nicht gesucht, schon weil ich den Spott meiner nächsten Umgebung und meiner Kameraden tödlich gefürchtet hätte."[35]

Mit beginnender Pubertät drohte der junge Kurt von Schuldgefühlen überwältigt zu werden. In der prüden Atmosphäre der ausklingenden wilhelminischen Epoche blieb ihm die Geschlechtlichkeit lange ein „schmutziges Geheimnis". Er schrieb dazu:

> „Nie hat jemand bis zu meinem 17. oder 18. Lebensjahr anständig oder vernünftig mit mir über Vater und Mutter und das Werden des Menschen gesprochen, so daß in meiner Geistesauffassung die Begriffe Huren und Zeugen gefährlich nahe beieinander lagen. ... Erst verhältnismäßig spät ... erfuhr ich, daß mit diesen ‚Scheußlichkeiten', wie ich damals dachte, das Verhältnis von Vater und Mutter und das Werden des Menschen zusammenhängen sollte."[36]

33 Dieser Aufsatz erschien unter dem Titel „Im Kampf um Ehre und Reinheit" in dem von Gerstein herausgegebenen und vertriebenen Heft „Um Ehre und Reinheit", hier und im folgenden zitiert nach Ausgabe A, ²1937.

34 Das in der Zählung des lutherischen Katechismus sechste Gebot des Dekalogs (Ex 20, 2–17) „Du sollst nicht ehebrechen" verbietet sexuelle Beziehungen zu einer verheirateten oder verlobten Frau. Aber schon für Luther „ist dies Gepot auch wider alle Unkeuschheit gestellet, wie man sie nennen mag, und nicht alleine äußerlich die Tat verpoten, sondern auch allerlei Ursach, Reizung und Mittel, also daß Herz, Mund und der ganze Leib keusch sei ..." (Die Bekenntnisschriften der evangelisch-lutherischen Kirche, Göttingen ¹⁰1986.)

35 Um Ehre und Reinheit, 13.

36 Ebd.

So litt er unter den zweideutigen Anspielungen anderer Mitschüler über die große Kinderzahl der Gersteins und entwickelte gegenüber den eigenen sexuellen Regungen starke Schuldgefühle, aus denen er selbst keinen Ausweg fand:

> „Ich habe damals noch nicht gewußt", schrieb er später, „daß man über das Werden des Menschen in anderer Weise als gemein oder heimlich wie über etwas Verbotenes oder im höchsten Grade Peinliches sprechen könnte. Es wäre mir ausgeschlossen erschienen, darüber einen älteren Menschen zu fragen, und von sich aus hat keiner mit mir darüber gesprochen, so sehr ich das auch herbeigesehnt habe, weil ich in beständiger Gefahr war, in diesem inneren Wirrwarr völlig Ziel und Richtung zu verlieren. ... Ich nahm gerade wegen meiner Schuld, die zum Teil auf dem Gebiet des 6. Gebotes lag, an, mir sei doch nicht mehr recht zu helfen und bemühte mich, los von Gott zu kommen und mir einzubilden, es gebe keinen Gott. Denn das war die einzige Möglichkeit, in diesem Zustande weiterzuleben, aus dem ich keinen Ausweg wußte. Ich begann alles ‚Religiöse' zu hassen und zu bekämpfen, weil es mich auf diesem Wege unsicher machen konnte. Aber so sehr ich mich mühte: es ist mir gerade in diesem Zustande scheinbarer Gottlosigkeit nicht gelungen, Gott zu fliehen. Ich erlebte damals Gott von seiner furchtbaren Seite im Sinne des Bibelwortes: Schrecklich ist es, in die Hände des lebendigen Gottes zu fallen."[37]

In dieser schwierigen Entwicklungsphase sah Gerstein sich weitestgehend auf sich selbst gestellt und hatte mit schweren Minderwertigkeitsgefühlen zu kämpfen. Erst durch seinen Freund Martin Günther bekam er gegen Ende seiner Schulzeit Kontakt zu christlichen Schülerkreisen.[38] Zuvor hatte er den am Friedrich-Wilhelm-Gymnasium in Neuruppin vorhandenen Schülerbibelkreisen distanziert gegenübergestanden. Er schrieb darüber:

> „Zugleich sah ich mit einem gewissen Neid auf die ‚Frommen', denen nach meiner Meinung in der ‚Sicherheit' ihres Glaubens alle diese Kämpfe und diese Verzweiflung erspart blieben. Vor allem hatte ich Achtung vor manchen Kameraden aus dem Bibelkreise, nicht nur, weil sie so fröhlich waren, sondern weil ich mir ihren Glauben und ihre Reinheit gewünscht hätte. Aber bei meiner ganz anderen Einstellung als ‚Gegner der Religion' luden sie mich zu ihren Veranstaltungen niemals ein, wie sie überhaupt kaum werbend an andere herantraten. Von mir aus darum zu bitten, hätte ich nicht gewagt. Denn ich hätte mich vor meinen Kameraden zu sehr geschämt, auch nur eine fromme Regung zu besitzen."[39]

So sehen wir Gerstein in seiner Schulzeit abseits der frommen Kreise, allein mit sich und seinen inneren Konflikten, in die er niemanden hineinschauen ließ. Nach außen war er der aufsässige Schüler, der sich herausnahm, seine Lehrer zu kritisieren und vorzuführen. Doch hinter die-

37 Ebd.

38 Martin Günther äußerte sich in Briefen vom 4.6.49 und 21.6.49 an Martin Niemöller über Kurt Gerstein (ZAdEKHN 62/32/10).

39 Um Ehre und Reinheit, 14.

ser Fassade des schlagfertigen und ideenreichen Störenfrieds verbarg sich ein sensibles Gewissen, ein nach Anerkennung und Wahrhaftigkeit hungernder Mensch. So sehr er in seinen Taten die elterliche und schulische Autorität herausforderte und sich über sie lustig machte, so sehr sehnte er sich nach einer Autorität, der man glauben und der man sich getrost unterstellen könne.

War sein fortlaufendes Aufbegehren ein Reflex auf zuwenig Zuwendung, auf mangelndes Verständnis, das man ihm entgegenbrachte? War sein Drang zur Karikatur von Autoritäten ein Protest gegen die familiäre Fassade bürgerlicher Rechtschaffenheit?

Wie auch immer diese Fragen zu beantworten sein werden, fest steht, daß Kurt Gerstein im Glauben an Gott zu der Autorität findet, die er anerkennt und der er sich unterstellt. Er sucht nicht nur im Glauben einen Halt, sondern er findet ihn in einer solch überzeugenden Art und Weise, daß er mit der gleichen Leidenschaft, mit der er als Komiker und Spötter hervortrat, sich nun für das von ihm als wahr Erkannte einsetzen wird.

3. Die Studienzeit in Marburg, Aachen und Berlin

Nachdem Kurt im Frühjahr 1925 die Abiturprüfung erfolgreich abgelegt hatte, entschied er sich für eine Berufslaufbahn als Bergingenieur. Damit wählte er als einziger unter den Brüdern einen technisch-naturwissenschaftlichen Beruf.[40] Eine Berufslaufbahn im Bergfach hatte in der Gersteinschen Familie neben der Juristenlaufbahn ebenfalls Tradition. Ein Max Gerstein aus einer Seitenlinie der Gersteinschen Sippe war 1927 zum Ersten Bergrat des neuentstandenen Bergreviers Dinslaken ernannt worden. Ein weiterer Verwandter war als Jurist 1881 Direktor des Märkischen Knappschaftsvereins in Bochum geworden und war wegen seiner Verdienste für den Bergbau mit dem Titel Bergrat geehrt worden. Auch in der engeren Verwandtschaft sowohl des Vaters als auch der Mutter waren einige Verwandte in führender Stellung im Bergbau tätig.[41]

Gleich nach dem Abitur meldete sich Gerstein als Bergbaubeflissener beim Oberbergamt Dortmund und absolvierte im April und Juni 1925 ein Praktikum auf der Kaligrube Wittekind in Volprickhausen bei Hannover, wo er am 1. April zur ersten Grubenfahrt einfuhr.[42] Als Student

40 Von den fünf Brüdern studierten vier Jura und einer Nationalökonomie.

41 Die Beziehungen der Familie Gerstein zum Bergfach sind dargestellt in: Walter Serlo, Westdeutsche Berg- und Hüttenleute und ihre Familien, Essen 1938, 245–249.

42 Angaben aus dem Personalbogen für die Saargrubenverwaltung vom 13.6.1936 [Handakten des Verf.].

immatrikulierte er sich in Marburg, wo er zunächst die Fächer Mathematik und Jura belegte. Es ist nicht ganz klar, ob Kurt in Marburg lediglich die Zeit bis zum Erhalt eines Studienplatzes an der Technischen Hochschule Aachen überbrückte, oder ob er in seiner Berufsentscheidung noch unsicher war und sich erst orientieren wollte.[43] Die Wahl Marburgs als Studienort ging auf jeden Fall auch auf den Wunsch des Vaters zurück, der Kurt zum Eintritt in die studentische Corporation Teutonia bewegen wollte, in der sowohl der Vater als auch die Brüder Mitglieder waren. Offenkundig fügte sich der Sohn nur zögernd dem Wunsch des Vaters, wurde aber zu dessen Bedauern nie volles Corporationsmitglied. Der Vater selbst hielt beim 100jährigen Stiftungsfest der Verbindung vom 1. bis zum 5. August 1925 in Marburg die Festrede.[44]

a. Studentische Existenz im Corps Teutonia

Das Corps Teutonia war stark deutschnational geprägt. Der nach dem Ersten Weltkrieg verstärkt aufkommende Antisemitismus fand hier schon 1920 seinen Niederschlag, als auf dem Kösener Kongreß die Aufnahme von Juden verboten wurde. Die Beschlüsse zeigten eine doppelte Richtung: gegen undeutschen Geist und gegen Juden. Schon im darauffolgenden Jahr präzisierte man den Vorjahresbeschluß dahingehend, daß allein die rassische Abstammung, nicht aber die Religion das entscheidende Kriterium für einen Ausschluß sei. Von dieser Regelung waren allerdings alle Corpsmitglieder ausgenommen, die Beschränkungen galten also nur für Neuaufnahmen. Ein Jahr nach Kurts Beitritt wurden die Aufnahmebedingungen noch einmal dahingehend verschärft, daß ein zukünftiges Mitglied weder unter den Eltern noch den Großeltern ein jüdisches Familienmitglied haben durfte, wobei in Zukunft auch keine Rücksicht auf die Corpszugehörigkeit des Vaters genommen werden sollte.

Gerade die Einführung des Arierparagraphen durch die Nationalsozialisten sollte später zur Auflösung des Corps führen, da man bei aller Judenablehnung doch nicht bereit war, jüdische Mitglieder nachträglich auszuschließen.[45]

Kurt Gerstein fühlte sich in dieser Umgebung nicht wohl. Aber er mußte sich hier der Familientradition beugen und Corpsstudent werden. Doch das Burschenschaftsleben mit seinen starren Regeln und

43 Eine Studentenakte der Universität Marburg existiert nicht. Aus den vorhandenen Unterlagen geht lediglich hervor, daß Gerstein vom 3.11.1925 bis zum 6.5.1927 in Marburg immatrikuliert war. Er studierte zunächst Mathematik und war seit dem 3.6.26 im Fach Jura eingeschrieben (Schreiben des Hessischen Staatsarchivs Marburg an den Verfasser vom 19.2.1990).

44 Geschichte des Corps Teutonia, 132 (LkA Bielefeld 5,2 AS Nr. 4 Fasc. 2).

45 Ebd.

Bräuchen und den dazugehörigen Exzessen war nichts für den Einzelgänger Kurt Gerstein. Über die Corpszeit schrieb er später:

„Ich bin dieser Verbindung für vieles in der äußeren und inneren Erziehung nachhaltig dankbar und erkenne gerne an, daß ein großer Teil meiner Bundesbrüder nette und ordentliche Kerls waren. Aber hier habe ich zum ersten Male erkannt, daß es eine zusammengeballte Macht des Bösen, daß es so etwas gab wie einen Teufel. In der ganzen Hemmungslosigkeit, die durch einen übermäßigen und häufigen Alkoholgenuß gefördert wurde, herrschte der Geist der Frechheit, der Lästerung und der Zote. Natürlich waren die meisten Kameraden, als sie das Elternhaus verließen, keine Engel mehr. ... Viele, viele Kameraden kamen mit den besten Absichten. Aber wie der Schmelztiegel des Hehlers das Silbergefäß bis zur Unkenntlichkeit zerstört, so versanken viele gute Wünsche, viel heißes Wollen in Bierdunst, Zigarettenrauch und Zote. ... Zum ersten Male erkannte ich, daß ganz allgemein der Mensch von Natur nicht gut ist, sondern aus dem Ebenbild ein Zerrbild Gottes geworden war. Während dieser Zeit habe ich an den jungen Kameraden, die da ihren gesellschaftlichen Schliff bekamen und wirklich viel Brauchbares und Nützliches lernten, die Wahrheit des Wortes erlebt: ‚Was hülfe es dem Menschen, wenn er die ganze Welt gewönne und nähme doch Schaden an seiner Seele?‘ Und zugleich spürte ich, daß ich nicht nur für mich, für meinen Kampf und meine Erlösung zu sorgen hatte, sondern es kam mir im Gedenken an meine jungen Kameraden die brennende Frage: Wo ist dein Bruder?“[46]

Es ist Gersteins moralischer Rigorismus, der in seiner Schilderung hervorsticht. Seine idealisierte Vorstellung von Reinheit und wahrhaftiger Haltung stand im krassen Gegensatz zu der Wirklichkeit des Burschenschaftslebens. Man vermag in diesen Äußerungen kaum noch das Enfant terrible zu entdecken, das Gerstein in seiner Kinder- und Jugendzeit zweifellos gewesen ist. Es drängt sich der Eindruck auf, als habe er die Seiten gewechselt: vom Störenfried und Klassenkasper zum moralischen Rigoristen.

So lebte er in seiner Studentenzeit mit einem inneren Konflikt:

„Je unheiliger die Sphäre war, desto ernster habe ich versucht, dieser Umgebung wenigstens innerlich zu entfliehen. Ich mußte mich der Bundeszucht fügen; so kam es vor, daß ich nachts um 3 Uhr oder 4 Uhr von der Kneipe kam und dann – gleichsam als wollte ich mit dem verräucherten Anzug auch die schmutzigen Hüllen von meiner Seele ablegen – mit einem großen Hunger meine Bibel las. Sonntags ging ich in die Kirche, nicht um ‚fromm‘ zu sein, sondern einfach weil ich es nötig hatte.“[47]

Als Gerstein gegen Ende seines Studiums im Jahre 1930 seine kritische Haltung zum Corporationsleben in einem Beitrag mit dem Titel „Aktivität oder Nichtaktivität“ in der Bibelkreis-Zeitung „Neue Jugend“ veröffentlichte, kam es sogar zu seinem vorübergehenden Ausschluß aus dem Corps Teutonia.[48]

46 Um Ehre und Reinheit, 17.
47 Ebd.
48 LkA Bielefeld 5,2 NS Nr. 505.

In seinem Beitrag hatte er am Corporationswesen die Unsitte des Trinkzwanges beklagt und die sittliche Verwilderung des Burschenschaftslebens kritisiert, das zwar vorgab, hohe Ideale zu verwirklichen, in der Praxis diese jedoch vermissen ließ. Von daher riet er „schwachen Naturen“ von einem Corporationseintritt ab. Des weiteren kritisierte er, daß für den Eintritt eines jungen Studenten in die Corporation die Corpszugehörigkeit des Vaters im allgemeinen entscheidend sei und von daher keine freie Entscheidung vorliege. Dem Ausschluß aus dem Corps trat Gerstein – nicht zuletzt auf Druck des Vaters – mit einer Verteidigungsschrift entgegen, in der er die Unbegründetheit des Ausschlusses nachwies. Er wurde daraufhin wieder in das Corps aufgenommen.[49]

Am Antisemitismus des Corps nahm Gerstein offenbar keinen Anstoß, es liegt jedenfalls keine Äußerung darüber vor.

b. Engagement in den Schülerbibelkreisen

Nachdem er zum Sommersemester 1926 an die Technische Hochschule Berlin gewechselt hatte, wo er aber nur ein Semester lang blieb, ging er zum Wintersemester 1926/27 an die Technische Hochschule in Aachen. Nach drei Semestern wechselte er wieder nach Berlin, wo er bis zum Diplomingenieurexamen am 25. Juni 1931 blieb. In der Aachener und Berliner Zeit engagierte er sich in christlich orientierten Studentenkreisen. Auch hier eckte er immer wieder an. Trotz seiner rigorosen Einstellung zum Alkoholkonsum scheute er sich nicht, in einer Verkleidung am Karneval teilzunehmen. Die Folge war, daß er seine Arbeit im Aachener Bibelkreis niederlegen mußte.[50]

In Berlin war er dann sogar B.K.-Kreisleiter und hatte Kontakt zu CVJM-Kreisen. Über die Deutschchristliche Studentenvereinigung (DCSV) schrieb er später: „In der D.C.S.V habe ich diese (Gemeinschaft, JS) nicht in dem Maße gehabt, weil die Leute zu problematisch und zu wenig hungrig waren. Das Niveau war vielleicht oft zu hoch für mich.“[51] Stärker als zur mehr akademisch geprägten DCSV-Arbeit zog es ihn in die Kreise jüngerer und einfacher Menschen, wie er sie in Hagen im Mitarbeiterkreis des Jugendpfarrers Theodor Noa fand. Dort fand er als verantwortlicher Mitarbeiter ein Betätigungsfeld in der Jugend- und Bibelkreisarbeit, das seinen eigenen Neigungen und Bedürfnissen entsprach. Wie sehr er in der Hagener Jugendarbeit Fuß faßte, wird daran deutlich, daß die Verwaltung und Leitung des Landheimes in

49 LkA Bielefeld 5,2 AS Nr. 2 Fasc. 1.
50 So im Brief an Alfred Bensch vom 6.3.34 (LkA Bielefeld 5,2 NS Nr. 65a).
51 Ebd.

Berchum nach dem Weggang Noas im Jahre 1928 auf Kurt Gerstein übertragen wurde.[52]

Gerstein war in hohem Maße ein auf Aktivität drängender Mensch. In seinen pädagogischen Schriften schrieb er 1937:

> „Unser Leben bringt uns fortgesetzt in Verbindung mit der Welt, wie sie geworden ist. Wir stehen ihr niemals tatenlos, sondern höchst aktiv gegenüber, fühlen uns mitten in die Verantwortung um sie hineingestellt. Sie ist uns Arbeits- und Wirkungsstätte. Wie richten wir unser Verhältnis zu ihr ein? – Wir sind nicht zu Richtern über sie gesetzt. Aber wir schulden unseren Mitmenschen die Wahrheit von dem lebendigen Gott, der sich nicht spotten läßt, und von dem gekreuzigten Christus, der für unser aller Sünde gestorben ist. Vom Teufel ist das Wort, wir müßten erst einmal selbst sehen, daß wir zurecht kämen."[53]

Aus diesem Verantwortungsgefühl heraus war Gerstein in seiner Studentenzeit im Hinblick auf die von ihm für wesentlich erachteten sittlichen Fragen überaus aktiv. So engagierte er sich besonders in der Frage der Alkoholikerfürsorge.[54] Kennzeichnend für Gerstein war aber sein Kampf gegen „Schmutz und Schund". Auf diesem klassischen Tätigkeitsfeld des „Weißen Kreuzes", dessen Arbeit Gerstein jedoch heftig ablehnte[55], ging er vor allem gegen die in seinen Augen „schmutzige Werbung" für Verhütungsmittel vor. Nach eigenen Angaben riß er in Berlin 120 Sexualplakate ab und übermalte anzügliche Wandschmierereien. Es kam sogar zu einem Strafverfahren gegen ihn, das jedoch eingestellt wurde.[56]

Gersteins religiöses Befreiungserlebnis bezieht sich auf die als „schmutzig" erlebte Geschlechtlichkeit. In diesem Kontext erfuhr er Befreiung von früheren Gebundenheiten und Verklemmungen. Er schrieb darüber:

> „Ich erfuhr, daß unter meine frühere Sünde ein Strich gemacht war. Nicht, daß ich sie vergessen hätte: warnend und mahnend trat sie mir immer wieder vor die Seele. Aber sie hatte keine Macht mehr über mich, nachdem sie mir von Christus vergeben war. Ich lag nicht, wie man das von Christen so sagt, ständig wie ein Knecht am Boden, sondern wie ein Freier, wie ein durch Christus Befreiter stand ich der Welt und den Dingen um mich her gegenüber. Ich habe mir als-

52 R. Gädeke, „Es klingt ein Ruf . . ." Zur Geschichte der Schülerbibelkreise Westfalen, Wetter/Ruhr 1983, 25–28.

53 Um Ehre und Reinheit, 22.

54 Daß Gerstein an der Alkoholproblematik interessiert war, geht nicht nur aus seinem Beitrag „Um Aktivität und Nichtaktivität" hervor, sondern auch aus dem Briefwechsel mit der Reichsarbeitsgemeinschaft für Alkoholnot (ADW Berlin, CA ERBA 59).

55 Gerstein äußerte sich dahingehend beim CA (ADW Berlin, CA 1414 II). In Hagen wohnte er in direkter Nachbarschaft zur Geschäftsstelle des Westdeutschen Sittlichkeitsvereins.

56 Eines der abgerissenen Plakate befindet sich im LkA Bielefeld 5,2 AS Nr. 32/1 Fasc. 2. Es handelte sich dabei um die Ankündigung der „Erotischen Plaudereien von Karlheinz Tiedt und Sonja Ljubinoff". Auf der Rückseite des Plakats findet sich der handschriftliche Vermerk Gersteins: „Dies Plakat hing in Berlin an 500 Litfaßsäulen. Anbei die Antwort an mich von Isidor Weiss. Allerdings wurde ein Strafverfahren gegen mich, weil ich 120 Plakate abgerissen hatte, eingestellt. gez. Gerstein."

dann auch die Freiheit schenken lassen, mich gelöster und unbefangener mit den Beziehungen der Geschlechter, mit dem Geschlechtlichen selbst zu befassen. Nun endlich konnte ich es schauen, als eine große und wunderbare Gabe Gottes, durch die er uns Menschen Anteil gibt an seiner Schöpfertätigkeit, daß wir Mittel und Werkzeug werden zu ständiger Neuschöpfung."[57]

Doch seine veränderte Sicht der Sexualität blieb in rigiden Vorstellungen gefangen. Er wurde zum Eiferer gegen die nun als „schmutzig" empfundene Werbung für Kondome. In seinen Augen stellte die Werbung für solche Schutzmittel einen unverhohlenen Aufruf zur Unzucht dar. Theologisch sah er darin einen zweckrationalen Umgang mit der Geschlechtlichkeit, in welchem Lust und Zeugungsvorgang getrennt würden. Dadurch aber war in seinen Augen die Teilhabe am Vorgang der Schöpfertätigkeit Gottes „rationalisiert, profaniert und seiner letzten Würde und Heiligkeit beraubt". Die damit heraufziehende Zweckmäßigkeitsmoral einer „Familienplanung" griff Gerstein als „materialistisches Handeln in seiner gefährlichsten und widergöttlichsten Form" an.[58]

Diese von Gerstein vertretene Einstellung zum gesellschaftlich weithin tabuisierten Thema der Sexualität war – vor allem in christlichen Kreisen – durchaus verbreitet. Außergewöhnlich hingegen waren die Leidenschaft und das Engagement, mit dem er sich in der Folgezeit mit sexualpädagogischen Fragestellungen befaßte. Sein Vater bezeichnete diese Arbeit später einmal als das „Steckenpferd" seines Sohnes.[59]

4. Gersteins politische Haltung in der Weimarer Republik

Über die politische Einstellung des Studenten Gerstein in der Weimarer Republik ist nur wenig bekannt. Wie schon erwähnt, bezeichnete er sich später als aktiven Anhänger der Politik Stresemanns und Brünings.[60] In einem Brief aus dem Jahre 1938 sprach er von sich als einem der „politisch Ruhigsten"[61]; eine Formulierung, die man vielleicht so deuten darf, daß Gerstein sich nicht zu den aktiven Gegnern der Republik rechnete. Eine gewisse Distanz zur Republik wird man bei Gerstein jedoch annehmen dürfen, wenn er 1930 im Nachruf auf einen ihm aus Neuruppin gut bekannten Arzt abschätzig vom „Regime" sprach, mit dem der

57 Um Ehre und Reinheit, 18 f.
58 Ebd.
59 Brief Ludwig Gersteins an Sohn Kurt vom 8.10.38 (LkA Bielefeld 5,2 NS Nr. 98).
60 So im Gerstein-Bericht. S. die Dokumentation im Kapitel IX, Abschnitt „2. Lebenslauf".
61 So im Brief an Robert Pommer vom November 1938 (LkA Bielefeld 5,2 NS Nr. 35).

in der Alkoholikerfürsorge tätig gewesene Verstorbene sich nicht habe aussöhnen können.[62]

a. Ein Briefwechsel mit der Deutschen Allgemeinen Zeitung

Ein nur unvollständig erhaltener Briefwechsel mit der Deutschen Allgemeinen Zeitung (DAZ) aus den Jahren 1924/25 belegt Gersteins Engagement für die Politik Stresemanns. Von diesem mit dem Verlagsdirektor der DAZ, dem ehemaligen Marineoffizier Hans Humann, geführten Briefwechsel sind leider nur die Antwortschreiben Humanns an Gerstein erhalten. Doch wird daraus deutlich, wie sich Gerstein mit der politischen Orientierung der DAZ beschäftigt hat.[63]

Die Deutsche Allgemeine Zeitung war aus der ehemaligen Norddeutschen Zeitung hervorgegangen, die schon Bismarck als regierungsamtliches Sprachrohr gedient hatte.[64] Seit Juni 1920 befand sie sich im Besitz des Großindustriellen Hugo Stinnes, der zugleich Reichstagsabgeordneter der Deutschen Volkspartei (DVP) war. Unter der Führung von Stinnes kam es zu Spannungen zwischen der Reichsregierung und dem Blatt, welches in innenpolitischen Fragen nun verstärkt auf Oppositionskurs zur Regierungspolitik ging. Am 1. September 1922 kam es sogar zum zeitweiligen Verbot der DAZ. Man einigte sich darauf, daß die DAZ in Zukunft außenpolitisch den Regierungskurs vertreten würde, innenpolitisch aber – bei fairer Darstellung der Regierungsseite – auch eine oppositionelle Haltung einnehmen dürfe. Nach dem Tode von Hugo Stinnes im April des Jahres 1924 geriet der riesige Konzern in Schwierigkeiten und mußte zum Teil verkauft werden. Nachdem seit Juli 1925 die Gerüchte um den Verkauf der DAZ nicht hatten verstummen wollen, kam es im August tatsächlich zum Verkauf an ein Konsortium, hinter dem die preußische Regierung als maßgeblicher Kapitalgeber stand. Über die wahren Besitzverhältnisse gab es in der Folgezeit viele Spekulationen, erst im November 1926 gab die preußische Regierung den ohne Zustimmung des Preußischen Landtages getätigten Kauf zu.

Kurt Gerstein hatte sich in einem Schreiben vom 27. August 1924 an die Redaktion der DAZ gewandt und den Vorwurf erhoben, es habe

62 Der Nachruf auf Franz Hoegg erschien 1930 in der Nr. 3 der Corpszeitung der Borussia Tübingen (LkA Bielefeld 5,2 NS Nr. 417).

63 Es liegen drei Schreiben Humanns an Gerstein (vom 10.9.1924, vom 17.6.1925, vom 14.8.1925) und ein Schreiben von Walther Jänecke vom Hannoverschen Kurier vom 23.7.1925 vor (LkA Bielefeld 5,2 NS Nr. 418).

64 Zur Entwicklung der Deutschen Allgemeinen Zeitung siehe W. G. Oschilewski, Zeitungen in Berlin. Im Spiegel der Jahrhunderte, Berlin 1975, 200–207 und P. de Mendelsohn, Zeitungsstadt Berlin. Menschen und Mächte in der Geschichte der deutschen Presse, Berlin 1959, 229–240.

nach dem Tod des Konzernherrn Stinnes offensichtlich einen Gesinnungswandel in der politisch-redaktionellen Führung des Blattes gegeben. Gerstein warf der Redaktion vor, sie habe sich nunmehr der Deutschnationalen Volkspartei dienstbar gemacht. Wenn auch die Ausführungen Gersteins selbst nicht vorliegen, so lassen sich aus dem Antwortschreiben von Verlagsdirektor Humann vom 10. September 1924 doch in groben Zügen die Vorgänge herauslesen, die Gerstein zu diesem Vorwurf veranlaßt hatten.

Gerstein stimmte nicht mit der von der DAZ erhobenen Forderung überein, die Deutschnationalen an der Regierungsverantwortung zu beteiligen. Bei den letzten Wahlen im Mai 1924 waren die beiden bürgerlichen Mittelparteien DDP und DVP auf insgesamt nur 15 % der Stimmen abgesunken. Die Deutschnationalen (DNVP) hatten ihren Stimmenanteil von 14 % auf 19,5 % steigern können; dagegen waren auch die Deutschvölkischen (Nationalsozialisten) zum ersten Mal (mit 7 %) im Reichstag vertreten.[65] Unter Führung des Zentrumspolitikers Marx war eine sozialdemokratisch tolerierte Minderheitsregierung der bürgerlichen Mitte gebildet worden. Doch nach den Auseinandersetzungen um die Regelung der Reparationsfrage nach dem sogenannten Dawes-Plan wurde der Reichstag schon im Oktober wieder aufgelöst und erneut Wahlen im Dezember durchgeführt.

Gersteins zweiter Vorwurf richtete sich gegen die Haltung der DAZ während der Londoner Verhandlungen über den Dawes-Plan im Sommer 1924.[66] Während der laufenden Verhandlungen hatte sich die DAZ teilweise auf die Seite der deutschnationalen Opposition gegen den Dawes-Plan geschlagen. Wie Humann versicherte, allerdings nur deshalb, um damit die Chancen der deutschen Unterhändler in London zu stärken. Humann schrieb über die Haltung seines Blattes:

> „Daß dies der Zweck unserer Campagne war, konnte man ersehen aus der mit entsprechender Vorsicht ausgeführten Schwenkung nach Abschluss der Londoner Verhandlungen und aus dem Einsetzen eines starken Druckes gerade auf die Deutschnationalen, um sie zur Annahme der Londoner Abmachungen zu bewegen. – Ich weiß nicht, in welcher Phase sich bei Ihnen die Auffassung gebildet hat, der Sie in Ihrem Schreiben vom 27.8. Ausdruck geben. Nunmehr jedoch, d. h. nach beendetem Kampf, ist m. E. die Folgerichtigkeit der in der ‚DAZ' vertretenen Politik klar zu Tage liegend."[67]

Offenbar hatte Gerstein Stinnes' Zugehörigkeit zur DVP besonders unterstrichen und die Vermutung ausgesprochen, die Redaktion habe zu

65 Die Wahlergebnisse siehe bei J. W. Falter, Wahlen und Abstimmungen in der Weimarer Republik. Materialien zum Wahlverhalten 1919–1933, München 1986, 44.

66 Zu der Diskussion des Dawes-Plans in der deutschen Presse siehe K. H. Holz, Die Diskussion um den Dawes- und Young-Plan in der deutschen Presse, Bd. 1 u. 2, Frankfurt 1977, insbesondere S. 86–113. Leider wertet Holz nicht die Berichterstattung der DAZ in dieser Frage aus.

67 Schreiben Humanns an Gerstein vom 10.9.24.

Lebzeiten des Konzernherrn Stinnes unter dessen bindendem Einfluß gestanden, eine Vermutung, der Humann mit dem Hinweis entgegentrat, selbst Stinnes habe seiner DAZ die Freiheit gelassen, auch gegen die DVP Stellung zu beziehen.

Doch der Briefwechsel zwischen Humann und Gerstein fand im folgenden Jahr eine Fortsetzung. Diesmal sprach Gerstein in einem Brief vom 13. Juni 1925 Gerüchte über die Einflußnahme jüdischer Banken auf den Zeitungsverlag und das Haus Stinnes an. In der Rechtspresse war der in Schwierigkeiten und Auflösung befindliche Stinnes-Konzern wegen eines Bankenkredites scharf angegriffen worden, da sich an dem Konsortium zur Vergabe des Kredites auch jüdische Bankhäuser beteiligt hatten. Humann versucht Gerstein in seinem Antwortschreiben darzulegen, daß von einem solchen Einfluß keine Rede sein könne und es sich vielmehr um eine gezielte Kampagne des politisch rechtsstehenden Scherl-Verlages handle.[68]

Über die Situation in der Berliner Presselandschaft korrespondierte Gerstein auch mit Walther Jänecke vom Hannoverschen Kurier.[69] Gerstein äußerte in einem Schreiben an Jänecke, welches leider nicht vorliegt, seine Befürchtung über die weitere Ausbreitung des Scherl-Verlages in Berlin. Nach dem Zusammenbruch der „Zeit", des bevorzugten Sprachrohres Stresemanns, und dem nun drohenden Verkauf auch der DAZ fürchtete Gerstein ein Übergewicht der drei großen Verlagshäuser Scherl, Mosse und Ullstein und machte daher den Vorschlag, ob nicht der Hannoversche Kurier, in welchem Stresemann zuweilen Artikel veröffentlichte, mit einer Ausgabe nach Berlin vorstoßen könne. In einem weiteren Schreiben an Verlagsdirektor Humann von der DAZ vom 14. August 1925 ging es um den Verkauf der Zeitung und die Frage, ob die Zeitung für den Stinnes-Konzern ein reines Zuschußunternehmen gewesen sei. Diese Vermutung wird von Humann natürlich zurückgewiesen; er betont gegenüber Gerstein, die DAZ werde allein wegen noch ausstehender Verbindlichkeiten der Familie Stinnes verkauft, der politische Kurs solle aber trotz Besitzerwechsels beibehalten werden.

Der Briefwechsel mit der DAZ belegt, daß Gerstein mit der Politik des damaligen Außenministers Stresemann sympathisierte und zu den Befürwortern des Dawes-Planes gehörte. Politisch wird man Gerstein als Leser der DAZ zu den „rechtskonservativ" oder „national" denkenden Kräften rechnen dürfen.[70] Seine Empfindlichkeit gegenüber der

68 Schreiben Humanns an Gerstein vom 17.6.25.
69 Schreiben Jäneckes an Gerstein vom 23.7.25.
70 Zur politischen Orientierung der Berliner Zeitungslandschaft vgl. Mendelsohn, Zeitungsstadt, 307.

möglichen Beteiligung jüdischer Bankhäuser zeigt, daß auch Gerstein einem in den national gesinnten Kreisen seiner Zeit üblichen Antisemitismus offenstand. Diese Neigung wird sich auch in späteren Äußerungen wiederfinden lassen.

b. Der Fall Potempa

Wie Gerstein zur stärker gewordenen Bewegung der Nationalsozialisten stand, läßt sich nur andeutungsweise erschließen. Die Erinnerung des Hagener Pfarrers Rehling an ein Gespräch mit Gerstein über den Mord von Potempa im Herbst 1932 läßt darüber nur vage Einschätzungen zu.[71] Der von mehreren SA- und SS-Männern mit großer Brutalität ausgeführte Mord an einem Bergarbeiter in dem oberschlesischen Dorf Potempa wurde durch seine besonderen Umstände zu einem Politikum, das die politische Diskussion in der Endphase der Weimarer Republik beherrschte. Der Mord geschah 1½ Stunden nach Inkrafttreten einer Notverordnung der Regierung Papen, in welcher die Todesstrafe für im Affekt oder in „der Leidenschaft des politischen Kampfes“ begangenen Totschlag angedroht wurde. Ein Sondergericht verurteilte die Täter aufgrund der Notverordnung noch im August zum Tode.[72]

Hitler, der die Notverordnung begrüßt hatte, machte dieses Urteil nun zum Gegenstand der politischen Agitation, indem er sich demonstrativ mit den Mördern solidarisierte und von Papen eine „blutige Objektivität“ vorwarf. In der nun geführten öffentlichen Diskussion machten die Nationalsozialisten klar, daß in einem nationalsozialistischen Staat nicht fünf Deutsche wegen eines polnischen Kommunisten verurteilt werden würden. Das rechtsstaatliche Prinzip der Gleichheit vor dem Gesetz wollten die Nationalsozialisten zugunsten einer weltanschaulichen Zwecksetzung aufgeben. Der Schutz des Deutschen sollte jedem rechtsstaatlichen Prinzip vorangestellt werden.[73]

Am Tag nach der Solidaritätserklärung Hitlers mit den verurteilten Mördern kam es zwischen Pfarrer Rehling und Kurt Gerstein zu einem Gespräch über diesen Vorfall. Rehling äußerte sich dahingehend, nun sei für einen Christen ein Parteieintritt in die NSDAP unmöglich geworden, da Hitler den elementarsten Grundsatz der Rechtsstaatlichkeit mißachte, die Gleichheit aller Menschen vor dem Gesetz. Darauf habe Gerstein geantwortet: „Da sehen Sie zu schwarz! Wie oft in der Weltge-

71 K. Rehling, Ein Außenseiter des Widerstandes, in: Hagener Heimatkalender 1989, 29.

72 Siehe dazu P. Kluke, Der Fall Potempa, in: VZG 5.1957, 279–297. Zu den Reaktionen in der Presse M. Bosch, Liberale Presse in der Krise. Die Innenpolitik der Jahre 1930 bis 1933 im Spiegel des „Berliner Tageblatts“, der „Frankfurter Zeitung“ und der „Vossischen Zeitung“, Bern/Frankfurt/München 1976, 275–278.

73 Kluke, Potempa, 285, zitiert Rosenberg aus dem Völkischen Beobachter vom 26. August 1932.

schichte sind Gerichtsurteile unter politischen Gesichtspunkten gefällt [worden, JS]! Und die Staaten sind nicht daran zugrunde gegangen! Vielleicht muß man sogar bei einer solchen Gefahr in die Partei hineingehen! Dort sind doch starke Kräfte! Wie wollen Sie denn anders helfen als von innen her? Ich glaube, daß der Augenblick kommen kann, an dem Sie raten müssen: Christen, hinein in die Partei!"[74]

Ob man aus dieser Äußerung Gersteins auf eine uneingeschränkte Sympathie gegenüber den Nationalsozialisten und der von ihnen vertretenen Rechtsanschauung schließen darf, ist fraglich. Denn Gerstein reagiert in dieser Äußerung im wesentlichen auf Rehlings Feststellung, nun könne ein Christ mit der NSDAP nichts mehr zu tun haben wollen. Offenbar beurteilte Gerstein den Vorfall selber als politische Taktiererei, der nicht zuviel Gewicht beigemessen werden dürfe. Von daher hielt er es weiterhin für möglich, wenn nicht sogar für notwendig, daß Christen auch gerade in der NSDAP zum Guten hin wirken. Zweifelsohne stand Gerstein dem sich in der nationalsozialistischen Bewegung artikulierenden politischen Wollen nicht gänzlich ablehnend gegenüber, sonst könnte er nicht von starken Kräften reden, die es zu stützen gelte. Man darf vielmehr vermuten, daß er sich im Hinblick auf seine Sittlichkeitsarbeit und den Kampf gegen „Schmutz und Schund" von den Nationalsozialisten einiges erwartete.

c. Gerstein und der „neue Wehrwille"

Ein Aufsatz Gersteins, der zu Beginn des Jahres 1933 in der B.K.-Zeitschrift „Schwertkreuz" erschien, befaßte sich mit dem Thema „Um einen neuen Wehrwillen".[75] Darin vertrat Gerstein Positionen, die ihn in der Nähe nationalsozialistischen und völkischen Gedankengutes zeigen. Gerstein faßt darin den Krieg als ein „Stück göttlicher Weltordnung" auf, dem im Überlebenskampf der Völker sein eigenes Recht zukomme. Dem Angriffskrieg komme dabei nicht weniger Recht zu als dem Verteidigungskrieg, wenn es um das Überleben eines Volkes gehe. Ja, er fragt sogar, ob es nicht ein „sittliches Recht" gebe, nach welchem einem „luftschaffenden Krieg" gegenüber dem „Hungertod der Bevölkerung" der Vorrang zu geben sei. In Anspielung auf den Vertrag von Versailles bemerkt er: „Der status quo der Landesgrenzen braucht nicht ‚Recht' zu sein."[76] Dem „weichlichen Pazifismus" erteilt er eine klare Absage und macht ihn für die Niederlage von 1918 verantwortlich. Er plädierte entschlossen für einen „nationalen Lebenswillen". Ganz im

74 Rehling, Außenseiter, 29.
75 LkA Bielefeld 5,2 NS Nr. 497.
76 Ebd., 16.

Sinne der Jugendbewegung lehnte er allerdings den „Hurrapatriotismus" des Ersten Weltkrieges ab, der auf einer Minderbewertung der damaligen Gegner aufbaute. Krieg stellte für Gerstein eine Sach- und Ehrenangelegenheit dar, die den einzelnen im Überlebenskampf der Völker an das Schicksal seines Volkes binde. Ganz im Sinne des völkischen Denkens seiner Zeit sah Gerstein in der Betonung der völkischen Identität eine besondere Ordnung Gottes. Sein Beitrag schloß mit den Worten: „Wir müßten denn schon Gottes Ordnung verneinen, die das deutsche Volk mit besonderen Kräften und einer besonderen Aufgabe in die Wirklichkeit des Völkerlebens hineingestellt hat, und müßten bereit sein zum nationalen Selbstmord, der feigen Verneinung der Daseinsberechtigung unseres Volkes."[77]

Sowohl das Gespräch mit Rehling als auch der Beitrag Gersteins zur Wehrhaftigkeit lassen vermuten, daß Gerstein für Deutschland von den Nationalsozialisten einiges erwartete. Trotzdem trat er vor 1933 nicht der NSDAP oder einer ihrer Organisationen bei, sondern wurde im Mai 1932 Mitglied im Bund Deutscher Bibelkreise.[78] Noch konnte niemand ahnen, daß die Arbeit der freien Jugendverbände schon ein Jahr später beendet sein sollte und der Bund Deutscher Bibelkreise sich unter dem politischen Druck der Nationalsozialisten auflösen würde.

5. Vom „Bibelkränzchen" zum „Bund Deutscher Bibelkreise" (Exkurs)

Nach dem ersten großen Treffen der evangelischen Jünglingsvereine Deutschlands im Jahre 1882 am Hermannsdenkmal bildeten sich auf Anregung des Theologiestudenten Willi Weigle und der Gebrüder Mokkert aus Wuppertal 1883 in Elberfeld und Berlin die ersten sogenannten Bibelkränzchen.[79]

Zunächst waren es Zusammenschlüsse von Gymnasiasten, die sich zum Gespräch über biblische Texte regelmäßig trafen. Schon bald kam es zur Bildung eines Komitees für Bibelkränzchen an den höheren Schulen Deutschlands und zu einer engeren Zusammenarbeit der Bibelkreisleiter. Auf der Leiterkonferenz in Kassel 1909 wurde als Zielsetzung der gemeinsamen Arbeit formuliert: „Die B.K. verfolgen den Zweck, ihre Teilnehmer in persönliche Gemeinschaft mit dem Herrn Jesus Christus, ihrem Heiland und Erlöser, zu bringen und sie unter die

77 Ebd., 19.
78 So im Brief Gersteins an A. Bensch vom 6.3.34 (LkA Bielefeld 5,2 NS Nr. 65a).
79 Quellen zur Geschichte des deutschen Protestantismus 1871–1945, hrsg. von K. Kupisch, Göttingen 1960.

Zucht des Wortes Gottes zu stellen ..." In den Jahren vor dem Ersten Weltkrieg wuchs die Arbeit sehr stark an. Waren es im Jahr 1903 noch 45 Kreise mit insgesamt 1.000 Mitgliedern gewesen, so bestanden im Jahre 1913 schon 290 Kreise mit insgesamt 12.000 Mitgliedern.

Zugleich trat die Frage der Abgrenzung von der Wandervogelbewegung immer stärker in den Vordergrund. Nachdem das bisher bestehende „Nationalkomitee für Bibelkränzchen" im Jahr 1915 umbenannt worden war in „Reichsverband der Schüler-Bibelkreise", kam es seit 1916 in Auseinandersetzung um Inhalt und Form der Arbeit mehrfach zu Abspaltungen, doch konnte sich die Bibelkreisarbeit nach dem Ende des Krieges recht schnell festigen; im Jahre 1923 zählte die Mitgliedschaft der 440 Kreise bereits ungefähr 18.000 Mann. Die aus dem Krieg heimgekehrten B.K.ler hatten sich zu Pfingsten 1919 im „Reichstreuebund ehemaliger B.K.ler" zusammengeschlossen und gaben eine gemeinsame Zeitschrift mit dem Titel „Die Neue Jugend" heraus. Eine der in der Folgezeit immer wichtiger werdenden Fragen war die nach der äußeren, bündischen Form der in den Bibelkreisen gesammelten Jugend.[80] Im Jahr 1928 kam es schließlich zur Umbenennung des bisher bestehenden „Reichsverbandes der Leiter deutscher Bibelkreise" in den „Bund deutscher Bibelkreise" und zur Einführung einer einheitlichen bündischen Tracht, bestehend aus grauem Hemd und blauem Halstuch. Ein Jahr später wurde auf einer B.K.-Leiter-Tagung eine neue Satzung verabschiedet, in der als Ziel der Arbeit formuliert wurde, „... die Glieder der Kreise zu rechtem Jugendleben und zu wahrem Mannwerden zu führen und sie zu freudiger Erfüllung ihrer Aufgaben in Elternhaus und Schule sowie in ihrem Beruf, in Kirche und Volk anzuleiten ..."

Nachdem der Pfarrer Udo Smidt im Jahre 1930 die Arbeit des Reichswarts übernommen hatte, wurde neben der Jungenschaftsarbeit auch die Arbeit der Jungmannschaft, der Gruppe der über 18jährigen, neu organisiert. Im Jahre 1932 wurde von Smidt die Zweimonatszeitschrift „Schwertkreuz" ins Leben gerufen, in der inhaltliche und organisatorische Fragen für den Leiternachwuchs des B.K. behandelt wurden. In einer Halbjahres- oder Jahresaufgabe wurden inhaltliche Vorgaben für die Beschäftigung mit den jeweils aktuellen Fragen des politischen und gesellschaftlichen Lebens gemacht. So behandelte man das Buch „Friede auf Erden" von Otto Dibelius, in welchem die Frage der Kriegsdienstverweigerung aufgeworfen wurde, beschäftigte sich mit „Das Kapital" von Marx und „Mein Kampf" von Hitler und erörterte die Frage

80 Dazu T. Eyshold, Evangelische Jugendarbeit zwischen „Jugendpflege" und „Jugendbewegung". Die deutschen Schülerbibelkreise (BK) von 1919 bis 1934, SVRKG 124, Düsseldorf 1997, 273–278.

des freiwilligen Arbeitsdienstes und des Wehrsports. Die Beiträge einzelner Mitarbeiter wurden anschließend im „Schwertkreuz" veröffentlicht.

Der Reichswart Smidt wies 1931 in seinem Bericht über die Arbeit des Bundes darauf hin, daß 70 % der in den Jungenschaftsgruppen erfaßten Jugendlichen mit „glühender, oft von Sachkenntnis ungetrübter Sympathie" dem Nationalsozialismus gegenüberständen.[81] Eine politische Widerlegung des Nationalsozialismus halte er aber für ein untaugliches Mittel, da es weniger das politische Interesse als die Ausstrahlung des Irrationalen, „das Brausen eines Stromes, dem man sich nicht entziehen will" sei, welches die Jugend für Hitler und seine Partei begeistere.[82]

Er drängte vielmehr auf einen unpolitischen Charakter des Bundes, da die Bindung an das Wort Gottes jeder parteipolitischen Haltung das Recht nehme. So wurde 1931 auf der Reichsvertretertagung in Marburg der Entschluß gefaßt, auf der Bundestracht keine politischen Abzeichen zuzulassen.

81 Evangelische Schülerarbeit in 100 Jahren, hrsg. von E. Warns u. a., Wuppertal 1983, 66.
82 Ebd., 64.

III. Das Jahr 1933 – „Nationale Revolution" und „Gleichschaltung" der Jugendverbände

Das Jahr 1933 begann mit dem Durchbruch der Nationalsozialisten zur Regierungsmacht. Mit der Ernennung Hitlers zum Reichskanzler durch den Reichspräsidenten Hindenburg am Vormittag des 30. Januar 1933 waren die Nationalsozialisten zum ersten Mal an der Regierungsverantwortung beteiligt worden. Zusammen mit den nationalkonservativen Koalitionspartnern wurde unter Reichskanzler Hitler ein Kabinett gebildet, dem neben Hitler nur zwei weitere Nationalsozialisten angehörten. In einem „Aufruf der Reichsregierung an das deutsche Volk" vom 1. Februar 1933 hob Hitler die neue Regierung mit dem Stichwort von der „nationalen Erhebung" deutlich von den vorhergehenden Kabinetten der „nationalen Opposition" ab.[1] Der Regierungswechsel wurde von Hitler als Wendepunkt in der politischen Geschichte Deutschlands herausgestellt. Den vierzehn Jahren „Chaos" und „Mißwirtschaft" der Weimarer Republik stellte Hitler als Aufgabe der neuen „nationalen Regierung" die Wiederherstellung der Wirtschaft und den Abbau der Arbeitslosigkeit innerhalb von vier Jahren gegenüber. Als unerläßliche Voraussetzung des politischen und wirtschaftlichen Wiederaufstiegs Deutschlands kündigte Hitler die Überwindung der „kommunistischen Zersetzung Deutschlands" und des „Klassenwahnsinns und Klassenkampfes" an. Er propagierte statt dessen die Wiederherstellung der geistigen und willensmäßigen Einheit des deutschen Volkes und rief dazu auf, im Einklang mit der „Regierung der nationalen Erhebung" an der Wiederherstellung einer geeinten und starken Nation mitzuarbeiten.

Indem Hitler den Regierungswechsel zur „nationalen Erhebung" hochstilisierte, handelte er schon im Blick auf die nach der Auflösung des Reichstages fälligen Neuwahlen. Unter geschickter Ausnutzung der Welle nationaler Hochstimmung, die der Regierungswechsel ausgelöst hatte und die kräftig geschürt wurde, gedachte Hitler diese bevorstehenden Wahlen in einen grandiosen Wahlsieg der Nationalsozialisten umzusetzen und damit die Voraussetzungen für die vollständige nationalsozialistische Machtergreifung zu schaffen. Der neugewählte Reichstag sollte in einem Ermächtigungsgesetz seiner Regierung für die Frist von vier Jahren die Verabschiedung von Gesetzen ohne Mitwirkung des Par-

1 Ursachen und Folgen. Vom deutschen Zusammenbruch 1918 und 1945 bis zur staatlichen Neuordnung Deutschlands in der Gegenwart. Eine Urkunden- und Dokumentensammlung zur Zeitgeschichte, Bd. 9, hrsg. von H. Michaelis und E. Schraepler, Berlin o. D., 15 ff.

laments ermöglichen, auch dann, wenn diese von der noch geltenden Verfassung abwichen.

Der Brand des Reichstagsgebäudes am 27. Februar, eine Woche vor der Reichstagswahl am 5. März, wurde von Hitler propagandistisch geschickt ausgenutzt. Es setzte eine massive Verhaftungs- und Verfolgungswelle gegen die Kommunisten ein, die damit aus dem Wahlkampf praktisch ausschieden. Die weitestreichende Folge des Reichstagsbrandes war jedoch die vom Reichspräsidenten Hindenburg erlassene Notverordnung „zum Schutz von Volk und Staat" vom 28. Februar 1933, in welcher die verfassungsmäßigen Freiheitsgarantien des Individuums aufgehoben und Hitler schon vor Verabschiedung eines Ermächtigungsgesetzes weitreichende Machtbefugnisse eingeräumt wurden.[2] Mit der Verabschiedung des „Gesetzes zur Behebung der Not von Volk und Reich" am 23. März begann der Umbau der parlamentarischen Demokratie zum nationalsozialistischen Führerstaat.

1. Der Parteieintritt

Über die Haltung des 28jährigen Kurt Gerstein zu den politischen Umbrüchen des Jahres 1933 wissen wir aus der ersten Hälfte des Jahres 1933 kaum etwas. Nach seiner Ernennung zum Bergreferendar am 27. April 1932 war er bis zum Herbst 1933 auf den Bergrevieren Köln, Bonn und Dortmund tätig. Wir dürfen annehmen, daß er den politischen Umbrüchen eine gewisse Sympathie entgegenbrachte. Denn im Jahre 1938 schrieb er im Rückblick auf die seit der Machtergreifung vergangenen Jahre, er habe, wie die meisten Protestanten, den Nationalsozialismus politisch weitestgehend bejaht.[3]

a. Hitler und das Christentum

Hitler hatte mit seiner Proklamation der „nationalen Erhebung" nicht nur an die nationalen Kräfte appelliert. Er hatte vielmehr in seiner Rede vom 1. Februar vom „Christentum als Basis unserer gesamten Moral" gesprochen. Im offensichtlichen Bemühen um das Vertrauen christlicher und religiöser Kreise schloß er seine Rede mit der Formulierung: „Möge der allmächtige Gott unsere Arbeit in seine Gnade nehmen, unseren Willen recht gestalten, unsere Einsicht segnen und uns

2 Das Dritte Reich. Dokumente zur Innen- und Außenpolitik, Bd. 1, hrsg. von W. Michalka, München 1985, 27 f.

3 So Gerstein im Brief an seinen Onkel und Cousin Robert Pommer vom November 1938 (LkA Bielefeld 5,2 NS Nr. 35).

mit dem Vertrauen unseres Volkes beglücken. Denn wir wollen nicht kämpfen für uns, sondern für Deutschland!"[4]

Auch in zahlreichen Wahlreden verwandte Hitler gebetsähnliche Formulierungen. Die wirkungsvollste Veranstaltung fand am 4. März, dem Vorabend der Reichstagswahl, vor dem Königsberger Dom statt. Hitler schloß mit den Worten: „Herrgott, laß uns niemals wankend werden und feige sein, laß uns niemals die Pflicht vergessen, die wir übernommen haben!"[5] Anschließend wurde der aus der Kaiserzeit bekannte Choral „Wir treten zum Beten" – das sogenannte niederländische Dankgebet – gesungen, wobei in die Rundfunkübertragung dieser Veranstaltung das Geläut des Königsberger Domes von einer Schallplatte dazugemischt wurde.[6] Mit allen propagandistischen Mitteln wurde die nationale Einheit auch religiös in Szene gesetzt. Den eindrucksvollen Höhepunkt in der Reihe dieser Veranstaltungen bildete der feierliche Staatsakt in der Potsdamer Garnisonskirche am 21. März zur Eröffnung des neuen Reichstages.[7]

b. Generalsuperintendent Dibelius und die „nationale Revolution"

Welche Erwartungen die evangelische Kirche mit diesen politischen Veränderungen verband, wird in der Predigt deutlich, die der damalige Generalsuperintendent der Kurmark, Otto Dibelius, am Tag der Eröffnung des neuen Reichstages in der Berliner St.-Nikolai-Kirche hielt. Dort heißt es: „Noch ist der Glaube in deutschen Landen nicht wieder die große, bewegende Kraft, die er einstmals war. Aber eine Bereitschaft zu neuem Glauben ist bei Hunderttausenden da. Vielleicht noch mehr als Bereitschaft! Gustav Schmoller hat einmal gesagt: alle großen Entscheidungen der deutschen Geschichte seien begleitet von einer neuen, tieferen Erfassung unserer evangelisch-protestantischen Grundlagen. Gibt es nicht zu denken, daß der neue Anfang in der politischen Geschichte Deutschlands zusammenfällt mit jenem neuen Ringen? Wollen Ulrich von Hutten und Martin Luther sich wieder die Hand reichen und das deutsche Volk in neuem Glauben vor Gottes Angesicht stellen?"[8]

Dibelius legte seinen Hörern eindringlich dar, daß eine Wiederherstellung des deutschen Volkes und deutscher Art nur durch Besinnung auf den Gott des Evangeliums möglich sei. Zugleich aber verteidigte er die im Verlauf des Wahlkampfes von den Nationalsozialisten verübten

4 Ursachen und Folgen, Bd. 8, 762 f.
5 Zitiert nach K. Scholder, Die Kirchen und das Dritte Reich, Bd. 1, Berlin 1977, 281.
6 Vgl. ebd., 283 f.
7 G. van Norden, Der deutsche Protestantismus im Jahr der nationalsozialistischen Machtergreifung, Gütersloh 1979, 52.
8 Ebd., 54.

Gewalttaten. Unter Hinweis auf Luthers Stellungnahmen zum Bauernkrieg rechtfertigte er das staatliche Vorgehen gegen die Kommunisten als notwendiges Amt der Obrigkeit: „Wenn der Staat seines Amtes waltet gegen die, die die Grundlagen der staatlichen Ordnung untergraben, gegen die vor allem, die mit ätzendem und gemeinem Wort die Ehe zerstören, den Glauben verächtlich machen, den Tod für das Vaterland begeifern – dann walte er seines Amtes in Gottes Namen!"[9]

Die Vorbehalte der evangelischen Kirche gegenüber der Republik drückte Dibelius auch in einer Rede vom 28. Mai 1933 aus, in der er sich daranmachte, „dem vergangenen fünfzehnjährigen Abschnitt unserer Geschichte vom Standpunkt der evangelischen Kirche aus ein Abschiedswort zu sagen".[10] Darin kritisierte er an der Weimarer Verfassung, diese habe die Religion zur Privatsache verkommen lassen und das Wort „Kirche" nicht mehr gekannt. Entgegen jeder parteipolitischen Bindung habe die Kirche „die unveräußerlichen Anliegen des christlichen Ethos in Volk und Staat zur Geltung zu bringen", sei dabei aber nie über ein kühles Verhältnis zum Weimarer Staat hinausgekommen. Im Hinblick auf den neuen Staat und den „gewaltigen Umschwung" mit dem Tag von Potsdam sprach Dibelius von der Wärme eines nun positiven Verhältnisses zum Staat. Ein religiöser Aufschwung des deutschen Volkes sei aber bislang ausgeblieben. Auch jetzt gebe es noch genügend erbitterte Feindschaft gegen den christlichen Glauben, dem sich die Kirche entgegenzustellen habe.

c. Gleichschaltungsdruck

Knapp eine Woche nach Verabschiedung des Ermächtigungsgesetzes für Hitler durch den deutschen Reichstag erfolgte am 1. April der von den nationalsozialistischen Verbänden organisierte landesweite Boykott jüdischer Geschäfte. Der Sohn des jüdischen Rechtsanwalts Coste aus Hagen erinnert sich, daß Ludwig Gerstein, der Präsident des Hagener Landgerichts, persönlich in der Anwaltskanzlei seines Vaters und dessen Sozius in der Bahnhofstraße erschien, obwohl vor dem Gebäude SA-Männer postiert waren. Ludwig Gerstein teilte dem jüdischen Kollegen die jüngsten Maßnahmen gegen die jüdische Bevölkerung mit und versicherte, daß er diese Maßnahmen lebhaft bedaure.[11]

9 R. Stupperich, Otto Dibelius. Ein evangelischer Bischof im Umbruch der Zeiten, Gütersloh 1989, 204 f., sieht in dieser Predigt eine für die allgemeine Linie der evangelischen Kirche typische christlich-vaterländische Predigt.

10 Der Text dieser Rede findet sich als Textmitschrift in: Otto Dibelius. Reden – Briefe. 1933–1967, hrsg. von J. W. Winterhagen, Zürich 1970, 17–20.

11 So Friedländer, Zwiespältigkeit, 22, der ein Zeugnis von R. Coste beim Centre de Documentation Juif Contemporaine (CDJC), Paris, vom 8.9.1951 zitiert.

Nach dem Eindruck von Coste jun., der selbst im Juni 1930 von Ludwig Gerstein als Gerichtsreferendar vereidigt worden war, sei dem Landgerichtspräsidenten die nationalsozialistische Revolution eher zuwider gewesen.[12] Nach einem laut Verordnung vom 6. Mai 1933 von allen Justizbeamten auszufüllenden Fragebogen war Ludwig Gerstein bis zur letzten Reichstagswahl im März Mitglied der Deutschen Volkspartei (DVP) gewesen.[13] Am 1. Mai traten die männlichen Mitglieder der Familie Gerstein geschlossen der NSDAP bei. Auch Fritz Gerstein, der jüngere Bruder Kurts, hat nach eigenen Angaben noch im März 1933 die DVP gewählt.[14] Angesichts der Gleichschaltungsmaßnahmen und der von der NSDAP angekündigten Aufnahmesperre ab Mai 1933[15] beriet sich Bruder Fritz mit einem Kollegen über die Frage eines Parteieintritts. Nachdem er zu dem Entschluß gekommen war, nicht beizutreten, erhielt er vom Vater folgende Antwort: „Und gestern hatten wir hier eine lange Aussprache der hiesigen Richterschaft, und dabei sind wir genau zu dem entgegengesetzten Ergebnis gekommen. Schlimmeres kann nur dadurch verhütet werden, daß wir mitmachen!“[16]

Ob allein das „Mitmachen, um Schlimmeres zu verhüten“ der Grund für einen Parteibeitritt gewesen ist, scheint fraglich. Vielmehr wird der Vater auch im Hinblick auf die berufliche Zukunft der Söhne, die fast alle den Staatsdienst anstrebten, einen Parteibeitritt für nützlich gehalten haben.[17] Das gemeinsame Eintrittsdatum der Söhne Ludwig Gersteins läßt darauf schließen, daß im wesentlichen der Vater diese Entscheidung getroffen hat und auch Kurt sich diesem Entschluß beugte.

Am 1. Mai 1933 marschierte Kurt Gerstein mit seinem Gevelsberger Freund Albert vom Bruch bei einem Umzug in Gevelsberg mit.[18] Hitler

12 Aus einem Brief von R. Coste an H. Weißelberg vom 1.8.67. Dort gibt Coste im Hinblick auf die Darstellung des Vaters Ludwig Gerstein bei Friedländer folgende Charakterisierung des Vaters: „Landgerichtspräsident GERSTEIN war ein deutschnationaler, etwas verknöcherter preußischer Richter, der ein strenges Rechtsempfinden besaß, dem die nationalsozialistische Revolution anfänglich zuwider war, ein Monarchist, stolz auf eine Familientradition, der seinen Sohn und dessen Probleme wahrscheinlich nicht begriff“ (LkA Bielefeld 5,2 AS Nr. 2 Fasc. 1).
Die anfänglich ablehnende Haltung gegenüber dem NS geht auch aus einem Brief Ludwig Gersteins an Kurt vom 8.10.38 (LkA Bielefeld 5,2 NS Nr. 65d) hervor, in welchem er davon sprach, erst jetzt – nach Abschluß des Münchener Abkommens – könne er sich rückhaltlos zur Hakenkreuzfahne bekennen.

13 Dieser maschinenschriftlich ausgefüllte Fragebogen findet sich in der Personalakte Ludwig Gersteins, StA Münster, Personalakten I Nr. 1850. Der Fragebogen ist lose eingelegt in den Aktenband über die Ausbildungsjahre Gersteins.

14 So Fritz Gerstein in einem Brief vom 23.1.1969 an seinen Bruder Johann-Daniel (LkA Bielefeld 5,2 AS Nr. 5/1 Fasc. 3).

15 Die Aufnahmesperre wurde vom Reichsschatzmeister durch Verfügung vom 19. April 1933 mit Wirkung vom 1. Mai an verhängt. Sie wurde erst 1937 gelockert und 1939 ganz aufgehoben. Vgl. dazu L. Buchheim, Mitgliedschaft bei der NSDAP, in: Gutachten des Instituts für Zeitgeschichte, Bd. I, München 1958, 313–322.

16 So Fritz Gerstein im Brief an Johann-Daniel Gerstein vom 23.1.69.

17 So Fritz Gerstein im Brief an Johann-Daniel Gerstein vom 23.1.69.

18 Gesprächsprotokoll mit Albert vom Bruch vom 9.4.1964 von H. Weißelberg (LkA Bielefeld 5,2 AS Nr. 20,2 Fasc. 2).

hatte – wohl auf Goebbels' Initiative – den 1. Mai zum „Tag der nationalen Arbeit“ und damit zum bezahlten Feiertag erklärt. Damit hatte er ein in der Weimarer Republik nie erreichtes Ziel der Arbeiterbewegung verwirklicht und den Gewerkschaften sprichwörtlich den Wind aus den Segeln genommen. In seiner Rede zu diesem Tag, der der sechzigste Tag seiner Kanzlerschaft war, kündigte Hitler ein umfangreiches Programm zur Arbeitsbeschaffung an. Auch diese Rede schloß er mit einer Anrufung des „Allmächtigen“:

> „Wir bitten nicht den Allmächtigen: Herr, mach uns frei! Wir wollen und müssen selbst arbeiten und kämpfen. Wir wollen brüderlich miteinander ringen, damit wir einmal vor den Herrn hintreten können und sagen: Herr, du siehst, wir haben uns geändert. Das deutsche Volk ist nicht mehr das Volk der Ehrlosigkeit, der Selbstzerfleischung, der Kleinmütigkeit und der Kleingläubigkeit, nein, Herr, das deutsche Volk ist wieder stark geworden, stark im Willen, stark in der Beharrlichkeit, stark im Ertragen von Opfern, stark in seinem Geiste. Nun, Herr, segne unseren Kampf um unsere Freiheit, und da ist unser deutsches Vaterland.“[19]

Am darauffolgenden Tag stürmte die SA die Gewerkschaftshäuser, die Gewerkschaften wurden aufgelöst und mit der Gründung der Deutschen Arbeitsfront (DAF) eine gleichgeschaltete „Arbeitervertretung“ gebildet. Damit war die Phase der nationalsozialistischen Revolution eingeleitet, in der sämtliche bislang freien Verbände gleichgeschaltet wurden. Die evangelische Kirche geriet durch die Gruppierung der Deutschen Christen und den Vertrauensmann des Führers, den Wehrkreispfarrer Ludwig Müller, in den Sog der Gleichschaltungsbestrebungen. Viel stärker betroffen aber waren die bislang freien evangelischen Jugendverbände.

2. Jungreformatorische Bewegung und Kirchenwahlen im Juli

Am 4. Mai hatten unter Leitung von Hossenfelder, dem Reichsleiter der Deutschen Christen (DC), einige Mitglieder aus der DC-Reichsleitung ein Zehn-Punkte-Programm unter dem Titel „Die evangelische Reichskirche nach den Grundsätzen der ‚Deutschen Christen‘“ ausgearbeitet, in welchem eine „Evangelische Reichskirche lutherischer Prägung unter Eingliederung der reformierten Gemeinden“ gefordert wurde, die „die Hoheit des nationalsozialistischen Staates aus Glauben anerkennt“. Zur Wahl eines Reichsbischofs sollten Urwahlen durchge-

19 Der 1. Mai unter dem Hakenkreuz. Hitlers „Machtergreifung“ in Arbeiterschaft und Betrieben. Augen- und Zeitzeugen, Daten, Fakten, Dokumente, Quellentexte, Thesen und Bewertungen, hrsg. von H. Lauber und D. Rothstein, Gerlingen 1983, 52 f.

führt werden, bei denen allerdings nur arischen Christen Wahlrecht zuerkannt werden sollte.[20]

Dieses Zehn-Punkte-Programm der DC um Hossenfelder stieß bei dem Wehrkreispfarrer Müller, der von Hitler zum persönlichen Berater in den Belangen der evangelischen Kirche ernannt worden war, auf Ablehnung, so daß dieser in Reaktion auf das Zehn-Punkte-Programm der DC von einem Arbeitskreis bis Mitte Mai eigene „Richtlinien für die Glaubensbewegung ‚Deutsche Christen'" erarbeiten ließ. Nach Billigung dieser Richtlinien durch Hitler wurde Müller die Schirmherrschaft über die Glaubensbewegung „Deutsche Christen" übertragen, nicht aber die Führung.

a. Die Jungreformatorische Bewegung als Gegenkraft zu den Deutschen Christen

Eine weitere unmittelbare Reaktion auf das Zehn-Punkte-Programm der DC vom 4. Mai war die Gründung der Jungreformatorischen Bewegung, die am 9. Mai mit dem „Aufruf der Jungreformatorischen Bewegung zum Neubau der Kirche" an die Öffentlichkeit und damit dem deutschchristlichen Führungsanspruch bei einer Reform der Kirche entgegentrat.[21] Die Gemeinsamkeiten zwischen den Jungreformatoren und den DC betrafen etliche Punkte. So bekannten sich auch die Jungreformatoren zu der „von Gott geschenkten nationalen Revolution" und forderten einen Neubau der evangelischen Kirche, die Einführung eines Reichsbischofsamtes und ein auf Grund der bestehenden Einzelbekenntnisse zu schaffendes neues Bekenntnis der evangelischen Kirche deutscher Nation, das eine Antwort auf die Fragen nach Rasse, Volk und Staat geben könne. Schließlich sprach man die Erwartung aus, daß die deutsche Kirche „in freudigem Ja zum neuen deutschen Staat ihren von Gott gegebenen Auftrag in voller Freiheit von politischer Beeinflussung" wahrnehme und sich darin in unlöslichem Dienst an das deutsche Volk binde.

Der wesentliche Unterschied zu den DC bestand darin, daß bei allen kommenden Entscheidungen „einzig und allein aus dem Wesen der Kirche heraus" gehandelt werden dürfe. Die DC-Forderung nach Urwahlen wurde abgelehnt, und zwar unter Hinweis darauf, sie seien ein überwundener „demokratischer Irrtum". Den grundsätzlichen (!) Ausschluß von Nichtariern lehnte man ab. Ein Reichsbischof sollte durch ein bestehendes Drei-Männer-Kollegium ernannt werden.

20 Scholder, Bd. 1, 400.

21 Der Aufruf findet sich bei W. Niemöller, Die Evangelische Kirche im Dritten Reich. Handbuch des Kirchenkampfes, Bielefeld 1956, 82 f.

Unterschrieben war der Aufruf von Personen durchaus unterschiedlicher kirchlich-theologischer Herkunft. Als kurz darauf auch Martin Niemöller zu dieser Bewegung stieß, wurde er sehr bald zum exponierten Sprecher dieser Gruppe. Bereits am 19. Mai veröffentlichten Künneth und Niemöller 16 Thesen, die das Anliegen des jungreformatorischen Aufrufes noch konkreter ausführten und sich gegen die inzwischen am 15. Mai veröffentlichten Müllerschen Richtlinien abgrenzten. Vor allem aber forderten sie die umgehende Ernennung eines Reichsbischofs, wobei sie Friedrich von Bodelschwingh, den Leiter der Betheler Anstalten, als Kandidaten nannten. Diese Nennung einer personellen Alternative zu Müller führte zu großen Unruhen bei den DC, für die nur Ludwig Müller als Vertrauensmann des Führers für dieses Amt in Frage kam. Tatsächlich aber wurde Bodelschwingh am 27. Mai vom Kirchenbundesrat, in welchem Vertreter aller Landeskirchen saßen, gegen die Stimmen von Württemberg, Mecklenburg-Schwerin und Hamburg zum Reichsbischof gewählt. Bodelschwingh mußte in seiner kurzen Amtszeit, die nur bis zum 24. Juni des Jahres dauerte, vielerlei Anfeindungen einstecken. Mit der Einsetzung eines Staatskommissars für die altpreußische Union durch den Kultusminister Rust sah sich Bodelschwingh am Ende seiner Möglichkeiten, zumal die lutherischen Bischöfe nicht willens waren, sich diesem rechtswidrigen Eingriff des Staates zu widersetzen und Bodelschwingh vorbehaltlos anzuerkennen und zu unterstützen.[22]

Der eingesetzte Staatskommissar Jäger löste gleich zu Beginn seiner Tätigkeit alle gewählten kirchlichen Vertretungen auf und rief mit diesen Amtsenthebungsaktionen Tumulte und Proteste hervor. Anfang Juli griff Reichspräsident Hindenburg mit einem von der Presse veröffentlichten Brief vom 30. Juni ein, in welchem er Hitler zur umgehenden Befriedung innerhalb der evangelischen Kirche aufforderte. So kam die Erarbeitung einer neuen Verfassung der Deutschen Evangelischen Kirche in Gang, die bereits am 10. Juli beendet werden konnte und am 14. Juli vom Reichskabinett per Reichsgesetz als rechtsgültig bestätigt wurde. Das vom Kabinett verabschiedete Reichsgesetz ordnete zugleich überraschende Neuwahlen für den 23. Juli 1933 an, durch die alle durch unmittelbare Wahl der Gemeindemitglieder zu bildenden Organe neu besetzt werden sollten. Absicht dieses ungewöhnlich kurzfristigen Wahltermins war die Ausschaltung einer sich formierenden kirchlichen Opposition gegen die DC. Der Jungreformatorischen Bewegung gelang jedoch trotz der kurzen Zeit die Aufstellung einer Wahlliste „Evangelische Kirche“, die sich auf Intervention der DC jedoch in „Evangelium und Kirche“ umbenennen mußte. Nach staatlichen Eingriffen wurden die Flugblätter

22 Vgl. K. Herbert, Der Kirchenkampf. Historie oder bleibendes Erbe?, Frankfurt 1985, 56 f.

dieser Gruppe erst fünf Tage vor der Wahl freigegeben. Den DC standen in den neun Tagen bis zur Wahl alle Partei-, Presse- und Rundfunkorgane offen, und Hitler selbst ergriff am Tage vor der Wahl für die DC in einer im Rundfunk übertragenen Rede öffentlich Partei. So gestaltete sich der Wahlausgang zu einem grandiosen Sieg der DC, vor allem in der altpreußischen Union. In die Synode der altpreußischen Union zogen die DC mit Zweidrittelmehrheit ein und besetzten alle wichtigen Ämter. Ludwig Müller, für den man eigens den Bischofstitel einführte, wurde zum Landesbischof der altpreußischen Union gewählt.

Kurt Gerstein kandidierte in Hagen als Kandidat der Liste „Evangelium und Kirche" und wurde dort auch zum Gemeindeverordneten gewählt.[23]

In der Kirchenprovinz Westfalen blieben die DC mit 60 zu 80 Sitzen in der Synode die Minderheit. Ein Ergebnis, das zunächst verwundert, da man auf Gemeindeebene eine Mehrheit der DC wird annehmen dürfen.[24]

b. Der Ruf nach dem „zeitgemäßen Bekenntnis"

Unmittelbar nach der Wahlniederlage beschlossen die Leiter der Jungreformatorischen Bewegung das Ende ihrer kirchenpolitischen Tätigkeit. Begründet wurde dies mit der „staatspolitisch unmöglichen Frontbildung" der letzten Tage, durch die einzelne in den Verdacht staatspolitischer Unzuverlässigkeit gekommen seien. Vielmehr sollte sich die zukünftige Arbeit der Jungreformatoren der innerkirchlichen Arbeit in Theologie und Gemeinde zuwenden.[25]

In 16 Thesen versuchte Niemöller diese Rückzugsentscheidung näher zu begründen und formulierte als künftige Aufgabe: „Es muß jetzt darum gehen, daß neue, klare Fronten geschaffen werden und daß Vorsorge getroffen wird, daß in der Kirche, die nun maßgebend von den Deutschen Christen gestaltet wird, Gemeinde Jesu Christi werde, die auch bereit ist zu bekennen, wenn wirklich ein Bekenntnis von ihr gefordert wird."

Er schloß mit der Frage: „Ist theologisch ein grundsätzlicher Unterschied zwischen der reformatorischen Lehre und dem, was die Deutschen

23 B. Hey, Die Kirchenprovinz Westfalen 1933–1945, Bielefeld 1974, 43 Anm. 17, nimmt an, daß die Akten des Konsistoriums in Münster über die Einzelergebnisse aus den westfälischen Gemeinden nicht mehr vorhanden sind.

24 Ebd., 41–49; Hey nimmt an, daß bei der Gemeindeverordnetenwahl vom 23. Juli 1933 die DC eine Mehrheit von ⅔ errangen, was etwas unter dem Schnitt der anderen altpreußischen Provinzen liegen würde (45). Hey nennt drei Faktoren, die zu einem Übergewicht von „Evangelium und Kirche" in der Synode geführt haben (48): 1. Das mittelbare Wahlsystem verhinderte ein Durchschlagen der DC. 2. Bei der Wahl von Presbyterien und Kreissynodalvorständen durften die alten Mitglieder ihre Nachfolger mitwählen. 3. Pfarrer waren in Presbyterien und Kreissynoden „geborene" Mitglieder, ebenso die Superintendenten in den Kreissynoden. Sie wurden bei den Kirchenwahlen nicht neu gewählt.

25 Scholder, Bd. 1, 575 f.

Christen verkündigen? Wir fürchten: Ja! – Sie sagen: Nein! – Diese Unklarheit muß bereinigt werden durch ein zeitgemäßes Bekenntnis."[26]

Damit war das Stichwort vom zeitgemäßen Bekenntnis, wie es in diesem Sommer schon öfter gefordert worden war, erneut gefallen.[27] Zugleich war diesmal aber angesichts der klaren Machtverhältnisse in der Kirche die Frage nach Übereinstimmung des zeitgemäßen Bekenntnisses mit den reformatorischen Bekenntnissen in aller Deutlichkeit aufgeworfen worden. Scholder bemerkt hierzu, Niemöller habe nichts anderes gefordert als Karl Barth in seinem Ruf nach der „Theologischen Existenz" in der gleichnamigen Schrift, in welcher Barth die Jungreformatorische Bewegung heftig kritisiert hatte.[28]

3. Die Eingliederung der Evangelischen Jugendverbände

Im Juni 1933 feierte der Bund Deutscher Bibelkreise auf seiner 5. Reichstagung in der Senne mit 5.000 Teilnehmern sein 50jähriges Bestehen. Dieser glanzvolle Höhepunkt der Bibelkreisarbeit war jedoch schon von den sich abzeichnenden künftigen Konflikten überschattet. Mit dem gewählten Reichsbischof Bodelschwingh war eine Person aus den jüngsten Konflikten zwischen DC und Kirche auf dem Reichslager gegenwärtig. Wiederholt war es außerdem im Frühjahr zu Konflikten zwischen Hitlerjugend und freien Jugendverbänden gekommen.[29] Zugleich drohte auch der Evangelischen Jugend die Eingliederung in die HJ, wie sie bei anderen Jugendverbänden schon durchgeführt worden war. Kurt Gerstein nahm an diesem Lager als Lagerpolizist teil. Vielen noch heute lebenden Teilnehmern ist dieses Lager in bleibender Erinnerung geblieben, da unter den Jugendlichen im Hinblick auf die schwebenden Konflikte mit der HJ eine entschlossene Kampfesstimmung herrschte. Den Auftrag und die Existenz des Bundes wollte man gegenüber dem Anspruch der HJ verteidigen.

26 Zitat ebd.

27 Besonders sei hier an das „Betheler Bekenntnis" erinnert, das auf Einladung von Bodelschwingh im August 1933 von Dietrich Bonhoeffer, Hermann Sasse, Georg Merz und Wilhelm Vischer u. a. erarbeitet wurde. In seiner 1933 nicht publizierten Erstfassung wurde es erst 1959 in Bonhoeffers Gesammelten Schriften von E. Bethge veröffentlicht. Eine unter Verantwortung von Martin Niemöller abgemilderte und umgearbeitete Fassung des Bekenntnisses erschien 1934 unter dem Titel „Das Bekenntnis der Väter und die Bekennende Gemeinde". Vgl. Scholder, Bd. 1, 579–582, und die eingehendere Untersuchung von Chr.-R. Müller, Bekenntnis und Bekennen. Dietrich Bonhoeffer in Bethel (1933). Ein lutherischer Versuch, München 1989.

28 Scholder, Bd. 1, 576.

29 H. Riedel, Kampf um die Jugend. Evangelische Jugendarbeit 1933–1945, München 1976, 46. Zur „Machtübernahme" der Hitlerjugend siehe auch die Biographie von M. Wortmann, Baldur von Schirach. Hitlers Jugendführer, Köln 1982, 101 ff.

Schon Anfang April hatte sich die HJ die Vorherrschaft in den bestehenden Institutionen dadurch gesichert, daß Schirach kurzerhand das Büro des „Reichsausschusses der Deutschen Jugendverbände" von einem aus fünfzig Hitlerjungen bestehenden Rollkommando besetzen ließ. In diesem Reichsausschuß waren fünf bis sechs Millionen Jugendliche aus den verschiedensten Verbänden vertreten. Die HJ strukturierte den Reichsausschuß zunächst nach dem Führerprinzip um, so daß dem Reichsjugendführer der NSDAP, Baldur von Schirach, nunmehr ein Führerrat zur Seite stand, in dem die Jugendverbände durch eine von Schirach berufene Person vertreten waren.[30]

Ziel der Arbeit war laut eines Aufrufes Schirachs vom 5. April die „Gleichschaltung und Straffung der Jugendarbeit in Deutschland", ohne jedoch das Eigenleben der Verbände zu beeinträchtigen.[31] Gleichzeitig wurden im HJ-Organ „Wille und Macht" von verschiedenen Artikelschreibern die Zerschlagung und Auflösung aller anderen Gruppen und Verbände gefordert.[32]

Bereits im Frühjahr gingen die Bismarck-Jugend, die Hindenburg-Jugend, der Scharnhorstbund (Jugend des „Stahlhelm") und andere zur HJ über. Tätlichkeiten zwischen HJ und bündischer Jugend häuften sich zunehmend. Im Mai 1933 wurde Hermann Ehlers zum „Geländesportwart" des B.K. ernannt, und man versuchte in der Sache des Wehr- und Geländesports eine Zusammenarbeit von B.K. und „Stahlhelm" zu erreichen, um eine Ausschaltung der Bünde seitens der HJ durch die Wahrnehmung des Wehr- und Geländesports durch die HJ zu verhindern.[33]

Am 17. Juni wurde Baldur von Schirach von Hitler per Erlaß zum „Jugendführer des Deutschen Reiches" ernannt, wodurch der bisherige Reichsjugendführer der NSDAP nun ein offizielles Amt im Staatsapparat bekleidete, das allerdings dem Reichsinnenministerium (RMdI) unterstellt war und im Einvernehmen mit den zuständigen Stellen im Ministerium den Aufbau der vaterländischen Jugendarbeit leiten und fördern sollte.[34] Per Erlaß des Reichsministeriums des Inneren vom 7. Juli wurde nun auch der „Reichsausschuß Deutscher Jugendverbände" endgültig aufgelöst, wodurch die Vormachtstellung der HJ staatlich sanktioniert und den anderen Jugendverbänden ein Organ öffentlicher Vertretung genommen wurde.[35]

30 So Schirach in „Das Neue Deutschland", H. 4/5.1933, teilweise abgedruckt bei M. Priepke, Die Evangelische Jugend im Dritten Reich 1933–36, Frankfurt 1960, 48.

31 So z. B. K. Fervers in einem Artikel der Zeitschrift „Wille und Macht", teilweise abgedruckt bei Priepke, Ev. Jugend, 49.

32 Ebd., 64.

33 Ebd., 61.

34 Ebd., 62.

35 Ebd., 66–68 zu den Verhandlungen mit Schirach; zum Gespräch zwischen Reichsbischof Müller und Stange siehe auch Schwertkreuz, H. 5. Okt. 1933, 112.

Eine Eingliederung der Evangelischen Jugendbünde zeichnete sich zunehmend ab. Ende Juli/Anfang August kam es daher zu einem Zusammenschluß aller evangelischen Jugendverbände im sogenannten „Evangelischen Jugendwerk Deutschlands", zu dessen Reichsführer D. E. Stange als Leiter des größten evangelischen Jugendverbandes, des Jungmännerwerkes (CVJM), berufen wurde. Damit war das Führerprinzip in der evangelischen Jugendarbeit eingeführt. Eine Anpassungsmaßnahme, welche doch zugleich die Eigenständigkeit der Evangelischen Jugendbünde sichern sollte. Zugleich wurde das Evangelische Jugendwerk (EJW) an die Deutsche Evangelische Kirche (DEK) angebunden, indem der Reichsbischof die Wahl des Reichsführers des Evangelischen Jugendwerkes zu bestätigen hatte. Ebenso wurde dem künftigen Reichsbischof Müller die Schirmherrschaft über das Jugendwerk übertragen. Mit dieser neuen Organisationsstruktur hoffte man, den Forderungen des neuen Regimes Rechnung getragen zu haben, und glaubte, unter dem Schutz der DEK weiterhin bestehen zu können. Doch diese Hoffnung sollte sich bald als ein schwerer Irrtum erweisen.

In den Verhandlungen zwischen Stange und Schirach um die Frage der Eingliederung ging es um die Frage der Doppelmitgliedschaft. Stange bot eine korporative Eingliederung der Ev. Jugend in die HJ an, bei der die Lebensgemeinschaft der bestehenden Verbände aufrechterhalten bleiben und die Ev. Jugend eine volksmissionarische Tätigkeit im Rahmen der DEK wahrnehmen sollte. Eine Doppelmitgliedschaft wollte Schirach aber nicht akzeptieren und kündigte im Oktober die Auflösung aller freien Jugendverbände und deren Eingliederung in die HJ an. Um die Befürchtungen vor einer bevorstehenden Eingliederung zu zerstreuen, ermächtigte der Reichsbischof Müller Stange zu der Erklärung, er, der Reichsbischof, werde eine Auflösung der Ev. Jugend keineswegs zulassen.[36]

Am 13. November kam es dann zu jener Berliner Sportpalastversammlung des Berliner Gaues der DC, auf der Gauobmann Dr. Krause seine berüchtigte Rede hielt, in der er „heldische Frömmigkeit", „artgemäßes Christentum" und „die Befreiung von allem Undeutschen im Gottesdienst und im Bekenntnismäßigen, Befreiung vom Alten Testament mit seiner jüdischen Lohnmoral, von diesen Viehhändler- und Zuhältergeschichten" forderte.[37]

36 Hermann Ehlers unterrichtete in einem Schreiben vom 15.11.33 die Führer der Landesmark Berlin von den Verhandlungen, abgedruckt bei Priepke, Ev. Jugend, 180. Ähnlich urteilte Gerstein in einem Brief an Egon Franz vom 14.8.1933, in welchem er bemerkt, er sehe Müller auf der Seite der Jugendverbände (LkA 5,2 NS Nr. 178).

37 Scholder, Bd. 1, 704.

Die Zeitungsberichte über diese Versammlung am nächsten Tag lösten in weiten Kreisen Empörung aus, war doch zwischen Krauses Ausführungen und Rosenbergs völkischer Religion kaum noch zu unterscheiden. Noch am Nachmittag des 9. November stellten Jacobi und die Gebrüder Niemöller im Namen des im September entstandenen Pfarrernotbundes dem Reichsbischof ein Ultimatum, worin Müller zur Niederlegung der Schirmherrschaft über die DC aufgefordert und die Suspendierung von deren Reichsleiter Hossenfelder und von anderen an der Sportpalastversammlung beteiligten Kirchenführern verlangt wurde. Andernfalls werde es zur Kirchenspaltung kommen. Der in die Enge getriebene Müller kam diesen Forderungen z. T. nach, indem er den auch ihm unbequemen Kritiker Krause aller kirchlichen Ämter enthob und in einer öffentlichen Erklärung deutlich von Krauses Äußerungen abrückte.

Nach diesen einschneidenden Ereignissen kam es am 17. November zu einem ersten Vertragsentwurf über die Eingliederung der Ev. Jugend in die HJ, der aber von den Vertretern der Jugendverbände als „Versailles der Kirche" trotz der darin zugestandenen Doppelmitgliedschaft abgelehnt wurde. Anläßlich der im Rahmen der Lutherfeiern stattfindenden volksmissionarischen Werbewoche der Ev. Jugend übertrug man noch am selben Tag dem Reichsbischof die unmittelbare und persönliche Befehlsgewalt. Trotz der Vorgänge auf der Sportpalastversammlung setzte man noch Hoffnung und Vertrauen in die Person des Reichsbischofs. Sein Verhalten im Skandal um die Sportpalastversammlung der DC wurde in Kreisen der Ev. Jugend als erfreulich beurteilt.[38]

Von nun an überschlugen sich die Ereignisse. Am 9. Dezember berichteten Presse und Rundfunk von einer bevorstehenden Eingliederung der Evangelischen Jugend. Auf Proteste beim Reichsbischof reagierte dieser mit dem Hinweis auf rechtzeitige Anhörung des Führerrates des EJW in dieser Sache. Gleichzeitig wurde Stange durch Müller von seinen Befugnissen und Pflichten als Reichsjugendführer im Evangelischen Jugendwerk ab sofort entbunden. Zum ersten Mal berief sich Müller dabei auf Artikel 6, Absatz 1 der Verfassung der DEK vom 11. Juli 1933, wie es Müller in der Folgezeit dann ständig tun sollte. Im

38 Scholder, Bd. 1, 32, gibt an, daß bis zum 12. Dez. 1933 alle Gesetze der Reichskirche im Namen des Geistlichen Ministeriums ergingen und Müller sich erst in einer Notverordnung vom 21. Dez. 1933 zum ersten Mal auf Art. 6, Abs. 1 der Verfassung der DEK vom 11. Juli 1933 berief. Tatsächlich findet sich eine solche Berufung auf Art. 6, Abs. 1 aber schon in dem Schreiben an Stange vom 12. Dez. 1933 (abgedruckt bei Priepke, Ev. Jugend, 72). Dort heißt es: „. . . Aufgrund des Artikels 6 Abs. 1 der Verfassung der Deutschen Evangelischen Kirche entbinde ich Sie nunmehr von Ihren Befugnissen und Verpflichtungen als Reichsführer des Deutschen Evangelischen Jugendwerkes und löse den Führerrat auf." In dem Schreiben an den Führerrat vom gleichen Tag findet sich noch die alte Formulierung.

Entlassungsschreiben an Stange zeichnete sich ein neuer kirchenrechtlicher Kurs ab.[39]

Bei den in der folgenden Woche stattfindenden Verhandlungen mit den Vertretern der Jugendverbände ließ sich Müller entschuldigen. Der DC-Bischof des Rheinlands, Heinrich Oberheid, führte statt dessen die Verhandlungen.

Am 19. Dez. kündigte Müller in einer endlich zustandegekommenen Aussprache mit dem Führerrat des EJW die Unterzeichnung des Eingliederungsvertrages an, worauf ihm mit dem Entzug der Befehlsgewalt über das EJW geantwortet wurde. Eine späte Entscheidung, die Müller zu diesem Zeitpunkt nicht mehr anzunehmen gedachte. Am selben Abend teilten Presse und Rundfunk die Unterzeichnung des Eingliederungsvertrages durch Schirach und Müller mit, woraufhin ein Sturm der Empörung gegen Müller losbrach.[40] U. a. erhielt der Reichsbischof unter dem Datum des 21.12.33 ein Telegramm mit folgendem Wortlaut:

> „Westrundfunk meldet: Preisgabe Evangelischen Jugendwerkes durch Reichsbischof. Abgesehen von mangelnder Vertretungsbefugnis kam Dolchstoß gerade von da unerwartet. Kirche stirbt von Bischofshand. In Scham und Trauer über solche Kirche Christi. Gerstein, Diplomingenieur Gemeindekirchenrat Hagen“[41]

Ein weiteres Telegramm ging am selben Tag an Baldur von Schirach:

> „Zerschlagung Evangelischen Jugendwerkes bedeutet praktisch Unterhöhlung, ja Vernichtung des deutschen Protestantismus. Ihr wißt nicht und könnt nicht wissen, was das für deutsches Volk und deutschen Osten bedeutet. Wir wissen es und warnen nochmals dringend. Im Innersten Hitlerjugend wohlgesonnen, aber in stärkster Bestürzung. Heil Hitler Reinecke, vom Bruch, Gerstein, Diplomingenieur Gemeindeverordneter.“

4. Kurt Gerstein als Führer der Jungmannschaft

Bisher hatte Kurt Gerstein in der Reichsvertretung des Bundes Deutscher Bibelkreise kein Amt innegehabt. Er war lediglich als Verwalter des B.K.-Heimes Berchum schon seit 1928 in den Schülerbibelkreisen Westfalens in Erscheinung getreten. Im Mai 1932, nach Abschluß seines Studiums, war er der Jungmannschaft Westfalen des B.K. beigetreten.[42] In einem Beitrag der B.K.-Zeitschrift „Neue Jugend“ hatte er sich engagiert dafür ausgesprochen, es sei nicht die Hauptaufgabe des B.K., künftige Theologen zu stellen, sondern vielmehr müßten die B.K.ler gesellschaftlich wirksam werden und Aufgaben bei der Gestaltung der Ge-

39 Priepke, Ev. Jugend, 74.
40 Textabdruck ebd., 193.
41 Textabdruck ebd., 194.
42 So im Brief Gersteins an Alfred Bensch vom 6.3.34 (LkA Bielefeld 5,2 NS Nr. 65a).

sellschaft übernehmen. Auch bei der Jungmannschaftsarbeit könne es nicht darum gehen, eine Fortsetzung der Jungenschaftsarbeit für die Älteren aufzubauen, sondern die Mitglieder der Jungmannschaft müßten in besonderer Weise um eine Gestaltung der Wirklichkeit von der Wahrheit her ringen.[43] Als im Verlauf der schwebenden Eingliederungsverhandlungen der bisherige Führer der Jungmannschaft des Bundes, Heinz König aus Berlin, aus der B.K.-Arbeit ausschied, übernahm Kurt Gerstein dieses Amt, das ihn mit der Betreuung der 18–35jährigen jungen Männer betraute, die zumeist noch in der Ausbildung und ohne eigene familiäre Bindung waren.

a. Gersteins Grußwort an die Führer und Jungmannen

In einem kurzen Grußwort, das im „Schwertkreuz", dem „Blatt der Führer und Jungmannen", abgedruckt wurde[44], skizzierte Gerstein seine Vorstellungen von der zukünftigen Arbeit der Jungmannschaft als einer Sammlung von Studenten, SA-Männern, Werktätigen und Soldaten, die sich dem Ziel des Bundes „Jugend für Christus" verpflichtet fühlten. Die zukünftige Arbeit sollte in kleinen Bruderschaften von fünf bis sieben Mann erfolgen, die durch die Verpflichtung zu einer täglichen Bibelarbeit und zu gegenseitiger Rechenschaft darüber zu einer „Kameradschaft um die Bibel" zusammenwachsen sollten. Ein weiteres organisches Band sollten Rundbriefe und Freizeiten bilden.

In einem weiteren Beitrag „Über die Arbeit der Bundesjungmannschaft" versuchte Gerstein einen Überblick und eine Deutung der gegenwärtigen geistigen und kirchenpolitischen Lage zu geben, wie sie sich ihm darstellte.[45]

Die gegenwärtige Situation sah Gerstein durch eine Schwächung des Protestantismus gekennzeichnet, dessen „geistige Lage" und „innere Stoßkraft" seiner Ansicht nach darniederlag. Er beklagte, daß das protestantische Bildungsbürgertum den Glauben verloren habe und nunmehr der „Göttin der Vernunft" diene, wie sie in der Französischen Revolution auf den Thron gesetzt wurde. Dieser Verlust des Glaubens habe den Verfall jenes Bildungsbürgertums an den Liberalismus nach sich gezogen. Marxismus und Liberalismus seien aber beide dem Wahn vom Gutsein des Menschen verfallen.

In deutlicher Anspielung auf den Nationalsozialismus sah Gerstein diesen Wahn nun ins Futurum übersetzt: „Man müsse nur einiges tun, dann würde der Mensch schon gut werden." Gerstein kritisiert, von die-

43 Kurt Gerstein, Tausend B.K.ler jährlich . . .?, in: Neue Jugend, 13.1931, 141 f.
44 Schwertkreuz, H. 5. Okt. 1933, 106.
45 Schwertkreuz, H. 6. Dez. 1933, 136–139.

ser Fehlmeinung könne kein Volk leben, schon gar nicht für Jahrtausende darauf bauen. Der Nationalsozialismus wird von ihm in eine Reihe mit Liberalismus und Marxismus gestellt, deren gemeinsames Merkmal die Gottlosigkeit und Nichtanerkennung des Anspruches Gottes sei.

Diesem Ausblick auf die „geschichtlichen Irrwege" der letzten 150 Jahre stellte Gerstein gegenüber, daß Begriffe von Ehre, Treue, Tapferkeit, Reinheit und Manneszucht – Gerstein sprach vom „Erbgut unserer germanischen Vorfahren" –, wie sie im bündischen Wesen immer schon gepflegt worden seien, jetzt wieder zur Geltung gebracht würden. Von daher sei er nicht ängstlich, „wenn ein Spritzer germanischen ‚Heidentums' sich mit christlicher Vorstellung mengt". Unaufgebbarer Bestandteil des christlichen Glaubens aber und Vorzug vor jeder anderen Gottesvorstellung blieb für Gerstein das zerschlagene Herz und die dem Christen zugesprochene Vergebung der Sünden. Von daher bestimmte er für die Arbeit der Bundesjungmannschaft die Aufgabe, selbst in „unerbittlicher Ehrlichkeit" den Weg zu einem wirklichen und wahrhaften Glauben zu finden, damit von dieser persönlichen Erfahrung aus es möglich werde, auch das deutsche Volk auf den Weg zu dem einen Gott und seiner uneingeschränkten Wahrheit zu führen.

Gerstein griff auch den oft erhobenen Vorwurf der Hervorhebung konfessioneller Gegensätze auf – dieser Vorwurf war von Schirach noch im Oktober erhoben worden – und betonte, daß Konfessionalität Bindung an das Bekenntnis als Autorität bedeute. Von einer Zusammenlegung der Kirche „zwecks endlicher Ausmerzung der unseligen Zwiespältigkeit des Glaubens" könnten allerdings nur die reden, die Glaubensdinge für unwichtig und belanglos hielten. Gerade in dieser Frage kritisierte Gerstein wiederum das Bildungsbürgertum, dem er vorwarf, es habe sich vom Liberalismus zum Nationalsozialismus bekehrt und werde sich nach Beseitigung des politischen Katholizismus – des seiner Meinung nach eigentlich „Bekämpfenswerten" – auch einer getarnten katholischen, der „Deutschen" Kirche anschließen.

Gerstein beurteilte den Abschluß des Konkordats vom Juli 1933 als schwere und entscheidende Niederlage der katholischen Kirche. Seiner Ansicht nach bildete der Nationalsozialismus im Gefüge der katholischen Kirche einen empfindlicheren Riß, als es bei der evangelischen Kirche der Fall sei. Die wirkliche Gefahr aber, die der deutschen Jugend drohe, sei der aufkommende Deutschglaube, der für viele – aufgrund des liberalistischen Elternhauses – ja überhaupt das erste religiöse Erleben darstelle.

Wie viele Protestanten war Gerstein antiaufklärerisch, antiliberalistisch und antikommunistisch eingestellt. So konnte er sagen: „Und es wird am deutschen Wesen noch einmal die Welt genesen! – indem Adolf Hitler die Welt vor dem Bolschewismus gerettet hat."[46] Doch zugleich stellte er den Nationalsozialismus in eine Reihe mit Aufklärung, Liberalismus und Marxismus. Deutlich sah er die Gefahr, daß die Bildung einer „Reichseinheitskirche" weniger der Überwindung des konfessionellen Zwiespalts diene als vielmehr der Verflachung des Christentums zur National- und Staatsreligion, die sich nur noch der politischen Heiligenverehrung – er nannte den Horst-Wessel-Kult – zu widmen hätte.[47]

Gegenüber dem Katholizismus, dessen straffes Gefüge Gerstein durch den Totalitätsanspruch des NS stark bedroht sah, betonte er als Stärke des Protestantismus dessen bestimmenden Einfluß auf die Geisteshaltung breiter Volksschichten; er nannte die Bauern als Beispiel.

b. Anregungen für die Bibelarbeit der Jungmannschaft

Ende September und gleich zu Beginn seines Amtes als Führer der Jungmannschaft gab Gerstein ein Heftchen mit dem Titel „Anregungen für die Bibelarbeit der Jungmannschaft für Oktober-November 1933" heraus, in welchem er in der ihm eigenen Weise acht Anregungen zu einer „ernsthaften Bibelarbeit" gab.[48] Gleich zu Beginn plädierte er darin für einen kritischen Umgang mit der Bibel („Prüfet alles und behaltet das Beste."), der in der Grundhaltung jedoch von Ehrfurcht geprägt sein solle. Nicht persönliche Erbauung sei das Ziel, sondern ernsthafte Erforschung des Willens Gottes.

Mit den ausgewählten Bibelstellen wurden bewußt aktuelle Themen aufgegriffen, wie z. B. die von Hitler so oft beschworene Vorsehung, Hitlers Wort an die SA in Nürnberg 1933: „Nicht vom Himmel holen wir uns Leben, Freiheit, Arbeit und Brot, sondern wir schaffen es uns selbst!" und die mit dem Erscheinen Luthers aufgeworfene konfessionelle Frage.

Gerstein kritisierte, im Reden von Vorsehung werde der fordernde und beanspruchende Gott nicht mehr erkannt und Gott bleibe ein gütiger Geber und „gutmütiger oller Dussel". Ein solcher „Bedarfsgott" stehe der Vernunftgöttin der Französischen Revolution in nichts nach.

Auch Hitlers Wort an die SA wollte Gerstein nur bedingt zustimmen, insofern nämlich, als der Staat tatsächlich wirtschaftliche und geistige Bedingungen schaffen könne, so daß beispielsweise Leben durch Abtreibung nicht mehr gefährdet werde. Doch trotz aller menschlich not-

46 So im Brief Gersteins an Egon Franz vom 14.8.33 (LkA 5,2 NS Nr. 178).
47 Ebd.
48 Ein Exemplar befindet sich im LkA Bielefeld 5,2 NS Nr. 176.

wendigen Tätigkeit kommen Leben, Freiheit, Arbeit und Brot für Gerstein letztlich von Gott.

In der Gestalt Luthers erkannte Gerstein weniger das Tun eines einzelnen herausragenden Menschen als das Eingreifen Gottes in die Geschichte eines Volkes. Der Dreißigjährige Krieg war ihm ein Beispiel dafür, daß Gott seine Wahrheit auch gegen ein Volk durchsetzt.

Ein für Gersteins Frömmigkeit zentraler Satz lautet: „Irret euch nicht, Gott läßt sich nicht spotten." Das „Gott fürchten" ordnet sich ganz klar dem „Gott lieben" vor, so daß der Glaube an Gott eine ernste und beanspruchende Sache ist, die nichts mit einem allgemeinen Gottesgefühl zu tun hat. Von Hitlers zur Schau getragener Christlichkeit samt seinem „Vorsehungsglauben" verstand er sich abzusetzen.

c. Kontakte zum Saarbrücker B.K.

Schon auf dem Sennelager in Bielefeld hatte Gerstein Kontakt zu einer Gruppe von B.K.lern aus Saarbrücken bekommen, mit deren Leiter Egon Franz er seit der zweiten Jahreshälfte 1933 bis zur Auflösung des Bundes Deutscher Bibelkreise zu Anfang Februar 1934 in engem Briefkontakt stand.[49] U. a. war geplant, daß der B.K.-Film über das Sennelager durch Kurt Gerstein in das nicht zum Reichsgebiet gehörende Saarland als Dienstgepäck der Preußischen Bergwerksdirektion eingeschmuggelt werden sollte. Pfarrer Wehr sprach von „den katastrophalen Erfahrungen mit dem letzten, nicht gelandeten B.K.-Film"[50]. Als Termin für die Durchführung eines Werbeabends mit diesem Film war der 28. Oktober von Gerstein vorgesehen worden, der Tag, an dem die Deutschen Christen landesweit Lutherfeiern organisiert hatten. Pfarrer Wehr wollte jedoch keine Konflikte und drängte Gerstein, einen anderen Termin zu suchen.[51]

In der Zeit vom 30. Oktober bis zum 8. November 1934 führte Gerstein mit der Saarbrücker Jungenschaftsgruppe eine Fahrt in die Pfalz durch, über die er einen ironischen Fahrtenbericht voller Anspielungen verfaßt hat.[52] Auf die ihm eigene Art und Weise karikiert er darin das Führerprinzip. So bezeichnete er sich als den Führer, der gleich zu Beginn der Fahrt eine Kriegsanleihe beim Volk machen muß. Sabotage – so heißt es – wird dem Volk verziehen, wirklich schlimm ist nur, daß die Jungen bummeln. Gegen Miesmacherei läßt Gerstein einen Teil der

49 Siehe dazu den Briefwechsel Gerstein – Franz: LkA Bielefeld 5,2 NS Nr. 177–183 und den Briefwechsel Gerstein – Wehr aus dem LkA Düsseldorf „Sammlung Wehr" Nr. 15, der Briefe vom 17.10., 19.10. und 8.11.1933 enthält.

50 Brief Wehrs an Gerstein vom 19.10.33.

51 So im Brief Wehrs an Gerstein vom 19.10.33.

52 Der Fahrtenbericht liegt als Anlage dem Brief Gersteins an Egon Franz vom 11.9.1933 bei (LkA Bielefeld 5,2 NS Nr. 235).

Jungen zu offiziellen Nörglern erklären, die der „Regierung“ Vorwürfe machen müssen, wobei bezeichnenderweise die zu Nörglern werden mußten, die dies eigentlich nicht wollten. Als klassisches Danklied der Fahrt wurde ein Sprechchor eingeübt, in welchem auf die Frage des Führers, wem dies alles zu verdanken sei, geantwortet wurde: „Der großen Güte und Freundlichkeit unseres lieben Führers“, worauf der Führer Kurt Gerstein dann antwortete: „Na ja also!“

Gerstein belehrte die Jungen über den Unterschied zwischen Christentum und Deutschglauben. Der Satz „Gemeinnutz geht vor Eigennutz“ wird von ihm aus dem Gebot der Nächstenliebe abgeleitet. Gerstein wollte damit auf den Anspruch des Christentums hinweisen und aufzeigen, daß der Nationalsozialismus sich zwar als der Urheber und Wohltäter schlechthin aufspiele, aber eigentlich nur eine Karikatur alter sittlicher Werte sei.

5. Die Auflösung des Bundes Deutscher Bibelkreise

Vom 5. bis zum 7. Januar 1934 tagte die Reichsvertretung des B.K. in Berlin-Dahlem bei Pfr. Niemöller, der der Landesführer der zweitgrößten Landesmark des Bundes war. In dieser Besprechung, an der auch Kurt Gerstein teilnahm, wurde der Eingliederungsvertrag einmütig abgelehnt und beschlossen, daß im Falle einer zwanghaften Durchführung der Eingliederung die Jungenschaft (bis 18 Jahre) aus der Treuepflicht gegenüber dem Bund zu entlassen sei.[53]

Mit dem – auf grauem Papier geschriebenen – sogenannten „grauen Brief“ vom 6.2.34 entließ Udo Smidt die Jungenschaft des Bundes Deutscher Bibelkreise aus ihrer Treueverpflichtung gegenüber dem Bund. Damit wurde die bündische Form mit Wimpel, Hemd und Halstuch aufgegeben.

Udo Smidt legte den Jungen allerdings die Ziele des Bundes, den Kampf um Wahrheit und Reinheit, noch einmal ans Herz und forderte sie auf, diesem Ziel auch in Zukunft treu zu bleiben. Der Brief schloß mit dem so oft in dieser Zeit zitierten Liedvers aus einem Lied Paul Gerhards: „Gott wird sich so verhalten, daß du dich wundern wirst.“[54] Unter dem Datum vom 7.2.34 ging ein zweiter Brief Smidts an die Eltern der Jungen, in welchem er ihnen die Gründe für die Auflösung des Bundes darlegte.

53 Evangelische Schülerarbeit in 100 Jahren, hrsg. von E. Warns u. a., Wuppertal 1983, 240 f. Dort sind protokollartige Notizen der Besprechung von Karl Geuder abgedruckt.

54 Ebd., 241 f. der Brief vom 6.2.34 und 243 der Brief an die Eltern vom 7.2.34.

Am 13. Februar begingen die B.K.-Gruppen aus Hagen und Gevelsberg die feierliche Selbstauflösung ihres Bundes. Alfred Katthagen, ein damaliger B.K.ler, schildert diese Selbstauflösung, bei der auch Udo Smidt zugegen war.[55]

Abends um 18 Uhr traf sich der Hagener B.K. am Hagener Hauptbahnhof und erwartete dort Udo Smidt. Die etwa 25 B.K.ler hatten ihre Kluft angezogen. Nachdem Kurt Gerstein in Begleitung von Udo Smidt gekommen war, ging man in den dunklen Wald, wo auf einer Lichtung bereits ein Holzstoß aufgerichtet war und bereits die anderen B.K.-Gruppen der Hagener Umgebung versammelt waren. Nachdem das Feuer mit Mühe entzündet worden war, sprach zuerst Kurt Gerstein.[56]

In dieser Rede zog Gerstein den Vergleich zu der Selbstversenkung der deutschen Flotte vor Scapa Flow. Dort zogen es die deutschen Seeleute vor, die Schiffe selbst zu versenken, anstatt sie dem Feind auszuliefern, wie es die Bestimmungen des Versailler Vertrages vorsahen. Als einen solchen ehrenhaften Akt der „Selbstversenkung“ wollte Gerstein die Auflösung des B.K. angesehen wissen. Im Rückblick auf die Unsicherheit des Kampfes in den letzten Monaten kritisierte er die Verlogenheit des Reichsbischofs mit dessen Eingliederungsvertrag. Den Jungen der HJ bekundete er Anerkennung und Respekt für ihren offenen Kampf und verglich die Situation der B.K.-Kreise im letzten Jahr mit der Situation der HJ vor der Machtergreifung. Den Kampf um die Einheit der Jugend bejaht Gerstein ebenso, wie er den Staat Adolf Hitlers „restlos bejaht“. Kritik übt er jedoch an unfairen Mitteln wirtschaftlichen Drucks, der Benachteiligung in der Schule und den mannigfachen unberechtigten Verdächtigungen. Gerstein schloß mit dem Wunsch für die HJ, daß Opfergeist und Idealismus sich in ihrem revolutionären Kampf würden durchzusetzen vermögen. Der Bund Deutscher Bibelkreise kapituliere aber nicht vor der HJ, er beuge sich lediglich dem totalen Staat.

Im Anschluß an Gersteins Rede ergriff Smidt kurz das Wort und erinnerte die Jungen an ihre bleibende Verpflichtung gegenüber Christus und der Bibel. Anschließend wurden Fahne und Wimpel sowie die Halstücher verbrannt. Die Älteren gingen anschließend mit Smidt zum Abendmahl.

Die Ansprache Gersteins zeigt ein hohes Maß an Sympathie gegenüber den Jungen in der HJ, deren Idealismus er bewunderte und bejahte. Im revolutionären Kampf für Opfergeist und Idealismus wußte er

55 Katthagen, Kurt Gerstein, 9 f.
56 Text der Rede liegt maschinenschriftlich vor im LkA Bielefeld 5,2 NS Nr. 173.

sich ihnen sogar verbunden. Seine Kritik richtete sich einerseits gegen die verlogene Haltung des Reichsbischofs und gegen die HJ-Führung und die Parteikader, die die B.K.ler in Schule und Freizeit in übler Weise unter Druck gesetzt hatten, so daß mancher auch zur HJ überging. Die Selbstauflösung des B.K. schien die einzige Möglichkeit eines ehrenhaften Endes des Bundes, da der totalitäre Staat keine andere Wahl ließ. Gersteins in Briefen aus dem Herbst 1933 geäußerte Befürchtung, man müsse die sichtbare Kirche bald verlassen, um um so stärker die unsichtbare Kirche aufzubauen, hatte sich damit im Bereich der Jugendarbeit bestätigt.

IV. Die Fortführung der Jugendarbeit bis zur ersten Verhaftung 1936

In den ersten drei auf das Jahr der nationalsozialistischen Machtergreifung folgenden Jahren war Gerstein in eine Vielzahl von Aktivitäten verwickelt. Nach der Selbstauflösung des Bundes Deutscher Bibelkreise bemühte er sich um die Weiterführung der kirchlichen Jugendarbeit in dem engen Rahmen, der noch verblieben war. Besondere Bedeutung bekam dabei die Auseinandersetzung mit den vielfältigen Formen eines völkischen Deutschglaubens. Doch auch die mit dem Ausbau des nationalsozialistischen Führerstaates einhergehende Demontage des Rechtsstaates und die zunehmende Beeinflussung der Rechtsprechung im Sinne der nationalsozialistischen Weltanschauung verfolgte er mit wachem Interesse. Sein besonderes Anliegen, die sexualpädagogische Arbeit an jungen Menschen, führte zum Aufbau einer großangelegten Schriftenarbeit, in die er neben großem Engagement auch erhebliche finanzielle Mittel steckte.

In beruflicher Hinsicht absolvierte er die Bergreferendarausbildung beim Oberbergamt Dortmund. Dort war er am 27. April 1932 zum Bergreferendar ernannt worden.[1] Gleich zu Beginn der Referendarausbildung bemühte er sich darum, eine möglichst große Zahl von Betrieben kennenzulernen. Er arbeitete in der Zeit von Mai 1932 bis Ende September 1933 auf Zechen in Herne und Recklinghausen, absolvierte kaufmännische Praktika bei Hoesch in Köln und der Preussag im ostpreußischen Palmnicken und lernte die Bergreviere in Dortmund, Köln und Bonn kennen.[2] Vom 1. Oktober 1933 bis zum 30. Juni 1934 arbeitete er beim Oberbergamt Dortmund. Aus diesem Abschnitt der Ausbildung existiert noch eine schriftliche Arbeit Gersteins, in der er den Versicherungsstreit um die Hinterbliebenenrente für die Witwe eines verstorbenen Bergmannes begutachtete und zur Entscheidung brachte.[3]

Ab Juli 1934 war er dann mit der Abfassung seiner schriftlichen Examensarbeiten beschäftigt. Am 27. November 1935 erfolgte schließlich nach bestandenem Examen die Ernennung zum Bergassessor, und die berufliche Laufbahn im Bergbau lag vor ihm.[4] Doch bereits wenige Monate nach Antritt seiner ersten Stellung wurde seine Berufslaufbahn jäh unterbrochen, weil er wegen des Versands bekenntniskirchlicher Druckschriften verhaftet worden war.

1 StA Münster, Oberbergamt Dortmund Nr. 1996.
2 Vgl. dazu die Angaben Gersteins in einem Personalbogen der Saargrubenverwaltung vom 13.6.36 (Kopie in den Handakten des Verf.).
3 StA Münster, Oberbergamt Dortmund, Bergreferendare Nr. 142.
4 Ernennungsurkunde vom 27.11.35 (LkA Bielefeld 5,2 NS Nr. 4).

1. Die Fortführung der Jugendarbeit und die Freizeitheime

Mit der Auflösung des Bundes Deutscher Bibelkreise war die bisherige bündische Form der Jugendarbeit beendet. Die Gruppe der unter 18jährigen Jungen konnte nicht mehr in einer eigenständigen Organisationsform angesprochen werden. Geblieben war jedoch zum einen die Gruppe der Jungmannen, die als Leiter das Rückgrat der Jugendarbeit gebildet hatten, zum anderen war es die Vereinsstruktur des Bundes auf regionaler Ebene, die von der Auflösung zunächst nicht betroffen war. So bestand der im Jahre 1923 in Hagen gegründete „Geschäftsführende Verein der Bibelkreise unter Schülern höherer Lehranstalten Westfalens" auch weiterhin; in seinem Besitz befanden sich die beiden westfälischen Freizeitheime in Berchum bei Hagen und Zingst am Darß in Vorpommern. Diese Freizeitheime bildeten in der Folgezeit einen wichtigen Kristallisationspunkt der regionalen Jugendarbeit. Dort konnte, wenn auch nur in eingeschränkter Weise, die Jugendarbeit des aufgelösten Bundes bis zum Beginn des Krieges in kleinerem Rahmen weitergeführt werden.[5]

Das Anliegen der Schülerbibelkreise sollte nun durch den Zusammenschluß in einer Bruderschaft all derer weitergetragen werden, „die in aktiver Beteiligung oder mittragender Verantwortung sich für den Dienst unter deutscher evangelischer Mannesjugend an höheren Schulen verpflichtet wissen". Durch Rundbriefe sollte ein Austausch und Zusammenhalt hergestellt werden. Daneben bestanden weiterhin die regionalen Jungmannschaftskreise fort, denen Udo Smidt für ihre weitere Arbeit die feste Bindung an die jeweilige Ortsgemeinde und den Verzicht auf jede bündische Begrenzung dringend empfahl.[6]

Mit Beginn seiner Tätigkeit als Führer der Bundesjungmannschaft hatte Gerstein schon im Herbst 1933 damit begonnen, eine Mitgliederkartei mit Paßbildern anzulegen, um der Mitgliedschaft einen verbindlicheren Rahmen zu geben.[7] Bei der alljährlich stattfindenden Osterzusammenkunft der westfälischen Jungmannschaft in Dortmund vom 6. bis zum 8. April 1934 verpflichteten sich die Mitglieder zu regelmäßiger, täglicher Bibelarbeit, dem Dienst an der sich auf dem reformatorischen Erbe aufbauenden Gemeinde und zu gegenseitigem Dienst in „rechtverstandener Seelsorge und Hilfe in äußeren Fragen des Lebens". Die Verpflichtung zur Bibellektüre erstreckte sich auch auf das Studium der reformatorischen Bekenntnisschriften und der Katechismen und

5 Zu den Freizeitheimen siehe Gädeke, Schülerbibelkreise, 34 ff.
6 So im Schwertkreuz, H. 1. Feb./April 1934, 20, Zitat ebd.
7 Dies geht aus einem Vorwort zu der von Gerstein verfaßten Schrift „Anregungen für die Bibelarbeit der Jungmannschaft" für Oktober-November 1933 hervor (LkA Bielefeld 5,2 NS Nr. 176).

beinhaltete die „Auseinandersetzung mit denjenigen geistigen Strömungen der Zeit, in denen die christliche Lehre bekämpft oder umgedeutet werden soll“.[8] Diese Verpflichtungen bringen den Ernst zum Ausdruck, mit welchem man sich um Fundierung in den wichtigsten kirchlich-theologischen Fragen der Zeit bemühte. Als im Mai 1934 dann in Wuppertal-Barmen die Barmer Theologische Erklärung verabschiedet wurde und damit der Grundstein für die Bekennende Kirche gelegt war, rechnete man sich ganz klar dieser kirchlichen Gruppierung zu. Neben der Theologischen Erklärung war von der Synode auch eine „Erklärung zur praktischen Arbeit der Bekenntnissynode der Deutschen Evangelischen Kirche“ verabschiedet worden, in der von den freien Verbänden wie der Inneren Mission, den Jugend-, Männer- und Frauenverbänden eine klare Entscheidung für die Bekenntnissynode der DEK gefordert wurde. Unter dem Stichwort der „Sendung der Bekennenden Gemeinde“ wurden die lebendigen Glieder der Gemeinde besonders zum „Dienst an den Entfremdeten (Freidenker, Deutsche Glaubensbewegung)“ und dem „Dienst an der Reichswehr (Truppenübungsplätze), SA, SS, HJ, Versorgung der Arbeitsdienst- und Jugendlager“ aufgefordert.[9] Wie sehr gerade Gerstein an dem Dienst an diesen beiden Gruppen gelegen war, wird aus seinem Engagement der nächsten Jahre deutlich werden.

Zunächst jedoch war man bemüht, denen, die wegen ihrer Zugehörigkeit zum Bund Deutscher Bibelkreise Nachteile und Anfeindungen hatten in Kauf nehmen müssen, Hilfe und Unterstützung zukommen zu lassen. So konnte Udo Smidt in einem vertraulichen Rundbrief von März 1934 an die der Bibelkreisarbeit nahestehenden Pfarrer berichten, daß ein Mitarbeiter, der ungenannt bleiben wolle, anläßlich eines Urlaubsaufenthaltes in der Schweiz mit dem Präsidenten des Ökumenischen Rates, Adolf Keller, die Möglichkeit von vier theologischen Freisemestern für 20 deutsche Abiturienten an schweizerischen Hochschulen ausgehandelt habe.[10] Dieses Angebot sollte in besonderer Weise solchen B.K.lern zugute kommen, denen wegen ihrer B.K.-Mitgliedschaft die Hochschulreife und damit die Zulassung zum Studium nicht erteilt worden war. Mit hoher Wahrscheinlichkeit handelte es sich bei dem ungenannt gebliebenen Mitarbeiter um Kurt Gerstein. Denn zu Beginn des Jahres 1935 richtete er in dieser Angelegenheit Schreiben

8 Schwertkreuz, H. 2. Mai 1934, 48.

9 Der Text der „Erklärung zur praktischen Arbeit der Bekenntnissynode der DEK“ findet sich in: R. Burgsmüller/A. Weth (Hg.), Die Barmer Theologische Erklärung. Einführung und Dokumentation, Neukirchen [4]1984, 65–67.

10 Dies Rundschreiben ist abgedruckt bei Priepke, Ev. Jugend, 228. In einer von Priepke, 132, wiedergegebenen Erklärung des Dekans Kurt Hennig aus Stuttgart wird Kurt Gerstein als innerhalb der B.K.-Arbeit Zuständiger für Auslandskontakte benannt.

an Präses Koch und Martin Niemöller.[11] Demnach hatte sich die Stipendiatsangelegenheit unerwartet lang hingezogen, so daß Kurt Gerstein, der durch eine Beteiligung an einem Düsseldorfer Familienunternehmen relativ vermögend war, aus eigenen Mitteln 1.200 RM vorgelegt hatte, um fünf westfälischen Theologiestudenten ihr Studium zu finanzieren. Eine für das Finanzamt erstellte Auflistung vom 28.2.36 ergibt eine Summe von 2.342,39 RM, die Gerstein aus eigenen Mitteln an bedürftige Theologiestudenten gezahlt hat.[12] Darunter war auch Ludwig Dewitz, ein Christ jüdischer Abstammung, der von den Rassengesetzen betroffen war.[13]

Zudem pflegte Gerstein in den Jahren 1934/35 einen intensiven Kontakt zu Jugendgruppen aus der Schweiz. Im Sommer 1935 organisierte er dann in Berchum eine Austauschfreizeit mit Jugendlichen aus der Schweiz und Frankreich.[14]

In einem Brief an einige Kameraden, die sich zu einem längeren Aufenthalt in der Schweiz aufhielten, äußerte er sich auch zu politischen Fragen.[15] Offenbar hatten die in der Schweiz sich aufhaltenden Jugendlichen in einem Brief an Gerstein von einer Eingliederung der Schweiz ins Deutsche Reich gesprochen, worauf ihnen Gerstein antwortete:

> „Ich für meine Person halte auch auf weiteste Sicht die alldeutschen Pläne einer ‚Rückgliederung' der Schweiz nach Deutschland mit der Mehrheit unseres Volkes für gänzlich indiskutabel. Wir sollten uns freuen und damit begnügen, daß sie zum großen deutschen Kulturverband gehören wie Holland und in gewisser Weise Flandern. Es ist ein himmelweiter Unterschied zwischen einer solchen Zugehörigkeit und einer politischen. ... Ihr seid wohl an den starken Schweizer Landwein geraten, daß Ihr die Schweiz eingemeinden wollt. Daran denken in Deutschland nicht einmal 20.000 Menschen. Und selbst die haben einen Knacks."[16]

Über die Ermordung des österreichischen Kanzlers Dollfuß durch österreichische Nationalsozialisten äußerte Gerstein seine tiefe Abscheu:

11 Zwei Schreiben Gersteins an Niemöller vom 11.2.35 und 13.3.35 befinden sich im Nachlaß Niemöllers im ZAdEKHN 62/1005. Dem Schreiben vom 11.2.35 liegt der Durchschlag eines Schreibens unter gleichem Datum an Präses Koch bei. Vgl. dazu auch: Evangelische Schülerarbeit, 103 f.

12 Diese Liste befindet sich im LkA Bielefeld 5,2 NS Nr. 205.

13 Dewitz bestätigte in einem Schreiben vom 12.1.55, daß Gerstein ihm Hilfe gewährt habe „zu einer Zeit, als so viele Kirchgänger dem Problem des christlichen Nichtariers aus dem Wege gingen". Brief wird bei Friedländer, Zwiespältigkeit, 45, zitiert.

14 Vgl. dazu eine Protokollnotiz Schirmachers vom 17.12.35 (ADW Berlin, CA 1767/146), in der es über die Berchumer Freizeitarbeit heißt: „Diese Arbeit gewinnt ihre besondere Bedeutung dadurch, daß deutschsprechende Ausländer, vorzugsweise aus der Schweiz, mit den deutschen BK'lern zusammen ihre Ferien verleben."

15 Kopien dieses Briefes von August 1934 befinden sich im LkA Bielefeld 5,2 AS Nr. 5/2 Fasc. 2. Sie wurden von Herrn Gerd Krütt über Albert vom Bruch an das Kurt-Gerstein-Haus abgegeben.

16 Ebd.

„Die Tat an Dollfuß ist und bleibt Mord, und zwar eine in ihren Einzelheiten abscheuliche Mordtat. Wir wollen weder mit der Tat noch mit den Tätern das Geringste zu tun haben."[17]

Einen Anschluß Österreichs an das Deutsche Reich hielt Gerstein langfristig zwar auch für wünschenswert, lehnte aber jede Form eines erzwungenen Anschlusses ab:

„Die Geschichte wird uns hoffentlich bald zusammenführen. Niemals aber werden wir zusammenkommen, wenn eine solche Volksgemeinschaft mit einer fortlaufenden Kette von Verbrechen erzwungen werden soll."[18]

Wahrscheinlich spielt Gerstein hier auf die jüngsten Morde bei der Niederschlagung des angeblichen Röhm-Putsches an, bei der mißliebige SA-Führer und andere Politiker umgebracht wurden.

Hindenburgs Tod Anfang August 1934 wurde von Gerstein als nationales Unglück bezeichnet.[19]

Natürlich wurde die im Freizeitheim Berchum stattfindende Freizeitarbeit häufig von der Gestapo gestört und behindert. Wie energisch Kurt Gerstein auf diese Behinderungsversuche von seiten der Staatspolizei reagierte, zeigt ein Brief vom 9. Juni 1935 an die Gestapo in Dortmund. Dort heißt es im Hinblick auf eine von der Gestapo im Landheim Berchum aufgelöste Bibelfreizeit zu Pfingsten:

„Schaffen Sie von der Geheimen Staatspolizei bitte Zustände und Verhältnisse – wenn Sie sich schon so ausführlich mit Jugendfragen beschäftigen –, in denen das oft vom Führer ausgesprochene auch der Jugend zustehende Recht der religiösen Betätigung und Überzeugung formal und sachlich geachtet wird. Wenn Sie das tun, kann und wird Friede und Eintracht der Jugend über die nicht zu beseitigenden verschiedenen Bekenntnisse in dem großen Gedanken eines nationalsozialistischen Deutschland entstehen, nicht aber durch solche nur verbitternden Teilmaßnahmen."[20]

Dieser Brief an die Gestapo zeigt Gerstein als einen Mann, der sich so leicht nicht einschüchtern ließ und sich nicht scheute, auf die Widersprüche im Vorgehen nationalsozialistischer Organe hinzuweisen. Schon im Juni 1933 war es offenbar zu einem Zusammenstoß zwischen Gerstein und der Gestapo gekommen, dem dann weitere folgten.[21] Von seiten der HJ wurden die unter der offiziellen Bezeichnung einer Bibelstunde stattfindenden Reste konfessioneller Jugendarbeit mißtrauisch beobachtet. Ein anschauliches Bild davon gibt folgende Denunziation Gersteins durch ein Mitglied der HJ in einer Meldung an seinen Bannführer:

17 Ebd.
18 Ebd.
19 Ebd.
20 Brief findet sich im LkA Bielefeld, AS Nr. 32,2 Fasc. 1.
21 So im Gerstein-Bericht, Abschnitt „2. Lebenslauf", s. u. S. 218 f.

„Am 4. ds. erzählte mir ein ehemaliger Anhänger des evangelischen Eichenkreuzes, die BKs kämen jeden Montag ... zusammen, um unter dem Decknamen einer ‚Bibelstunde' ihren Interessen weiter zu dienen. Mit zwei Jgg. [= Jungmänner, JS] aus Gevelsberg ging ich in das evang. Vereinshaus, um mir die besagte ‚Bibelstunde' einmal näher anzusehen ... Das Referat des Abends hielt der sattsam bekannte K. Gerstein aus Hagen über ‚Die Stellung des evangelischen Jungmannes im heutigen Staat'. (Wo bleibt da die ‚Bibelstunde'?) Was sich dieser Jüngling an Aussprüchen leistete, grenzt schon an Frechheit. Nicht nur, daß Maßnahmen der Regierung zur Befriedung der kirchlichen Verhältnisse bekrittelt wurden, daß Führer wie Rosenberg und Schirach als unchristlich verschrien wurden, die man folglich ablehnen müsse, der Jg. [= Jungmann, JS] Gerstein steigerte seine Frechheit, indem er den anwesenden HJ-Anwärtern Anweisung gab, aus der HJ wieder in kirchliche Organisationen zu kommen und auch die noch verbliebenen zum Austritt zu bewegen. Sodann machte er seinem Ärger über die ‚trüben Aussichten' Luft, indem er sich in wüsten Beschimpfungen über das ‚Neuheidentum' erging."[22]

Als kritischer, subversiv wirkender Geist war Kurt Gerstein im Hagener Bereich also „sattsam bekannt". Trotz Eingliederungsvertrag dachte er nicht daran, die Jugendlichen den nationalsozialistischen Verbänden zu überlassen.

Wie sehr Gerstein in dieser Zeit bereit war, sich auch finanziell für die Jugendarbeit der Bekennenden Kirche einzusetzen, zeigt auch ein Briefwechsel mit dem Centralausschuß für Innere Mission in Berlin.[23] Darin ging es um die Ablösung verschiedener von der Evangelischen Vorsorge und dem Centralausschuß gewährter Darlehen, mit denen das Freizeitheim der westfälischen Bibelkreise in Zingst ausgebaut worden war. Nachdem der Bund Deutscher Bibelkreise im Februar 1934 aufgelöst worden war, bestand als Träger der beiden Freizeitheime in Zingst und Berchum nur noch der „Geschäftsführende Verein der Bibelkreise unter Schülern höherer Lehranstalten Westfalens e.V.", dem die Darlehen gewährt worden waren.[24] Zur weiteren Abzahlung der Darlehen sah man sich jedoch nicht in der Lage, zumal die Jugendarbeit mit der Auflösung des Bundes Deutscher Bibelkreise im alten Rahmen nicht mehr möglich war.

Da die Freizeitheime für die noch bestehende Jungmannschaft und die ältere Jugend als Treff- und Versammlungspunkt eine wichtige Rolle spielten, trat Kurt Gerstein im Juli 1935 in Verhandlungen mit dem Cen-

22 LkA Bielefeld 5,2 AS Nr. 5/2 Fasc. 2. Es handelt sich hierbei um die Abschrift eines Briefes des HJ-Führers August Hoppe an seinen Bannführer vom 10. Juni 1934. Hoppe war am 8. Juni von seinem Unterbannführer beurlaubt worden, weil sich Eltern wegen neuheidnischer Äußerungen Hoppes besorgt zeigten. Verschiedene Eltern hatten angedroht, ihre Kinder aus der HJ zu nehmen, falls Hoppe Führer bleibe. Zitiert auch bei Friedländer, Zwiespältigkeit, 41 f.

23 Dieser Briefwechsel findet sich im ADW Berlin, CA 2499. Siehe dazu auch H. Talazko, Kurt Gerstein und der Central-Ausschuß für die Innere Mission der Deutschen Evangelischen Kirche, in: Die Innere Mission 60.1970, H. 5, 196–208.

24 Ebd.

tralausschuß ein. In einem Gespräch mit Horst Schirmacher, dem deutschchristlichen Direktor des CA, vereinbarte er eine einmalige Ablösung der gesamten ausstehenden Schuldsumme in Höhe von ca. 38.000 RM durch eine Zahlung von 8.000 RM, die er sogar aus eigenen Mitteln aufbringen wollte.[25] Da die Evangelische Vorsorge eine Tilgung der Hypotheken nicht mehr erwartet hatte, ging man natürlich gern und drängend auf das von Gerstein unterbreitete Angebot ein. Die von Gerstein angekündigte Zahlung erfolgte jedoch nicht, da u. a. Pfarrer Vietor aus Volmarstein mit einer solchen Lösung nicht einverstanden war. Man sah wohl keinen Grund, das knappe Geld für die kirchliche Arbeit den deutschchristlichen Berliner Behörden zu überlassen, denen man die Zerstörung der Jugendarbeit durch den Reichsbischof anlastete.[26] Das Freizeitheim Zingsthof diente nicht nur als Unterkunft für Jugendfreizeiten. Vom April bis zum Juni 1935 fand dort auch das neugegründete Predigerseminar der Bekennenden Kirche der altpreußischen Union unter Leitung Dietrich Bonhoeffers einen vorläufigen Unterschlupf.[27] Nach den Schilderungen Bethges wäre das Seminar gern den Sommer über dort geblieben, doch ließ die Freizeitarbeit dies nicht zu. Auch wären die Finanzverhandlungen dadurch erschwert worden, denn beim Centralausschuß kritisierte man die bekenntniskirchliche Bindung der in Zingst auf Freizeiten tätigen Pfarrer. Als es im Sommer 1936 zu einem Inspektionsbesuch kam, hatten die Besucher vom Centralausschuß nichts Besseres vorzuschlagen, als dem Zingsthof ein Bild des Führers zu schenken, das man bei der Besichtigung vermißt hatte.[28] Im Juni 1938 war Bonhoeffer mit Ehemaligen seines inzwischen von der Gestapo geschlossenen Finkenwalder Predigerseminars noch einmal zu einer Freizeit in Zingst.[29]

Der Zingsthof selbst wurde im Februar 1939 angesichts der unsicheren Lage vom dortigen Kirchenkreis Barth als Eigentümer übernommen. So blieb das Freizeitheim in kirchlichen Händen, bis es im Sommer 1943 beschlagnahmt wurde.[30]

25 Ebd. S. dazu die Niederschrift über die Unterredung Gersteins bei der Ev. Vorsorge vom 11.7.35.
26 Ebd. Vgl. dazu das Schreiben von Pfr. Mantz an den CA vom 30.3.37.
27 E. Bethge, Dietrich Bonhoeffer. Theologe. Christ. Zeitgenosse, München [5]1983, 480 und 487 f.
28 Bericht über den Besuch auf dem Zingsthof vom 11. bis 15.7.1936 (ADW Berlin, CA 2499).
29 Bethge, Bonhoeffer, 670.
30 Zur Übereignung an den Kirchenkreis Barth siehe Gädeke, Schülerbibelkreise, 41 f. Die Beschlagnahmung durch die NSV wird erwähnt im Schreiben des Kirchenkreises Barth an den Reichsverband Evangelischer Jugenderholungsheime vom 29.12.43 (ADW Berlin, CA 2499).

2. Die Auseinandersetzung mit dem Deutschglauben

Nach den innerkirchlichen Auseinandersetzungen um die Deutschen Christen und deren Forderung nach einem artgemäßen christlichen Glauben im Jahre 1933 traten in den darauffolgenden Jahren zunehmend freireligiöse Kreise, u. a. zusammengeschlossen in der „Deutschen Glaubensbewegung", aus dem Umfeld der NSDAP hervor. Sie propagierten eine nordisch-germanische Religion und grenzten ihre ausdrücklich als „heidnisch" bezeichnete Theologie von der christlich-jüdischen Tradition scharf ab.

a. Gersteins Materialsammlung

Im Sommer 1934 hatte Kurt Gerstein verschiedene Pressemeldungen aus dem Frühjahr zum Thema „Deutscher Glaube" in einer Materialsammlung zusammengestellt und drucken lassen.[31] Im Hinblick auf die volksmissionarischen Bemühungen der DC schrieb er im Vorwort:

> „Nach dem Erfolg des Nationalsozialismus, der politische Überzeugungen und Geistesrichtungen in kühnem Ansturm hinweggefegt hat, konnte man allerdings auf den Gedanken kommen, daß, was dort möglich war, auch hier möglich sein müsse, vor allem angesichts der ‚großen Kraft und Wahrheit des Christentums'. So wurden die Stimmen laut, man müsse dem Volk die Wohltat des Glaubens notfalls aufzwingen, wenn es von allein den einzigen und richtigen Weg nicht fände. Darüber hat man das Wort vergessen: Ihr wisset, daß die weltlichen Fürsten herrschen, und die Mächtigen unter ihnen haben Gewalt. Aber so soll es nicht unter euch sein! [Mk 10,42 f., JS] ... Nicht darauf kommt es jetzt an, das Volk mit einer christlichen Tünche zu überziehen. Die Richtung unserer Arbeit hat nicht in die Breite, sondern in die Tiefe zu gehen."

In Hagen war die Deutsche Glaubensbewegung stark vertreten. So fand am 22.10.34 in Hagen ein Vortrag zum Thema „Was ist deutscher Glaube?" statt. Der Redner des Abends ließ seine Ausführungen nach einigen Angriffen gegen das Christentum in dem Satz gipfeln: „Deutschland wird heidnisch sein oder es wird zugrunde gehen!" Es folgten weitere Vorträge in den folgenden Monaten, am 12. Januar 1935 war sogar Jakob Wilhelm Hauer, der Leiter der Deutschen Glaubensbewegung, in Hagen zu hören.[32]

Von daher stand die Arbeit der Jungmannschaft bei den Treffen im Landheim Berchum ganz unter dem Zeichen der Auseinandersetzung mit dem Deutschglauben. Wie aus einem Programm für die Jungmannschaft vom Dezember 1934 hervorgeht, traf man sich alle zwei Monate

31 Ein Exemplar findet sich im Niemöller-Nachlaß, ZAdEKHN 35/444.

32 Zu den Veranstaltungen der Deutschen Glaubensbewegung in Hagen siehe W. Gerber, Schinken für den Erzbischof. Beiträge aus zwanzig Jahren, Hagen 1970, 272–282.

zu Tagungen im Landschulheim Berchum, um sich mit Themen wie „Geschichte des deutschen Glaubens", „Der Werdegang von der germanischen Religion bis heute" und „Warum nicht Christus für Deutschland?" zu befassen.[33]

Der Kontakt untereinander wurde durch Rundbriefe und die B.K.-Zeitung „Schwertkreuz", die bis 1936 erscheinen konnte, aufrechterhalten. Daß man der antichristlichen Propaganda der deutschgläubigen Gruppen nicht tatenlos gegenüberstehen wollte, geht auch aus einem im August 1934 im „Schwertkreuz" erschienenen Auszug aus dem Rundbrief der westfälischen Jungmannschaft hervor, in dem es hieß:

> „Es ist unerläßlich, daß überall da, wo von seiten der Deutschgläubigen gegen das Christentum gesprochen wird, ein mannhaftes Wort von uns gesagt wird.... Es geht uns nicht um Posten u. ä., sondern um die Sache, und da müssen wir es immer wieder herausrufen: Jesus Christus, der Herr! Er allein ist unser Führer zu Gott!"[34]

b. Öffentlicher Protest in der Hagener Stadthalle

Wenige Monate später bot sich in Hagen Gelegenheit zu einem solch „mannhaften Wort" gegenüber der Verächtlichmachung des christlichen Glaubens. Im Hagener Stadttheater kam am 24. Januar 1935 das Trauerspiel „Wittekind" von Edmund Kiß zur Uraufführung. Das Stück schildert die Auseinandersetzungen zwischen dem Frankenkönig Karl und dem Sachsenfürsten Widukind. Im Stück werden deutlich antichristliche Akzente gesetzt, indem sowohl die Initiative zur Führung der Sachsenkriege als auch der Anstoß zum Massaker unter den Sachsenfürsten dem päpstlichen Nuntius zugeschrieben werden. Die antichristliche Tendenz war so eindeutig und überzogen, daß die Aufführung des Stückes bis in die Schweizer Presse hinein für Schlagzeilen sorgte.[35] In den Deutschlandberichten der Sozialdemokratischen Partei Deutschlands wird die Aufführung als „Beginn des offenen Kampfes mit der katholischen Kirche und gegen das Christentum überhaupt" gewertet.[36]

In Hagen selbst gab es nicht nur Widerspruch von den kirchlichen Amtsträgern beider Konfessionen. Die katholische Jugend versuchte, mit einer 25–30 Personen starken Gruppe die Aufführung am 29. Januar zu stören. Die Polizei mußte eingreifen, um die Aufführung des Stückes bis zum Ende zu gewährleisten. Doch auch die Aufführung am darauffolgenden 2. Jahrestag der nationalsozialistischen Machtergreifung

33 Schwertkreuz, H. 6. Nov./Dez. 1934, 142.
34 Schwertkreuz, H. 4. August 1934, 98.
35 So D. Bockermann, Die Anfänge des evangelischen Kirchenkampfes in Hagen 1932 bis 1935. Bielefeld 1988, 104.
36 Deutschlandberichte der Sozialdemokratischen Partei Deutschlands 1934–1940, 2. Jg. 1935, hrsg. von K. Behnken, Frankfurt ²1980, 236.

wurde durch Zwischenrufer gestört. Kurt Gerstein war mit seinem Freund, dem katholischen Jugendführer Max Sellerberg, und mit angestecktem Parteiabzeichen in die Aufführung gegangen, die an diesem Tage vor allem von Parteimitgliedern besucht war.[37] Ein Freund aus Hagen, dem Gerstein diesen Vorfall Tage später erzählte, berichtet Folgendes:

> „In der Aufführung spricht dann Albion: Ein deutsches Reich unter Karls Führung? Warum nicht? Aber bitte ohne die Herren vom Mittelmeer. Zuvor, Herr Alkuin – hinaus mit den Mördern der deutschen Seele! Wir können keinen Erlöser brauchen, der jammert, statt zu schweigen, wie es der Held tut. Wir Deutschen erlösen uns selbst, – und ... Weiter kommt Albion nicht, Kurt Gerstein ist im Parkett aufgesprungen, er schreit laut: ‚Unerhört! Wir lassen uns unseren Glauben nicht unwidersprochen öffentlich verhöhnen!‘ Weiter kommt jetzt Kurt Gerstein nicht – er wird zusammengeschlagen, man zerrt ihn aus dem Theater heraus, dabei büßt er zwei Zähne ein.“[38]

Die Hagener Zeitung berichtete darüber am 4. Februar 1935:

> „Während die Uraufführung am Donnerstag, 24.1.1935, einen völlig ungestörten Verlauf nahm, wurde in der Aufführung vom 29.1.1935 ein Störungsversuch unternommen. ... Da es zu Tätlichkeiten kam, mußte die Polizei eingreifen. Es sind etwa 30 Personen mit mehr oder weniger Gewalt aus dem Theater entfernt worden. Ferner wurde festgestellt, daß diese jungen Leute nach Verlassen des Theaters sich im katholischen Gesellenhaus am Mittwoch, dem 30.1.1935, zusammengefunden haben. Auch die dritte Vorstellung am Mittwoch, dem 30.1.1935 wurde, trotz der Warnung des Herrn Oberbürgermeisters vor Beginn der Vorstellung, wobei er auf den hohen künstlerischen Wert des Stückes und auf die Bedeutung der Vorstellung als Festvorstellung hinwies, durch einen Zwischenrufer gestört.“[39]

Man darf vermuten, daß Gersteins Störungsversuch in engerem Zusammenhang mit dem Störungsversuch der katholischen Jugendlichen stand. Dafür spricht auch der Umstand, daß er von Max Sellerberg, einem katholischen Jugendführer aus Hagen, begleitet wurde. Sicherlich wollte er seinen katholischen Freunden in nichts nachstehen. Vielleicht aber lag ihm auch besonders daran, als ein für seinen christlichen Glauben einstehendes Parteimitglied in dieser als Festveranstaltung gedachten Aufführung zum 30. Januar zu protestieren. Auf jeden Fall stellte dieser öffentliche Protest im Theater für Gerstein einen ersten Höhepunkt in der Konfrontation zwischen Nationalsozialismus und Christentum dar, der ihn jedoch weniger einschüchterte als zusätzlich motivierte.

37 So im Brief Kurt Gersteins an seine Frau vom Herbst 1939 (LkA Bielefeld 5,2 NS Nr. 96). Dort datiert Gerstein den Vorfall irrtümlich auf den 30.1.34.

38 Alfred Katthagen, Passion, 11.

39 Kopie des Artikels vom 4.2.35 im LkA Bielefeld 5,2 AS Nr. 5/2 Fasc. 2. Siehe zum Thema Wittekind auch: Briefe zur Lage der Evangelischen Bekenntnissynode im Rheinland, hrsg. von J. Beckmann, Neukirchen 1977, 237 f., wo ausführlich die Berichterstattung der Kölnischen Zeitung wiedergegeben wird.

3. Engagement für Bekennende Kirche und Jugend

Innenpolitisch hatte sich im Frühjahr 1935 bereits eine neue Phase der NS-Kirchenpolitik angebahnt. So wurde im Juni 1935 eine „Beschlußstelle in Rechtsangelegenheiten der Evangelischen Kirche" beim Innenministerium eingerichtet, die alle kirchlichen Rechtsstreitigkeiten den ordentlichen Gerichten entziehen sollte, da diese häufig im Sinne der Bekennenden Kirche gegen die Anordnungen der Reichskirchenregierung für Recht erkannt hatten. Durch die Einrichtung von Finanzabteilungen hatte man begonnen, die Finanzhoheit der Gemeinden einzuschränken, da diese sich oft weigerten, die Umlage aus der Ortskirchensteuer und die Kollektengelder an die reichskirchlichen Organe weiterzuleiten. Dem folgte dann im Herbst 1935 die Ernennung des Ministers Kerrl zum Reichsminister für die kirchlichen Angelegenheiten. Durch Kerrl, der sich als Altnationalsozialist zu einem positiven Christentum der NSDAP bekannte, war der für viele völlig diskreditierte Reichsbischof Ludwig Müller endgültig aus dem Zentrum des Geschehens gerückt. Kerrl begann mit einer Politik der Kirchenausschüsse, durch welche eine Zusammenarbeit der kirchlichen Gruppen unter Oberhoheit der Reichskirchenregierung erfolgen sollte. Das Konzept der Kirchenausschüsse führte innerhalb der Bekennenden Kirche zu heftigen Richtungskämpfen, in denen es um die Frage der Teilnahme an den Ausschüssen und der Zusammenarbeit mit den DC in diesen Ausschüssen ging. Auf der 4. Bekenntnissynode in Oeynhausen im Februar 1936 erklärte man zwar, solche Ausschüsse könnten nicht als „Leitung und Vertretung der Kirche" anerkannt werden. Doch dieser Beschluß konnte nur mit knapper Mehrheit verabschiedet werden und die Konflikte nicht lösen, die sich in dieser Frage innerhalb der Bekennenden Kirche abzeichneten.[40] Neben der Frage der Kirchenausschüsse rückte zunehmend das Thema der Entkonfessionalisierung des öffentlichen Lebens in den Mittelpunkt der kirchlichen Diskussion. Schon auf der Bekenntnissynode in Oeynhausen war in dieser Frage vom Staat gefordert worden, der zunehmenden Entchristlichung der Schule entgegenzutreten und den Religionsunterricht nicht zur antichristlichen Propaganda zu mißbrauchen.[41] Nachdem es am 20. April 1936 anläßlich des Geburtstages des Führers zu Massenvereidigungen Jugendlicher auf Hitler gekommen war, in denen die Jugendlichen versprechen mußten, „ganz in der Bewegung aufzugehen, dem Führer, dem Reichsjugendführer und den Unterführern der Hitler-Jugend Treue zu halten und unbedingten Gehorsam zu leisten und nie vom Führer und der Fahne abzu-

40 Herbert, Kirchenkampf, 160 f.
41 Ebd., 161.

fallen“, erhoben sich dagegen heftige Proteste.[42] Pastor D. Humburg, Pfarrer an der Gemarcker Kirche in Wuppertal-Barmen, hielt am 3. Mai daraufhin eine durch Vervielfältigung bekanntgewordene Predigt, in der er diese Massenvereidigungen, die Entkonfessionalisierung von Schule und öffentlichem Leben sowie die offene antichristliche Hetze von Parteistellen als unverantwortlichen „Knospenfrevel“ hart verurteilte.[43]

Auch die Vorläufige Kirchenleitung der DEK brachte in einer Denkschrift an Hitler vom 28. Mai schwere „Sorgen und Befürchtungen“ über die kirchliche und politische Entwicklung der letzten Jahre zum Ausdruck und sprach über die kirchliche Situation hinaus auch Fragen des öffentlichen Lebens an.[44]

Nach im November 1935 erfolgreich bestandenem Bergassessorexamen war Kurt Gerstein nun auf Arbeitsuche. Zudem hatte er sich mit Elfriede Bensch, der Schwester seines Freundes Alfred, verlobt, so daß der Gründung einer Familie in nächster Zeit nichts mehr entgegenstand.

Zugleich widmete er sich intensiv seinen ehrenamtlichen Tätigkeiten in der Jugendarbeit. Er verfolgte mit Sorge die zunehmenden Entkonfessionalisierungsbestrebungen, wie sie z. B. in der Forderung nach Abschaffung der Bekenntnisschule zutage traten. In einem Brief an seine Verlobte schrieb er aus dem Wartesaal des Kölner Bahnhofes in dieser Zeit:

> „. . . Wie ein Alb lastet auf mir im übrigen die immer weiter gehende offene, aber verlogene Entchristlichung unseres Volkes, insbesondere unserer jungen Kerls. Und wohl niemand weiß so deutlich und genau wie ich, wie morsch die – menschlichen!! – Bataillone sind, die wir in die Schlacht führen könnten, [um, JS] dieser Entwicklung Einhalt zu gebieten. Es ist nicht nur Kleinglaube, wenn ich so schreibe, sondern der Schmerz über die, die durch all’ diese Fehlleitung leider verloren gehen müssen, der Schmerz über die jungen Kameraden, die auf einen Weg geführt werden, auf dem sie nach menschlichem Ermessen am Heil vorbeileben müssen.“[45]

Die Auflösung der freien Jugendverbände und die Gleichschaltung der Jugend in der HJ hatten eine Situation geschaffen, in welcher den kirch-

42 Die Eidesformel wird in der „Knospenfrevelpredigt“ von Pastor Humburg zitiert. Die Predigt ist abgedruckt in: Barmer Theologische Erklärung. Kirchenkampf, hrsg. von G. van Norden/Chr. Schoenborn/V. Wittmütz, Wuppertal 1984, Dokument Nr. 20.

43 Ebd.

44 Diese Denkschrift gelangte ohne Wissen der VKL an die ausländische Presse, wo sie am 23. Juli 1936 in den Basler Nachrichten in vollem Wortlaut abgedruckt wurde. Folge dieser wohl gezielten Indiskretion war die Verhaftung des juristischen Kanzleichefs der VKL, Dr. Friedrich Weißler, der jüdischer Herkunft war. Nachdem man ihn im Februar 1937 ins KZ Sachsenhausen eingeliefert hatte, starb er nur wenige Tage später an den Folgen schwerer Mißhandlungen. Zu Weißler und der Veröffentlichung der Denkschrift s. Gerlach, Zeugen, 168 Anm. 34. Zum Text der Denkschrift und ihrer Entstehungsgeschichte: Zwischen Widerspruch und Widerstand. Texte zur Denkschrift der Bekennenden Kirche an Hitler (1936), hrsg. von M. Greschat, München 1987.

45 Brief Kurt Gersteins an seine Verlobte vom 8.3.36 (zitiert nach mir von Frau Gerstein zur Verfügung gestellten Briefauszügen/Handakten des Verf.).

lichen Gruppen jeder größere Einfluß auf Jugendliche genommen war, zumal es weder Vereine und Wimpel noch Trachten und andere äußere Zeichen christlicher Jugendgruppen geben durfte. Hatten sich die Bibelkreise von Beginn der Weimarer Republik an zunehmend bündischem Gedankengut geöffnet und durch Lager, Geländesport und Trachten eine nach außen hin wirksame und missionarische Gruppe gebildet, die sich als gesellschaftlich wichtige Gruppe verstand, so war all dies durch die Gleichschaltung der Jugendverbände hinfällig geworden. Die massive Propaganda und Beeinflussung der Jugendlichen in den nationalsozialistischen Verbänden ließ es als eine Frage der Zeit erscheinen, bis wann der Kirche jeder Nachwuchs und damit auch jeder Einfluß auf das öffentliche Leben abgeschnitten sein würden. Darüber hinaus war man über die langfristigen Ziele der Hitlerschen Kirchenpolitik im unklaren. Man konnte vermuten, daß es Hitler nicht nur um eine Zurückdrängung, sondern um eine Ausschaltung der christlichen Kirchen ging.

a. Der Vortrag „Kirche heute"

Im März 1936 hielt Gerstein vor Theologiestudenten in Bethel einen Vortrag mit dem Titel „Kirche heute".[46] Angesichts der kirchenpolitischen Auseinandersetzungen und der ungewissen Aussichten für die weitere Entwicklung hob Gerstein die völlige Unabhängigkeit dessen, was Kirche ihrem Wesen nach ist, von aller äußeren organisatorischen Form hervor. In Anlehnung an Jesu Wort über die bevorstehende Tempelzerstörung aus Mk 13,2, „Siehest du wohl diesen großen Bau? Nicht ein Stein wird auf dem anderen bleiben, der nicht zerbrochen wird", deutete er die Ereignisse des Kirchenkampfes als eine Bewährungsprobe der wahren Kirche, der Ekklesia der Berufenen. Gegenüber den jungen Theologiestudenten wehrte er jede Spekulation gegenüber den Chancen der Kirche im nationalsozialistischen Deutschland ab und verwies auf den Weg des Gehorsams als einzige Chance der Kirche: „Die Kirche hat nur eine Chance, den Gehorsam. Ob ihr 80 oder 90 % ihrer Wirkungsmöglichkeiten genommen werden, muß – menschliche Schwachheit sieht das leider oft anders, auch im Raum der Kirche – völlig nebensächlich bleiben. So schmerzlich es uns etwa wäre, wenn das Christentum aus dem deutschen öffentlichen Leben noch weit mehr verschwände – schlimm erst wird die Sache dann, wenn man darüber sich anzupassen versucht, retten will, was noch zu retten ist."

46 Eine maschinenschriftliche Fassung des Vortrags befindet sich im LkA Bielefeld 5,2 NS Nr. 74. Im Brief an Elfriede Bensch vom 16.3.36 (LkA Bielefeld 5,2 NS Nr. 74) berichtet Gerstein, er habe den Vortrag abweichend vom Manuskript gehalten. Die folgenden Zitate S. 91 und 92 entstammen dem Vortrag Gersteins von 1936.

Statt auf ihre Überlebenschancen zu schielen, habe Kirche sich allein an ihrem Auftrag zu orientieren, allen Menschen das Evangelium zu verkündigen:

> „Es ist uns aufgetragen, die wir zu jener Gemeinde der von Gott Berufenen ... gehören wollen, die Ehre Gottes, seine Heiligkeit und Allmacht, seine väterliche Güte und Liebe, aber auch seinen Zorn zu verkündigen. Das sollen wir tun dort, wo wir hingestellt sind, in dem Raum nicht etwa, den man uns erlaubt, sondern der uns – technisch – bleibt."

Daß der Gehorsam gegen Gottes Auftrag in die Konfrontation mit der staatlichen Gewalt führen könne und gegebenenfalls führen müsse, stellte er eindeutig heraus:

> „Der Auftrag der Kirche ist grundsätzlich ein selbständiger, von Menschen und Menschengebot unabhängiger. Weltliche Ordnungen sind – das ist auch Gottes Gebot – von Menschen zu respektieren, weil sie immerhin auch im schlechtesten Fall von Gott noch zugelassen, noch geduldet werden. Ihrem Rang nach treten sie aber sofort zurück, wenn bei aller pflichthaften Prüfung sie einem Gottesgebot im Wege stehen. Im Zweifelsfall bleibt also dem aus dem Glauben lebenden Menschen nichts anderes übrig, als – wenn auch vielleicht in einem gefährlichen inneren und äußeren Dilemma – Gott mehr zu gehorchen als den Menschen."

Dieser in Gehorsam gegenüber ihrem Auftrag gebundenen Kirche sprach Gerstein die Verheißung aus Mt 16,18 zu: „Die Pforten der Hölle sollen sie nicht überwältigen."

Aus der Sicht des kirchlich engagierten Laien komme dem Erhalt der Strukturen der organisierten Kirche nicht die oberste Priorität zu. In den weltanschaulichen Auseinandersetzungen stehe vielmehr ganz allgemein die Frage der Transzendenz Gottes zur Diskussion. Dem platten Materialismus eines Schirach, der lediglich wisse, daß Gott nicht in „Tempeln von Menschen gemacht" wohne, zugleich aber bei der kultischen Verehrung von Blut und Boden mitmache, gelte es entgegenzuhalten, daß Gott eine über dem Stofflichen stehende Instanz sei, die uns in Pflicht und Anspruch nehme. Dies wollte Gerstein jedoch nicht im Sinne des Erhalts einer „Religion für das Volk" verstanden wissen, bei dem die Kirche zur einflußlosen „Hure des Staates, der Gesellschaft" verkomme. Die aktuellen Geschehnisse im Kirchenkampf stellten für Gerstein in erster Linie eine Herausforderung dar, den Gehalt des christlichen Glaubens erst recht zur Geltung zu bringen. So schloß er seinen Vortrag mit den Worten:

> „Vielleicht muß uns noch viel, viel mehr zerschlagen werden, unsere ‚Wirkungsmöglichkeiten', Krankenhäuser, Waisenhäuser, wo wir glauben zu wirken. Vielleicht muß erst einmal Platz geschaffen werden, daß Gott wirken, berufen, Kirche bauen kann. Mir scheint, wir sind auf dem Weg dazu. Einen anderen Grund kann niemand legen außer dem, der gelegt ist: Jesus Christus."

Gerstein lag in der Situation des Frühjahres 1936 alles daran, sich von der bedrängten Situation der Kirche nicht entmutigen zu lassen. Auf diesem Hintergrund betonte er, daß die christliche Botschaft in der Tat ohne eine organisierte Kirche weiterhin würde existieren können. So, wie ja auch die Jugendarbeit, wenn auch im kleineren Rahmen, nach Auflösung des Bundes nicht vollständig aufgegeben worden war. Natürlich stellte sich die Frage, wie man unter solchen Bedingungen einer fehlenden organisatorischen Wirkungsmöglichkeit die christliche Botschaft weitergeben könne. Hier sah Gerstein die Herstellung und kostenlose Verteilung von Heften und Broschüren als ein wirkungsvolles verbliebenes Mittel an, welches in vollem Umfang genutzt werden müsse, um auch weiterhin der Kirche distanziert gegenüberstehende Menschen zu erreichen.

b. Die Schriftenarbeit

Gleich nach bestandenem Bergassessorexamen hatte sich Gerstein an die Bearbeitung des „Großen Fernwehs", einer Schrift des CVJM-Sekretärs Willy Stoeltzner, gemacht, in der die Themen Sexualität, Stehlen und Lügen behandelt wurden.[47] In dieser Schrift wird in romantisch-gefühlvollem Tonfall versucht, durch direktes Ansprechen von schuldbesetzten Erlebnissen, wie z. B. Selbstbefriedigung, vorehelicher Geschlechtsverkehr, kindlicher Gelddiebstahl aus Mutters Portemonnaie usw., an das Reinheits- und Ehrgefühl zu appellieren. Dem auf diese Weise zur Sündenerkenntnis gekommenen Menschen wird angeboten, das in ihm aufgebrochene „Heimweh" nach einem reinen und wahrhaften Leben durch die Rückkehr zum Gott seiner Kindheit in ein „Daheim" zu verwandeln. Das missionarische Anliegen dieser Schrift ist somit zutiefst mit einem moralisch-sittlichen Anliegen verbunden.

Gerstein hat diese Schrift geringfügig überarbeitet und in einer Auflage von einigen Tausend drucken lassen, um sie schwerpunktartig an ganze Schulen kostenlos austeilen zu lassen.[48]

Für eine solche auf Sittlichkeitsfragen hin angelegte Jugendarbeit hatte sich anläßlich von Darlehensgesprächen den Zingsthof betreffend im Dezember 1935 die Möglichkeit einer Unterstützung der Schriftenarbeit durch den Centralausschuß für Innere Mission in Berlin gebo-

47 Das Heft liegt mir in zwei Ausgaben vor. Einmal in der 5. Aufl. von 1931 und in der überarbeiteten Fassung in 9. Aufl. von 1937, beide im Pflugschar-Verlag des CVJM Kassel gedruckt.

48 Diese Vorgehensweise wird von mehreren Freunden bezeugt, wobei gleichzeitig die Wirksamkeit eines solchen Vorgehens bezweifelt wurde. Gädeke, Schülerbibelkreise, 26, schreibt dazu: „Auch konnte man im Zweifel sein, ob Gersteins Weg, alle Schüler einer Schule, in allen Klassen, in einer Woche schlagartig mit diesen Schriften zu bedecken, pädagogisch sinnvoll war." Erstmals gewürdigt wurde Gersteins Schriftenarbeit in dem Beitrag von E. Franz, Die sexualpädagogische Missionsarbeit Kurt Gersteins im Rahmen seines Widerstandes gegen die Machthaber des 3. Reiches, in: Die Innere Mission 60.1970, H. 5, 208–216.

ten.[49] Gleich am nächsten Tag reichte Gerstein Anträge über erbetene Zuschüsse in Höhe von 5.000–6.000 RM ein. In einem am 10.1.36 nachgereichten Schreiben an Pfarrer Schirmacher vom Centralausschuß begründete Gerstein die Notwendigkeit solcher Arbeit mit einem allgemeinen Abrutschen sittlicher Ansichten. Vor allem bei Schülern der dreizehn nationalpolitischen Erziehungsanstalten seien ihm Fälle von „schwerer Verwirrung der Auffassungen“ bekannt, womit er wohl homosexuelle Handlungen meinte.[50]

Es bot sich gerade auf diesem Gebiet die Möglichkeit, auf Widersprüche in der nationalsozialistischen Propaganda hinzuweisen, ohne zugleich als grundsätzlicher Gegner des NS zu erscheinen. Auch hoffte Gerstein auf diesem Wege Eingang in Kreise der HJ zu finden. Ein Anliegen, welches ihm besonders am Herzen lag, konnte und wollte er sich doch nicht in seiner Arbeit auf die verbliebenen Reste kirchlicher Jugend beschränken.

c. Das Gutachten zum sexuellen Jugendschutz

Gerstein verfaßte im Juni 1936 ein Gutachten unter dem Titel „Notwendigkeiten, Wege und Möglichkeiten auf dem Gebiet des sexuellen Jugendschutzes“, das 1937 als gedruckte Broschüre erschien.[51] Er begrüßte darin die Maßnahmen der Staatsregierung zum „Schutz von Rasse und Volkstum, von Familie und Jugend“ und stellte fest, daß der nationalsozialistische Staat die äußeren Erscheinungsformen der Unsittlichkeit wirksam bekämpft habe.

Die Gleichschaltung der Jugendverbände würdigte Gerstein überraschend positiv, wenn er von einer „die ganze Jugend ohne Unterschied von Herkunft, Stand oder Konfession umfassenden Jugendkameradschaft“ spricht, die im Hinblick auf den sexuellen Jugendschutz vor neue Aufgaben, aber auch neue Möglichkeiten stelle. So äußerte er die Sorge, daß durch die in der „Jugendkameradschaft“ erfolgte „gesunde Überwindung ständischer Schranken und Klassengegensätze“ die aus

49 Es existiert ein Protokoll über den Besuch Gersteins beim CA vom 17.12.35 (ADW Berlin, CA 1685 II).

50 Das Schreiben an Schirmacher mit den Anträgen findet sich im ADW Berlin, CA 1685 II und 1685 Nr. 1–15; Horst Schirmacher war Deutscher Christ und im Verlauf des Staatskommissariats August Jägers Direktor beim CA geworden. Er blieb bis 1941 in diesem Amt. 1947 hat er einen Rechenschaftsbericht verfaßt. Siehe dazu J.-Chr. Kaiser, „‚Politische Diakonie‘ zwischen 1918 und 1941: Der Rechenschaftsbericht Horst Schirmachers über seinen ‚Dienst in der Inneren Mission der Deutschen Evangelischen Kirche‘“, in: JWKG 80.1987, 207–228.

51 Gersteins Gutachten findet sich als maschinenschriftliches Manuskript im ADW Berlin, CA 1414 II; ein 1937 gedrucktes Exemplar des Gutachtens liegt vor (Handakten des Verf.): K. Gerstein, Notwendigkeiten, Wege und Möglichkeiten auf dem Gebiete des sexuellen Jugendschutzes, als Manuskript gedruckt, Schwelm/Westf. 1937.

bürgerlichem und behütetem Milieu stammenden Jungen nun viel früher mit Fragen der Geschlechtlichkeit und den Formen gleichgeschlechtlicher Triebbefriedigung in Berührung kämen und daher eine rechtzeitige sexuelle Aufklärung nötig sei.[52] Im Anschluß an diese Ausführungen kam er dann auf den Kern und eigentlichen Anlaß seines Gutachtens zu sprechen. Mit einer Strafrechtsnovelle von Juni 1935 war der bislang straffreie Tatbestand gleichgeschlechtlicher Triebbefriedigung strafbar geworden. Nach der vor der Strafrechtsnovelle 1935 geltenden Rechtsauffassung galten masturbierende Handlungen unter Männern als nicht beischlafähnlich, so daß § 175 in solchen Fällen keine Anwendung fand. Durch die Strafrechtsnovelle von 1935 erhielt der § 175 eine erheblich erweiterte Fassung, in der jede Form von Unzucht unter Strafe gestellt wurde.[53] Die Rechtsprechung im nationalsozialistischen Staat ging in einem Reichsgerichtsurteil vom August 1935 nun so weit, daß auch eine vor dem Juni 1935 begangene Masturbationshandlung unter Männern unter Strafe gestellt werden mußte.[54] Zwar gestand man zu, daß für solche Fälle der § 175 vor der Novelle in Anwendung zu bringen sei, jedoch gebiete die neue Lebens- und Rechtsanschauung, solche vor dem Juni 1935 begangenen Taten nun als beischlafähnlich und damit als strafbar auch unter der alten Gesetzgebung aufzufassen.

Im Mai 1936 war es in diesem Zusammenhang zu einer Reihe von Sittlichkeitsprozessen gegen katholische Priester und Jugendführer gekommen, die wegen homosexueller Delikte angeklagt worden waren.[55] In der nationalsozialistischen Presse wurden diese Prozesse natürlich hochgespielt und dienten der antichristlichen und antikatholischen Stimmungsmache. Diese Vorgänge bildeten den aktuellen Hintergrund der Stellungnahme Gersteins, in welcher er die durch die Strafrechtsnovelle erfolgte Gleichsetzung von masturbierenden Handlungen und der im § 175 unter Strafe gestellten „widernatürlichen Unzucht" kritisierte. Er forderte für den § 175 und die entsprechenden Begleitparagraphen eine Scheidung der Delikte und des Strafmaßes, da eine zur Bewährung ausgesetzte Gefängnisstrafe den Strafzweck vollauf erfülle. Darüber hinaus forderte er für diese Delikte eine Ausdehnung des Begriffs des Jugendlichen je nach Entwicklungsstand bis hin zum Alter von 24 Jahren. Eindrücklich verwies Gerstein auf die Tatsache, daß der heranreifende Jugendliche gewissen Schwankungen bei der Ausbildung der

52 Ebd., 1–5.
53 Ebd., 7 f.
54 Zu der Strafrechtsnovelle siehe H. G. Hockerts, Die Sittlichkeitsprozesse gegen katholische Ordensangehörige und Priester 1936/37. Eine Studie zur nationalsozialistischen Herrschaftstechnik und zum Kirchenkampf, Mainz 1971, 40 ff., und den Beitrag von E. Vismar in: R. Lautmann (Hg.), Seminar Gesellschaft und Homosexualität, Frankfurt 1977, 308–325.
55 Hierzu grundsätzlich Hockerts, Sittlichkeitsprozesse, 4 ff.

Triebrichtung unterliege, und es in diesem Zusammenhang gerade in Jugendlagern zu masturbierenden Handlungen unter Jugendlichen komme, denen nicht mit drakonischen Strafen, sondern mit therapeutischen Maßnahmen begegnet werden müsse. In der Einrichtung von ehrenamtlich gebildeten Vertrauensstuben und der Herausbildung einer Gerichtsbarkeit der Jugendverbände in diesen Fragen sah Gerstein die Möglichkeit, eine Kriminalisierung solcher jugendlicher Straftäter grundsätzlich zu verhindern.[56] Zudem schien es Gerstein völlig unverständlich, daß eine gegenseitige Triebbefriedigung unter Männern mit Zuchthausstrafen belegt werde, der voreheliche Geschlechtsverkehr hingegen straflos bleibe. Seine Vorschläge für die Gestaltung eines wirksamen sexuellen Jugendschutzes gipfelten in der Forderung nach einer noch weitreichenderen Entsexualisierung des Straßenbildes und einem weitergehenden Verbot der Reklame für Verhütungsmittel. In diesem Zusammenhang scheut Gerstein nicht davor zurück, seinen Forderungen auch eine antisemitische Stoßrichtung zu geben, wenn er im Hinblick auf die Produktbezeichnung Prim Eros schreibt:

> „Man bedenke allein den Namen Prim Eros = ‚Erste Liebe', um die ganze Gemeinheit dieser von Juden ausgetüftelten Spekulation und Sauerei zu übersehen. . . . Ferner ist zu fordern ein Verbot des schwunghaften Automatenverkaufs solcher Mittel, der mancher jugendlicher Neugier verhängnisvoll und ebenso von einer jüdischen Firma in Deutschland eingeführt worden ist."

Zu vermerken ist jedoch, daß in der ungedruckten Fassung seines Gutachtens genau diese antisemitische Stoßrichtung an entsprechender Stelle fehlt.[57] Offenbar wollte Gerstein seinen Forderungen durch diese Hinzufügungen zu größerer Akzeptanz bei den Nationalsozialisten verhelfen.

Das Gutachten schließt mit dem konkreten Vorschlag, eine „großzügige einmalige Amnestie für alle bisherigen sittlichen Verfehlungen Jugendlicher bis mindestens zum 21. Lebensjahr" zu gewähren, um den Betroffenen die Chance zu einem neuen Leben unter Wiedererlangung der bürgerlichen Ehre zu geben.

4. Protest gegen die „Entkonfessionalisierung" und erste Verhaftung

Aber Gerstein begnügte sich nicht damit, eigene Broschüren herstellen zu lassen. Er setzte sich daneben auch für die Veröffentlichung anderer kritischer Beiträge zur Glaubens- und Kirchenfrage ein.

56 Gerstein, Notwendigkeiten, 8.
57 Zur ungedruckten Fassung des Gutachtens siehe Anmerkung 51, S. 94.

Nachdem es in der HJ zu Fällen von schwerer weltanschaulicher, antichristlicher Beeinflussung gekommen war, hatte der Reichsjugendpfarrer Zahn im Frühjahr eine Denkschrift veröffentlicht und mit dem Austritt der Evangelischen Jugend aus der Hitlerjugend gedroht. Von dem Erlanger Privatdozenten Thielicke nach seiner Meinung zu Zahns Denkschrift gefragt, antwortete Gerstein im Brief vom 13.3.35:

„Ein Austritt in dem Sinne, wie Zahn ihn ankündigt, könnte ein Schlag ins Wasser werden. Dagegen müßten jetzt alle kirchlichen Stellen einen Bericht über Hitlerjugend und Neuheidentum vorlegen, aus dem man einen Gesamtbericht für Hitler, Frick, Hess und Göring zusammenstellen muß. Es wäre gut, wenn es wenigstens in einigen Fällen gelänge, diesen Bericht in die kirchliche Presse zu bringen, selbst wenn man das ein oder das andere Verbot riskieren würde. Dieser Bericht muß den Charakter eines Ultimatums besitzen, dem dann allerdings auch Taten folgen müssen, nicht wie bei Zahn, gar nichts. Hier in Hagen wird zur Zeit die H.J. und das Jungvolk in Scharen in den ‚Wittekind' geführt. Diese Tatsache und die Äußerung Herrn von Schirachs, der Weg Rosenbergs sei der Weg der deutschen Jugend, werden im Mittelpunkt des Berichts zu stehen haben. Im Übrigen ist die Anlage der Zahn'schen Denkschrift nicht schlecht. So etwa denke ich mir unser Memorandum."[58]

a. Kontakt mit Wilhelm Schümer – zwei Wege des Widerstandes begegnen sich

Im Januar 1935 hatte der in Bochum tätige Hilfspfarrer Wilhelm Schümer auf einer Pfarrkonferenz einen Vortrag zum Thema „Rosenbergs Mythos des 20. Jahrhunderts und der christliche Glaube" gehalten, in welchem er sich gegen die darin vertretene rassische Minderbewertung der Juden aussprach.[59] Das Manuskript des Vortrags war in einigen

58 Ein Durchschlag des Briefes von Gerstein an Thielicke vom 13.3.35 findet sich im Nachlaß Martin Niemöllers (ZAdEKHN 62/1005). Als Anlage zum Brief liegt ein Auszug aus dem „Berliner Tageblatt" vom 28.2.35 bei, in welchem über die Bestrebungen zur Einschränkung der Elternrechte berichtet wird.

59 Im Synodalarchiv des Kirchenkreises Bochum, Mittleres Archiv II, 14, findet sich das handschriftliche Protokoll einer Pfarrfamilienkonferenz vom 14.1.35, auf der Schümer seinen Vortrag über Rosenbergs Mythos hielt. Ein Manuskript des Vortrags aus dem Nachlaß Schümers liegt dem Verf. vor.
Zu Person und Schicksal Schümers hier einige Angaben: Wilhelm Schümer, geb. 22.1.1909 in Magdeburg; von November 1931 bis zum März 1932 als Vikar in Dortmund und danach bis Mai 1933 im Domkandidatenstift zu Berlin. Er legte im Oktober 1933 in Münster das 2. theologische Examen ab und war danach als Hilfsprediger in Eidinghausen, Hagen und Bochum-Langendreer tätig. Von Mai 1935 bis Juni 1937 war Schümer als Pfarrer an der reformierten Gemeinde in Frankfurt. Dort hatte er sich in einer Bußtagspredigt am 9.11.35 zur sog. „Judenfrage" geäußert und u. a. gesagt: „Wir müssen doch erschrecken, wenn wir hören, daß in manchen Dörfern unseres Vaterlandes am Eingang Schilder angebracht sind mit der Inschrift: Juden betreten diesen Ort auf eigene Gefahr. Und wir müssen doch immer wieder erschrecken und beschämt sein über Blätter wie den Stürmer." In der daraufhin erhobenen Anklage gegen Schümer hieß es, der Inhalt dieser Predigt habe auf die Zuhörer einen niederschmetternden Eindruck gemacht und Empörung ausgelöst (s. hierzu den Vorgang im EZA 1/A4/328; zur Bußtagspredigt auch: Die Lageberichte der Geheimen Staatspolizei über die Provinz Hessen-Nassau 1933–1936, Teilbd. 1, hrsg. von Th. Klein, Köln/Wien 1986, 512 f.).
Nachdem das Verfahren gegen Schümer im Rahmen einer Amnestie vom 23.4.1936 eingestellt worden war, mußte er im Juni 1937 sein Amt niederlegen, da es wegen seiner Person zu schweren Streitigkeiten innerhalb der Gemeinde gekommen war. Schümer hatte in einem für Bibelstunden von der

Exemplaren verbreitet worden. Auch Gerstein hatte ein Exemplar von Schümer bekommen, sich für eine Weiterverbreitung in größerer Auflage ausgesprochen und das Manuskript zu diesem Zweck an die Reichsbibelarbeitsgeschäftsstelle in Wesermünde geschickt.[60] Die Gestapo ermittelte in dieser Sache gegen Schümer und Gerstein wegen Vergehens gegen § 2 des Gesetzes vom 20.12.1934, den sogenannten „Heimtückeparagraphen". Das Verfahren wurde später jedoch eingestellt.[61]

In Wilhelm Schümer und Kurt Gerstein begegneten sich zwei ganz unterschiedliche Charaktere im Widerstand gegen den Nationalsozialismus. Während Schümer einen Weg der kompromißlosen Verweigerung bis hin zur Kriegsdienstverweigerung ging, hielt Gerstein einen wirksamen Widerstand nur von innen heraus für möglich. Anneliese Schümer, die Frau von Wilhelm Schümer, erinnerte sich später an diese Diskussionen:

> „Da auch mein Mann ein heftiger Gegner des Naziregimes war, fand er in Kurt Gerstein einen Menschen gleicher Gesinnung. Sie vervielfältigten und verbreiteten gemeinsam Schriften, die die Verlogenheit und Grausamkeit des NS-Regimes aufzeigen sollten. Mein Mann erwähnte häufig, daß Gerstein einen ganz ungewöhnlich großen Mut besäße, der bewunderungswürdig sei. ... Aber Gerstein war nicht zufrieden mit dem Erfolg seines Kampfes gegen das Regime. Er war schließlich überzeugt, daß man gegen das Übergewicht der Gewalt und Macht nur noch mit Mitteln angehen könnte, die den Nazimethoden angepaßt seien. Man müsse sie von innen heraus angreifen, indem man sich in ihre eigenen Reihen einschleiche. Er versuchte meinen Mann davon zu überzeugen, daß dieser Weg der erfolgversprechende sei. Mein Mann warnte ihn und versuchte, ihn von einem solchen Schritt zurückzuhalten, da er überzeugt war, daß ein Mensch wie Gerstein daran zugrundegehen würde, da für dessen aufrechten, ehrlichen Charakter dieses Doppelspiel untragbar sein würde. Mein Mann und Gerstein wurden kurz darauf getrennt, da mein Mann auf Grund einer Predigt sein Amt in Hagen verlor."[62]

Wilhelm Schümer hatte am 8. Juli 1934 in einer Predigt in Hagen offen Kritik an den Umständen geübt, unter denen die Morde zur Nieder-

Gemeinde angemieteten Raum Anstoß an den darin befindlichen politischen Symbolen genommen. Durch Veränderung der Stuhlanordnung versuchte er es zu vermeiden, beim Sprechen zwischen Führerbild und Fahnen stehen zu müssen. Das Presbyterium mißbilligte dieses Vorgehen Schümers, da es politisch mißdeutet werden könne. Schümer gab daraufhin diese Pfarrstelle auf. Da er die Eidesleistung auf Hitler strikt abgelehnt hatte, gelang es ihm nicht mehr, in Westfalen in eine Pfarrstelle gewählt zu werden. Sein weiteres Schicksal ist nicht mehr genau zu rekonstruieren. Unter nicht näher geklärten Umständen kam Schümer als Sanitäter an die Ostfront, wo er seit dem 15. Juli 1943 als vermißt gemeldet wurde. Zu Schümer siehe: J. Schäfer/M. Schreiber, Kompromiß und Gewissen. Der Weg des Pastors Wilhelm Schümer im Dritten Reich, Waltrop 1994.

60 Dies geht aus einem Schreiben des Oberstaatsanwalts beim Landgericht Frankfurt an den Reichsminister der Justiz vom 9.1.37 hervor (Zentrales Staatsarchiv Potsdam, Bestand „Reichsjustizministerium"; Kopie im LkA Bielefeld 5,2 AS Nr. 32,2 Fasc. 2).

61 Schreiben des HStA Wiesbaden an den Verf. vom 14.3.90. Demnach wurde das Ermittlungsverfahren bei der Staatsanwaltschaft Frankfurt gegen Schümer und Gerstein am 10.5.37 eingestellt.

62 Aussage von Anneliese Schümer vom 16.6.1964, in: A. Traub, geb. Schümer, Vereinzelte Spuren, Selbstverlag Bietigheim 1997, 90 f.

schlagung des angeblichen „Röhm-Putschs" nachträglich als „Staatsnotwehr" legalisiert worden waren. Als er im Oktober erneut in einer Predigt Stellung zu den aktuellen Entwicklungen in der Kirchenpolitik nahm, wurde er von seinem Amt in Hagen mit sofortiger Wirkung entbunden.

b. Die erste Verhaftung in Saarbrücken

Beruflich erhielt der junge Bergassessor im Frühjahr eine Anstellung besonderer Art. In Zusammenarbeit mit der Saargruben AG und dem Verein Deutscher Bergleute sollte Gerstein die Hauptversammlung dieses Vereins organisieren, die erstmals in der Zeit vom 24. bis zum 26. September 1936 im wiedereingegliederten Saargebiet stattfinden sollte. Kurt Gerstein widmete sich dieser Organisationsaufgabe mit großem Einsatz, so daß der Bergmannstag ohne große Zwischenfälle ablaufen konnte.[63] Der einzige Eklat, den es gab, war die Verhaftung des Organisators Kurt Gerstein durch die Gestapo am 24. September, dem Beginn der dreitägigen Veranstaltung.

Gerstein hatte neben seiner beruflichen Aufgabe in Saarbrücken im Juni 1936 eine großangelegte Versandaktion von Schriften der Bekennenden Kirche organisiert. Unter Hinzuziehung eines Adreßverlages hatte er sich die Anschriften sämtlicher Staats- und Ministerialräte besorgt und im Juni mit der stoßweisen Versendung einiger hundert anonymer Briefumschläge begonnen.[64] Jeder Umschlag enthielt vier Schriften aus Kreisen der Bekennenden Kirche, die sich mit der Frage der Entkonfessionalisierung befaßten. Im einzelnen handelte es sich um die Schriften „Entchristlichung der Jugend" von Pfarrer Immer, „Ein Wort zur Kirchenlage" von Pfarrer M. Niemöller, die „Knospenfrevel-Predigt" vom 3.5.36 von Pfarrer Humburg und eine „Erklärung zum Protokoll der Gendarmeriestation Penzberg/Obb. zur Anzeige wegen Nichtbeflaggung der Kirchen am 1.5.1936" von Pfarrer Steinbauer aus Penzberg.[65]

Stellten die ersten drei Broschüren Beiträge zum oben geschilderten Themenbereich „Entkonfessionalisierung" dar, so enthielt das vierte Flugblatt den von Pfarrer Steinbauer aus der oberbayerischen Bergarbeiterstadt Penzberg erhobenen Vorwurf der Wahlfälschung bei den

63 Vgl. dazu das Zeugnis der Saargruben AG vom 1.6.39 (LkA Bielefeld 5,2 NS Nr. 204).
64 So Gerstein selbst im Brief an den Oberberghauptmann Schlattmann vom 20.10.36 (Kopie im LkA Bielefeld 5,2 AS Nr. 20,8 Fasc. 1).
65 Siehe dazu den Beschluß des Gaugerichts Westfalen-Süd vom 8.1.1937 (BDC, PA Kurt Gerstein), Seite 2. Bei der Schrift von Immer handelte es sich um eine Broschüre, die bereits zuvor unter dem Titel „Entkonfessionalisierung" erschienen und verboten worden war.

letzten Wahlen am 29. März 1936.[66] Der politische Charakter dieses Flugblattes wurde Gerstein von der Gestapo als besonders belastend – weil politisch – vorgehalten und führte zur Schutzhaftverwahrung.

Doch nicht die von verschiedenen Orten vorgenommene Versendung der Briefumschläge brachte die Gestapo auf Gersteins Spur. Aufgeflogen war Gersteins Aktion durch einen etwas ungewöhnlichen Scherz, den er sich als Organisator der Tagung erlaubte. Er gab den Einladungsschreiben an die Teilnehmer jeweils zwei Plakatzettel mit den Aufschriften „Abteil für Reisende mit tollwütigen Hunden" und „Abteil für Reisende mit ansteckenden Krankheiten" bei. Man darf annehmen, daß der Eingeweihte sich mit diesen Plakaten während der Zugfahrt nach Saarbrücken vor unliebsamen Mitfahrern schützen sollte.[67] Nachdem es zwischen Gerstein und einigen Herren von der Saargruben AG im Laufe der Zusammenarbeit zu starken Spannungen gekommen war, erfolgte die Durchsuchung des Dienstzimmers wohl auf Hinweis eines Mitarbeiters, der durch herumliegende Schriften oder Flugblätter Kenntnis von den nebenberuflichen Aktivitäten Gersteins bekommen hatte.[68] Als dann bei der Durchsuchung des Dienstzimmers am 24. September nicht nur die Plakatzettel, sondern auch einige versandfertige Briefumschläge mit den obengenannten Flugschriften sowie der Durchschlag eines Telegramms an den Reichskirchenausschuß gefunden wurden, nahm die Gestapo auch eine Haussuchung in Gersteins Wohnung vor, bei der weitere tausend versandfertige Umschläge sichergestellt wurden.[69] Auf Ersuchen des Reichskommissars für das Saargebiet wurde Gerstein am 24. September zunächst festgenommen und am 26. September in Schutzhaft überführt.[70]

66 Karl Steinbauer war von 1931 bis zum Mord von Potempa Mitglied der NSDAP, seit 1933 als Vikar in Penzberg. Er äußerte sich sehr kritisch zu Rosenbergs „Mythos des 20. Jahrhunderts", prangerte in Predigten den Antisemitismus als Verachtung der christlichen Botschaft an und lehnte den im Mythos der Blutfahne zutage tretenden Blut-und-Boden-Kult ab. Schon 1935 hatte er eine Beflaggung abgelehnt und wurde daraufhin zu 2 Wochen Gefängnis verurteilt. Eine für den 1. Mai 1936 angeordnete Kirchenbeflaggung lehnte er wiederum ab und gab die Gründe zu Protokoll. Zu Steinbauer siehe den Beitrag von K. Tenfelde, Proletarische Provinz: Penzberg, in: M. Broszat/E. Fröhlich/A. Großmann (Hg.), Bayern in der NS-Zeit, Bd. IV, Teil C, München 1983, 1–382; besonders 337–356.

67 Gerstein dazu im Brief an Schlattmann vom 20.10.36.

68 Ebd.

69 Gerstein schickte am 2.7.1936 aus Saarbrücken ein Telegramm an den Reichskirchenausschuß unter Leitung von Generalsuperintendent Zoellner, in welchem er der evangelischen Kirche den sofortigen Verzicht auf den Quedlinburger und Braunschweiger Dom und die Potsdamer Garnisonskirche nahelegte, um auf den Mißbrauch von Kirchen für nationale Kultfeiern im Gehorsam gegen das erste Gebot unmißverständlich zu reagieren. Der Quedlinburger Dom war zur Feier des 1000jährigen Todestages Heinrichs I. in eine „altdeutsche Halle" umgestaltet worden, und Himmler hatte dort eine Rede gehalten (der Text dieser Rede findet sich im BA Koblenz NS 19 HR 4003, teilweise zitiert bei Reitlinger, Die SS, 464). Das Telegramm findet sich in Abschrift im EZA Berlin, Bestand 1/C 3/210. Dem Briefwechsel in Bestand 7, Nr. 9903, zufolge wurde das Telegramm urschriftlich an das Konsistorium in Magdeburg abgegeben.

70 Schreiben der StaPo Saarbrücken an den Gauleiter der NSDAP Saarpfalz vom 8.10.36 (LkA Bielefeld 5,2 NS Nr. 245). Auch zitiert bei Friedländer, Zwiespältigkeit, 47 f.

Der auf dem Bergmannstag anwesende Hjalmar Schacht, damaliger Reichsbankpräsident und zugleich mit der Führung der Geschäfte des Wirtschaftsministeriums betraut, setzte sich ohne Erfolg für die sofortige Freilassung Gersteins ein. Dieser wurde ins Zuchthaus Lerchesflur in Saarbrücken eingeliefert, aus welchem er erst am 18. Oktober wieder entlassen wurde.[71]

Über die Motive seiner Schriftenversandaktion äußerte sich Gerstein gegenüber seinem Vorgesetzten, dem Oberberghauptmann Schlattmann:

> „Erschütternd hat auf mich das vom – deutschchristlichen – Reichsjugendpfarrer herausgegebene Material über Glaubensterror in der Hitlerjugend sowie das Heft der B[ekennenden] K[irche, JS] ‚Entchristlichung der Jugend' gewirkt. Ich habe in Richterkreisen häufig festgestellt, daß die Wahrer des Rechts über diese Bestrebungen keine Ahnung hatten, und entsprechend Pfarrer, die solche Tatsachen in Wahrung der Amtspflicht feststellten, zu Gefängnisstrafen verurteilten. Da ich der Ansicht war, daß Recht eine Angelegenheit höherer Ordnung ist, habe ich mich verpflichtet gefühlt, in Wirkung meines Amtseides zur Abwendung schwersten Schadens am Glaubensleben der Jugend die Richter auf diese Mißachtung der Anordnung des Führers aufmerksam zu machen. ... Ich habe aufgrund dessen den Hg. des Heftes ‚Entchristlichung der Jugend', Pfr. Immer, um Übersendung von 2.000 Heften gebeten. Dieser ließ der Sendung noch 2.000 Predigten des Pastors Humburg, behandelnd die vielen Widersprüche, sowie einige Schriften von Niemöller u. a. beifügen. Diese Schriften habe ich mit einigen anderen Personen, die ich nicht genannt habe, ... in einer Privatwohnung in Saarbrücken verpackt, und zwar etwa am 10. Juni d. J. ...
> Von dem erwähnten [Penzberger, JS] Protokoll mußte ich annehmen, daß es verboten war. Die übrigen Schriften waren mir als unerwünscht bekannt, ohne daß ich Kenntnis von einem Verbot hatte. Es waren Kampfschriften in Wahrung berechtigter, weil vom Führer garantierter Interessen, die zwar, wo man ihrer habhaft werden konnte, ‚sichergestellt' wurden, ohne daß jedoch auch nur eine einzige Verhaftung oder Bestrafung dieserhalb erfolgt wäre."[72]

Gerstein ging es also um eine Mobilisierung der Justiz, die zunehmend Pfarrer der Bekennenden Kirche, die wegen Verstoß gegen das Heimtückegesetz angeklagt waren, zu Unrecht verurteilte. So auch zuletzt den oben erwähnten Pfarrer Steinbauer. Typisch war für Gerstein, daß er eine solche Schriften- und Flugblattversendeaktion im großen Stil plante, wie er es auch mit der kostenlosen Verteilung seiner Jugendschriften tat. Die Gestapo beurteilte diesen Plan Gersteins im Schutzhaftbefehl als einen „konzentrischen, systematischen und organisierten literarischen Massenangriff gegen den nationalsozialistischen Staat".[73]

71 Im Landesarchiv des Saarlandes, Bestand „Strafanstalt Saarbrücken", findet sich unter dem Aktenzeichen 1683/36 eine schmale Akte über Gerstein. Demzufolge wurde Gerstein am 24.9.36 um 17.30 Uhr in das Gerichtsgefängnis eingeliefert. Nachdem er an den folgenden Tagen von der Gestapo mehrfach verhört worden war und am 26.9. ein Schutzhaftbefehl (LkA Bielefeld 5,2 NS Nr. 9) ergangen war, wurde er am 6.10. in das Saarbrücker Zuchthaus verbracht. Am 7.10. erging Haftbefehl gegen Gerstein. Am 16.10. wurde er aus der Haft wieder entlassen (Angaben aus dem Schreiben des saarländischen Landesarchivs an den Verf. vom 7.3.90).

72 Brief Gersteins an Schlattmann vom 20.10.1936.

73 Schutzhaftbefehl gegen Gerstein vom 26.9.36 (LkA Bielefeld 5,2 NS Nr. 9).

V. Medizinstudium und Schriftenarbeit (1937–1938)

Die erste Verhaftung brachte einschneidende Veränderungen für Gersteins weiteres Leben. Er wurde noch im Oktober 1936 aus der Partei ausgeschlossen und mußte seine soeben begonnene Berufslaufbahn als Bergassessor aufgeben. Da er durch eine Beteiligung an einem Düsseldorfer Familienunternehmen eine gewisse finanzielle Unabhängigkeit besaß, war ihm die Aufnahme eines weiteren Studiums möglich.

Der Entschluß zum Studium brachte einen Ortswechsel nach Tübingen mit sich, weswegen er die Verwaltung des Freizeitheimes in Berchum niederlegen mußte. An der Freizeitarbeit der westfälischen Jungmannschaft war Gerstein zwar auch weiterhin beteiligt – er nahm bis Ende 1938 an Freizeiten teil –, doch galt sein Engagement zunehmend der Schriftenarbeit. Kirchliche Freizeiten konnten seit Abschluß des Vertrages über die Eingliederung der evangelischen Jugend in die Hitlerjugend nur unter sehr erschwerten Bedingungen stattfinden. Jede Werbung war untersagt, so daß nur noch die bestehenden Kreise erreicht werden konnten. Außerdem mußte die Teilnahme an einer kirchlichen Freizeit von dem jeweilig zuständigen Hitlerjugendführer genehmigt werden. War eine Freizeit unter vielen Mühen zustande gekommen, so wurde sie nicht selten bereits nach wenigen Tagen von der Gestapo wieder aufgelöst. Angesichts dieser Repressalien war auf längere Sicht an eine Fortführung dieser Form der kirchlichen Jugendarbeit nicht zu denken.

Um dieser Auszehrung christlicher Jugendarbeit entgegenzutreten, versuchte Gerstein auf dem Weg der Schriftenarbeit den Kontakt zu den in den nationalsozialistischen Verbänden organisierten Jugendlichen aufzunehmen, um hier im Sinne christlicher Jugendarbeit weiterhin einwirken zu können.

1. Bemühungen um die Aufhebung des Parteiausschlusses

Wenige Tage vor Gersteins Entlassung aus dem Zuchthaus Lerchesflur in Saarbrücken hatte der stellvertretende Gauleiter Westfalen-Süd am 15. Oktober den einstweiligen Parteiausschluß Gersteins angeordnet.[1]

1 Ein Durchschlag des per einstweiliger Verfügung vom 15.10.36 ausgesprochenen Parteiausschlusses findet sich im BDC, PA Kurt Gerstein.

Begründet wurde dieser Ausschluß mit dem Verstoß gegen den sogenannten „Heimtückeparagraphen“ durch die Verteilung staatsfeindlicher Schriften, vor allem des Penzberger Protokolls mit seinen herabsetzenden Äußerungen über Partei und Staat.

Gegen diese einstweilige Verfügung erhob Kurt Gerstein am 28. November 1936 Einspruch beim Gaugericht Westfalen-Süd.[2] Warum bemühte er sich, nun doch wieder in die Partei hineinzukommen?

Nach der Erinnerung eines Mitarbeiters von Hermann Ehlers beim altpreußischen Bruderrat hatte Gerstein im Jahre 1935 mit Martin Niemöller über die Frage seiner Mitgliedschaft in der NSDAP gesprochen.[3] Demnach habe Gerstein Niemöller gefragt, ob er jetzt aus der NSDAP austreten solle, worauf Niemöller geantwortet habe: Nicht austreten, rausschmeißen lassen! Genau diese Situation war nun, ein Jahr später, tatsächlich eingetreten.

Warum aber wollte Kurt Gerstein dann unbedingt wieder aufgenommen werden?

Ein Grund für ein Verbleiben in der Partei war natürlich die berufliche Situation. Als Beamter im preußischen Landesdienst mußte Gerstein nach diesem Vorfall mit seiner Entfernung rechnen. Im Brief an den Oberhauptmann Schlattmann hatte er sich dazu bereits geäußert:

> „Mein Vater bemüht sich auf allen möglichen Wegen, meine menschliche und dienstliche Zukunft zu retten. Ich nehme an, daß eine Möglichkeit zu meiner Verwendung im Staatsdienst und bei der fiskalischen Verwaltung nicht mehr vorhanden ist. Obwohl ich nicht vorhabe, Sie oder eine Ihrer Dienststellen noch einmal in eine ähnliche Verlegenheit zu bringen, und überdies einsehe, daß der eingeschlagene Weg falsch und unwirksam war, möchte ich von mir aus nicht eine Bitte um weitere Verwendung im Staatsdienst aussprechen.“[4]

Da Gersteins Vorgesetzter ihn jedoch aufgefordert hatte, sich zur weiteren Verfügung zu halten, da er vom Staat eine kostspielige Ausbildung erhalten habe, sah Gerstein für seine berufliche Zukunft selbst zwei Möglichkeiten. Für den Fall, daß er wider Erwarten im Staatsdienst verbleiben könne, bat er um eine zweijährige Beurlaubung, um eine schon begonnene Doktorarbeit fertigzustellen. Für den wahrscheinlicheren Fall der Entlassung aus dem Staatsdienst würde er es vorziehen, Theologie zu studieren, „weil ich begreiflicherweise lieber ein tüchtiger Pfarrer werden möchte als eine angekrachte dienstliche Laufbahn im Bergbau fortzusetzen“.[5]

2 Einspruch Gersteins vom 27.10.36 gegen die ihm am 21.10.36 zugestellte Verfügung des Parteiausschlusses (BDC, PA Kurt Gerstein).
3 OKRiR Dr. Elß im Gespräch mit dem Verfasser vom 9.7.86.
4 Brief Kurt Gersteins an den Oberberghauptmann Schlattmann vom 20.10.36 (LkA Bielefeld 5,2 AS Nr. 20.8 Fasc. 1)
5 Ebd.

Auch gegenüber Pfarrer Immer hatte er gleich nach der Entlassung von seinem Plan gesprochen, Theologie zu studieren.[6] Wenn dem so war, dann gab es keinen Grund mehr für eine Mitgliedschaft in der Partei.

Nun gibt es guten Grund zu der Vermutung, daß Kurt Gerstein von väterlicher Seite zu einem Widerspruch gegen den Parteiausschluß gedrängt worden ist. Zum einen wird der Vater mit den Studienplänen seines Sohnes kaum einverstanden gewesen sein und ihn bedrängt haben, um seine berufliche Zukunft als Ingenieur oder Bergassessor zu kämpfen. Zum anderen aber war der Vater von dem Erfolg eines solchen Widerspruchs überzeugt, wenn der Sohn seine Bindung an die Bekennende Kirche aufgebe und sein aus religiöser Überzeugung erfolgtes Engagement in der Jugendarbeit in den Dienst nichtkonfessioneller Gruppierungen stelle.[7] Wie Gerstein in diesem Zusammenhang seiner Verlobten schrieb, habe ihn seine Familie zur Unaufrichtigkeit in Parteisachen gezwungen.[8] Johann Daniel Gerstein, ein Bruder Gersteins, bestätigte dies später:

> „Fritz [einer der Brüder und Rechtsanwalt, JS] hat mir erklärt, daß er diesen Antrag seinerseits verfaßt hat, und daß er von Kurt auf Vaters Drängen unterschrieben worden sei, trotzdem der Antrag gegen seine innere Überzeugung ging. Er hat es seinerzeit Vater zuliebe gemacht."[9]

In diesem Einspruch vom 28. November 1936 erklärte Gerstein, daß er inzwischen seine Handlungsweise als falsch erkannt habe und durch ein Gespräch mit einem befreundeten Jungbannführer wieder in die nationalsozialistische Verantwortung zurückgeholt worden sei.[10] Nunmehr habe er erkannt, daß die nationalsozialistische Jugend keineswegs gottlos, sondern nur antikirchlich eingestellt sei. Von daher erscheine ihm seine Handlungsweise im nachhinein als falsch und verwerflich. Dane-

6 Karl Immer berichtet in einem Brief an seinen Schwager Udo Smidt vom 10.11.1936 über ein Zusammentreffen mit Gerstein im Anschluß an den Rheinisch-Westfälischen Gemeindetag am 18.10.1936: „Es war . . . wohl das Ergreifendste, als er im kleinen Kreis noch von dem, was er im Gefängnis erlebt hat, berichtete, vor allem die Wirklichkeit, zu wissen, die Gefängnismauern sind nur solange Mauern als ER es will. Die Zustände im Gefängnis müssen furchtbar gewesen sein: Ungeziefer, Unsauberkeit, Überfüllung, Kälte, rohe Behandlung" (Archiv des Kirchenkreises Barmen, Bestand Gemarke J 5). Ähnliche Einzelheiten notierte auch Klugkist Hesse am 25.10.36 in seinem Amtskalender (so G. Abrath, Subjekt und Milieu im NS-Staat. Die Tagebücher des Pfarrers H. Klugkist Hesse 1936–1947. Analyse und Dokumentation, Göttingen 1994, 174 und 264).

7 Diese Argumentation des Vaters findet sich in dessen Brief an seinen Sohn Kurt vom 8.10.38 (LkA Bielefeld 5,2 NS Nr. 65d). Wenn der Vater diese Überzeugung noch 1938 nach der zweiten Verhaftung vertreten konnte, so wird er im Herbst 1936 ähnlich gedacht haben. Leider liegen aus dem Jahr 1936 keine Briefe des Vaters vor.

8 Dieser Brief Gersteins stammt vom 22.1.1937 (LkA Bielefeld 5,2 NS Nr. 65c) und bezieht sich in erster Linie auf den Einspruch gegen die Entscheidung des Gaugerichts vom Januar 1937. Doch wird man annehmen dürfen, daß der Druck der Familie auch schon bei dem ersten Einspruch gegen die Entscheidung des Gauleiters vom Oktober 1936 vorhanden war.

9 Brief von J. D. Gerstein an H. Weißelberg vom 4.8.1964; zitiert bei Friedländer, Zwiespältigkeit, 43.

10 Schriftliche Begründung Gersteins des am 27.10.36 fristgerecht eingereichten Widerspruchs gegen die Verfügung des Parteiausschlusses (BDC, PA Kurt Gerstein), teilweise zitiert bei Friedländer, Zwiespältigkeit, 50–52, die folgenden Zitate ebd., 256.

ben verwies er auf seinen jahrelangen – ohne Unterstützung der Kirche geführten – Abwehrkampf „gegen jüdisch-bolschewistische Angriffe gegen die deutsche Volkskraft“, der darin bestanden habe, daß er in Protestaktionen gegen die „jüdisch-galizischen Schweinefirmen Fromms Act und Prim Eros, die Millionen von Gratismustern (an Kondomen, JS) durch die kommunistische Liga für Mutterschutz unter die jüngste Jugend verbreiten“, vorging und Beschwerden bei den Polizeibehörden einreichte. Auch seinen Einspruch beim Amtsgericht Herne gegen die Aufführung des Remarque-Films „Im Westen nichts Neues“ führte er zu seiner Entlastung an.

Vergleicht man die Einspruchsbegründung mit seinen Ausführungen gegenüber dem Oberberghauptmann Schlattmann, dann fällt auf, daß jede Berufung auf die „Wahrung berechtigter, weil vom Führer garantierter Interessen“ fehlt. Statt dessen wird nun die Distanzierung von jedem kirchlichen Engagement betont. Daß dieser Einspruch nur dem Vater zuliebe von Gerstein unterzeichnet worden sein dürfte, geht eindeutig aus Gersteins Absicht, Theologie zu studieren, hervor. Durch diesen Berufswunsch hätte er die in der Einspruchsbegründung angedeutete Distanzierung von der Bekennenden Kirche und seine Rückkehr in die „nationalsozialistische Verantwortung“ kaum glaubwürdig machen können.

Tatsächlich begann Gerstein im Dezember 1936 in Tübingen mit dem Theologiestudium, konnte sich aber zunächst nicht immatrikulieren.[11] Offenbar machte die Universität Schwierigkeiten wegen des Parteiausschlusses und des gewählten Studienfachs Theologie.[12] Erst im Februar 1937 gelang es Gerstein, sich als Student der Medizin zu immatrikulieren. Er schrieb dazu an seine Verlobte:

> „Endlich konnte heute meine Immatrikulation erfolgen. ... Was ich Dir jetzt schreibe, ist absolut vertraulich und nur für Dich; auch nicht andeutungsweise darfst Du es weitergeben. Ich bin in erster Linie bei der medizinischen Fakultät eingeschrieben. Theologie höre ich nur, soweit mir ein gewissenhaftes med. Studium Zeit dazu läßt. Ich belege aber alle entspr. theol. Vorlesungen ordnungsgemäß. Später lege ich – eventuell nach dem med. Staatsexamen – eine gemischte theol. D-Arbeit vor und stelle mich dann in den Dienst der Kirche, die mich bei gutem Willen dann ohne weiteres ordinieren kann. Das ist aber nicht unbedingt

11 Wie aus einem Brief an seine Verlobte Elfriede Bensch vom 5.1.36 (LkA Bielefeld 5,2 NS Nr. 157) hervorgeht, hat Gerstein sich im Januar vergeblich in Münster um eine Immatrikulation bemüht. Zuvor war er aber schon im Dezember in Tübingen gewesen und hatte dort versucht, mit dem Theologiestudium zu beginnen (Brief von Kurt Gerstein an seine Verlobte vom 10.12.36 [Handakten des Verf.]).

12 Wie aus einem Schreiben des Universitätssekretariats an Gerstein vom 21.1.1937 hervorgeht, mußte Gerstein noch Unterlagen einreichen und seine Mitgliedschaft bei der NSDAP und SA nachweisen. Nach einer handschriftlichen Notiz des Sachbearbeiters im Universitätssekretariat vom 6.2.37 hat Gerstein angegeben, seine Partei- und SA-Zugehörigkeit sei z. Zt. unklar, da ein Parteiverfahren gegen ihn anhängig sei, das aber zu seinen Gunsten entschieden werden würde (Studentenakte „Kurt Gerstein“, Universitätsarchiv Tübingen).

gesagt – ich würde dann Jugendpfarrer werden bzw. die Leitung eines Jugendpfarramtes übernehmen. Andernfalls würden wir in Bethel oder dergl. landen."[13]

Tatsächlich sind in seinem Studienbuch für das Wintersemester 1936/37 neben einigen medizinischen Veranstaltungen auch eine Reihe theologischer Veranstaltungen eingetragen.[14]

Am 5. Januar 1937 kam es dann zu einer Verhandlung vor dem Gaugericht in Bochum, in welcher Gerstein noch einmal mündlich vernommen wurde und sein Fehlverhalten offen eingestand:

„Ich sehe ein, daß ich durch mein Verhalten den Bestrebungen der NSDAP in außerordentlich schwerer Weise zuwidergehandelt habe, und daß insbesondere durch die Versendung der in Frage kommenden Broschüren an den deutschen Richterstand in so hohem Umfange Verwirrung angerichtet worden wäre und zum Teil ja auch durch die bereits versandten Broschüren angerichtet worden ist, so daß eine außerordentlich schwere Parteischädigung bewirkt worden ist."[15]

Das Gaugericht bestätigte jedoch die vom 15. Oktober 1936 angeordnete einstweilige Verfügung auf Parteiausschluß Gersteins. Danach kam es in der Familie zu schweren Auseinandersetzungen mit dem Vater, wie aus Briefen Gersteins an seine Verlobte hervorgeht. Darin sprach er von den „schwersten aller bisherigen weltanschaulichen Kämpfen" innerhalb der Familie und berichtete, der Vater trage sich mit dem Gedanken einer auch äußerlichen Trennung von ihm.[16] So kam es zu einem weiteren Einspruch Gersteins, diesmal gegen den Spruch des Gaugerichts Westfalen-Süd.[17] Darin betonte er, seine Aktivitäten hätten sich niemals gegen die Partei als solche, sondern lediglich gegen die „Gruppe, die das Christentum ablehnen zu müssen vermeint" gerichtet. Auch habe er nicht von dem Verbot der Schriften gewußt, sondern lediglich angenommen, daß diese Schriften einigen Personen in der nationalsozialistischen Bewegung unerwünscht sein müßten:

„Ich betone nochmals, daß mir von einem Verbot nichts bekannt war. Ebensowenig kann ich zugeben, mir hätte sich als Parteigenosse der Gedanke aufdrängen müssen, daß der Inhalt der Schriften sich gegen die Partei richte. Er richtete sich nur gegen einzelne Parteigenossen, die – meiner Meinung nach! – unter Mißbrauch der Parteiautorität und entgegen den wiederholten Ausführungen des Führers und seines Stellvertreters, daß in Deutschland ein wirkliches und

13 Brief Kurt Gersteins an seine Verlobte vom 7.2.1937 (Handakten des Verf.). Demnach hatte Gerstein diese Fragen mit Prof. Fezer besprochen.

14 Nach dem Studienbuch der Universität Tübingen (LkA Bielefeld 5,2 NS Nr. 409) belegte Gerstein im WS 1936/37 Kirchengeschichte bei Rückert und Praktische Theologie bei Faber und Fezer. Danach belegte er nur noch medizinische Fächer.

15 Ein Protokoll dieser Verhandlung vor dem Gaugericht Westfalen-Süd vom 5.1.37 befindet sich im BDC, PA Kurt Gerstein.

16 So in den Briefen Gersteins an seine Verlobte vom 16.1. und 24.2.37 (LkA Bielefeld 5,2 NS Nr. 156 und 243).

17 Einspruch Gersteins vom 17.1.37 gegen die Entscheidung des Gaugerichts mit nachfolgender Einspruchsbegründung vom 25.1.37 (BDC, PA Kurt Gerstein).

wahrhaftes Christentum Platz haben soll, dieses Christentum mit unsachlichen Mitteln bekämpfen."[18]

Warum dieser zweite Einspruch? Man wird kaum davon ausgehen können, allein auf Druck der Familie und des Vaters habe Gerstein auch diesen zweiten Einspruch eingereicht. Der zweite Einspruch wurde Ende Januar eingereicht, d. h. vor tatsächlich erfolgter Immatrikulation am 7.2.37. So ist die Annahme nicht abwegig, daß die Schwierigkeiten bei der Immatrikulation ihn zu der Überzeugung brachten, daß seine weitere berufliche Zukunft ohne Parteizugehörigkeit und mit dem Makel des Ausschlusses völlig ungewiß sei. Vielleicht war es auch dieser Einspruch gegen die Entscheidung des Gaugerichts, der ihm die Immatrikulation im Februar ermöglichte. Leider lassen sich die genaueren Umstände der Immatrikulation nicht weiter klären, so daß über Vermutungen nicht hinausgegangen werden kann. Für die hier vorgetragene Annahme, der zweite Einspruch habe etwas mit der Immatrikulation zu tun gehabt, spricht auch, daß Gerstein die Angelegenheit von sich aus in den nächsten Jahren nicht weiter verfolgt hat. Nach der zweiten Verhaftung im Sommer 1938 war es der Vater, der für den Fortgang der Bemühungen um eine Wiederaufnahme in die Partei sorgte.[19]

Im Unterschied zur Einspruchsbegründung vom November 1936 setzt Gerstein in seinem zweiten Einspruch vom Januar 1937 andere Akzente. Die Rückkehr in die „nationalsozialistische Verantwortung" wird nicht mehr mit einer Distanzierung von jedem kirchlichen Engagement begründet, sondern er beruft sich auf die parteiinternen Kämpfe um die Geltung des Christentums und die Wahrung berechtigter, weil vom Führer selbst zugestandener religiöser Interessen. Er schloß seine Ausführungen mit der Bitte um mildernde Umstände und einem Bekenntnis zum Werk Adolf Hitlers:

> „Nach alledem kann ich nicht zugeben, daß ich der nationalsozialistischen Bewegung die Treue gebrochen und mich auf die Seite derjenigen Führer gestellt habe, die sich darum bemühen, das Werk des Führers zu sabotieren. Ich fühle mich dieser Bewegung auf das engste verbunden und besitze einen leidenschaftlichen Willen, ihr und dem Werke Adolf Hitlers mit meiner ganzen Kraft, Gut und Leben zu dienen. Wenn ich mich vergangen habe, so kann ich dafür die Strafe des Ausschlusses nicht als eine gerechte Sühne betrachten. Ich betrachte diese Strafe wie jeder anständige Deutsche als eine Diffamierung. Sie habe ich nicht verdient."[20]

Während solche Bekundungen für die Parteistellen unverzichtbar waren, so schätzten diejenigen, die mit Gerstein im Kontakt standen, seine Absichten ganz anders ein.

18 Ebd.
19 S. unten Kapitel 5, Abschnitt A.
20 Einspruchsbegründung vom 17.1.37.

In den Kreisen der HJ in Hagen wurden die Bemühungen Gersteins um eine Aufhebung des Parteiausschlusses besorgt zur Kenntnis genommen. In einem Bericht eines HJ-Streifenführers vom 29.4.37 heißt es über Gerstein:

„Hier in Westdeutschland ist meiner Ansicht nach G. der Mann im B.K., der maßgebend ist und mit allen Mitteln versucht, den B.K. wieder aufleben zu lassen. Sein Hauptaufgabengebiet sieht er darin, daß er in Wort und Schrift versucht, mit den Jugendlichen sexuelle Fragen zu besprechen und sie aufzuklären. ... Die persönlichen Aussprachen hierüber pflegt er meist bei Kaffee, Kuchen und Sahne abzuhalten.... Bemerkenswert ist, daß G. im November v. J. die Broschüre ‚Notwendigkeiten, Wege und Möglichkeiten des sexuellen Jugendschutzes' herausgegeben hat, nachdem er im Oktober durch einstweilige Verfügung des jetzigen stellvertretenden Gauleiters Pg. Vetter aus der N.S.D.A.P. ausgeschlossen wurde. Ich bin der Ansicht, daß diese Schriften die Jugendlichen noch nicht aufklären, sondern ihnen nur den Weg zeigen, wie und was sie sind, und nur zum Nachteil ausschlagen. ... Abschließend kann über G. gesagt werden, daß er nach wie vor versucht, die Jugendlichen zusammen zu fassen, um sie dann unserer Arbeit und [unserem, JS] Ziel immer weiter zu entfremden."[21]

2. Versuch einer großangelegten Schriftenarbeit

Neben den Bemühungen um die Aufnahme eines Studiums begann Gerstein mit den Planungen für eine neue Auflage der Schrift „Das große Fernweh" und die Weiterverbreitung seines Gutachtens zum sexuellen Jugendschutz. Er fuhr noch im Dezember nach Berlin, um dort beim Centralausschuß für Innere Mission um Unterstützung seiner Arbeit aus Mitteln der Gefährdetenfürsorge zu bitten.[22] In gleicher Sache wandte er sich an Kreise der Bekennenden Kirche und den westfälischen Provinzialverband der Inneren Mission in Münster. Gerstein plante eine großangelegte Verteilung seines Heftes an alle Konfirmanden im Frühjahr 1937 und hatte in dieser Angelegenheit auch den westfälischen Präses Koch angesprochen.[23]

Daneben hielt Gerstein verschiedentlich Vorträge. So auch auf dem alljährlich stattfindenden rheinisch-westfälischen Abituriententag in Wuppertal, der wegen eines drohenden Verbots durch die Gestapo un-

21 Der Bericht des HJ-Streifendienstes vom 29.4.37 wurde vom Gaugericht Westfalen-Süd angefordert (BDC, PA Kurt Gerstein).

22 Im Brief an seine Verlobte vom 7.2.37 berichtet er von 2.000 RM, die Ehlers vom altpreußischen Bruderrat überwiesen habe, Pfr. Niemann von der Inneren Mission Münster überwies 200 RM für die Schriftenarbeit Gersteins.

23 In einem Brief vom 14.5.37 äußert er sich über eine Begegnung mit Präses Koch: „Herr Präses Koch war zwar sehr eilig, aber sehr nett und voll warmen Interesses für Person und Arbeit. Er wird uns auch finanziell helfen."

ter der Trägerschaft der DCSV durchgeführt wurde.[24] Dort hielt er neben Referenten wie Wilhelm Busch, Theo Brandt, Martin Niemöller und Helmut Thielicke ein Referat zum Thema „Um Ehre und Reinheit". In diesem Referat äußerte er sich über die Zustände beim Arbeitsdienst, den die Abiturienten in den nächsten Wochen ableisten mußten. Ein Teilnehmer, der kein Abiturient war und sich in die Veranstaltung eingeschlichen hatte, denunzierte Gerstein bei der Gestapo, indem er behauptete, Gerstein habe wörtlich gesagt: „Ihr kommt jetzt in die Hände von ganz armen Menschen, das sind eure Arbeitsdienstführer."[25]

In den folgenden Monaten ermittelte die Gestapo in Düsseldorf gegen Gerstein und befragte verschiedene Teilnehmer der Veranstaltung.[26] Gegen Gerstein wurde wegen dieser Sache ein Redeverbot für ganz Deutschland verhängt.[27]

a. Die „Evangelische Vereinigung für Sittlichkeitsarbeit"

Im Mai 1937 bot sich dann plötzlich die Gelegenheit, in einem größeren Rahmen und in einem Kreise Gleichgesinnter Fragen der Sittlichkeitsarbeit zu erörtern. Pfarrer Schröder vom Centralausschuß in Berlin wollte die Arbeit der alten „Evangelischen Vereinigung für Sittlichkeitsarbeit" neu organisieren und bat auch Gerstein um seine Mitarbeit in einem neu zu gründenden Arbeitskreis.[28]

Wegen einer Blinddarmentzündung mit anschließender Lungenentzündung konnte Gerstein an der ersten Sitzung am 7.10.1937 in Berlin nicht teilnehmen. Mit der stellvertretenden Teilnahme an dieser Sitzung wurde Oskar Hammelsbeck, ein Bekannter aus Saarbrücken, betraut.[29]

Hammelsbeck war von 1927 bis Ende 1933 Leiter der Volkshochschule in Saarbrücken gewesen. Nach Schließung der Volkshochschule durch die Nationalsozialisten arbeitete er von Juli 1934 an verschiedentlich als Aushilfslehrer an Saarbrücker Schulen, bis er im November 1936 auch aus dem Schuldienst entlassen wurde. Wahrscheinlich kann-

24 Dies berichtet Hans-Joachim Weißenfeld in einem Brief an Weißelberg vom 6.8.1965 (LkA Bielefeld 5,2 NS Nr. 169b), in welchem er ausführlich über das Abituriententreffen berichtet.

25 Ebd. Nach den Angaben Weißenfelds handelte es sich um einen Jungen, der aus einem der Bekennenden Kirche nahestehenden Elternhaus stammte. Gerstein spielte in seinem Augenzeugenbericht (Textfassung vom 4.5.45) auf diesen Vorfall an, wenn er im Zusammenhang mit seinem Eintritt in die Waffen-SS schrieb: „Ich brauchte dabei keine Skrupel zu haben, denn ich war zweimal Opfer der Agenten des SD gewesen, die sich in die engsten Kreise der evangelischen Kirche eingeschlichen hatten und Schulter an Schulter mit mir gebetet hatten."

26 Ebd.

27 HStA Düsseldorf, Bestand RW 58, Personenakte Nr. 62964. Nach einem Schreiben der Gestapo Berlin vom 15.5.1937 an alle Staatspolizei-Leitstellen wurde gegen Gerstein ein Redeverbot im ganzen Reichsgebiet wegen „zersetzender Angriffe gegen den Reichsarbeitsdienst" verhängt.

28 Brief Schröders an Gerstein vom 26.5.37 (ADW Berlin, CA 1414 II).

29 Dies teilt Gerstein in einem Schreiben vom 4.10.37 Schröder mit (ADW Berlin, CA 1266).

ten Hammelsbeck und Gerstein sich auch aus dieser Zeit in Saarbrükken, wo beide enge Kontakte zu Pfarrer Wehr hatten.[30] Im Dezember 1936 war Hammelsbeck von der Bekennenden Kirche-Synode der Evangelischen Kirche der altpreußischen Union zusammen mit Wulf Thiel mit der Errichtung und Leitung eines katechetischen Seminars in Berlin betraut worden.

Bereits am 25. Oktober 1937 fand eine zweite Sitzung der „Evangelischen Arbeitsgemeinschaft für sittliche Jugendarbeit" statt, auf der Gerstein in den Vorstand der Arbeitsgemeinschaft gewählt wurde.[31] Aus einem Protokoll einer Tagung zu Sittlichkeitsfragen im Centralausschuß vom 21.1.38 geht hervor, daß die Teilnehmer übereinstimmend der Meinung waren, Sittlichkeit dürfe nicht mehr auf das Gebiet des Geschlechtlichen beschränkt bleiben. In einem Redebeitrag verwies Gerstein darauf, daß die Zahl der wegen Eigentumsdelikten verurteilten jungen Menschen um ein Vielfaches die Zahl von Sittlichkeitsvergehen übersteige. Gerstein diagnostizierte eine „Verwirrung der Begriffe Lügen und Stehlen", der man nur durch eine Schriftenarbeit mit kostenlosen Heften beikommen könne.[32]

Zu Beginn des Jahres 1938 nahm Gerstein auch Kontakt mit dem Feldbischof Dohrmann auf, mit dem er eine Verteilung seiner Hefte in Kreisen der Wehrmacht verabredete. In einem späteren Schreiben der Sicherheitspolizei und des SD wird erwähnt, Gerstein habe unter Berufung auf seine Zugehörigkeit zum „Vorstand der Zentrale für sexuellen Jugendschutz" in Kreisen der Wehrmacht seine Schriften verteilt.[33] Gegenüber Pfarrer Schirmacher vom CA erwähnt er in einem Brief die Bestellung von 60.000 Heften durch den Feldbischof. Durch dieses positive Echo sichtlich ermutigt, stellte er unter dem Datum vom 21.3.38 eine Serie von Anträgen an den Centralausschuß in Höhe von insgesamt 24.000 RM.[34] Der Centralausschuß wandte sich in dieser Angelegenheit an die Kirchenkanzlei der DEK, von wo jedoch eine abschlägige Antwort erfolgte, in der auf die Zuständigkeit der Landeskirchen in dieser Frage verwiesen wurde.[35]

Es existiert ein Protokoll aus dieser Zeit über ein Gespräch Gersteins im Reichskriegsministerium, wo er Beschwerde führte wegen ihm bekanntgewordener Fälle, in welchen Offiziere ihre Untergebenen zur

30 Hammelsbeck bezog als Aushilfslehrer einige der Schriften Gersteins, wie aus einem Brief Gersteins an S. Müller vom 25.11.39 hervorgeht (ADW Düsseldorf, Bestand Ohl 8,1).
31 So in einem Schreiben von Hoppe an Schröder vom 30.11.37 (ADW Berlin, CA 1266).
32 Protokoll vom 21.1.38 (ADW Berlin, CA 2122)
33 Kopie dieses Schreibens befindet sich im LkA Bielefeld 5,2 AS Nr. 20.5 Fasc. 1.
34 Die Anträge befinden sich in der Anlage zum Schreiben vom 21.3.38, ADW Berlin, CA 2122.
35 Schreiben der Kirchenkanzlei der DEK an den CA vom 11.5.38 (ADW Berlin, CA 2126). Bei dem unterzeichnenden Gisevius handelt es sich um den Oberkonsistorialrat Johannes Gisevius, den Bruder von Hans-Bernd Gisevius.

Mitnahme von Kondomen gezwungen hatten.[36] Gerstein erwähnt im Protokoll, man habe zwar Verständnis für sein Anliegen gehabt, sehe sich aber trotzdem gezwungen, den Soldaten Verhütungsmittel zur Verfügung zu stellen.

b. „Um Ehre und Reinheit"

Im Jahr 1937 entstand ein weiteres Heft Gersteins, in welchem er unter dem Titel „Um Ehre und Reinheit" mehrere Beiträge zur Sexualethik zusammenstellte.[37] Der erste Beitrag mit dem Titel „Um ein klares und sauberes Denken in geschlechtlichen Dingen" stammt von einem Dr. Vermeil, Chefarzt in Braunschweig. Der Verfasser beschäftigt sich darin besonders mit den Gefahren, denen der männliche Jugendliche in der Phase seiner geschlechtlichen Reifung in Lebensgemeinschaften Gleichgeschlechtlicher – wie der Hitlerjugend – ausgesetzt ist: der Ausbildung homosexueller Neigungen und der Zote. Vor allem die Zote, den auf das Sexuelle anspielenden Witz, führt der Verfasser auf Verdrängung der dem Jugendlichen nicht möglichen Triebbefriedigung zurück. In einem weiteren Beitrag befaßt sich ein Dr. Rohrbach unter dem Titel „Der Kampf gegen den dreckigen Witz" eingehend mit dem Phänomen der Zote. Auch hier wird die Zote „als eine Art Protest gegen eine kulturelle Verschnürung menschlicher Natürlichkeit und als ein Aufbegehren gegen die durch das Sittengesetz geforderte Zügelung von Naturgewalten unseres Leibes" verstanden, deren Hauptursache in der Unterdrückung des Geschlechtslebens liege. Zwar hält der Verfasser die Forderung nach mehr Freiheit in den Geschlechtsbeziehungen aus ethischen und kulturellen Gründen für eng begrenzt, er fordert aber eine offenere Art des Umgangs mit Fragen der Geschlechtlichkeit in der Erziehung. Statt der Tendenz zur Verächtlichmachung des Geschlechtlichen fordert er eine Willenserziehung, „die sexuelle Dinge nicht ängstlich verbirgt, sondern in geschickter Weise offen bespricht". Den Gedanken der Willenserziehung greift ein Beitrag Gersteins unter dem Titel „Im Kampf um Ehre und Reinheit" auf. Darin schildert Gerstein eigene Schwierigkeiten und Ängste im Umgang mit der Geschlechtlichkeit und spricht insbesondere das Thema der Selbstbefriedigung an. Er wendet sich besonders gegen die damals verbreitete Auffassung, Selbstbefriedigung führe zu gesundheitlichen Schäden und sei deshalb zu unterlassen. Ebenso wehrt er jede Abwertung des Geschlechtlichen und Triebhaften ab. Stattdessen fordert er eine nüchterne und sachliche Sexualaufklärung:

36 Protokoll vom 24.3.1938 über eine Besprechung mit Generaloberstabsarzt Prof. Dr. Waldmann und Feldoberstabsarzt Dr. Walter vom Reichskriegsministerium (ADW Berlin, CA 2122).

37 K. Gerstein (Hg.), Um Ehre und Reinheit, Ausgabe A, Tübingen ^{2}1937.

„Nicht das Geschlechtliche, die Tatsache, daß wir Geschlechtswesen, Mädchen oder Junge, Mann oder Frau sind, ist mit einem Makel behaftet. Die Art, wie wir uns in unserer Geschlechtlichkeit benehmen, heiligt oder entheiligt, weiht oder entweiht diese und damit zugleich uns.“[38]

Gerstein fordert seine Leser auf, sich für ihr eigenes Leben zu einem „Höchstbegriff von Ehre und Reinheit“ durchzuringen. Doch Reinheit will er nicht als Sündlosigkeit verstanden wissen:

„Unsern Dienst können wir nicht sündlos tun; aber wir sollen uns zu ihm heiligen lassen und nicht mit unvergebener Schuld auf dem Herzen oder mit ungeheiligten Händen Dienst oder Verkündigung treiben wollen.“[39]

Das Streben nach Reinheit von Gedanken,Worten und Taten darf aber nie zur „geistlichen Selbstsucht“ werden, in der der einzelne sich zum Richter über andere aufschwingt. Streben nach Reinheit bedeutet für Gerstein vielmehr Gehorsam gegen Gottes Gebot und Dienst am Bruder, der Hilfe braucht.

In einem weiteren Beitrag mit dem Titel „Unser Weltbild“ gibt Gerstein einen Einblick in seine religiösen Vorstellungen. Für Gerstein ist Gott kein geheimnisvolles „Es“, sondern immer auch Person. Dieses Personsein Gottes will Gerstein aber nicht im Sinne einer anthropomorphen Gottesvorstellung mißverstanden wissen. Gottes Personsein bestehe wesentlich in seiner absoluten Souveränität:

„Er bleibt jeden Augenblick und über alle Zeiten hinaus der restlos kontrollierende, alles souverän und völlig beherrschende Schöpfer und Erhalter, ohne dessen Wissen und Willen kein Sandkorn am Meer sich gegen das andere verschieben kann. Seine Allübersicht und Allmacht findet weder eine Grenze in den ungeheuren Bewegungen der Himmelskörper noch in den Vorgängen, die wir unter dem Mikroskop betrachten oder wegen ihrer Winzigkeit selbst da nicht mehr beobachten können. Dieser jederzeit restlose und in die kleinsten Einzelheiten bewußte Überblick und diese unbeschränkte Möglichkeit, in alle Vorgänge des Lebens, Denkens und Handelns einzugreifen, macht auch nicht halt vor Dir und mir. Wenn wir diesen Gedanken ganz folgerichtig zu Ende denken, dann ist unser Geschick, auf's Letzte gesehen, es mag uns menschlich begegnen, was da wolle, völlig risikolos, so lange wir unser Leben bewußt unter Gott stellen. Wir können darum keinen Millimeter tiefer fallen als in die Hand des lebendigen Gottes, in der wir immer gut aufgehoben und wohl geborgen sind. Wo gäbe es wohl mehr innere Unabhängigkeit und Freiheit?!“[40]

Die Freiheit des Menschen ist für Gerstein eine Freiheit zum Guten wie zum Bösen, sie gleicht einem Spielraum, den Gott setzt. Der in dieser Weise zum Ebenbild Gottes gesetzte Mensch kann nicht jenseitsorientiert sein, sondern muß die Aufgaben im Diesseits anpacken. In diesem Sinne ist der Mensch zum Untertanmachen der Erde aufgerufen, doch diesem Auftrag kann er nur dann entsprechen, wenn er sich nicht als

38 Ebd., 19.
39 Ebd.
40 Ebd., 24.

Nutznießer, sondern als Treuhänder des Erdganzen versteht. Im Untertanmachen und der Treuhänderschaft bestehen die beiden Grundbefehle des Menschen. Die Zehn Gebote versteht Gerstein als „geoffenbarte Ausführungsvorschriften“, die gleichsam eine „Erd-Ordnung“ Gottes darstellen, in der das Zusammenleben der Menschen miteinander geregelt ist. Wird diese Ordnung verkannt oder abgelehnt, so bleibt allein das Chaos: „Alles, was wir gegen Gottes Gesetz tun, durchlöchert diese Ordnung, vermehrt die irdische Unordnung, drängt auf das Chaos zu.“[41]

Gerstein beklagt, daß die technische Durchführung des Untertanmachens zwar zu höchster Vollendung gekommen sei, der Aspekt der Treuhänderschaft aber daneben völlig vernachlässigt sei. Die irdische Wirklichkeit sei daher vom Unsegen bestimmt:

> „Derweil auf dem einen Teil des Erdballs Weizen verbrennt und Schlachtvieh als Aas verscharrt wird, verhungern auf der anderen Seite Millionen von Menschen, weil sich in dieser kalten und lieblosen Weltwirtschaftsmaschinerie keine Möglichkeit des Ausgleichs findet. In den unheiligen Händen des Menschen verwandeln sich mehr als drei Viertel der möglichen geistigen, seelischen und körperlichen Schaffenskräfte in einen Fluch.“[42]

Dieser Ungehorsam des Menschen gegenüber seiner schöpfungsgemäßen Bestimmung wird für Gerstein vor allem in sexualethischen Fragestellungen deutlich. In dem Befehl „Seid fruchtbar und mehret euch“ und dem als „Ausführungsvorschrift“ dieses Befehls verstandenen sechsten Gebot („Du sollst nicht ehebrechen!“) sieht Gerstein die Begründung für sein sexualethisches Engagement.[43]

Das Echo auf Gersteins Schriftenarbeit war durchweg gut. Er bekam eine Fülle von Zuschriften, in denen sich vornehmlich Jugendliche, aber auch Eltern und Lehrer dankbar über diese Hefte äußerten. Stellvertretend für die vielen Zuschriften sei hier nur die Besprechung aus dem Deutschen Pfarrerblatt durch Pfarrer Busch aus Essen wiedergegeben:

> „Kurt Gerstein, Um Ehre und Reinheit. – Eine fabelhafte Schrift! Zwei Ärzte und ein Mann aus der Industrie sprechen hier in großer Offenheit und Liebe zu jungen Menschen über die sexuelle Frage. Die Schrift wünscht man ebenso in die Hand aller derer, die in der evangelischen Jugendarbeit mitarbeiten, wie auch in die Hände junger Männer beim Arbeitsdienst und beim Militär.“[44]

So sieht man Gerstein in dieser Zeit voller Aktivität mit der Ausweitung seiner Schriftenarbeit beschäftigt. Das Medizinstudium am Deutschen Institut für Ärztliche Mission lief neben diesen Aktivitäten ein-

41 Ebd., 27.

42 Ebd.

43 Die Beziehung, die Gerstein hier zwischen Schöpfungsauftrag zur Mehrung und Fortpflanzung und dem 6. Gebot über den juristischen Begriff der Ausführungsvorschrift herzustellen versucht, ist willkürlich und wird dem Sinn und Gehalt des 6. Gebots nicht wirklich gerecht.

44 Deutsches Pfarrerblatt 18.1937, 306.

her. Zudem trug sich der 32jährige Bergassessor a. D. und Student Kurt Gerstein mit Heiratsabsichten. Ein Brief an seine Verlobte beleuchtet diese Situation:

„... Im Studium komme ich doch nun wenigstens einigermaßen weiter. Es kann noch alles recht ordentlich werden. – Hinter mir liegt ein Brief von acht Seiten an Vater, den ich Dir leider – es ist der Sonntagsbrief – vorher nicht zu lesen geben kann. Er berührt die Frage ausführlich, ob ich Dein Schicksal an das meine knüpfen darf. Mit der neuen beruflichen Patent-Lösung bin ich sehr viel froher geworden. So – glaube ich –, geht die Sache. – ... Morgen früh ‚predige' ich in der Herberge zur Heimat vor den Asylisten. Gestern war ich in der Klinik für bestimmte Krankheiten, auf Bitten des Klinikpfarrers. Die Leute waren für das, was ich ihnen in 1 ½ Stunden sagte, herzlich dankbar und baten um Wiederholung meines Besuches. ...
Das große Fernweh kommt am 25.II. neu heraus; doch wieder wesentlich besser. Am 25.IV. spreche ich in Kassel vor der Hauptversammlung der CVJM-Amtsträger, im Februar und März in Düsseldorf und Barmen. Sellmann hat meine große Arbeit (Gutachten) im Druck. Es erscheint in den nächsten Tagen. (6.000 Sonderdrucke)"[45]

In einem Aufsatz über „Evangelische Jugendverkündigung heute" aus dem Jahre 1938 führte er zu seinem Konzept von Jugendverkündigung aus:

„... Bei der der Kirche entfremdeten Jugend herrscht weitgehend die Meinung vor: Die Kirche bläst doch nur in das Horn aller derer, die uns irgendetwas wollen! Anders ausgedrückt: Ihr Kirchenmänner legt den Menschen unerträgliche Lasten auf und rührt keinen Finger, sie zu bewegen. – Die Jugend verträgt es sehr wohl, wenn in feiner, taktvoller, geordneter Weise ihre mancherlei Schwierigkeiten und Lebensnöte behandelt und erörtert werden. Sie weiß auch etwas von Sünde und hat weitgehend ein ernstes Verlangen nach Hilfe, Vergebung, Erlösung. Gerade in dieser Situation muß ihr deutlich gemacht werden: ‚Gott will, daß allen Menschen geholfen werde.' ... Die Jugend ist weitgehend außerordentlich empfindlich gegen Kalk und Reaktion. Sie hat ein feines Gemerk dafür, ob etwas aus einem zwingenden inneren Muss oder aus einer hämischen Einstellung heraus gesagt wird. Auch fragt sie weit vorurteilsloser als frühere Generationen nach dem Kern und der Substanz des Glaubens. Sie stellt ehrfurchtsloser und unerbittlicher, als wir dies taten, an jeden einzelnen, der ihr religiöse Wahrheit vermitteln will, die Frage: Woran glaubst du denn nun wirklich? – Derber ausgedrückt: Wofür würdest du dir die Knochen kaputt schlagen lassen? Wer mit der satten Behäbigkeit des Erwachsenen an den Dienst an dieser Jugend herangeht, wer sie nicht voll versteht in ihrer politischen Einsatzwilligkeit und in der Freudigkeit ihres Grußes, der wird kaum mit dieser Jugend in ein wesentliches Gespräch kommen. Dieser unmittelbare Dienst an der Jugend durch das gesprochene Wort wird ergänzt werden müssen durch geeignete Jugendschriften. Das Vorhandene ist oft recht kläglich und zumeist ungeeignet. Nicht billige Blättchen auf schlechtem Papier mit süßlichen Texten und kitschigen Bildern, sondern handfeste, solide Hefte, in klarem, offenem, zackigen Ton,

45 Brief vom 13.2.37 (Auszüge aus Briefen von Frau Gerstein in den Handakten des Verf.).

die nach Aufmachung und Text vom Für und Wider her ernstgenommen werden müssen, das tut uns not."[46]

3. Härteres Vorgehen der Gestapo gegen die Bekennende Kirche und zweite Verhaftung

Am 31. August 1937 heirateten Elfriede Bensch und Kurt Gerstein in Hagen zunächst standesamtlich.[47] Zwei Monate später fand am 2. November 1937 in der Kapelle von Bad Saarow-Pieskow die kirchliche Trauung statt, die der ehemalige Generalsuperintendent Otto Dibelius vornahm. Anschließend feierte das Hochzeitspaar im kleinen Kreis im Saarower Hospiz zur Furche.[48]

Man kann vermuten, daß Gerstein die Trauung gern von dem sehr geschätzten Martin Niemöller hätte durchführen lassen, doch Niemöller war am 1. Juli 1937 verhaftet worden. In der nationalsozialistischen Presse wurden Niemöller Hetzreden gegen führende Persönlichkeiten des Staates, Beunruhigung der Bevölkerung durch unwahre Behauptungen und Anstiftung zur Mißachtung geltender Gesetze vorgeworfen. Ganz offenbar sollte an der Person des oppositionellen Predigers Niemöller ein Exempel statuiert werden, nachdem andere Prozesse gegen Repräsentanten der Bekennenden Kirche für diese glimpflich ausgegangen waren.[49] Zudem hatten die Nationalsozialisten in einem als Schauprozeß aufgezogenen Gerichtsverfahren gegen Otto Dibelius gerade eine empfindliche Schlappe erlitten. Dibelius hatte sich in einem offenen Brief mit Äußerungen des Reichsministers für die kirchlichen Angelegenheiten, Kerrl, auseinandergesetzt. Vier Monate später fand am 6. August gegen Dibelius ein Prozeß statt, in welchem er wegen Angriffen gegen die Regierung und unwahrer Behauptungen über die Äußerung des Ministers Kerrl angeklagt wurde. Das Gericht unter Leitung von Landgerichtsdirektor Weisenberg entschied trotz des politischen Drucks auf Freispruch für Dibelius.[50] Eine solche Niederlage vor Gericht wollte man sich im Prozeß gegen Niemöller nicht einhandeln.

46 Abgedruckt in: „Die Bereitschaft", Febr. 1938, Evangelischer Preßverband Berlin (LkA Bielefeld 5,2 NS Nr. 254).

47 LkA Bielefeld 5,2 NS Nr. 402.

48 Es existiert ein Bild der jungen Eheleute mit Eltern und Trauzeugen, das auf der Treppe des Saarower Hospizes aufgenommen worden ist, auf dem auch Otto Dibelius abgebildet ist. S. zu diesem Bild Friedländer, Zwiespältigkeit, 106, oder H. Prolingheuer, Wir sind in die Irre gegangen. Die Schuld der Kirche unterm Hakenkreuz, nach dem Bekenntnis des „Darmstädter Wortes" von 1947, Köln 1987, 157.

49 J. Schmidt, Martin Niemöller im Kirchenkampf, Hamburg 1971, 435. Jacobi und Niesel waren zuvor zu 600 RM Geldstrafe verurteilt worden, weil sie Kirchenaustritte trotz eines bestehenden Verbotes bekanntmachten.

50 Stupperich, Dibelius, 278–287.

Die zunächst auf den 16. August angesetzte Verhandlung gegen Niemöller wurde ausgesetzt[51]; erst im Februar 1938 kam es zum Prozeß. Niemöller wurde vom Gericht für schuldig befunden und zu sieben Monaten Festungshaft und einer Geldstrafe verurteilt. Da die Haftstrafe mit der Untersuchungshaft bereits abgegolten war, hätte Niemöller die Verhandlung als freier Mann verlassen können. Noch im Gerichtsgebäude wurde er jedoch von Gestapoleuten abgefangen und auf Befehl Hitlers in das Konzentrationslager Sachsenhausen verbracht, wo er als „persönlicher Gefangener Hitlers“ auf unbestimmte Zeit interniert wurde.[52]

Die Maßnahmen der Staatspolizei hatten im Verlauf des Jahres 1937 deutlich zugenommen, nachdem im Jahr zuvor wegen der Olympischen Spiele und des Interesses der Weltöffentlichkeit eine gewisse Ruhe geherrscht hatte. Am 31. Mai 1937 war Paul Schneider, Pfarrer aus Dikkenschied im Hunsrück, verhaftet und in das Konzentrationslager Dachau verbracht worden. Schneider war einer von der Gestapo verhängten Ausweisung aus dem Rheinland nicht nachgekommen, nachdem er in seiner Gemeinde Kirchenzuchtmaßnahmen gegen Mitglieder der NSDAP angedroht hatte. Am 18. Juli 1939 wurde Schneider im Konzentrationslager Buchenwald ermordet.[53]

Pfarrer Theodor Noa, Gersteins Vorbild in der Jugendarbeit, der seit 1927 in Siegen tätig war, geriet um die Jahreswende 1937/38 in große Schwierigkeiten. Nachdem er noch im August (zusammen mit Gerstein) eine Freizeit veranstaltet hatte, geriet er wegen angeblicher finanzieller Unklarheiten bei der Freizeitabrechnung in eine für ihn belastende Situation.[54] Schon vor der Machtergreifung hatte Noa als Mitglied des Christlich-Sozialen Kongresses in Flugblättern offen gegen den Nationalsozialismus gekämpft und war in der Folgezeit wegen seiner jüdischen Abstammung manchen Repressionen ausgesetzt gewesen. Zudem war er ein sehr engagierter Jugendpfarrer, der mit den ihm anvertrauten Jugendlichen bevorzugt über sexualethische Fragen sprach. So mußte er sich – wie viele andere Jugendführer und katholische Priester – gegen den Vorwurf homosexueller Neigungen zur Wehr setzen, mit dem man ihn zu denunzieren versuchte. Als es im Zusammenhang mit der Freizeitabrechnung zu finanziellen Unklarheiten kam, zog sich die Schlinge

51 J. Schmidt, Niemöller, 437.

52 Ebd., 443 f.

53 S. zum Schicksal Schneiders: H. Vogel, Der Prediger von Buchenwald. Das Martyrium Paul Schneiders, Berlin [12]1979; R. Wentorf, Paul Schneider. Der Fall des Pfarrers Paul Schneider. Eine biographische Dokumentation, Neukirchen 1989.

54 Zum Schicksal Noas siehe: Gädeke, Schülerbibelkreise, 47 und 21–24, sowie den Aufsatz von Heinz Jüngst und Erwin Weßler, Aus der Geschichte der Siegerländer Schülerbibelkreise, in: W. Thiemann (Hg.), Unter dem Wort. Das evangelische Siegerland in Vergangenheit und Gegenwart, Siegen 1967, 70–73; R. Gädeke, Theodor Noa, der erste evangelische Jugendpfarrer von Hagen – ein Opfer der Rassengesetze des „Dritten Reiches“, in: JWKG 80.1987, 69–104.

um Noas Hals schnell zu. Die Gestapo erfuhr davon und ermittelte gegen ihn. Noa entzog sich diesen Ermittlungen, indem er mit unbekanntem Ziel aus Siegen verschwand. Er bat in dieser Zeit u. a. auch Kurt Gerstein um finanzielle Hilfe, die dieser ihm jedoch auch nicht geben konnte.[55] Im März 1938 fand man Noa dann tot im Landwehrkanal in Berlin, so daß man Selbstmord annehmen konnte. Die genauen Todesumstände sind jedoch nie geklärt worden.[56]

Auch Gerstein geriet im Sommer 1938 ein weiteres Mal in Schwierigkeiten. Von einem Bekannten war er zu einer Zusammenkunft eines monarchistisch gesonnenen Kreises um den deutsch-völkischen Schriftsteller Reinhold Wulle in Stuttgart eingeladen worden.[57] Auf Gerstein wirkten die Bestrebungen dieses äußerst rechts stehenden Kreises jedoch anachronistisch. Bei seiner Rückkehr aus Stuttgart äußerte er sich darüber eher abfällig: „In Frack und Weste kann man Hitler nicht bekämpfen.“[58] Als die Gestapo kurz nach dem Treffen gegen Wulle und seine Freunde wegen „monarchistischer Umtriebe“ vorging, wurde auch Gerstein verhaftet. Am frühen Morgen des 14. Juli 1938 erschienen um sieben Uhr morgens Gestapobeamte in Gersteins Tübinger Wohnung. Sie verhafteten Gerstein und beschlagnahmten zugleich Schriftstücke und Unterlagen. Die Verhaftung erfolgte offenbar ohne Schutzhaftbefehl, denn dieser wurde erst neun Tage später unter dem Datum des 23. Juli ausgestellt.[59] Gerstein wird darin beschuldigt, zusammen mit anderen Personen in einem regen Briefverkehr mit dem Journalisten und freien Schriftsteller Reinhold Wulle gestanden zu haben. Wulle warf man die Vorbereitung einer monarchistischen Staatsform für den Fall eines Umsturzes vor.[60]

55 Dies erfuhr ich von Frau Gerstein im Gespräch vom 8.1.87 (Gesprächsprotokoll in den Handakten des Verf.).

56 Zu den Umständen seines Tode ausführlich bei Ursula Hörsch/Andrea Stötzel, Noa, 336 ff.

57 Reinhold Wulle (1882–1950) war Journalist und Politiker und von 1920 bis 1928 MdR. Als einer der führenden Vertreter des völkisch-antisemitischen Flügels der DNVP war Wulle Mitbegründer der Ende 1922 von der DNVP abgespalteten Deutschen Völkischen Freiheitspartei, deren Vorsitzender er 1928 wurde. Seine heftige Kritik und Abrechnung mit der Weimarer Republik veröffentlichte er 1932 unter dem Titel „Das Schuldbuch der Republik. 13 Jahre deutscher Politik“. Im Dritten Reich sammelte Wulle in der „Gesellschaft Deutsche Freiheit“ einen Kreis monarchistisch gesinnter Personen um sich und verfaßte regelmäßige Informationsbriefe mit Kommentaren zur politischen Lage. Von 1938 bis 1940 war Wulle wegen seiner politischen Tätigkeit inhaftiert. Eine von ihm nach dem Kriegsende in Westfalen gegründete „Deutsche Aufbaupartei“ wurde von den Besatzungsbehörden 1946 verboten. Biographische Angaben zu Wulle finden sich in: Biographisches Lexikon zur Weimarer Republik, hrsg. von W. Benz und H. Graml, München 1988, 374; ergänzende Angaben finden sich in: Degeners Wer ist's, 10. Ausgabe, Berlin 1935, 1768, und in: MdR. Biographisches Handbuch der Reichstage, hrsg. von M. Schwarz, Hannover 1965, 791. Im BA Koblenz findet sich ein schmaler Nachlaßbestand zu Wulle (NL-205) mit Informationsbriefen (Nr. 9) bis August 1937 und Briefen aus der Haftzeit (Nr. 15 und 18).

58 H. Franz, Außenseiter, 21.

59 LkA Bielefeld 5,2 NS Nr. 3.

60 Ebd.

Zunächst wurde Gerstein in das Untersuchungsgefängnis nach Stuttgart gebracht, wo er den Untersuchungsbeamten Ernst Zerrer kennenlernte, dem die Schriften Gersteins bekannt waren, ja, der sie sogar seinem Sohn zur Lektüre empfohlen hatte.[61] Zerrer erinnerte sich an Gerstein, den er damals vernommen hatte:

> „Gerstein war ganz anders als die normalen Vernehmungsfälle. Er war intelligent und wägte die Worte ab. Er war ein Gegner des Nationalsozialismus. Das Vernehmungsprotokoll wurde von ihm selbst diktiert. Ich habe nur die Befragung durchgeführt."[62]

Nach kurzer Zeit – wann genau, ist nicht bekannt – wurde er in das Polizeigefängnis Welzheim verlegt, wo er sich aufgrund der Behandlung in einer sehr schlechten seelischen und körperlichen Verfassung befand. In späteren Äußerungen bezeichnete er diese Zeit als die schwerste und härteste Zeit seines Lebens, in der er auch an Selbstmord gedacht habe. Einen dritten Aufenthalt in einem solchen Gefängnis glaubte er nicht überleben zu können. Seine Frau berichtete, daß er nach der Haft noch monatelang mit Erbleichen und Zähneknirschen auf Männer mit roter Hakenkreuzbinde reagierte.[63] In Welzheim lernte er auch den Notariatsgehilfen Alfred Leikam kennen, der im Februar 1938 in Schutzhaft gekommen war, weil er aus christlicher Überzeugung und Gehorsam gegen das Gebot Gottes den Nationalsozialismus entschieden ablehnte. Leikam erinnerte sich später noch gut an seinen damaligen Haftgenossen:

> „Mit Kurt Gerstein bin ich in Welzheim rasch bekannt geworden. Man kann sagen, daß wir uns als die einzigen ‚Gleichgesinnten' fühlten und begegneten. Unser regelmäßiges Gesprächsthema war weniger die Politik als solche, sondern mehr die Theologie in Beziehung zur Politik, also mehr das Thema Evangelium und Gesetz. Ich erinnere mich noch, daß wir in den wesentlichen Fragen einig waren, wobei ich mehr den theologischen Part und er mehr den soziologischen beitrug. Aufgefallen ist mir seine Sensibilität und sein sorgfältiges Denken ... Wenn ich mich nicht täusche, hat er auch von Spannungen mit seinen Angehörigen gesprochen. Als spezieller Punkt ist mir noch in Erinnerung, wie er mich über bestimmte Vor- und Nachteile der Gefangenenkost aufklärte."[64]

Nach 1½ Monaten Haft wurde Gerstein dann am 28. August aus Welzheim entlassen, da ein Nachweis über hochverräterische Umtriebe nicht erbracht werden konnte.[65] Leikam, der noch im Juli gegenüber der Gestapo erklärt hatte, er fühle sich in seiner politischen Haltung an den

61 Ebd.
62 Protokoll eines Besuchs (2.4.68) von H. Weißelberg und P. Joffroy bei Ernst Zerrer, o. D. (Kopie in den Handakten des Verf.).
63 So Elfriede Gerstein in einer Erklärung aus dem Jahre 1949 (LkA Bielefeld 5,2 NS Nr. 118).
64 Brief von A. Leikam an H. Weißelberg vom 19.8.1969 (LkA Bielefeld 5,2 AS Nr. 5/2 Dok. III Fasc. 2). Ein kurzer Lebensbericht Leikams findet sich in: G. Harder (Hg.), „Die Stunde der Versuchung" – Gemeinden im Kirchenkampf 1933–1945, München 1963, 385–388.
65 So steht es jedenfalls in einem Schreiben des Sicherheitsdienstes vom 4.1.40 (LkA Bielefeld 5,2 AS Nr. 20,5 Fasc. 1).

christlichen Glauben, wie er im Glaubensbekenntnis und in den Zehn Geboten seinen Ausdruck finde, unbedingt gebunden, wurde Ende Oktober in das Konzentrationslager Buchenwald überstellt, wo er bis zum 9. November 1943 inhaftiert war.[66]

Gersteins Gesundheit war durch die Haft schwer angegriffen. In einem Brief an das Oberste Parteigericht äußerte sich der Vater in vorsichtigen Formulierungen über den Gesundheitszustand seines Sohnes:

> „Trotz der guten Behandlung, der er sich zu erfreuen hatte, hat doch dieser neue Schlag einen körperlichen und seelischen Zusammenbruch zur Folge gehabt. Der behandelnde Arzt hat ein Herzleiden festgestellt, er hofft, daß es nervöser Natur ist."[67]

66 So im Lebensbericht Leikams (siehe Anm. 64, S. 119).

67 Brief Ludwig Gersteins an das Oberste Parteigericht vom 9.9.38 (BDC, PA Kurt Gerstein). Auch Friedländer, Zwiespältigkeit, 58 f., zitiert daraus. Daß der Vater über die schlechte Behandlung seines Sohnes informiert war, geht aus einem Brief Ludwig Gersteins an Elfriede Gerstein vom 24.11.46 hervor (zitiert bei Friedländer, Zwiespältigkeit, 178 f.).

VI. Versuchtes Arrangement mit den Machthabern (1939–1940)

Die zweite Verhaftung stellte einen ungleich schwereren Einschnitt dar, als dies bei der ersten Inhaftierung im September 1936 der Fall gewesen war. Damals hatte Gerstein voller Elan ein neues Studium begonnen mit der Aussicht, als Pfarrer oder Arzt später tätig werden zu können. In dieser Zeit hatte er die Verbreitung seiner jugenderzieherischen Schriften enorm ausweiten können. Doch nun, im Herbst 1938, waren die Aussichten wesentlich schlechter. Zum einen hatte Kurt Gerstein erhebliche finanzielle Mittel in die Schriftenarbeit gesteckt, deren Rückzahlung ungewiß war. Zum anderen spürte der 33jährige Medizinstudent, daß ihm das Lernen zunehmend schwerer fiel und ein Studienabschluß noch unabsehbar war. Die Behandlung während der Haftzeit hatte seine Gesundheit angegriffen. Darüber hinaus stellte sich die Frage, wie er in Deutschland würde weiterleben können.

Zur Erholung von der Haft und um auf andere Gedanken zu kommen, gingen Gerstein und seine Frau nun, knapp ein Jahr nach ihrer kirchlichen Trauung, auf verspätete Hochzeitsreise. Auf einer Kreuzfahrt im Mittelmeer erlebten sie schöne Stunden. Von dort aus schrieb Gerstein einen Brief an seine Verwandten in Amerika. Ein Brief also, der ohne Rücksicht auf Zensur verfaßt werden konnte.

Unmittelbar nach ihrer Rückkehr nach Deutschland erlebte das junge Ehepaar die Exzesse der Reichspogromnacht vom 9./10. November. Die jüdische Synagoge befand sich in der Gartenstraße, wo auch die Gersteins wohnten. Die rauchenden Trümmer der Synagoge am Morgen des 9. November kommentierte Gerstein gegenüber seiner Frau mit dem Satz: „Du wirst sehen, jetzt lassen sie die Maske fallen!“[1]

1. Wie weiterleben in Deutschland?

Nachdem Kurt Gerstein gegen Ende September aus der Haft in Welzheim entlassen worden war, setzten die massiven Bemühungen des Vaters ein, seinem Sohn eine berufliche Zukunft im nationalsozialistischen Deutschland zu ermöglichen.

1 So E. Gerstein im Brief an den Verfasser vom 4.7.1990.

a. Die Bemühungen des Vaters um eine Aufhebung des Parteiausschlusses

Bislang war der am 17.1.1937 erfolgte Einspruch Gersteins gegen den vom Gaugericht Westfalen-Süd ausgesprochenen Parteiausschluß ohne Wirkung geblieben und vom Obersten Parteigericht nicht weiter verfolgt worden. Hier setzten nun die Bemühungen des Vaters ein, der einen Urlaub in Süddeutschland nutzte, um in München in der Parteizentrale, dem Braunen Haus, persönlich in der Sache seines Sohnes vorzusprechen.[2]

Diese Bemühungen sind insofern bemerkenswert, als sie zeigen, daß der Vater auch nach der zweiten Verhaftung eine Wiederaufnahme seines Sohnes in die Partei für denkbar und möglich hielt. Ein Briefwechsel zwischen Vater und Sohn aus den letzten Monaten des Jahres 1938 gibt nicht nur Einblick in die Bemühungen des Vaters, sondern läßt auch dessen innere Einstellung zum Nationalsozialismus hervortreten. Insbesondere thematisiert der Vater die Vereinbarkeit von Nationalsozialismus und Christentum, um seinem Sohn selbst den Weg zu einem Arrangement mit den braunen Machthabern zu zeigen.

Über seine Vorsprache beim Obersten Parteigericht berichtete der Vater in einem Brief vom 8.10.1938 an seinen Sohn.[3] Demnach lagen dem Obersten Parteigericht bis zu diesem Zeitpunkt nur die Akten vom Gaugericht Bochum, nicht aber die Vernehmungsakten aus Saarbrücken vor. Der Vater bestand darauf, auch diese Akten mit heranzuziehen, da der Einspruch sich wesentlich auf diese Akten gründe. Ebenso regte er an, aus Stuttgart einen Bericht des Polizeikommissars Zerrer einzuholen. Darüber hinaus nutzte er die Gelegenheit, um die „wahre" Einstellung seines Sohnes zum Nationalsozialismus darzulegen. Die sexualpädagogische Arbeit seines Sohnes bezeichnete der Vater als dessen „Steckenpferd" und wies darauf hin, dieser habe sich schon vor 1933 auf diesem Gebiet engagiert eingesetzt. Zwar fühle sich sein Sohn zur Bekenntniskirche hingezogen, doch sei im Hinblick auf die sexualpädagogische Arbeit eine Zusammenarbeit mit Stellen der nationalsozialistischen Bewegung nicht ausgeschlossen. Sein Sohn sei nicht mit allem in der Bekennenden Kirche einverstanden, habe auch von seinem bisherigen Studienwunsch Theologie Abstand genommen und werde sich für die Bekenntniskirche auf keinen Fall mehr kämpferisch einsetzen.

2 Der Vater Gersteins hatte bereits in einem Schreiben vom 14.6.37 an das Oberste Parteigericht um eine Unterredung nachgesucht, die aber abgelehnt wurde, da das Ermittlungsverfahren noch nicht abgeschlossen war. Nach der zweiten Verhaftung im Sommer 1938 wandte sich der Vater erneut in mehreren Schreiben an das Parteigericht und wiederholte unter Hinweis auf die schwierige berufliche Situation des Sohnes seine Bitte um eine Unterredung (BDC, PA Kurt Gerstein).

3 Brief Ludwig Gersteins an Sohn Kurt vom 8.10.38 (LkA Bielefeld 5,2 NS Nr. 98).

Die Ansicht des Sachbearbeiters beim Parteigericht zu der Frage der Vereinbarkeit von Christentum und Nationalsozialismus schilderte der Vater dem Sohn ausführlich:

> „Der Herr meinte, jemand, der zur Bekenntniskirche gehöre, könne auch ein guter Nationalsozialist sein, das eine schließe das andere durchaus nicht aus, aber das Bekämpfen des Nationalsozialismus durch die Kirche könne nicht geduldet werden, wer sich da aufreizend betrage, könne nicht in der Partei geduldet werden. Dabei betonte er den verwerflichen Satz: Man müsse Gott mehr gehorchen als den Menschen, ein Satz, mit dem großer Unfug getrieben werde. Das Parteigericht stehe auf dem Standpunkt, wer wahrhaftig Nationalsozialist sein wolle und sei, der dürfe aus der Partei nicht ausgeschlossen werden. Meiner Überzeugung gemäß konnte ich ihm versichern, daß das bei Dir zuträfe."[4]

Für den Ausgang der Sache sah der Sachbearbeiter grundsätzlich zwei Möglichkeiten. Entweder würde der Beschluß des Gaugerichts Bochum vom Obersten Parteigericht aufgehoben werden, oder aber Gerstein könne selbst seinen Austritt aus der Partei erklären und damit einen ehrenvollen Abschied von der Partei bekommen. Der Vater plädierte jedoch für ein Verbleiben seines Sohnes in der Partei und teilte diesem als Einschätzung mit, die Sache scheine in guten Händen zu sein und werde einen guten Verlauf nehmen. Abschließend äußerte sich der Vater in Reaktion auf die jüngsten außenpolitischen Erfolge Hitlers im Münchener Abkommen geradezu euphorisch über seine Haltung zum Nationalsozialismus. Er schrieb:

> „Mit vielen Bauern, Holzarbeitern p.p. bin ich in Oberbayern zusammen getroffen und habe mich viel mit ihnen unterhalten. Zu meiner freudigen Überraschung fand ich überall und ausnahmslos die größte Freude und Genugtuung über die Geschehnisse und eine überwältigende Liebe zu unserem Führer. Wie stolz – im besten Sinne – können wir wieder darauf sein, Deutsche zu sein. Es hat mich gewiß große Überwindung gekostet, die geliebte schwarz-weiß-rote Fahne aufgeben zu müssen. Jetzt aber bekenne ich mich rückhaltlos zur Hakenkreuzfahne und sehe ein, daß sie eine Notwendigkeit für das neue Reich ist. Große, gedankenreiche Reden hat der Führer in den vergangenen Wochen gehalten. Die menschlich größte war m. E. die Rede zu Beginn des Winterhilfswerkes. Welch große Liebe zu seinen einzelnen Volksgenossen zeigt sich da, die ganze Rede ist getragen von dieser Liebe. Doch nun Schluß! Macht das Alter geschwätzig? Oder kommt es daher: wem das Herz voll ist, dem geht der Mund über? Wohl letzteres, denn ich habe Wochen lang viel Schweigen üben müssen."[5]

Man darf vermuten, daß Ludwig Gerstein sich mit dem letzten Satz auf die als „Sudetenkrise" bezeichneten Ereignisse des Septembers 1938 bezog, als man wegen Hitlers erpresserischer Forderungen nach einer Abtretung des Sudetenlandes an Deutschland den Kriegsausbruch befürchtete. Als Hitler dann völlig unerwartet im Münchener Abkommen

4 Ebd.
5 Ebd.

vom 30. September diesen Gebietsanspruch auf friedlichem Wege gegenüber den Großmächten Frankreich und England durchsetzen konnte, erschien er als der politisch überlegene Führer, der sein Ziel, die Revision der Bestimmungen des Versailler Vertrages, mit Geschick durchzusetzen verstand. Wenn der Vater auch bislang der nationalsozialistischen Bewegung reserviert gegenübergestanden hatte, so waren es die jüngsten Ereignisse, die ihn zum begeisterten Nationalsozialisten werden ließen.

Wie anders fiel die Beurteilung der jüngsten Ereignisse bei Sohn Kurt aus! Er nutzte die Schiffsreise im Mittelmeer, um unbehelligt von jeder Postüberwachung einen Brief an Verwandte in Amerika zu schreiben. Darin hieß es:

> „Es ist nicht abzusehen, was die nächste Zeit in Deutschland bringen wird. Man kann annehmen, daß die außenpolitischen Erfolge das Prestige des Nationalsozialismus und des Herrn Hitler außerordentlich stärken werden und er glauben wird, auf dieser Grundlage auch innenpolitisch jetzt tun zu dürfen, was er will.“[6]

b. Das Verwirrspiel beginnt: Zwei Schreiben für die Parteistellen

Noch vor Antritt der Reise antwortete Kurt seinem Vater in einem Brief vom 9.10.38[7], in welchem er besonders auf seine Haltung zur Bekennenden Kirche einging. Er schildert darin, daß er sich seit 1936 nicht mehr für die Bekennende Kirche, sondern nur noch für „die Erhaltung eines ernst zu nehmenden Gottesglaubens bei der deutschen Jugend und im deutschen Volke“ eingesetzt habe. Zwar habe ihn die Inhaftbehaltung Niemöllers tief betroffen gemacht, doch könne er sie nicht einfach als Unrecht empfinden. Er habe – im Gegensatz zu Niemöller – stets das politische Wollen des Führers und des Nationalsozialismus bejaht und sich von der „Reaktion der Alten und Verkalkten“ distanziert. Als besonderen Beweis für seinen Bruch mit der Bekennenden Kirche verwies er auf eine von ihm vorgenommene Gesangbuchrevision, in der er die Gesangbuchlieder auf jüdische Formulierungen wie „Dir, dir, Jehova, will ich singen“ u. a. überprüft habe. In den Reihen der Kirche sei er damit auf großen Widerstand gestoßen.[8]

Schon Friedländer vermutete, dieser Brief gebe nicht die wahre Einstellung Gersteins wieder und sei bewußt für die Parteistellen geschrie-

6 Brief Kurt Gersteins an Onkel und Cousin Robert Pommer vom November 1938 (LkA Bielefeld 5,2 NS Nr. 35).
7 Brief Kurt Gersteins an den Vater vom 9.10.38 (Kopie im LkA Bielefeld 5,2 AS Nr. 32,2 Fasc. 1).
8 Über diese Gesangbuchrevision Gersteins liegt mir kein weiteres Material vor; Gerstein selbst verwies gegenüber dem Parteigericht auf Akten bei der Leitstelle der Staatspolizei Stuttgart. In dem nur lückenhaft überlieferten Bestand dieser Stelle ließen sich keinerlei Gerstein betreffende Vorgänge ermitteln (Brief des StA Ludwigsburg an den Verf. vom 4.1.1990).

ben.[9] Tatsächlich hat der Vater diesen Brief an das Oberste Parteigericht weitergegeben, um die Haltung seines Sohnes zur Bekennenden Kirche zu dokumentieren. Auch der Umstand, daß der Sohn dem Brief die Abschrift einer angeblichen Denkschrift zur Religionsfrage beigefügt hatte, stützt diese Vermutung.[10]

Unter dem Titel „Deutscher Glaube, christlicher Glaube, arteigene Religion" gab Gerstein eine Darstellung der kirchenpolitischen Entwicklung, die in deutlichem Gegensatz zu den Ausführungen steht, die er knapp einen Monat später gegenüber seinem Onkel in Amerika machte. In der Denkschrift erklärte Gerstein, er sehe nun ein, daß eine „Einschränkung und Zügelung der Geistesfreiheit und ihre Unterordnung unter das große Gesamtziel" des politischen und kulturellen Wiederaufbaus unbedingt notwendig sei. Im Hinblick auf die früheren Auseinandersetzungen führte er darin aus:

> „Die Kirchen haben den Kampf um die Erhaltung einer bis dahin blühenden organisierten kirchlichen konfessionellen Jugend – bis auf völlig unbeachtliche Vereinchen und Stützpunkte – auf der ganzen Linie verloren. Dieser Verlust war den Kirchen und den einzelnen betroffenen Jugendlichen oft bitter und schmerzlich. Im Rückblick ist diese Entwicklung nicht allzusehr zu bedauern. Es muß unumwunden zugegeben werden, daß der Gedanke der geschlossenen Zusammenfassung der Jugend in den nationalsozialistischen Verbänden auf die Dauer gesünder und stärker war, als ein Zerreissen des jugendlichen Menschen, bei der er mit ¾ seiner Seele dieser, mit ¼ jener Organisation und Bindung gehören sollte. ... Während die alte Generation mit dem politischen Geschehen seit dem 30. Januar 1933 weitgehend nicht mehr mitkonnte und sich darum vielfach schmollend in den Winkel zurückzog, versuchte die Jugend weitgehend bei vollem Einsatz für den nationalsozialistischen Staat dem Glauben an Gott und Christus in Deutschland einen möglichst großen Raum zu verschaffen. Das gilt nicht nur für die Theologiestudenten, sondern für den größten Teil der ganzen bewußt evangelischen Jugend. In Verkennung der Dynamik geistiger Bewegungen stützte sie sich dabei auf die gesetzlichen Grundlagen, den Artikel 24 des Parteiprogramms und alle vom Staat nach und nach zurückgezogenen Rechte und Betätigungsmöglichkeiten der evangelischen Jugend. Über die Auslegung und allmähliche Einschränkung und Einengung dieser früher gesetzlich garantierten Wirkungsmöglichkeiten kam es im Zuge der Zeit zu schweren Enttäuschungen und Vertrauenskrisen. Richtig ist, daß der Staat und die politischen Jugendorganisationen ihre Zusagen über die Betätigungsmöglichkeiten irgendwelcher religiöser Jugenderziehungsfaktoren nicht gehalten haben. Ebenso richtig ist aber, daß sie – Staat und politische Jugendorganisationen – bei der Wei-

9 Friedländer, Zwiespältigkeit, 65. Diese Vermutung wird auch dadurch gestützt, daß Kurt Gerstein unter dem Datum vom 8.10.38 einen Brief an den Vater schrieb, in dem er dem Vater die Dinge mitteilte, die ausschließlich für ihn bestimmt waren. Zwar liegt dieser Brief vom 8.10.38 nicht vor, aber im Brief des Vaters an seinen Sohn vom 12.11.38 (LkA Bielefeld 5,2 NS Nr. 481) bezieht sich dieser auf diesen Brief seines Sohnes vom 8.10.38.

10 Diese Denkschrift ist offenbar allein für das Parteigericht geschrieben, da sie als angebliche Abschrift auf Blatt III des Briefes vom 9.10.38 an den Vater beginnt, also nicht als eigenständiges Manuskript vorlag, das Gerstein hätte beilegen können (BDC, PA Kurt Gerstein).

terentwicklung der Dinge diese Zusagen nicht halten konnten noch durften, ohne sich selbst in Gefahr zu bringen. Wir Christen haben den Fehler gemacht, dieser Entwicklung nicht das nötige Verständnis und die nötige Gerechtigkeit entgegengebracht zu haben."[11]

c. Ein Brief nach Amerika

In dem Brief an seinen Onkel Robert Pommer und einen gleichnamigen Cousin in Amerika gibt Gerstein ebenfalls eine ausführliche Darstellung der Situation in Deutschland, die ohne jede Rücksicht auf Zensur niedergeschrieben wurde. Über das Verhältnis von Protestantismus und Nationalsozialismus heißt es darin:

„Wir haben von vornherein den Nationalsozialismus politisch weitestgehend bejaht und ‚dem Kaiser gegeben, was des Kaisers ist'. Aber wir haben – ohne Unterschied von katholisch und evangelisch – darauf hingewiesen, daß ein Volk – eine Jugend – ohne Gott eine gefährliche Sache ist. Wir haben dankbar die Verdienste Hitlers für den Aufbau anerkannt – aber festgestellt, daß wir in religiöser Beziehung vom Nationalsozialismus seit 1933 in der tollsten Weise an der Nase herumgeführt werden, und daß das praktische kulturelle Ziel nicht nur die Vernichtung der katholischen und evangelischen Kirche, sondern jedes ernsthaften Gottesglaubens in Deutschland überhaupt ist. ... Wir alle haben uns bemüht, wo wir Widerstand erleben mußten, nicht den politischen Nationalsozialismus zu treffen, weil das nicht unsere Sache ist. Wir haben nur Rechte und Verantwortungen zu verteidigen versucht, die uns von Herrn Hitler und dem Nationalsozialismus immer wieder feierlich garantiert worden sind. ... Aber wir waren der gegen uns anstürmenden Unwahrhaftigkeit und verlogenen Zielklarheit leidenschaftlicher Gegner ausgesetzt."[12]

Doch die fünf Jahre nationalsozialistischer Herrschaft haben Gerstein nicht nur Klarheit über die wahre Religionspolitik Hitlers gebracht, für die Zukunft sieht er die Gefahr eines völligen Niedergangs jeder rechtsstaatlichen Kultur:

„Es handelt sich auch nicht mehr um die früheren Fronten: hier Deutsche Christen, dort Bekenntniskirche oder Niemöller, sondern darum: soll das Deutsche Volk, die Deutsche Jugend, weiter in irgendeiner ernst zu nehmenden Form etwas von Gott wissen und hören, oder soll sie nur an die Blutfahne, an Kult- und Weihestätten, Blut, Boden, Rasse glauben? Soll man in Deutschland wissen, daß Gerechtigkeit ein übergeordneter, höherer Begriff ist, dem Zugriff des Menschen entzogen, der in den ‚Sternen hängt', wie Schiller sagt, und daß derjenige, der Recht spricht, dies in der Vollmacht und der Verantwortung vor dem höchsten Richter tun muß. Oder ist ‚Recht das, was dem Volk nützt', ist es eine einfache Zweckmäßigkeitssache, ist die Justitia eine Hure des Staates?"[13]

11 Ebd.
12 Brief Kurt Gersteins an Robert Pommer (LkA Bielefeld 5,2 NS Nr. 35).
13 Ebd.

Auch wenn Gerstein für die nächste Zukunft eine Verschärfung der innenpolitischen Maßnahmen erwartet, so glaubt er doch noch an eine Möglichkeit des Widerstandes von innen:

> „Es ist auch ohne Zweifel nicht zwecklos, hier den stürmenden Gewalten sich entgegenzustemmen. Denn ohne Zweifel würde die Skrupellosigkeit und Ungerechtigkeit noch bedeutend weiter gehen, wenn sie nicht das Urteil der Öffentlichkeit im Ausland und im Inland zu fürchten hätte. Denn auch im Inland sikkert trotz der Pressebeschränkungen doch genügend durch, damit gutmeinende Geister, die es auch in den Reihen der Nationalsozialisten gibt, Bescheid wissen. So wird das Gewissen der Nation doch einigermaßen noch gehalten und noch Schlimmeres verhütet."[14]

Über die eigenen Zukunftserwartungen heißt es in dem Brief:

> „Im Augenblick droht uns keine sichtbare Gefahr. Da man aber nie übersehen kann, was kommen kann, möchte ich Dir und Deinem Neffen Robert rechtzeitig über unsere Lage Mitteilung machen. Ich sehe mich auf's Äußerste vor und hoffe so weiteren Maßnahmen zu entgehen. Eine dritte Verhaftung würde für mich zweifellos bedeuten, daß ich nicht weiterleben kann. ... Könnte ich eventuell mit meiner Frau – wenn es im äußersten Falle nötig werden sollte – auf Deine Hilfe und Unterkunft rechnen, bis ich als tüchtiger Ingenieur im Ausland eine passende Position gefunden haben kann? ... Mein deutsches Vermögen würde ich in diesem Falle nicht mit herausnehmen können, es würde außerdem wahrscheinlich beschlagnahmt werden."[15]

Stellt man die Denkschrift von Oktober und den Brief an Robert Pommer von November 1938 nebeneinander, so wird man in diesen beiden Dokumenten den ersten eindeutigen Beleg für ein bewußtes Doppelspiel Gersteins sehen dürfen. Die politische Entwicklung und der nach zwei Verhaftungen auf ihm lastende psychische Druck haben ihn in seiner Gegnerschaft zum Nationalsozialismus nicht wankend machen können. Doch seine Konsequenz für den Fall, daß er in Deutschland bleiben würde, war klar: Widerstand erschien unter den politisch schwierigen Umständen nur noch von einer Position im Inneren des Systems aus möglich. Angesichts einer weiterhin sich verschlimmernden Situation sah Gerstein seine Aufgabe darin, nach Kräften und Möglichkeiten beizutragen, Schlimmeres zu verhüten.

So ließ er sich auf die vom Vater vorangetriebenen Bemühungen um eine Wiederaufnahme in die Partei ein und verfaßte Briefe und Texte, die seine wahren Überzeugungen nicht wiedergaben, sondern gegenüber den Parteistellen deutlich machen sollten, daß er gern und mit Überzeugung Nationalsozialist sei.

14 Ebd.
15 Ebd.

d. Wie weit darf man gehen?

Wie schon in dem Einspruch vom 27.11.36 gegen die Entscheidung des Gauleiters gab Gerstein auch seinen Ausführungen in der erwähnten Denkschrift eine drastische antijudaistische Spitze, die hier nicht verschwiegen werden soll. So bekundet er in der Denkschrift, er wolle zwar am Ärgernis des Evangeliums festhalten, nicht aber an den ärgerlichen „Widerwärtigkeiten“ des Alten Testaments. Er schreibt dazu:

> „Das Alte Testament läßt uns einen Blick tun in das geschlechtliche Brauchtum eines übermäßig geilen und sinnlichen Steppen- und Wüstenvolkes aus dem Mittelmeergebiet. Vielweiberei, Ehebruch, Nachkommenschaft um jeden Preis von Frau, Schwägerin, Magd, roheste platteste Erörterung all' dieser Scheußlichkeiten und Bettgeheimnisse in widerwärtiger Ausführlichkeit –, und in all' diesen Scheußlichkeiten immer wieder die Behauptung, Gott wirke in diesen Dingen mit! Immer wieder gröbste Unkeuschheit im Ausdruck, Dinge, die im germanischen Bereich kaum erwähnt oder besprochen werden können, werden in epischer Breite erörtert. Die Beschneidung, der angebliche Bund Gottes mit Abraham, ist israelisches Familienfest. ... Es ist höchst wahrscheinlich, daß das bereits übermäßig geile jüdische Volk zwar seine frühere Fruchtbarkeit, ebenso aber seine bekannte unsittliche Lüsternheit der Beschneidung verdankt. Es grenzt für mich an Gotteslästerung, zu denken, daß dies der Bund Gottes mit seinem Volk sein sollte.“

Zweifelsohne wollte sich Gerstein mit diesen Sätzen den Parteistellen andienen. Doch es bleibt zu fragen, warum er es ausgerechnet mit solchen Ausfällen getan hat und überhaupt tun konnte. Deshalb wird man in diesen antijudaistischen Ausführungen auch ein Stück von Gersteins tatsächlicher Einstellung gegenüber den jüdischen Wurzeln der christlichen Tradition sehen dürfen. Er stand darin in einer breiten protestantischen Tradition, die das rechte Verhältnis zur jüdischen Wurzel (Röm 11,17 f.), aus der sie doch stammt, verloren hatte.

e. Eine neue berufliche Perspektive

Der Vater beurteilte die Aussichten seines Sohnes in der Parteiangelegenheit äußert positiv. Noch am 30.10.38 schrieb er dem Sohn:

> „Ob Du in München beim obersten Parteigericht vorsprechen sollst? An sich glaube ich, daß es nicht nötig sein wird. Du kannst ja immerhin versuchen, vorgelassen zu werden. Deine Sache wird in Abt. I bearbeitet.“[16]

Unterdessen versuchte der Vater im Kreis der Verwandten und Bekannten Möglichkeiten einer Anstellung für seinen Sohn zu sondieren. In seinem Brief vom 12.11.38 berichtete er Kurt über seine Bemühungen.[17] Voraussetzung einer Anstellung, ob im Staatsdienst oder in der Privatindustrie, sei die Wiederaufnahme in die Partei. Für den Vater steht außer

16 Brief Ludwig Gersteins an Sohn Kurt vom 30.10.1938 (LkA Bielefeld 5,2 NS Nr. 480).

17 Brief Ludwig Gersteins an Sohn Kurt vom 12.11.1938 (LkA Bielefeld 5,2 NS Nr. 481), die folgenden beiden Zitate S. 129 ebd.

Frage, daß auch sein Sohn Kurt im Grunde ein Nationalsozialist sein möchte. Er schreibt:

> „Verstehe mich nicht falsch, ich bin der Letzte, der von Dir eine Aufgabe Deiner ernstlichen Überzeugung verlangt, aber Du hast Dich inzwischen ja selbst zu dem Glauben durchgerungen, daß man Nationalsozialismus und geistiges Christentum miteinander verbinden kann."

Nur in einer knappen Andeutung geht er auf die Novemberpogrome gegen die jüdische Bevölkerung in den letzten Tagen ein:

> „Alle Blüten, die eine gewisse Art des Nationalsozialismus treibt ..., billige ich nicht, verurteile ich vielmehr, dennoch bin ich ein begeisterter Nationalsozialist in der Hoffnung, daß sich im Laufe der Zeit das Gute immer mehr durchsetzen wird u. Schurken ausgeschieden werden."

Was für Vater Gerstein lediglich eine abseitige Blüte des Nationalsozialismus darstellte und was er als das Werk einzelner Schurken verstand, sah sein Sohn als eine Stufe in einer schon lang andauernden Entwicklung an. Angesichts der außenpolitischen Erfolge des Nationalsozialismus findet auch Kurt Gerstein zu einem „Ja", doch es bleibt das Erschrecken vor dem Unrecht und der Gewalt, mit dem der Nationalsozialismus innenpolitisch vor allem gegen die jüdische Bevölkerung vorgeht. In seinem Brief an den Vater vom 26.11.38 schreibt er:

> „Im übrigen kann ich Deine Ansicht über die künftige Entwicklung nicht teilen. Wir haben seit 1933 in konsequenter Linie erlebt, daß der radikale Kurs sich dauernd durchgesetzt hat und sich weiterhin durchsetzen wird. Lies hierzu bitte zu den letzten Ereignissen das Schwarze Korps. Ich habe an dieser Konsequenz für die Zukunft nicht den leisesten Zweifel. Bei allem – auch bei mir leidenschaftlichem – Ja kann das doch noch weit schwerere Gewissenskonflikte mit sich bringen als den, die letzten Sachen mitverantworten zu müssen. Ich war innerlich weitgehend ‚gleichgeschaltet', diese letzten Dinge haben mich aber sehr tief getroffen. Meine Bereitwilligkeit, in den Bergbau zurückzukehren und mich da fleißig, tüchtig und ausschließlich einzusetzen, bleibt nach wie vor. Nur kann ich diese Dinge hierbei nicht übersehen."[18]

Sicherlich bezog sich der Hinweis auf die in der SS-Zeitung „Das Schwarze Korps" in der Ausgabe vom 24. November 1938 angedrohte „restliche Vernichtung" des deutschen Judentums bei einem möglichen Kriegsausbruch.[19]

Auch hinsichtlich der Parteiangelegenheit urteilte der Sohn zurückhaltender als der Vater:

> „Auch ich halte es für möglich, daß das Parteigericht das Urteil aufhebt und damit mich wieder in die Partei hineinnimmt. Für sehr wahrscheinlich halte ich es an sich nicht. Ich glaube vielmehr, daß ich bestenfalls einen schlichten, d. h. nicht unehrenhaften Abschied erhalte, weil man mir ein ‚Überzeugungsdelikt' zugestehen wird. In beiden Fällen würde ein etwaiges Gesuch um Wiedereinstellung in den Staatsdienst beim Stellvertreter des Führers durchlaufen. Auch

18 Brief Kurt Gersteins an den Vater vom 26.11.38 (LkA Bielefeld 5,2 AS Nr. 5/3 Fasc. 2).
19 Schwarzes Korps, 24. November 1938.

wenn ich Parteigenosse wieder würde, glaube ich nicht, daß ich dort unbeanstandet durchkäme. Anders natürlich der Privatdienst. Dort wäre an sich ein Hineinkommen wohl möglich. Aber auch dort würde ich – ich muß mir das doch vorher klar machen – bei jeder Gelegenheit Nackenschläge erhalten."[20]

Als Grund für den Abbruch des Medizinstudiums führte Gerstein gegenüber seinem Vater Lernschwierigkeiten an, die einen baldigen Abschluß des Studiums nicht erwarten ließen.[21] Von daher erschien es Gerstein nun doch geraten – auch wegen der finanziellen Lage –, sich wieder um eine Anstellung im Bergbau zu bemühen. Sollte dies letztlich nicht möglich sein, dann würde er versuchen, das Medizinstudium fortzusetzen und als Missionsarzt außer Landes zu gehen.[22]

Auf Vermittlung von Vater Gerstein kam es zu verschiedenen Vorstellungsgesprächen, unter anderem auch bei dem Großindustriellen Hugo Stinnes jun., über welches Kurt seiner Frau berichtete:

„Herr Hugo Stinnes war recht ordentlich zu mir und sichtlich interessiert. Der erste Mensch, der mir in diesen Dingen anständig begegnet ist."[23]

Ende Januar schrieb der Vater wieder an das Parteigericht und bat unter Hinweis auf die schwierige Situation des Sohnes um Beschleunigung des Verfahrens[24]:

„Mein Sohn hat sich neuerdings an verschiedenen Stellen um eine Anstellung in einem bergmännischen oder industriellen Unternehmen beworben. Er ist Diplom-Ingenieur und Bergassessor. Bekanntlich ist überall ein dringender Bedarf an Ingenieuren. Man würde ihn sofort und gerne anstellen, aber der Umstand, daß das Verfahren gegen ihn schwebt, steht entgegen."

Am 20.5.39 bewarb Gerstein sich bei der Wintershall AG auf eine wenige Tage zuvor in der Rheinisch-Westfälischen Zeitung ausgeschriebene Bergassessorenstelle hin.[25]

In Ausfertigung vom 22.6.1939 erhielt Gerstein den Beschluß des obersten Parteigerichts in seiner Angelegenheit.[26] Das Parteigericht verfügte keine Aufhebung des Beschlusses des Gaugerichts Westfalen-Süd, wandelte aber den Ausschluß aus der Partei in eine Entlassung um. In der Begründung führte das Gericht aus:

„Wenn das Oberste Parteigericht abweichend vom Gaugericht die Entlassung des Angeschuldigten ausgesprochen hat, so war hierfür maßgebend, daß der Angeschuldigte sich offenbar durch seine religiöse Überzeugung zu seiner das Ansehen der Partei schädigenden Handlung hat bestimmen lassen. Wenn ihm

20 Brief Kurt Gersteins an den Vater vom 26.11.38 (LkA Bielefeld 5,2 AS Nr. 5/3 Fasc. 2).
21 Ebd. Gerstein hatte sich bereits im Juli 1938 auf eine Stelle beim Oberfinanzpräsidenten Düsseldorf und bei einer Privatfirma beworben, wie aus dem Brief hervorgeht.
22 Auf diesen Plan Gersteins weist auch Rehling, Außenseiter, 31, hin.
23 Brief Kurt Gersteins an seine Frau vom 8.1.1939 (LkA Bielefeld 5,2 NS Nr. 135).
24 Brief Ludwig Gersteins an das Oberste Parteigericht vom 30.1.1939 (BDC, PA Kurt Gerstein).
25 Schreiben Gersteins an die Wintershall AG vom 20.5.1939 (LkA Bielefeld 5,2 NS Nr. 343) und Antwort von Wintershall vom 20.6.39 (LkA Bielefeld 5,2 NS Nr. 42).
26 Urteil des Obersten Parteigerichts in der Sitzung vom 22.6.39 (BDC, PA Kurt Gerstein). Die an Gerstein ergangene Ausfertigung des Urteils befindet sich im LkA Bielefeld 5,2 NS Nr. 27 und 28.

deshalb ein bewußt schuldhaftes und damit strafwürdiges Verhalten nicht zur Last gelegt werden soll, so hat er doch gezeigt, daß er andere Bindungen seinen Pflichten der Partei gegenüber voranstellt und nicht in der Lage ist, jederzeit bedingungslos seine Pflichten als Parteigenosse zu erfüllen. Dies rechtfertigt die Entlassung."[27]

Damit war der Weg frei für eine Anstellung in der Privatindustrie. Dennoch kehrte er nur widerwillig in den Beruf zurück. An Fronleichnam 1939, kurz vor dem Treffen mit einem Werksdirektor von Wintershall, schrieb Gerstein an seine Frau:

„In etwa zehn Minuten habe ich die Besprechung mit dem Werksdirektor. Mit etwas bedrückenden Gefühlen gehe ich ihr entgegen. Denn es ist eben doch wohl der Weg des geringeren Widerstandes. ... Es ist die sicher wohl geeignetste Stellung im Bergbau, die ich überhaupt bekommen kann. Sonst würde ich mit Händen und Füßen – auch ohne Überlegen – abgewiesen haben ... Aber es ist doch nicht das: den ganzen Tag dafür da sein, zu helfen."[28]

2. Die Rückkehr in den Bergbau und der Kriegsausbruch

a. Als Grubenbetriebsassistent in Merkers

Zum 1. Juli 1939 trat Kurt Gerstein eine Stelle als Grubenbetriebsassistent bei der Kaligrube „Kaiserroda" in Merkers/Rhön an. Die Rückkehr in den Beruf war damit geglückt, wenngleich diese Einstellung seiner beruflichen Qualifikation als Bergassessor nicht entsprach.[29] Auch mußte er zunächst die räumliche Trennung von seiner Frau in Kauf nehmen, die in den nächsten Monaten ihr erstes Kind erwartete. Wider Erwarten erwies sich die Wohnungssuche in Merkers als außerordentlich schwierig. Da im Juli eine Werkswohnung nicht zur Verfügung gestellt werden konnte, war im Anstellungsvertrag der Passus über die Bereitstellung einer solchen gestrichen worden.[30] Gerstein war jedoch nicht davon ausgegangen, daß damit auch jeder Anspruch auf eine unentgeltlich gestellte Werkswohnung gestrichen war.[31] Nachdem im November endlich eine Wohnung verfügbar geworden war, schrieb Ger-

27 Ebd.
28 LkA Bielefeld 5,2 NS Nr. 85. Noch am selben Tag, dem 22.6., als die Antwort von Wintershall mit der Einladung zum Vorstellungsgespräch einging, stellte Gerstein den Antrag auf Zulassung zur naturwissenschaftlichen und anatomisch-physiologischen Prüfung (LkA Bielefeld 5,2 NS Nr. 345).
29 In der Anzeige war eine Bergassessorenstelle ausgeschrieben; warum Gerstein dann nur als Betriebsgrubenassistent eingestellt wurde, ist nicht ganz klar. Offenbar nutzte man die schwache Position Gersteins aus, um ihn zunächst – sozusagen auf Bewährung – unter seiner beruflichen Qualifikation einzustufen. Der anschließend entstehende Streit um eine angemessene Vergütung gibt Anlaß zu dieser Vermutung.
30 So Gerstein in seinem Brief an Dr. Rathke vom 30.9.1939 (LkA Bielefeld 5,2 AS Nr. 5/1 Fasc. 3).
31 Ebd.

stein am 30.9.39 an Direktor Rathke vom Wintershall-Konzern in Kassel:

„Bei meiner Bewerbung und bei meiner Rücksprache bei Ihnen nahm ich als feststehend an, daß mir eine Werkswohnung, sobald eine solche frei werde, ohne Anrechnung auf meine Bezüge zur Verfügung gestellt würde, wie dies im gesamten privaten und staatlichen Bergbau durchaus die Regel bildet. Ich gebe Ihnen die Versicherung ab, daß ich selbst in meiner damaligen, nicht einfachen Lage dies zur Grundlage meiner Gehaltsansprüche gemacht haben würde, wenn ich nicht freie Wohnung, freien Brand und freies Licht als selbstverständlich vorausgesetzt hätte. Dies um so mehr, als die mir angebotene Wohnung eine Steigerwohnung ist, die zwar an sich recht ordentlich ist, die aber in keiner Weise differenziert zwischen der Tatsache, daß ein Diplomingenieur und Bergassessor eben nun doch kein Steiger ist. Auch gehaltlich gibt es Steiger, die ein höheres Einkommen beziehen als ich, wobei sich einem doch die Frage auflegt, warum man dann eigentlich auf die Technische Hochschule geht und Bergassessor wird, während man auf dem kürzeren Wege über die Bergschule wesentlich eher das gleiche Ziel erreicht. Auch wenn diese Stellung als Anfangsstellung ausgeschrieben und angenommen worden ist, so hatte ich es beispielsweise nicht für möglich gehalten, daß bei dieser Gehaltshöhe die sozialen Zulagen, die für mich monatlich demnächst 33,– RM ausmachen, deswegen nicht gezahlt werden, weil ich außer Tarif sei.“[32]

Gerstein äußert seine Befürchtung, daß eine bald in Kraft tretende Verordnung ihn auf einem Einkommensniveau festschreibe, welches nicht einmal annähernd dem eines Kollegen im Staatsdienst gleiche.[33]

Über seine berufliche Tätigkeit in Merkers wissen wir nur wenig. Wie aus einem Zeugnis der Wintershall AG vom 20.6.40 hervorgeht, war er für die Betreuung der Grubenstrecken zuständig.[34]

Im Auftrag der Werksleitung hielt er eine Grabrede bei der Beisetzung des verunglückten Steigers Heinz Ziegler am 2. März 1940. Mit sehr pathetischen Worten beschrieb Gerstein darin das gefährliche Leben der Bergleute:

„Der Bergmann hat immer sein Totenhemd an. Wir Bergleute lieben unseren gefährlichen Beruf. Wir ringen mit zähem Mut der Erde die Schätze ab, deren wir alle so dringend zu unserem Leben bedürfen. Unser Dienst gilt unmittelbar Volk und Führer. ... Zu den Füßen der Fördertürme Westfalens legen wir in den Schoß der Erde zurück, was an Dir, Heinz Ziegler, sterblich war. Wir verlieren mit Dir den treuen Freund und Kameraden, in Dir als Parteigenossen einen treuen Gefolgsmann unseres Führers.“[35]

Daneben findet sich aus dieser Zeit noch ein an das Amt für „Schönheit der Arbeit“ gerichteter schriftlicher Entwurf mit einem Verbesserungs-

32 Ebd.

33 Ebd. Zur Gehaltsfrage seines Sohns äußerte sich auch der Vater in einem Brief an Sohn Kurt vom 16.10.1939 (LkA Bielefeld 5,2 NS Nr. 482). Darin rät der Vater zur Geduld, um keinen schlechten Eindruck auf den Arbeitgeber zu machen.

34 LkA Bielefeld 5,2 NS Nr. 203.

35 LkA Bielefeld 5,2 AS Nr. 5/1 Fasc. 3.

vorschlag für die Arbeit im Bergbau.[36] Das Amt „Schönheit der Arbeit“ entstand im Rahmen der Deutschen Arbeitsfront und versuchte, teilweise Aufgaben der staatlichen Gewerbeaufsicht zu übernehmen. In gezielten Kampagnen, die sich nicht selten gegen jüdische Betriebe und deren Inhaber richteten, wurden Mißstände hinsichtlich der Gestaltung der Arbeitsplätze in einzelnen Betrieben aufgedeckt und die Verantwortlichen als Wirtschafts- und Volksschädlinge angeprangert.[37]

Bei den Bemühungen um eine würdige Gestaltung des Arbeitsplatzes für den deutschen Arbeiter bildete das Amt zu keiner Zeit eine Interessenvertretung der Arbeiter gegenüber den Arbeitgebern, sondern war in erster Linie ein Teil der gelenkten Organisations- und Propagandamaschinerie des nationalsozialistischen Staates. Im Rahmen der forcierten Rüstungsanstrengungen hatte sich das Amt ab 1937 schwerpunktmäßig auf die Kampagne „Schönheit der Arbeit im Bergbau“ konzentriert, um zur Beseitigung des Facharbeitermangels und zur Steigerung der Förderleistungen beizutragen.[38] Im Rahmen der Propagandamaßnahmen wurden die Arbeiter zur Beseitigung kleiner Unordnungen aufgerufen und bekamen Photographien mit besonders vorbildlichen und sauberen Werkseingängen, Höfen, Aufenthalts- und Waschräumen ausgehändigt. Um die Zahl der Krankmeldungen zu senken, beschäftigte man sich ausführlich damit, die Ursachen für Erkältungskrankheiten auszuschalten, und versuchte, zugfreie Waschgelegenheiten und Schachtzugänge einzuführen.

Kurt Gersteins Beitrag hatte eine „Neuregelung auf dem Gebiet der Arbeitskleidung der untertägigen Belegschaft im Bergbau“ zum Gegenstand. Er forderte darin die kostenlose Gestellung und Pflege von Arbeitskleidung auch für die einfachen „Gefolgschaftsmitglieder“ und bezeichnete es als Unrecht, daß Zechenangestellte und Beamte bei erheblich geringerer Abnutzung der Kleidung ein Kleidergeld beziehen dürften. Insbesondere aber verwies er auf die unhaltbaren sozialen Bedingungen für die Bergarbeiterfamilien und Bergmannsfrauen:

> „An dem einzigen freien Nachmittag muß sich alsdann die Bergmannsfrau – meist nicht in der Waschküche, sondern in der Wohnküche – an den Waschtrog

36 LkA Bielefeld 5,2 NS Nr. 491. Es handelt sich um einen handschriftlichen, undatierten Entwurf, den Gerstein an seine Frau in Tübingen schickte, um ihn dort sauber abschreiben zu lassen. Bei der Wintershall AG in Merkers hat sich Gerstein um die Verwirklichung dieses Verbesserungsvorschlages bemüht, wie aus einem Schreiben vom April 1940 geschlossen werden kann (LkA Bielefeld 5,2 NS Nr. 340). Offenbar stammt der Verbesserungsvorschlag aber schon aus dem Jahre 1938. In dem für die Parteistellen geschriebenen Brief an den Vater vom 9.10.38 (BDC, PA Kurt Gerstein) verwies er – zum Nachweis seines Aufbauinteresses – auf seine „große Arbeit für die Deutsche Arbeitsfront“, mit der er „in innerster Bejahung der Ziele des so viel angefeindeten, und doch überaus prächtigen Dr. Ley dem Deutschen Bergmann sein werkseitig zu stellendes und zu waschendes Arbeitszeug erkämpfen und wahrscheinlich durchsetzen werde“.

37 Siehe dazu C. Friemert, Produktionsästhetik im Faschismus. Das Amt „Schönheit der Arbeit“ von 1933 bis 1939, München 1980, 93 ff.

38 Ebd., 238 ff.

stellen und das meist mit Kohlendreck, Schmierfett und Schweiß übermäßig schmutzige Arbeitszeug des Mannes, vielleicht noch das der Söhne und des Schlafburschen dazu, waschen."[39]

Gerstein verweist auf die oft nur unzureichenden Wasch- und Trockenmöglichkeiten in einer Bergmannswohnung, besonders an regnerischen Tagen. Die häufigen Erkältungskrankheiten führt er u. a. auf die nicht ausgetrocknete Kleidung der Bergleute zurück. Zur Behebung dieses Mißstands regte er an, „ob es nicht möglich ist, im Rahmen der Bestrebungen des Amtes für Schönheit der Arbeit den im Arbeitsvertrag stehenden Gefolgschaftsmitgliedern in der Beschaffung und Pflege der Arbeitskleidung entgegenzukommen"[40].

Aus den Briefen Gersteins geht kaum etwas über seine berufliche Tätigkeit in Merkers hervor. Im Vordergrund steht das Bemühen um den Erhalt einer Wohnung, damit seine Frau, die ihr erstes Kind erwartete, möglichst bald von Tübingen aus nachziehen konnte.[41] Drei Pflegesöhne, die Kurt Gerstein aufgenommen hatte und die in der Tübinger Wohnung bei seiner Frau lebten, bereiteten große Schwierigkeiten. Sie kamen nach Merkers zu Kurt Gerstein, während seine Frau noch in Tübingen blieb.[42] Dort kam im Oktober der Sohn Arnulf Gernot zur Welt.[43]

Von den politischen Ereignissen spiegelt sich kaum etwas in Gersteins Briefen an seine Frau wider. Am 22. August, wenige Tage vor dem Überfall auf Polen, schrieb er seiner Frau: „Wir wollen uns freuen, wenn (und daß?) es auch diesmal keinen Krieg gibt. Es täte mir wahnsinnig leid um all das gute Blut, auch um das unserer ‚Söhne'."[44] Gemeint sind hier die von Gerstein zeitweilig aufgenommenen Pflegesöhne.

b. Kriegsausbruch und ein Brief für die Gestapo

Doch am 1. September 1939 begann in den frühen Morgenstunden der Überfall auf Polen, dem am 3. September die Kriegserklärungen Frankreichs und Englands folgten. Nachdem die deutschen Armeen einen schnellen Sieg errungen hatten, gliederte Hitler Danzig und die anderen

39 LkA Bielefeld 5,2 NS Nr. 491.

40 Ebd.

41 Dies geht aus Briefen hervor, die der Verf. bei Frau Gerstein einsehen konnte.

42 Gerstein hatte mehrere Kinder aus schwierigen Familienverhältnissen als Pflegesöhne aufgenommen. Zu den Pflegesöhnen s. Joffroys Biographie.

43 In der Geburtsanzeige heißt es zur Namensgebung: „Arn=Ulf wie ein Adler und ein Wolf. Gernot = mit dem Speer im Kampf. Arnulf wählen wir im Gedanken an die Heimat meiner Kindheit, St. Arnulf = Arnual, die liebliche Vorstadt hart an der Grenze vor Saarbrücken zu den Füßen des aus strategischen Gründen gesprengten Winterberg-Denkmals. Gernot mahnt, wie das Ger in unserem Sippennamen, zu einer kampferfüllten Lebenshaltung. Möge Arnulf Gernot einen guten Kampf kämpfen." (Kopie der Geburtsanzeige in den Handakten des Verf.)

44 Brief Kurt Gersteins an seine Frau vom 22.8.39 (Kopie in den Handakten des Verf.).

1918 an Polen gefallenen Gebiete dem Deutsche Reich wieder ein. In einem Brief an den B.K.-Freund Robert Weiß nahm Gerstein ausführlich Stellung zu den jüngsten politischen Ereignissen.

Der undatierte Brief muß im Oktober 1939, auf jeden Fall vor der Geburt des Sohnes Arnulf am 25.10.39, geschrieben worden sein.[45] In diesem Brief verteidigt Gerstein gegenüber dem französischen Freund den Bruch des Münchener Abkommens und den Überfall auf Polen als politisch unausweichliche Schritte.

Der äußere Anlaß des Briefes ist der Kriegszustand zwischen Frankreich und Deutschland, der – so Gerstein – dazu führen kann, daß „schon morgen der Krieg Dich in die Maginotlinie, mich in den Westwall stellen kann und wir aufeinander schießen müssen". In dieser von Gerstein als „grausame Tragik" empfundenen Situation möchte er seinem Freund mitteilen, wie er selbst zu den politischen Ereignissen der letzten Zeit steht.

Zunächst wendet sich Gerstein ausführlich den Ereignissen nach dem Abschluß des Münchener Abkommens bis hin zum Überfall auf Polen zu und versucht die Verletzungen des Münchener Abkommens als politisch notwendige Schritte zu erklären. Im Hinblick auf den gegenwärtigen Kriegszustand zwischen Deutschland und Frankreich betont er jedoch die Friedfertigkeit des deutschen Volkes und zeigt sich selbst überzeugt davon, daß Deutschland keine nennenswerten territorialen Veränderungen in Europa mehr erstrebe.

Kritik am deutschen Vorgehen gegenüber der Tschechoslowakei und Polen findet sich nur in sehr verhaltenen Andeutungen. Gerstein schrieb:

> „Auch für uns politisch Ruhigsten war in der Tat – seit 1919 – das Problem des Korridors etwas in der Tat Unerträgliches. Es war uns allen klar, daß früher oder später dieser unmögliche Zustand revidiert und liquidiert werden müßte. Ob in diesem oder jenem Punkt das Vorgehen ‚schön' oder weniger schön gewesen sein mag, ist doch letzten Endes sekundär. Nicht nur Hitler, sondern wir alle haben diesen Zustand eines in zwei Teile geteilten Deutschlands als eine völlige Unmöglichkeit empfunden, auch wir Ruhigsten. – Auch wir haben zeitweise, ich gebe das trotz der Zensur ganz offen zu, zeitweise schwer darunter gelitten, daß es aus zwingenden politischen Gründen nicht möglich war, das Münchener Abkommen einzuhalten. Man mag das wortbrüchig nennen. So empfanden auch wir es im Anfang. Als sich aber herausstellte, was alles in der ehemaligen Tschechei aufmarschieren konnte und aufmarschiert war, wäre es Selbstmord gewesen, anders zu handeln, so ernst es auch ist, eine derartige Zusage nicht einhalten zu können."

Er äußerte sich auch über die Besetzung Polens und die Errichtung des „Generalgouvernements" in dem an Deutschland gefallenen Teil:

> „Ich glaube nicht, daß es angenehm für dies Volk ist – ebenso wenig wie für das tschechische –, völkisch halbfrei unter einer germanischen Oberherrschaft ste-

45 Brief Kurt Gersteins an Robert Weiß von Ende Oktober 1939 (Kopie in den Handakten des Verf.), die folgenden Zitate ebd.

hen zu müssen, eine Helotenrolle zu spielen. Aber das gleiche Schicksal teilen manche unter französischer, noch mehr unter britischer Herrschaft. ... Ich bin allerdings der ganz festen Überzeugung, daß das heutige Deutschland eine sehr viel klügere Minderheitenpolitik treiben wird, als das vor dem Weltkrieg der Fall war."

Worauf sich diese im letzten Satz ausgesprochene optimistische Einschätzung stützen soll, läßt Gerstein offen. Hitler proklamierte doch schon in seinem Buch „Mein Kampf" eine rassistische Bevölkerungspolitik im Blick auf den Osten. Im Hinblick auf die weiteren politischen Ziele Hitlers fährt Gerstein fort:

„Für uns lagen die territorialen Zielsetzungen, für den gebildeten Deutschen seit 1933 überblickbar, völlig fest. Daß sie, ebenso wie die Deutsche [sic!] Aufrüstung, früher oft abgestritten worden sind, ist schließlich nicht verwunderlich. Derartiges pflegt in der Politik so zu sein. Ob man aus alle dem nun einen persönlichen wortbrüchigen Charakter ableiten kann bei einem Manne, der ein furchtbares politisches Erbe zu liquidieren hatte (Versailles), erscheint mir doch sehr zweifelhaft. ... Anders die Frage: Was von den jetzt gegebenen Versicherungen kann und soll man denn noch glauben? – Ich glaube, daß irgendwelche nennenswerten territorialen Änderungen in Europa von seiten Deutschlands nicht mehr erstrebt werden. Das glaube ich völlig ehrlich, der ich über die bisherigen Bestrebungen völlig und gut orientiert war."

Offen bleibt für Gerstein aber weiterhin das „koloniale Problem". Er schrieb:

„Dies interessiert uns – davon bin ich überzeugt – weit mehr als Unterbringungsmöglichkeit künftigen Geburtenüberschusses und zur Sicherstellung der Ernährung und kulturellen Ausgestaltung des Deutschen Raumes, als zur Gewinnung von Erzen für Munition. Gerade aber die Überbevölkerung des Mutterlandes ist doch eine der großen Sorgen Frankreichs. Wenn bei einem starken und lebenskräftigen Volk das Ventil der Kolonien gegen Überbevölkerung, gegen Hunger, Not und Dürftigkeit fehlt, dann beulen sich automatisch irgendwie die Grenzen aus. Die Franzosen und Engländer müßten sehr froh sein, daß – entgegen althergebrachten Bestrebungen, nach dem Westen vorzudringen – diese Ausbeulung der Grenzen sich nach dem Osten vollzogen hat. Darin liegt wirklich die stärkste Garantie für die Westmächte, so tragisch das Schicksal des polnischen Volkes in dem harten Leben der Völker sein mag. ... Dies zu schreiben ist vielleicht der wesentlichste Sinn des Briefes: Noch nie war in allen seinen Schichten das Deutsche Volk gegen das französische so wenig kriegslustig gesonnen, noch kaum je so freundlich, wie zur Zeit des Nationalsozialismus. Ich gebe zu, daß das auch für uns eine schwere Überraschung war, die wir an eine starke Aufwärmung der alten Lieder dachten, mit denen man uns großgezogen hatte: Siegreich woll'n wir Frankreich schlagen ... Oder: ... Mit Henkerblut, Franzosenblut, o, süßer Tag der Rache, das schmecket allen Deutschen gut, das ist die feine Sache! – Es kam ganz anders. Wir waren und sind erstaunt, wie wenig Chauvinismus der Nationalsozialismus mitbrachte, wie gründlich er mit dem alten Zimt von der ‚Erbfeindschaft' aufräumte. Ein paar ganz reale Ziele unter sachlicher Abwehr aller derer, die sich in den Weg stellten. Als großes Ziel vor allem die Beseitigung von Versailles als Ehrenangelegenheit des ganzen

Deutschen Volkes. Aber all' das tatsächlich mit einem Minimum an Animosität, mit keiner Spur von Gehässigkeit. ... Sicherung des Deutschen Lebensraumes und der Nahrungsfreiheit, aber keineswegs imperialistische Expansionspolitik, namentlich nicht eine solche unter Einbruch in die Interessen der beiden ganz großen Kulturvölker."

Gerstein versicherte seinem Freund nachdrücklich, es gebe im Jahre 1939 keine nennenswerte Kontrabewegung mehr in Deutschland. Anders als 1914 seien die Verpflegungs- und Munitionsvorräte phantastisch. Ein Krieg – so Gerstein – würde lediglich Millionen Menschen aus beiden Völkern das Leben kosten und werde nur von wenigen Deutschen gewünscht.

Nach diesen Ausführungen über die politischen Ereignisse kam Gerstein auf die weltanschaulichen Kämpfe in Deutschland zu sprechen. Er schrieb:

„Unsere religiösen Kämpfe möchten wir im eigenen Haus auskämpfen. Die Bekennende Kirche hat schwere Dummheiten gemacht, indem sie zuviel spezifisch Jüdisches, Veraltetes, überlebtes Zeug aus dem Lande Kanaan mit herüberschleppen wollte. Wir werden uns in Zukunft mehr darauf beschränken, mehr dafür zu kämpfen, daß Gott, daß Christus in den Herzen der Deutschen Menschen verankert wird und nur für Hauptsächliches eintreten, für letzte, tiefste Wahrheit, aber dafür dann auch gründlich. Ich las in diesen Tagen eine Sammeltodesanzeige der Reichsjugendführung über 23 hohe Hitlerjugend- und Jungvolkführer. Mit manchen von ihnen hatte ich in scharfer religiöser Auseinandersetzung die Klingen gekreuzt. Gelegentlich war ich tief empört über ihre jugendliche Unverschämtheit. Aber an ihrer Bahre muß ich zugeben: Es waren prachtvolle Menschen, Idealisten durch und durch, frei von jedem Egoismus; ihr Arbeiten, Sinnen und Denken galt nur diesem Deutschland ihres und unseres Führers Adolf Hitler. Richtig, darüber haben sie oft eine Frage vergessen, die nach Gott. Aber daß sie Atheisten gewesen seien, mag ich über ihren Tod hinaus nicht zu bezeugen. Die Frage blieb manchmal in ihnen offen. Aber im Verborgenen haben diese Menschen nach diesem Gott gesucht und gehungert, und wir haben das oft überhört, weil es auf andere Weise geschah."

Und über die oppositionellen Kräfte in Deutschland:

„Über eines ist man sich in England und Frankreich nicht völlig im Klaren: Es sind ganz verschwindende Ausnahmen, die praktisch gar keine Rolle spielen, die sich heute politisch gegen die Regierung stellen. Wie gesagt, es bleiben eine ganze Anzahl schwerwiegender kultureller, vor allem religiöser, aber auch sonstiger Fragen im Deutschen Volk noch zu klären. Und es mag überdies noch erbitterte Kämpfe geben – im eigenen Hause. Es mögen dabei sogar Opfer fallen, es mag sein, daß ich darunter bin. Ich habe Freund Niemöller oft gesagt, die Sache der Bekennenden Kirche werde nicht durch die Butterknappheit gefördert, und die Devisenschwierigkeit sei kein Bundesgenosse. Er hat das leider – in einer vielleicht erklärlichen und entschuldbaren Verärgerung – nicht immer beachtet. Er hat viel Zeug geredet, was den Staat und die Partei treffen sollte und mit dem Reich Gottes nichts zu tun hatte. Er muß dafür hart büßen, nach meiner Meinung sehr, vielleicht zu hart. Aber es ist einfach sachlich nicht richtig, wenn behauptet wird, es gäbe heute – 1939 – noch in Deutschland eine wesentliche, ernst zu nehmende Kontra-Partei, die dem ‚System', dem Nationalsozialismus kleinere oder größere Dolchstöße versetzen könnte oder würde. Der Nationalsozialismus ist in der Tat im wesentlichen von Jahr zu Jahr innenpolitisch taktvoller und klüger geworden. Auch in den ihn sehr interessierenden weltanschaulich-religiösen Fragen legt er sich manche Beschränkung auf, die ihm schwer fallen mag."

Wie ist dieser Brief mit seinen positiven Formulierungen über das Hitler- und Naziregime zu deuten? Hatten ihn die Ereignisse des letzten Jahres derart beeindruckt, daß er sich trotz der weltanschaulichen Differenzen mit dem Nationalsozialismus versöhnen wollte?

Oder aber wird dieser Brief von Gerstein nur benutzt, um gegenüber Gestapo und SD als politisch zuverlässig zu erscheinen? Für diese Vermutung spricht die Tatsache, daß Gerstein diesen Brief über die Evangelische Kirchenkanzlei in Berlin nach Frankreich vermitteln ließ, wobei der Brief natürlich die Zensur durchlaufen mußte. Tatsächlich übersandte Reichskirchenminister Kerrl diesen Brief mit einer Anfrage über Gersteins Person an den SD. In der Antwort an Kerrl heißt es u. a.:

„In verschiedenen an die zuständigen Polizeistellen gerichteten Zuschriften und mündl. Vorsprachen versuchte Gerstein in letzter Zeit, seine frühere Handlungsweise zu rechtfertigen. Er brachte vor, daß er durch seinen Einsatz auf konfessionell-politischem Gebiet große Fehler begangen habe. Er sei jetzt aus eigener Überzeugung aus der B[ekennenden] K[irche, JS] ausgetreten und sehe [den Fehler, JS] dogmatischer Bindungen und Starrheit ein. Beeindruckt durch die seinerzeitigen staatspolitischen Maßnahmen und durch die politische Entwicklung in letzter Zeit habe er sich stark mit weltanschaulichen Dingen beschäftigt und könne, allerdings nach inneren Kämpfen und Widerständen, die Grundsätze Rosenbergs durchaus verstehen und anerkennen. Er versicherte auch, in jeder Hinsicht positiv zum heutigen Staat zu stehen. Das Schreiben an Dr. Weiß sende ich in der Anlage zurück."[46]

Offenbar wird man auch in diesem Brief an Robert Weiß einen Hinweis auf Gersteins Versuch eines Arrangements mit den Nationalsozialisten sehen dürfen. Die Bemühungen des Vaters um eine Aufhebung des Parteiausschlusses hatten einen Teilerfolg gebracht und ihm eine Wiederanstellung möglich gemacht. So lag ihm wahrscheinlich sehr daran, nicht erneut in Konflikte mit Gestapo und SD zu kommen. Von Bedeutung und Einfluß auf Gersteins Haltung sind aber auch die außenpolitischen Vorgänge seit dem Münchener Abkommen gewesen, die zum einen die innenpolitische Situation im Jahr 1939 entschärften und zum anderen die Erfüllung der alten Wünsche vom großdeutschen Reich und einem Deutschland in den Grenzen vor 1918 brachten. Wenn Gerstein in seinem Brief an Robert Weiß diese Vorgänge bejahte, dann klingt dies durchaus echt und ist nicht nur für die Behörden geschrie-

46 Chef der Sicherheitspolizei und des SD an RM f. die kirchlichen Angelegenheiten vom 4.1.1940 (LkA Bielefeld 5,2 AS Nr. 20/5 Fasc. 1).

ben. Angesichts der nachlassenden religiösen Kämpfe und der großen politischen Siege des nationalsozialistischen Regimes mußte auch Gerstein sich fragen, wo Widerspruch und Widerstand wirklich lohnend war. Einer erneuten Verhaftung, so hatte er ja schon an Robert Pommer geschrieben, wollte er auf jeden Fall entgehen. Am 29. Oktober 1939 meldete er sich überraschend als Kriegsfreiwilliger.[47]

c. Sexueller Jugendschutz in der HJ

Am 17. November 1939 schrieb Kurt Gerstein seiner Frau von einer Besprechung, die er in wenigen Tagen in Berlin im Kultusministerium haben werde. In einem unmittelbar nach dieser Besprechung verfaßten Brief an seine Frau heißt es:

> „Ich merke, wie schwer die Entschlüsse sind, die ich zu fassen habe, zu denen der Verstand sagt, nein, schreit: ja! Und bei denen doch im Unterklang das Nein viel lauter ist, als ich wußte. Wenn aber nun der Entschluß gefaßt ist – und er ist gefaßt! – dann ist er eben gefaßt, und dann ist er auch richtig und verständig und muß durchgehalten werden."[48]

Bei dem hier zur Rede stehenden Entschluß handelte es sich um ein Angebot zur Mitarbeit beim Aufbau eines sexuellen Jugendschutzes. Bedingung für die Übernahme dieser nebenamtlichen Tätigkeit war wohl die Niederlegung seiner bisher im kirchlichen Rahmen durchgeführten Schriftenarbeit. Nur wenige Tage nach der Besprechung im Kultusministerium erklärte Gerstein in einem Schreiben vom 25.11.39 gegenüber Dr. Samuel Müller, dem Direktor des Deutschen Instituts für Ärztliche Mission und zugleich Vorsitzenden des von Gerstein eigens gegründeten Ausschusses für vorbeugende Gefährdetenfürsorge, seinen Rückzug aus der Schriftenarbeit.[49] Er begründet seinen Entschluß mit dem Hinweis auf die unerfreulichen Auseinandersetzungen mit Stellen der Inneren Mission aus dem letzten Jahr, die ihm eine Mitfinanzierung der Schriftenarbeit verweigert hatten. Man verlangte von Gerstein Nachweise über die geleistete Schriftenarbeit, die er jedoch wegen der durch die Gestapo beschlagnahmten Unterlagen nicht mehr erbringen konnte, so daß er sich finanziell im Stich gelassen fühlte. Ger-

47 Aus dem Schreiben der Wintershall AG an Kurt Gerstein vom 6.11.1939 (LkA Bielefeld 5,2 NS Nr. 201) geht als Termin der Kriegsfreiwilligenmeldung der 29.10.1939 hervor. Er selbst hat sich über die Gründe für diese Meldung nicht geäußert, lediglich von einer späteren Wiederholung der Freiwilligenmeldung am 26.7.1940 wissen wir, daß sie auch auf eine gegenüber Gerstein gemachte abschätzige Bemerkung des Dr. Mayer zurückzuführen ist. Möglicherweise bildete auch hier Ähnliches den Hintergrund, vielleicht auch die Bemerkung des Vaters im Brief vom 16.10.1939, er, der Vater, habe sich freiwillig gemeldet, doch habe man auf seine Verwendung als Einundsiebzigjähriger verzichtet. Im ganzen entsprach die Meldung der patriotischen Einstellung Gersteins.

48 Brief Kurt Gersteins an seine Frau vom 17.11.1939 und o. D. wenige Tage später (Kopie in den Handakten des Verf.).

49 Brief Kurt Gersteins an Dr. Samuel Müller vom 27.11.1939 (ADW Düsseldorf Bestand 8,1).

stein selber hatte nach eigenen Angaben 8.000 RM aus eigenen Mitteln in diese Arbeit gesteckt, wobei er seinem Drucker noch 2.500 RM schuldete.[50] Überhaupt hatte Gerstein von kirchlichen Stellen wenig Resonanz und Unterstützung seiner Arbeit gefunden, so daß er von einer „versagenden, einer gleichgültigen Kirche, einer Kirche ohne guten Willen“ sprach.[51] Zudem sah er sich Vorwürfen ausgesetzt, er tendiere zu den DC und vertrete „völkische Tendenzen“. Ein ungerechtfertigter Vorwurf – wie Gerstein fand –, der Ausdruck von „Kalk und Reaktion“ sei, der sich im kirchlichen Raum breitmache. Die Jugendarbeit der Kirche beurteilt er als „absolut unjugendlich“. Er schrieb:

> „Diese Kirche ist absolut unjugendlich. Wenn sie noch Jugend hat, so weitgehend aus Zwang und Sitte einerseits oder deswegen, weil es eine Minderheit von Pfarrern und kirchlichen Jugendführern gibt, die diese Jugend in ihren politischen Pflichten und Bindungen ernst nehmen und es fertig bringen, dieser Jugend das Evangelium zu verkündigen. Daneben existieren noch Reste des früheren bündischen Elements, die sich einen reaktionär-religiösen Kreis aufgebaut haben und diesen so leidlich aufrecht erhalten, auch zahlenmäßig durch Neuwerbung. Aber dies sind heute, 1939, nicht die besten und angenehmsten Kreise. Schließlich gibt es noch die Jugend der Jünglingsvereine und des CVJM. Sie leben mit dem politischen Geschehen eben so weit mit, wie sie müssen, sind ‚Mitglied‘ des Jungvolks oder der HJ, ohne irgendwie wesentlich am politischen Geschehen ihrer Zeit beteiligt zu sein, und leben im übrigen in der Beschaulichkeit ihres frommen Klubs. Vielleicht sind dies die unerfreulichsten Typen jugendlich-kirchlicher Frömmigkeit.
> Ich habe mich mit meiner Arbeit im wesentlichen an die anderen wenden wollen, die an der Peripherie stehen. An die, die in sich die Frage nach Gott, nach Christus, nach dem Heiligen Geist noch nicht totgeschlagen hatten, die aber von der offiziellen Kirche meist schon deswegen nicht (ohne weiteres) berührt oder erreicht wurden, weil sie nicht hineingehen. Ich habe nicht auf dem Standpunkt zu stehen vermocht: Wenn sie nicht kommen, so tun sie das sich selbst zum Gerichte, sondern mir schwebte eine Kirche vor, die auch an diesen ganz draußen Stehenden, Ablehnenden ihren Auftrag sieht, und gerade an ihnen. Ich habe zu diesem Dienst die dafür sehr geeigneten Jahre bis 1938 (von 1933 an) benutzt. Dieser Dienst scheint sich aber nun erschöpft zu haben, oder der Mensch, der ihn leisten wollte, hat sich erschöpft. Wenn dem so ist, so ist dies ein Grund mehr, abzutreten.“[52]

Gerstein erwähnt in diesem Schreiben nicht das Angebot aus dem Reichserziehungsministerium, beim Aufbau eines sexuellen Jugendschutzes mitzuarbeiten. So sehr die von Gerstein angeführten Gründe für seinen Rückzug aus der kirchlichen Schriftenarbeit denkbar wären, so dürfte der eigentliche Grund für den Bruch mit der bisherigen Form der Schriftenarbeit in den Vereinbarungen mit dem Ministerium liegen.

50 Ebd.
51 Ebd.
52 Ebd.

Natürlich sprach sich Gersteins Entscheidung bei den kirchlichen Stellen herum und führte zu Rückfragen, ob es wahr sei, daß er von der kirchlichen Jugendarbeit zu den nationalsozialistischen Verbänden übergetreten sei. In einem Brief an Pfarrer Möller vom Westf. Provinzialverband nahm Gerstein zu diesem Vorwurf ausführlich Stellung:

„Es ist richtig, daß ich seit Jahren mit einigen führenden Herren aus dem Reichserziehungsministerium und mit zwei Herren aus der Reichsjugendführung in lebhaftem Gedankenaustausch stehe. Die betreffenden Herren standen zu meinen Schriften persönlich positiv, bedauerten jedoch, daß eine Breitenarbeit in die Deutsche Jugend hinein mit diesen Schriften nur in sehr beschränktem Umfange möglich sei. ... Es ist richtig, daß ich – auf Bitten von zwei Herren aus dem Reichserziehungsministerium hin – mich bereit erklärt habe, bei der Organisation eines religiös neutralen, aber bestimmt nicht atheistisch-pantheistisch aufgebauten sexuellen Jugendschutzes maßgebend mitzuwirken. Ich habe mir hierbei völlig freie Hand gelassen über das, was ich privat tue. Soweit ich in dieser Arbeit in Erscheinung trete in dem neu geschaffenen Rahmen, habe ich selbstverständlich auf Empfindungen Rücksicht zu nehmen, die in der heutigen politischen Atmosphäre liegen. ... Wer mich sonst – außerhalb dieses Rahmens – auf derartige Fragen anspricht, den werde ich auf den hinweisen, von dem ich allein Hilfe gefunden habe und erwarte, auf Jesus Christus. – Ich werde aus den gleichen Gründen nicht den leisesten Grund haben, meine Schriften zu desavouieren oder ihren Versand zu stoppen. Ich habe im Gegenteil noch in diesen Tagen ... mich zu mehreren seelsorgerlichen Briefen aufgerafft, in denen ich nicht verleugnet, sondern bekannt habe. – Es ist richtig, daß die Angebote sehr viel weiter gingen, auf eine hauptamtliche Tätigkeit hin. Ich habe das abgelehnt."[53]

Anschließend machte Gerstein jedoch auch noch auf seine finanzielle Lage aufmerksam, die dadurch gekennzeichnet sei, daß er für die Schriftenarbeit und sein sonstiges Engagement 10.000 RM Kredit bei der Gersteinschen Vermögensverwaltungsgesellschaft in Hamm aufgenommen habe, die er nun mit aufgelaufenen Zinsen auf das heftige Drängen seiner Verwandtschaft zurückzahlen müsse, wodurch ihm nur das Gehalt eines Regierungsassessors verbleibe.[54]

Es ist schwer einzuschätzen, welchen Anteil die Verärgerung über kirchliche Stellen an der Entscheidung zur Annahme des Angebotes aus dem Reichserziehungsministerium tatsächlich hatte. Auf jeden Fall konnte Gerstein seine Schriftenarbeit in der alten Form unter Zuschießung erheblicher Eigenmittel nicht weiterführen. Schon in einem Schreiben vom September an Rathke hatte er darauf hingewiesen, daß seine Einkünfte aus der Teilhabe an der Düsseldorfer Firma seit Kriegsbeginn fast vollständig ausfielen.[55] Sein eigenes Gehalt bot ihm ebenfalls keinerlei Möglichkeit eines weiteren finanziellen Engagements,

53 Man wird Gerstein zur Bedingung gemacht haben, jeden kirchlichen Bezug seiner Arbeit aufzugeben, um seine künftige Arbeit „religiös neutral" betreiben zu können. Bemerkungen im Brief Kurt Gersteins an Möller vom 19.2.1940 (ADW Düsseldorf Bestand 8,1 [Ohl]).

54 Ebd.

55 Ebd

nicht einmal die Möglichkeit der Rückzahlung von aufgelaufenen Schulden. Von daher war die Perspektive einer Zusammenarbeit mit staatlichen Stellen außerordentlich verlockend.

Der Familie machte er in einem Rundschreiben Mitteilung von dieser neuen Möglichkeit eines nebenberuflichen Engagements.[56] Daraufhin warnte der Vater den Sohn eindringlich vor jeder nebenberuflichen Tätigkeit:

> „Aber eine Nebenarbeit darf mich niemals so sehr – auch nicht in meinen Gedanken – in Anspruch nehmen, daß darunter die Hauptarbeit leidet oder zu leiden in Gefahr kommt. Denn niemand darf zwei Herren dienen. Die Gefahr ist doppelt und mehr noch so groß, wie man publizistisch oder auch nur organisatorisch in der Nebenbeschäftigung tätig wird. Dann entsteht die Meinung und wird von ‚guten Freunden' genährt, daß einem die Nebenbeschäftigung am meisten am Herzen liege, die Hauptsache sei. Die üblen Folgen dieser Einstellung hast Du am eigenen Leibe zu spüren bekommen."[57]

Inwieweit Gerstein im Rahmen dieses Angebotes tatsächlich tätig geworden ist, bleibt offen. Im Mai 1940 schrieb er an seinen alten Freund Albert vom Bruch aus Gevelsberg:

> „Mir sind große Möglichkeiten geboten, in großem Stile wichtige Lebensgebiete für die ganze deutsche Jugend literarisch zu behandeln bzw. derartige Aufgaben zu organisieren, und zwar im Rahmen der HJ von sehr hoher Stelle aus. Leider habe ich so gut wie noch nichts durchführen können. Aber ich werde mir in meiner neuen Stellung diesen Raum freihalten ... Was ich an hohen Stellen der HJ erlebt habe, zwingt mich, ohne irgendwie an meinen Überzeugungen Verrat zu üben, mitzuhelfen. Ich darf diese prächtigen Leute, mit denen ich Freundschaft geschlossen habe, nicht im Stich lassen."[58]

d. Berufliches Scheitern im Werk Lützkendorf

Die neue Stellung, von der Gerstein hier spricht, brachte eine Versetzung innerhalb des Konzerns mit sich. Gerstein glaubte sich einerseits finanziell verbessern zu können, zum anderen versuchte er sich durch diese Versetzung Raum für seine nebenamtliche Tätigkeit zu verschaffen. Doch dieser innerbetriebliche Wechsel von Merkers nach Lützkendorf wurde zu einer einzigen Enttäuschung. Zugleich bildete dieser völlig mißlungene Versuch eines beruflichen Weiterkommens den Hintergrund, auf welchem im August 1940 die Meldung zur Waffen-SS erfolgte.

In Merkers hatte Gerstein Kontakt zu einem Direktor Mayer gefunden, dem er von seiner finanziell schwierigen Lage berichtete. Mayer war es, der ihn ermunterte, gegenüber der Hauptverwaltung auf eine

56 So im Brief an Dr. Rathke vom 30.9.1939 (LkA Bielefeld 5,2 AS Nr. 5/1 Fasc. 3).
57 Dies Rundschreiben liegt nicht vor. Der Vater erwähnt es in einem Brief vom 27.11.1939 (LkA Bielefeld 5,2 NS Nr. 483).
58 Brief Kurt Gersteins an Albert vom Bruch vom 14.5.1940, hier zitiert nach Friedländer, Zwiespältigkeit, 69 f.

finanzielle Besserstellung zu pochen.[59] Mayer war Direktor im Werk Lützkendorf und hielt sich häufig in Merkers auf. In einigen Gesprächen ergab sich für Gerstein die Möglichkeit, bei Direktor Mayer eine Stelle als Direktionsassistent anzunehmen. Bei Dienstantritt ergaben sich jedoch verschiedene Schwierigkeiten. Mayer wollte nach Kenntnis der Personalakte Gersteins zunächst ein positives Zeugnis der Gestapo beigebracht bekommen.[60] Gerstein bemühte sich Anfang Juni intensiv darum und erhielt positiven Bescheid. Nachdem er in Merkers vom 4. Juni bis 20. Juni beurlaubt worden war und Dr. Mayer erklärt hatte, er erwarte Gersteins Dienstantritt um den Zwanzigsten des Monats, war Gerstein erst am 28. Juni in Lützkendorf zum Dienst erschienen. Er rechtfertigte diese Verspätung einerseits mit Dr. Mayers Aussage, es komme ihm auf ein paar Tage nicht an. Zudem verwies er darauf, daß er zunächst auf einen Anstellungsvertrag gewartet habe, der ihm aber in Merkers nicht zugegangen sei. Nach seinen schlechten Erfahrungen mit dem ersten Anstellungsvertrag lag ihm nun daran, unter klaren Anstellungsbedingungen die neue Tätigkeit anzutreten, um zu vermeiden, mit einem vorzeitigen Dienstantritt jede Bedingung von vornherein zu akzeptieren.[61] Offenbar gab es noch eine ganze Reihe weiterer Konflikte zwischen Gerstein und Mayer, so daß das Arbeitsverhältnis von Beginn an zum Scheitern verurteilt war.[62] In einem Schreiben vom 4. August 1940, welches Gerstein allerdings nicht abschickte, da er zunächst abwarten wollte, ob eine Rückkehr nach Merkers für ihn möglich sei, rechtfertigt Gerstein seine Handlungsweise ausführlich.[63] Nach Erhalt der Kündigung am 10. August notierte Gerstein, er habe von Mayer in Aussicht gestellt bekommen, Sozialsachen im Werk Lützkendorf bearbeiten zu können. Tatsächlich aber habe ihn Mayer als „Spion im Betrieb" haben wollen, der ihm regelmäßig Bericht über Vorfälle im Betrieb erstatte. Gerstein schreibt hierüber:

> „Ich war, als ich dies hörte, ebenso erschrocken wie ernüchtert und es war mir blitzartig klar, daß ich dieser Aufgabenstellung nicht würde genügen können."[64]

In einem Brief vom 16. September an Mayer setzte Gerstein sich vehement gegen die von diesem erhobenen Vorwürfe zur Wehr.[65]

59 So im Brief an Dr. Rathke vom 30.9.1939 (LkA Bielefeld 5,2 AS Nr. 5/1 Fasc. 3).
60 So im Brief Kurt Gersteins an Dr. Mayer vom 4.8.1940 (LkA Bielefeld 5,2 NS Nr. 530); in diesen Zusammenhang gehört auch das Schreiben der Gestapo Tübingen an Kurt Gerstein vom 10.5.1940 (LkA Bielefeld 5,2 NS Nr. 168).
61 Brief Gersteins an Dr. Mayer vom 4.8.1940.
62 Vgl. dazu den Brief J. D. Gersteins an Bruder Kurt vom 21.8.1940 (LkA Bielefeld 5,2 NS Nr. 341), in welchem er ihm von der schlechten Atmosphäre im Werk Lützkendorf berichtet und ihm rät, der Stelle nicht nachzutrauern.
63 LkA Bielefeld 5,2 NS Nr. 531.
64 Ebd.
65 LkA Bielefeld 5,2 NS Nr. 532.

3. Der Weg zum Eintritt in die SS

Im Freundeskreis Gersteins war es unmittelbar nach dem Ende des Polenfeldzuges zu dem Gedanken gekommen, man müsse jetzt in die Waffen-SS eintreten.[66] Der Grund war wohl mit der, daß Greueltaten gerade der SS-Truppen in Polen bekannt geworden waren, und man sich vorstellte, dort zum Besseren einwirken zu müssen und zu können. Ein Brief an Gerstein von Anfang 1940 deutet diese im Raum stehende Frage an:

> „Die Lawine des Schmutzes und der Gemeinheit ist in den Kriegsmonaten gewaltig angewachsen; dennoch gibt es Kerle, die nicht von ihr begraben werden wollen. Ich komme gut mit ihnen aus. Die meisten verstehen nicht, daß ich Pfarrer werden will, sie halten mich alle nur für Offiziers-geeignet. Ein tüchtiger SS Mann meint sogar, ich sollte zur SS übertreten. Sie alle haben mich bisher nicht zu erschüttern vermocht. Lediglich Du bist mir in den letzten Wochen *Frage* und Ausruf geworden.“[67]

Angesichts des Krieges drohten die bisherigen weltanschaulichen und religiösen Konflikte überspielt zu werden. Eine antinationalsozialistische Haltung wollte man auf keinen Fall als Verrat am Vaterland gewertet wissen, und so trat die oppositionelle Haltung gegenüber dem Regime und seinen weltanschaulichen Verbänden zurück.

Doch zunächst kann der Gedanke eines Eintritts in die SS für Kurt Gerstein höchstens eine spielerische Überlegung gewesen sein. Nach seinen beiden Verhaftungen konnte er sich bei der SS keine Chancen auf Aufnahme ausrechnen. Um weiterhin nicht mehr unangenehm bei den Sicherheitsbehörden aufzufallen, hatte er es unterlassen, wegen der beschlagnahmten Unterlagen eine schriftliche Anfrage oder Eingabe zu machen. Der Gestapobeamte Ernst Zerrer hatte ihm dazu geraten, da sonst seine Akten wieder zum Vorschein kommen könnten, was ihm Nachteile bringen würde.[68]

Nach seinem Wechsel nach Lützkendorf hatte Gerstein sich knapp eine Woche vor seiner Beurlaubung bzw. Kündigung durch Dr. Mayer erneut beim Kreiswehrersatzamt gemeldet und seine Meldung als Kriegsfreiwilliger mit der Bitte um Berücksichtigung wiederholt.[69] Offenbar hatte Mayer Gerstein vorgeworfen, er habe die neue Stelle nur deshalb haben wollen, weil er in ihr unabkömmlich gestellt sei. Vor Dienstantritt in Lützkendorf hatte Gerstein jedenfalls seine Freiwilligenmeldung vom Oktober 1939 zurückstellen lassen.[70] In seinem nicht abgeschick-

66 Dies berichtet Pfr. Heinz Schmidt bei Friedländer, Zwiespältigkeit, 77, und im Brief an den Verf. vom 17.2.1987.
67 Brief Heinrich Rörichts an Gerstein vom 16.1.40 (Abschrift im Besitz des Verf.).
68 So im Brief an Samuel Müller vom 27.11.39 (ADW Düsseldorf Bestand 8,1 [Ohl]).
69 Brief Gersteins an das Kreiswehrersatzamt Tübingen vom 26.7.40 (Abschrift im Besitz des Verf.).
70 So im Brief an Dr. Mayer vom 4.8.40.

ten Brief an Mayer schloß Gerstein denn auch mit dem Hinweis, er habe vor, sich für einen besonderen Posten, etwa in der Blindgängerbeseitigung, kriegsfreiwillig zu melden. Offenbar wollte Gerstein durch diese Bekundung dem Vorwurf entgegentreten, er wolle sich vor dem Kriegseinsatz drücken. Doch geht aus der Notiz vom 10.8.40 hervor, daß er vor Erhalt der Kündigung am 10.8. noch darauf hoffte, in seine Stelle in Merkers zurückkehren zu können. In einem Schreiben vom 31.8. versuchte der Bruder Johann Daniel Gerstein die Firma in Lützkendorf zu einer Rücknahme der Kündigung zu bewegen, da sich – wie er geltend machte – der Bruder inzwischen bei der Wehrmacht befinde.[71] Nach Beendigung des Feldzuges sei immer noch Gelegenheit, die Frage der Kündigung zu bedenken. Mayer lehnte diesen Vorschlag jedoch ab und wies darauf hin, daß ihm zum Zeitpunkt der Kündigung Gersteins Absicht, zur Wehrmacht zu gehen, nicht bekannt gewesen sei. Außerdem könne man später einem aus dem Felde zurückgekehrten Soldaten nicht den Stuhl vor die Türe setzen.[72]

Damit war auch der letzte Versuch der Familie gescheitert, Kurt eine berufliche Zukunft zu sichern. Von einem Entschluß, sich zur Waffen-SS zu melden, war dem Schreiben des Bruders zufolge bis Ende August in der Familie nichts bekannt.

a. Bewerbung als Gewerbelehrer

Nach Erhalt der Kündigung bewarb sich Kurt Gerstein am 15. August 1940 beim thüringischen Erziehungsminister als Gewerbelehrer.[73] In einem dieser Bewerbung beigefügten Lebenslauf, in welchem jeder Hinweis auf die beiden erfolgten Verhaftungen fehlt, heißt es:

> „Aus dieser Tätigkeit [gemeint ist die Tätigkeit bei Wintershall, JS] wünsche ich mich am 1. Okt. 1940 oder nach Ableistung des Heeresdienstes in eine Lehrtätigkeit (Bergschule), für die ich mich besonders geeignet halte, oder in eine Stellung in den neu erworbenen Gebieten zu verändern, die mir für die Zukunft mehr Aussichten bietet."[74]

Auch zu diesem Zeitpunkt ging Gerstein noch von der Ableistung des Heeresdienstes aus. Der Beruf des Gewerbelehrers bot ihm zugleich die Möglichkeit, seine pädagogischen Interessen mit seiner fachlichen Ausbildung zu verbinden. Eine solche Tätigkeit im Staatsdienst setzte jedoch die Parteizugehörigkeit voraus. Daher sprach Gerstein zwei Tage nach Abfassung der Bewerbung in München in der Parteizentrale

71 Ebd.
72 Es liegt nur der Antwortbrief Mayers an J. D. Gerstein vom 3.9.40 vor (LkA Bielefeld AS Nr. 5/1 Fasc. 3).
73 Ebd.
74 LkA Bielefeld 5,2 NS Nr. 339; der Lebenslauf LkA Bielefeld 5,2 NS Nr. 93 gehört dazu.

vor.[75] Bei Rudolf Heß, dem Stellvertreter des Führers, wollte er versuchen, eine Wiederaufnahme in die Partei per Gnadenakt zu erreichen. Dort wurde er mit seinem Anliegen jedoch abgewiesen, da Gnadengesuche Hitler vorgelegt werden mußten, der sich aber zu dieser Zeit solche Fälle nicht vorlegen ließ. Der zuständige Sachbearbeiter notierte sich über den Besuch Gersteins:

> „Zur Zeit des Entlassungs-Urteils im Jahre 1939 habe er sich schon längst wieder vom Bekenntnischristentum abgewandt gehabt, und heute sei er völlig bekehrt. Er habe inzwischen klar die Fronten erkannt und wisse, daß sein Idealismus nur durch das Gedankengut der NSDAP befriedigt werde."[76]

Er erhielt die Auskunft, nach einer längeren Bewährungsprobe könne über eine Wiederaufnahme in die Partei entschieden werden. Gerstein stellte daraufhin in Aussicht, er werde sein Anliegen möglichst glaubwürdig machen.[77]

b. Der Entschluß zum Eintritt in den „Schwarzen Orden"

Bis zu diesem Zeitpunkt, dem 17. August 1940, gibt es keinen Hinweis auf eine Meldung zur Waffen-SS. Er mußte nun zunächst mit seiner Einberufung zur Wehrmacht rechnen. Falls er den Krieg überleben würde, hätte sich an seiner beruflichen Ausgangslage nichts geändert, und es wäre fraglich gewesen, ob eine Wiederaufnahme in die Partei nach dem Krieg ohne weitere Probleme erfolgen würde. Stellt man Gersteins Ankündigung gegenüber dem Sachbearbeiter in der Parteizentrale in diesen Zusammenhang, dann darf vermutet werden, daß eine Meldung zur Waffen-SS sein Bemühen um Wiederaufnahme in die Partei wesentlich glaubwürdiger machen konnte als eine gewöhnliche Einberufung zur Wehrmacht. Sein Dienst bei der Waffen-SS würde für ihn nach dem Krieg die beste Referenz für die Wiederaufnahme in die Partei sein. Gerstein bot sich in dieser Lage der winzige Spielraum, durch eine Entscheidung für den Dienst in der Waffen-SS für die berufliche Zukunft nach dem Krieg vorzusorgen. Diese Möglichkeit ergriff er noch im August 1940. Einen ersten Hinweis auf eine Meldung zur Waffen-SS geben lediglich zwei Quittungen über Telefongespräche mit dem Kreiswehrersatzamt in Tübingen und dem Ergänzungsamt der Waffen-SS in Kassel aus dem August 1940.[78] Den ersten direkten Beleg für eine Meldung zur Waffen-SS bildet eine Aufnahmekarte der SS-Annahmestelle

75 Siehe dazu die ausführliche Gesprächsnotiz beim Obersten Parteigericht vom 17.8.40 (BDC, PA Kurt Gerstein).

76 Ebd.

77 Ebd.

78 LkA Bielefeld 5,2 NS Nr. 110.

Eisenach vom 29.8.40, derzufolge Gerstein sich für den Dienst in den berüchtigten „Totenkopfverbänden" beworben hatte, die ursprünglich für die Bewachung der Konzentrationslager zuständig gewesen waren, nunmehr aber neben den Einheiten der „SS-Verfügungstruppe" ebenfalls zur Aufstellung der vollmotorisierten und teilweise gepanzerten Großverbände der Waffen-SS herangezogen wurden.[79]

Doch offenbar hatte Gerstein mit dieser Meldung keinen Erfolg, er ist jedenfalls nie zu den Totenkopfverbänden eingezogen worden. Formaler Grund für diese Ablehnung dürfte der Umstand gewesen sein, daß die SS-Totenkopfverbände im Unterschied zu der SS-Verfügungstruppe keine Wehrpflichtigen rekrutieren durften. Als Gerstein dann am 10. März 1941 als SS-Anwärter eingezogen wurde, war er der SS-Verfügungstruppe zugeteilt.

Wie deckt sich die hier gegebene Rekonstruktion des Entschlusses zum Eintritt in die Waffen-SS mit den Erklärungen, die Gerstein selbst darüber abgegeben hat?

c. Das Motiv zum Eintritt in die SS

In seinem Bericht vom 4.5.1945 schrieb Gerstein:

> „Als ich von der beginnenden Umbringung der Geisteskranken in Grafeneck und Hadamar und andernorts hörte, beschloß ich, auf jeden Fall den Versuch zu machen, in diese Öfen und Kammern hineinzuschauen, um zu wissen, was dort geschieht. Dies umso mehr, als eine angeheiratete Schwägerin – Bertha Ebeling – in Hadamar zwangsgetötet wurde. Mit zwei Referenzen der Gestapobeamten, die meine Sachen bearbeiteten, gelang es mir unschwer, in die SS einzutreten. Die Herren waren der Ansicht, daß mein Idealismus, den sie wohl bewunderten, der Nazi-Sache zugutekommen müßte."[80]

In seinem Augenzeugenbericht stellt Gerstein seinen Entschluß zum Eintritt in die Waffen-SS in den unmittelbaren Zusammenhang mit den ersten Gerüchten über die Euthanasiemorde. In diesem Zusammenhang erwähnt er den Euthanasiefall aus der eigenen Verwandtschaft, der allerdings aus dem Februar 1941 datiert. Gerstein stellt die Reihenfolge jedoch nie so auf, daß der Todesfall der Bertha Ebeling die eigentliche Motivation für die Meldung zur Waffen-SS gewesen sei.[81] Auch in seinem Verhör durch französische Dienststellen vom 26. Juni 1945 gab er keine andere Darstellung. Dort sagte er aus:

79 Diese Aufnahmekarte und ihr Fundort in Archiven der DDR konnte von mir bisher nicht ermittelt werden. Sie ist aber als Foto abgedruckt in: Der Spiegel Nr. 3. 1969, 95. Aufgrund dieser Meldung bat das Arbeitsamt Eisenach die Wintershall AG in einem Schreiben vom 18.9.40 um eine Freigabebescheinigung (Kopien im LkA Bielefeld 5,2 NS Nr. 88 und Nr. 16).

80 So im Gerstein-Bericht vom 4.5.45, Abschnitt „3. Der Eintritt in die Waffen-SS".

81 So aber das Schwurgericht Frankfurt im Urteil vom 27.5.1955, in: Justiz und NS-Verbrechen, 112. Dort wird angenommen, daß Gersteins eigene Angabe, er sei wegen der Zwangstötung der Bertha Ebeling der SS beigetreten, der Wahrheit am nächsten komme.

„Im Jahre 1940 erfuhr ich durch den Bischof von Stuttgart von dem Massenmord an Geisteskranken in Hadamar und Grafeneck. Meine Schwägerin, Bertha Ebeling, war unter den Opfern. Zu diesem Zeitpunkt faßte ich den Entschluß, in die Waffen-SS einzutreten.“[82]

Auf die Frage, wie es ihm gelungen sei, in die Organisation hineinzukommen, antwortete er:

„Ich habe lediglich den Vorschlag akzeptiert, den mir die Untergebenen der Gestapo während meiner zweiten Inhaftierung gemacht haben.“

In einem zweiten Verhör vom 15. Juli 1945 wollte Gerstein diese Aussage dahingehend richtiggestellt wissen, daß es weniger die Vorschläge der Gestapobeamten waren, die ihn zum Eintritt bewogen hatten, als sein persönlicher Wunsch nach Informationen über die gerüchteweise bekanntgewordenen Mordaktionen.[83] Als Zeitpunkt der Meldung zur Waffen-SS gab er im selben Verhör den Dezember 1940 an, also einen Zeitpunkt vor dem Todesfall der Verwandten, aber doch um drei Monate später, als er tatsächlich erfolgt war.

Wenn nach der oben gegebenen Darstellung der Entschluß zum Eintritt im August 1940 fiel, dann ist es durchaus möglich, daß Gerstein bereits zu diesem Zeitpunkt Kenntnis von Wurms Brief vom 17. Juli 1940 hatte, der in Württemberg in den einschlägigen Kreisen bereits weite Verbreitung gefunden hatte.[84] Dann aber gäbe es keinen Grund, warum er das frühere Datum der Meldung zur SS verschweigen sollte. Gerade seine Meldung zu den Totenkopfverbänden wäre dann ein starkes Indiz dafür, daß er Genaueres über das Treiben in den Lagern herausfinden wollte.

So aber bleibt bei der nachträglichen Rekonstruktion der möglichen Beweggründe und Motive, die ihn in jenen Monaten getrieben haben, ein Zweifel an der von Gerstein selbst gegebenen Darstellung.

So legt sich die Vermutung nahe, daß es auch andere Beweggründe für den Entschluß zum Eintritt in die SS gegeben hat. Ein Motiv liegt möglicherweise in der vom Parteisachbearbeiter geforderten „Bewährung“, die einer Wiederaufnahme in die Partei vorhergehen müsse. Ein weiteres Motiv besteht möglicherweise in der Faszination, die der nationalsozialistische Eliteverband auf Gerstein ausübte. Seinem Naturell entsprach es, angesichts der Aussicht, zur Wehrmacht eingezogen zu werden, sich eine Position zu verschaffen, die ihm besondere Möglichkeiten und einen

82 Vernehmung durch Major Beckhardt (ORCG) vom 26.6.45. Eine Kopie dieses aus französischen Militärarchiven stammenden Vernehmungsprotokolls liegt dem Verfasser vor. Auch abgedruckt bei A. Chelain, Faut-il fusiller Henri Roques?, Paris 1986.

83 Ein Protokoll der Vernehmung Gersteins vor dem 2. Ständigen Militärtribunal von Paris vom 19.7.45 liegt vor im LkA Bielefeld 5,2 NS Nr. 489b und wurde in Abschrift veröffentlicht in der Zeitschrift Le Monde Juif, H. 1. 1980, 27–34.

84 So Nowak, „Euthanasie“, 139. Nowak weist in einer Anmerkung auf Seite 202 auf die Resonanz der Proteste Wurms hin und führt als ein Beispiel den SS-Eintritt Gersteins an.

Gestaltungsspielraum bieten würde. Dies war in jenen Jahren in den im Aufbau befindlichen Verbänden der Waffen-SS der Fall.

Dabei dürfen wir davon ausgehen, daß Gerstein neben allen anderen Motiven stets auch von der Absicht durchdrungen war, „hinter die Kulissen" zu schauen, um zu spionieren und gegebenenfalls zu sabotieren.

Vor sich selbst, aber auch vor Freunden, konnte es keine andere Rechtfertigung für diesen Schritt geben als die, von innen her das Schlimmste zu verhüten und nach Möglichkeiten zu suchen, zu sabotieren und zu informieren. Gerstein hatte damit seine Rolle gewählt, die Rolle eines einsamen Gewissens, die Rolle eines Zeugen für die Wahrheit, auch wenn diese noch so entsetzlich sein würde.

Bei der Beisetzung seiner Verwandten in Saarbrücken bekundete er gegenüber anderen zum ersten Mal den Vorsatz, seinen Eintritt in die Waffen-SS zu nutzen, um Einblick in die Tötungsvorgänge zu bekommen. Als im Februar 1941 die Urne mit der Asche der Verstorbenen in Saarbrücken beigesetzt wurde, äußerte er sich gegenüber seinem Bruder und dem ihm von früher her bekannten Pfarrer Wehr. Der Bruder Karl gab darüber folgende Schilderung:

> „Am 20. Februar 1941 fand in Saarbrücken die Beisetzung der Urne meiner Schwägerin statt; an ihr nahm auch mein Bruder Kurt teil. Die Umstände des plötzlichen Todes waren merkwürdig gewesen: Man hatte der Mutter brieflich mitgeteilt, ihre Tochter habe plötzlich aus einer saarländischen Heilanstalt nach Hadamar verlegt werden müssen, dort sei sie dann einer Epidemie zum Opfer gefallen; aus Gründen der Seuchenhygiene habe man die Leiche unverzüglich und ohne vorherige Befragung der Hinterbliebenen verbrennen müssen, die sterblichen Überreste würden der Stadtverwaltung in Saarbrücken zugestellt und könnten dort in Empfang genommen werden. So befremdet wir waren, so waren wir doch ohne Arg. Bruder Kurt war es, der meine ahnungslose Frau und mich auf dem Heimweg von der Beisetzung aufklärte. Unser fassungsloses Staunen steigerte sich, als Kurt uns dann auch noch eröffnete, er wolle sich zur Waffen-SS melden ... Auf diese Weise werde er Klarheit darüber gewinnen können, was an den vielerlei Gerüchten Wahres sei und was eigentlich wirklich in der SS vorgehe. – Ich muß gestehen, daß wir damals Kurt nicht ernst genommen haben."[85]

Pfarrer Wehr, ein guter Bekannter Gersteins, hatte die Trauerfeier geleitet. Ihm vertraute er sich zu diesem Zeitpunkt ebenfalls an:

> „Nach der durch mich erfolgten Beisetzung der Urne des in Hadamar durch Vergasung umgebrachten Fräulein Bertha Ebeling, teilte er mir seinen Entschluß mit, er wolle dahinterkommen, was über die umlaufenden Gerüchte solcher und anderer verbrecherischer Aktionen den Tatsachen entspräche. Meinen sehr starken Bedenken gegen diesen Plan, in das Lager der dämonischen Mächte hineinzugehen, begegnete er mit leidenschaftlich bewegter Entschlossenheit. Bei der den ganzen Menschen Kurt Gerstein charakterisierenden impulsiven Aktivität konnte es nicht zweifelhaft sein, daß es ihm mit seinen

85 Hier zitiert nach Friedländer, Zwiespältigkeit, 75 f.

ganz ungewöhnlichen Gaben und Fähigkeiten gelingen würde, dahin zu kommen, wohin er wollte: in die Reichsführung der SS."[86]

Damit steht fest, daß Gerstein schon vor der Einberufung zur Waffen-SS seinen Entschluß in der gleichen Weise rechtfertigte, wie er dies am Ende des Krieges in seinen Aussagen getan hat.

Am 27.1.41 meldete sich dann die Waffen-SS und teilte ihm die Zurückstellung seiner Einberufung bis zum 15.3.41 mit.[87] Per Telegramm erfolgte dann bereits am 10.3.41 die Einberufung zur Standarte „Germania", die als ehemalige SS-Verfügungstruppe seit November 1939 unter Einschluß der SS-Totenkopfverbände als „Waffen-SS" firmierte.[88]

4. Die Waffen-SS (Exkurs)

Bereits am 17. März 1933 hatte Hitler die Aufstellung einer bewaffneten Stabswache befohlen, der Leibstandarte Adolf Hitler, die als Organ unmittelbarer Führergewalt Hitler selbst und nicht der Reichsführung SS unterstellt sein sollte. Daneben entstanden in vielen Städten bewaffnete „Politische Bereitschaften", die unter dem Befehl der jeweiligen regionalen SS-Führer für Versammlungsschutz und Leibwache prominenter Führer eingesetzt wurden.[89] Nachdem diese bewaffneten SS-Einheiten sich bei der Niederschlagung des sog. „Röhm-Putsches" als Eingreiftruppe Hitlers zur Bekämpfung parteiinterner Gegner bewährt hatten, erhob Hitler die SS zur „selbständigen Organisation im Rahmen der NSDAP", womit die SS der SA als gleichwertige Parteigliederung an die Seite gestellt wurde.[90] Zugleich befahl Hitler die Aufstellung bewaffneter SS-Verfügungstruppen, die dem Reichsführer SS für besondere innenpolitische Aufgaben unterstellt sein sollten. Den Bedenken und dem Widerspruch aus den Reihen der Wehrmachtsführung begegnete Hitler mit der Zusicherung, im Kriegsfall könnten sowohl allgemeine SS als auch SS-Verfügungstruppen zur Wehrmacht eingezogen werden.[91] Nun begann die stetige Expansion der SS und ihrer bewaffne-

86 Erklärung von Pfr. Wehr vom 24.1.49 (LkA Bielefeld 5,2 NS Nr. 20).

87 LkA Bielefeld 5,2 NS Nr. 43.

88 LkA Bielefeld 5,2 NS Nr. 66d.

89 B. Wegner, Hitlers politische Soldaten: Die Waffen-SS 1933–1945, Paderborn 1982, 79–83. Wegner, dessen Darstellung im wesentlichen gefolgt wird, hat im Unterschied zu anderen Publikationen über die Waffen-SS die Vorkriegsgeschichte der bewaffneten SS ausführlich untersucht. Ansonsten zur Waffen-SS noch: G. H. Stein, Geschichte der Waffen-SS, Düsseldorf 1967; E. Neusüß-Hunkel, Die SS, Frankfurt/Hannover 1956, 103–112; H. Höhne, Der Orden unter dem Totenkopf. Die Geschichte der SS, Gütersloh 1967, 404–447.

90 Wegner, Politische Soldaten, 85 f.

91 Ebd., 86 ff. Auf Entscheidung des Führers wurde am 24.9.34 in einem Erlaß des Reichswehrministers Blomberg als Ausnahme die Aufstellung der SS-Verfügungstruppe genehmigt, eine Militarisierung der SS aber als überflüssig abgelehnt.

ten Einheiten. Im Jahre 1936 wurde Himmler zudem zum „Reichsführer SS und Chef der Deutschen Polizei im Reichsministerium des Inneren" ernannt. Eine folgenreiche Verbindung von Partei- und Staatsorganisation, die zur „Entstaatlichung" des Polizeiwesens führte.[92] Zudem war es im Frühjahr 1936 zur Aufstellung sogenannter „Totenkopf"-Standarten gekommen, die für die Außenbewachung der Konzentrationslager zuständig waren. Die bisher vereinzelt existierenden Bataillone der Verfügungstruppen wurden zu Standarten zusammengefaßt und ein militärischer Führungsstab der Verfügungstruppe gebildet.[93]

In den Jahren zwischen 1935 und 1938 konnten die Totenkopfverbände (TV) ihre Mitgliederzahl verfünffachen, die Verfügungstruppen (VT) ihre Personenstärke verdreifachen. Darüber hinaus wurden Verwaltungsinstanzen und Befehlswege ausgebaut und der Führungsnachwuchs in eigens gebildeten Junkerschulen ausgebildet. Ein Erlaß Hitlers vom 17.8.1938 versuchte die Befugnisse zwischen Polizei und Wehrmacht zu regeln.[94] Danach waren Verfügungstruppen und Totenkopfverbände weder Teil der Wehrmacht noch der Polizei, sondern bewaffnete, stehende Truppen, die im Falle der Verfügungstruppe zu Hitlers ausschließlicher Verfügung, im Falle der Totenkopfverbände zur Lösung polizeilicher Sonderaufgaben bereitstanden und ausdrücklich Parteigliederungen darstellen sollten. Ein Unterschied zwischen VT und TV war jedoch der, daß die Verfügungstruppe Wehrpflichtige rekrutieren durfte, wohingegen die Mitglieder der Totenkopfverbände ihren Wehrdienst bereits abgeleistet haben mußten. Für den Kriegsfall sollten die Verfügungstruppen dem Oberbefehlshaber des Heeres unterstellt werden, aus den Einheiten der Totenkopfverbände sollten die Verfügungstruppen ergänzt werden. Aus der allgemeinen SS sollten Polizeiverstärkungen zu den Totenkopfverbänden einrücken können. Damit war eine Verstärkung der bewaffneten Verfügungstruppen und Totenkopfverbände gesichert. Ein Erlaß Hitlers vom 18.5.39 betonte nochmals den militärischen Charakter der SS-VT und ordnete als Abschluß des Aufbaus der SS-Verfügungstruppe die Bildung einer SS-Division an.[95]

Am 19.8.39, unmittelbar vor dem Überfall auf Polen, wurden die SS-VT-Einheiten durch Befehl Hitlers dem Oberbefehlshaber des Heeres unterstellt und in die Wehrmacht eingegliedert. Als solche nahmen sie am Polenfeldzug teil. Einigen der Totenkopfstandarten fiel noch während des Polenfeldzuges eine Sonderrolle zu. Sie bildeten zusammen

92 Ebd., 111.
93 Ebd., 95 ff. 1936 entstanden durch Zusammenlegung einiger Bataillone der VT die SS-Standarten „Deutschland" und „Germania". Nach dem Anschluß Österreichs kam die Standarte „Der Führer" noch hinzu.
94 Ebd., 114–123.
95 Ebd., 120 f.

mit Polizeieinheiten die sogenannten „Einsatzgruppen“, die als vom Heer unabhängige SS-Einheiten die ersten Vollstrecker einer systematischen Vernichtungspolitik wurden.[96]

Der Begriff der Waffen-SS entstand nach Abschluß des Polenfeldzuges. Er findet sich zum ersten Mal in einem Schreiben vom 7.11.39, wo er als Sammelbezeichnung für die bewaffneten SS-Einheiten verwendet wurde.[97]

Innerhalb des nächsten Jahres setzte er sich auf breiter Linie durch und wurde von Hitler in der Reichstagsrede vom 19. Juli 1940 offiziell verwendet.[98] Himmler führte in einer Rede vor SS-Führern am 7.9.1940 als Grund für die Wahl des Begriffs Waffen-SS an, er drücke die Einheit zwischen den militärisch eingesetzten SS-Verfügungstruppen und den zur Polizeiverstärkung im besetzten Polen eingesetzten Totenkopfverbänden angemessen aus.[99]

In der Nachkriegszeit blieb der Charakter dessen, was seit 1940 unter der Bezeichnung Waffen-SS bestand, umstritten. Während die einen die militärische Funktion der Waffen-SS betonten und sie als militärischen Verband in Konkurrenz zur Wehrmacht ansahen, erschien sie anderen als eine primär innenpolitische Eingreiftruppe, die mit Kriegsbeginn zum Fronteinsatz kam, um sich als nationalsozialistische Elitetruppe auch dort zu bewähren.[100] Wegner versucht diese Doppeldeutigkeit in der Beurteilung der Waffen-SS zu umgehen, indem er die bewaffneten SS-Verbände als Träger einer „revolutionären Gewaltidee“ ansieht, die von einer prinzipiellen Gleichartigkeit des inneren wie äußeren Feindes ausging und die Ausbildung einer Totalität der Gegengewalt erforderlich machte.[101]

Folgt man dieser These Wegners, dann wird man in der Einführung des Begriffs der Waffen-SS keine Funktionswandlung der bewaffneten SS-Verbände von Parteiformationen zu einem staatlichen Militärverband sehen können. Er war in Himmlers Augen vielmehr geeignet, die von der Wehrmacht bislang abgelehnte militärdienstliche Gleichbehandlung von Verfügungstruppe und Totenkopfverbänden vorwegzunehmen und so die Verknüpfung der Aufgabenbereiche von VT und TV auch begrifflich festzuschreiben.[102] Insofern war die Einführung des Begriffs der Waffen-SS ein Schritt auf dem Weg zum einheitlichen „Staatsschutzkorps“.

96 Ebd., 126.
97 Ebd.
98 Ebd., 172 Anm. 274.
99 M. Domarus, Adolf Hitler. Reden und Proklamationen 1932–45. Kommentiert von einem deutschen Zeitgenossen, Bd. II, Neustadt 1963, 1549.
100 IMT: Dokument PS–1918.
101 Zur Diskussion siehe Wegner, Politische Soldaten, 129–132 und 301–303.
102 Ebd., 129–132. Ebd., 128.

VII. Die schreckliche Wahrheit (1941–1945)

Von der Meldung bis zur Einberufung verging fast ein halbes Jahr. Von Wintershall war Gerstein mit der Zustellung der Kündigung für die Zeit bis Ende September beurlaubt worden. Zur Überbrückung wurde er im Düsseldorfer Familienunternehmen De Limon Fluhme zum 1. Oktober als „Reiseingenieur zur besonderen Verwendung" angestellt.[1] Auch in dieser Tätigkeit war er kaum bei seiner Familie in Tübingen, sondern ständig auf Reisen. Die für Ende Januar erwartete Einberufung verschob sich noch einmal um 1½ Monate, bis dann am 10. März 1941 das Telegramm mit der Einberufung zum Sanitätskorps der Waffen-SS zum 15. März eintraf.[2]

1. Die Grundausbildung in Hamburg, Arnhem[3] und Oranienburg

Die erste Phase der Ausbildung fand in Hamburg-Langenhorn statt, wo Gerstein der SS-Standarte Germania, 1. Ers.Batt., zugeteilt worden war.[4] Gerstein selbst sprach von einer soldatischen Grundausbildung in einem Kurs mit 40 Ärzten.[5] Offenbar gehört er zu einer Gruppe von Einberufenen, die eine Sanitätsausbildung bekamen. Aus einer Passage seines späteren Berichts geht hervor, daß den Einberufenen schon in Hamburg von seiten der Ausbilder Greueltaten berichtet worden waren. Dort heißt es:

> „Einer der Polizeichefs von Bromberg, SS-Sturmbannführer Haller, erzählte den Ärzten meines Kurses und mir, daß bei seiner Ankunft in Bromberg es üblich gewesen sei, Judenkinder gleich in den Wohnungen mit dem Kopf an die Wand zu klacken, um den Lärm der Schießerei zu vermeiden. Er habe diesen Unfug abgestellt und für die Erschießung der Kinder gesorgt."[6]

Im April erfolgte dann die Verlegung ins holländische Arnhem, wo es Gerstein gelang, seinen in der Nähe wohnenden Freund Ubbink aus der

1 Eine schriftliche Bestätigung der Einstellung bei De Limon Fluhme vom 3.10.1940 liegt vor (LkA Bielefeld 5,2 NS Nr. 41).

2 Das Ergänzungsamt der Waffen-SS Kassel teilte Gerstein am 27.1.1941 unter Bezug auf ein Schreiben Gersteins vom 10.1.41 die Zurückstellung der Einberufung bis zum 15.3. mit (LkA Bielefeld 5,2 NS Nr. 43).

3 Gerstein verwendet nie die deutsche Bezeichnung Arnheim für die von den Deutschen besetzte Stadt; er verwendet stets den holländischen Namen.

4 Einberufungsbescheid vom 10.3.1941 (LkA Bielefeld 5,2 NS 66 d).

5 So im Gerstein-Bericht. In der Vernehmung vom 26.6.45 sprach er von medizinischen Spezialkursen, die er während der Grundausbildung absolviert habe.

6 So im Gerstein-Bericht.

Marburger Studentenzeit aufzusuchen.[7] Ubbink berichtete später über dieses unerwartete Wiedersehen:

> „Als Kurt Gerstein mich 1941 von Arnhem aus anrief, ob er mich besuchen dürfte – obwohl er eine SS-Uniform anhätte – habe ich spontan geantwortet: ‚Du immer!', weil ich ihn zu gut kannte, um nicht zu wissen, daß er nie freiwillig der SS beigetreten sein konnte."[8]

Gerstein erklärte Ubbink gegenüber seinen SS-Beitritt damit, daß er in dieser Funktion viel eher das System von innen heraus untergraben könne. Deutschland müsse diesen Krieg verlieren, denn ein hundertfaches Versailles sei besser als ein Weiterbestehen der regierenden Verbrecherbande.

Seiner Frau schrieb er aus Arnhem nach Beendigung einer mehrwöchigen Postsperre:

> „Das ist ein merkwürdiges Leben, das ich führen muß. Es spielt sich nicht immer auf Hobeldielen ab, zur Zeit wohl am wenigsten. Oft wurde ich an W'heim [Welzheim, JS] erinnert, womit manches eine verzweifelte Ähnlichkeit hat."[9]

Vorsichtig formulierte er, daß die jüngsten Vorgänge auf dem Balkan – inzwischen hatten deutsche Truppen die gesamte Peloponnes und auch Athen besetzt – ihn sehr betroffen gemacht hätten, und erinnerte seine Frau wehmütig an die gemeinsame Mittelmeerreise, die sie 1938 in diese Länder geführt hatte. Die Nachricht von einer bevorstehenden Versetzung nach Oranienburg scheint auch unangenehme Erinnerungen geweckt zu haben, denn er schrieb: „... vielleicht Oranienburg. Dieser Name reißt einen tiefen Riß in mir auf."[10] Mit dieser Andeutung spielte er offenbar auf das in der unmittelbaren Nachbarschaft der Desinfektorenschule befindliche Konzentrationslager Oranienburg an.

Am 6. Mai schrieb Gerstein bereits aus Oranienburg, wo er in der SS-Sanitätsschule für sechs Wochen einen – wie er schrieb – „sehr subalternen Dienst" tun mußte, aber in der Hoffnung lebte, an dieser Schule später Ausbilder zu werden.[11] Offenbar hatte Gerstein berechtigte Aussichten auf eine solche Ausbilderstelle, die seinen Neigungen natürlich sehr entsprochen hätte. In einer Beurteilung des SS-Schützen Gerstein vom 5. Mai 1941 hieß es am Schluß:

> „Gerstein ist besonders geeignet für alle Aufgaben der Schulung, gewandt und sicher. Er beherrscht völlig die freie Rede, ist diszipliniert und autoritativ."[12]

7 Brief Kurt Gersteins an seine Frau, o. D. (Datumsvermerk 8.4. von fremder Hand) von „unterwegs mit unbekanntem Ziel" (Original im Besitz von Frau Gerstein, Kopie in den Handakten des Verf.).

8 Ubbink in einem Brief an das Department of Justice in München vom 14.9.49 (Abschrift in den Handakten des Verf.).

9 Brief Kurt Gersteins an seine Frau vom 26.4.41 (LkA Bielefeld 5,2 NS Nr. 98).

10 Ebd.

11 So im Brief Kurt Gersteins an seine Frau vom 6.5.41 (LkA Bielefeld 5,2 NS Nr. 44).

12 Eine von Gerstein selbst stammende Abschrift dieser Beurteilung liegt vor (LkA Bielefeld 5,2 NS Nr. 13).

Gegenüber dieser positiven Hervorhebung seiner Eignung als Ausbilder fallen die Beurteilungen der mehr militärischen Tugenden schwächer aus. Gersteins Schießkünste wurden nur mit „ausreichend", seine Körperhaltung sogar als „unbeholfen" beurteilt.

Die Ausbildung in Oranienburg scheint um vieles härter gewesen zu sein als in Arnhem und Hamburg, denn er schrieb am 7.5.41:

> „Wir sind vom Regen in die Traufe gekommen. Hier herrscht ein rauheres Tönchen als in Hamburg und gar in Arnhem. So habe ich mehrere Tiefs in den letzten Tagen erlebt und fange erst jetzt langsam an, mir den nötigen Ruck zu geben."[13]

Und in einem Brief vom 11.5.:

> „Man muß eben Tag für Tag, Stunde für Stunde durchhalten und durchbeißen. Es ist recht viel weniger angenehm hier als in Arnhem. Hierzu die Nachbarschaft über den Zaun."[14]

Auch hiermit spielte er offenbar auf das in der unmittelbaren Nachbarschaft befindliche Konzentrationslager an.

Am 26. Mai berichtete Gerstein dann seiner Frau von einer schweren Enttäuschung, da er die erhoffte Stellung als Ausbilder an der Sanitätsschule Oranienburg nicht bekommen hatte. Stattdessen mußte er „auf Berliner Verfügung" in eine „inferiore Tätigkeit" einrücken, „in der die Schinderei wohl bis Kriegsende weitergeht"[15]. Offenbar hatte ein Vorgesetzter angesichts seiner beruflichen Qualifikation als Diplomingenieur, Bergassessor und Medizinstudent ein anderes Tätigkeitsfeld für ihn vorgesehen. Zum 1. Juni 1941 wurde Gerstein zum Hygiene-Institut der Waffen-SS in Berlin abkommandiert.[16]

2. Im Dienst des Hygiene-Institutes der Waffen-SS

Das Hygiene-Institut der Waffen-SS war aus der Hygienisch-Bakteriologischen Teststation der SS in Berlin hervorgegangen. Sie war für hygienische Betreuung der Kriegsgefangenenlager der Waffen-SS im Jahre 1939 eingerichtet worden. 1940 wurde sie umbenannt in „Hygiene-Institut der Waffen-SS" und unter die Leitung von Dr. Joachim Mrugowsky gestellt. Mrugowsky war zugleich Chef des Amtes für hygienischen und medizinischen Dienst bei der Waffen-SS unter Leitung von Dr. Gentzken, dem Chef des Sanitätsamtes der SS. Im September 1943

13 Brief Kurt Gersteins an seine Frau vom 7.5.41 (LkA Bielefeld 5,2 NS Nr. 128).
14 Brief Kurt Gersteins an seine Frau vom 11.5.41 (LkA Bielefeld 5,2 NS Nr. 45).
15 Brief Kurt Gersteins an seine Frau vom 26.5.41 (LkA Bielefeld 5,2 NS Nr. 130).
16 Das Datum des Dienstantritts beim Hygiene-Institut geht aus der Beurteilung Gersteins durch Mrugowsky vom 19.2.43 hervor (BDC, PA Kurt Gerstein).

wurde das Hygiene-Institut dem Reichsarzt SS und Polizei, Dr. Grawitz, unterstellt. Mrugowsky wurde zugleich Oberster Hygieniker der SS. Der Aufgabenbereich des Institutes war wohl weit gestreut und umfaßte die Bereiche Chemie, Parasitologie, Bakteriologie, Klimatologie, Zoologie und Wasserhygiene.[17]

a. Bewährung als Konstrukteur von mobilen Desinfektionsanlagen

Gerstein wurde der geologisch-hydrologischen Abteilung „Trinkwasserbeschaffung" zugeteilt.[18] Nach Gersteins eigenen Angaben konnte er sich seine Tätigkeit größtenteils selbst bestimmen und machte sich an die Entwicklung von fahrbaren und ortsfesten Desinfektionsanlagen, die für die Truppe, Konzentrations- und Gefangenenlager eingesetzt werden konnten.[19] Sein neues Tätigkeitsfeld schilderte er seiner Frau:

> „Jetzt habe ich mich in zwei völlig neue Gebiete (Wasserhygiene f. acht KZ-Lager und fünf Kasernenneubauten sowie in elektrisch-physikalische Wassersuchmethoden) hineinzuarbeiten, wovon abhängt, ob ich meine außerordentlich großzügig gedachte Stellung gewinnen oder behaupten kann oder nicht."[20]

Im August war er dann mit der Entwicklung von mobilen Desinfektionsanlagen beschäftigt, wie aus einem Brief vom 7.8.41 hervorgeht:

> „Ich bin mal wieder viel auf Reisen, meist im Osten und Norden (Bremen, Hamburg). Ich baue z. Zt. mit Verbissenheit eine größere Anzahl X-Züge, eine sehr schöne, aber überaus mühsame Arbeit wegen der schwierigen Beschaffungen. Immerhin deckt sich seit einigen Monaten bei mir endlich einmal wieder Neigung und Beruf, merkwürdiger Weise auch hier in einem vorwiegend technischen Tätigkeitsfeld (Ingenieurstätigkeit). Ich bin hier an einem Platz, wo ich in der Tat ungeheuer viel nützen und – verhindern kann. Das ist ein durchaus angenehmes Gefühl."[21]

Später führte er einen solchen X-Zug seiner Frau in Tübingen vor. Er bestand aus einem Motorwagen mit Anhänger. Auf dem Anhänger befand sich eine große Trommel, in welcher Textilien desinfiziert werden konnten. Die Trommel war durch Schläuche mit dem Motorwagen verbunden. Seiner Frau sagte er bei dieser Vorführung: „Du mußt wissen, welche Züge ich gebaut habe." Offenbar war Gerstein zu diesem Zeitpunkt der Einsatz von Gaswagen zu Massentötungen bekannt.[22]

17 S. dazu auch die Personalakte Mrugowskys (BDC, PA Mrugowsky).
18 Dies geht aus einer Anlage zum Beförderungsvorschlag hervor (BDC, PA Kurt Gerstein).
19 So im Gerstein-Bericht.
20 Brief Kurt Gersteins an seine Frau vom 7.6.41 (LkA Bielefeld 5,2 NS Nr. 131).
21 Brief Kurt Gersteins an seine Frau vom 7.8.41 (Original im Besitz von Frau Gerstein, Kopie in den Handakten des Verf.).
22 So Elfriede Gerstein im Anhang an eine Abschrift des Briefes vom 7.8.41.

Nachdem ihm der Einstieg in das Tätigkeitsfeld erfolgreich geglückt war, wurde Gerstein am 9.11.1941 vom Hygiene-Institut als Fachführer im Range eines Untersturmführers fest übernommen.[23]

b. Als Spion im Lager der Runenträger

Gleich nach dem Eintritt in die Waffen-SS, der für viele seiner Freunde eine überraschende Nachricht war, bemühte Gerstein sich darum, die Kontakte zu einigen Freunden aus der Bibelkreisarbeit und der Bekennenden Kirche nicht abreißen zu lassen, wobei er aber nur wenigen von seinen Motiven und Absichten erzählen konnte. So schrieb er am 7. Juni 1941 seinem alten Düsseldorfer B.K.- Freund Erich Capito nur in Andeutungen:

> „Mein Leben ist – Du weißt es – immer sehr bewegt, immer auf des Messers Schneide, immer interessant und immer gefährlich! Was nach Nietzsche die einzige würdige Art zu leben sein soll. ... ich habe immer in Spannungen gelebt, vielleicht lebe ich jetzt in Hochspannungen. ... Glaube nicht, daß ich an innerer Klarheit und Zielstrebigkeit irgend ein Loch zurückgesteckt hätte."[24]

Noch im Jahre 1941 nahm er Kontakt zu Otto Dibelius und Oskar Hammelsbeck auf, die er jeweils zu nächtlicher Stunde aufsuchte. Dibelius schrieb später dazu:

> „Eines Abends kam er zu mir, um mir zu sagen, er gehe jetzt in die SS. Niemand möge denken, daß er Nationalsozialist geworden sei. Das Gegenteil sei der Fall. Aber nach dem Zusammenbruch, den er kommen sehe, müsse jemand da sein, der die Dinge von innen her miterlebt habe und darum Zeuge erster Hand sein könne. Darum sein Entschluß."[25]

Gerstein war bewußt, daß er glaubhafte Zeugen für seine konstant gebliebene innere Gesinnung benötigen würde. Auch Hammelsbeck war dies klar, wenn er später schrieb:

> „Er mußte sich anvertrauen, um Zeugen für später zu gewinnen. Ich bewahre dem 1945 in der Pariser Haft Umgekommenen ein reines und ehrendes Andenken."[26]

Oswald Hanisch, ein Freund aus der Bibelkreisarbeit, berichtet von einem Treffen mit Gerstein im Jahre 1941, bei welchem dieser ihm sei-

23 Gersteins Ernennung zum SS-Untersturmführer (S) und Fachführer der Waffen-SS mit Wirkung vom 1.11.41 erfolgte durch Schreiben des SS-Personalhauptamtes vom 6.11.41. Sein Dienstgrad lautete: SS-Untersturmführer (F). Im Schreiben vom 6.11.41 wird Gerstein noch der Fachgruppe „Kriegswesen" beim SS-Führungshauptamt zugeordnet. In einer vom 17.2.42 datierten Ernennungsurkunde zum SS-Untersturmführer (S) wird Gerstein dem SS-Sanitätsamt beim SS-Führungshauptamt zugerechnet (BDC, PA Kurt Gerstein).

24 Brief Kurt Gersteins an Erich Capito vom 7.6.41 (LkA Bielefeld 5,2 NS Nr. 122).

25 Dibelius schrieb in einem Brief an den Hagener Pfr. Ernst Küpper vom 5.7.46 (LkA Bielefeld 5,2 NS Nr. 19), Gerstein habe ihm 1941 Sinn und Ziel seines SS-Eintritts mitgeteilt. In seinem Buch ‚Obrigkeit', Stuttgart 1963, 140 Anm.17, schilderte Dibelius die Begegnung mit Gerstein im Spätsommer 1942.

26 O. Hammelsbeck, Vita – Pädagogische Autobiographie (masch.), Wuppertal 1959, 42 (LkA Bielefeld 5,1 Nr. 337).

nen Plan dargelegt habe, als SS-Mann in die inneren Kreise der SS-Kommandostellen vorzudringen, um von innen her den Nationalsozialismus zu bekämpfen und an Informationen über die geplanten Tötungsverbrechen zu kommen. Gerstein legte Hanisch dar, er habe schon während seiner Haft im Jahre 1938 seinen Bewachern und anderen höheren Stellen eine innere Wandlung glaubhaft machen können, so daß es zu einem Eintritt in die SS habe kommen können. Auch Hermann Ehlers wurde zu diesem Gespräch am Abend noch hinzugezogen, in welchem die beiden Freunde Gerstein vor einem solchen Vorhaben warnten.[27]

Zu Pfarrer Wehr in Saarbrücken, dem er bereits im Februar 1941 seine Pläne mitgeteilt hatte, stand er ebenfalls in Kontakt. Auf Reisen nach Paris machte er oft einen Abstecher nach Saarbrücken. Desgleichen schaute er auf diesen Reisen in Mönchengladbach bei der Familie von Dr. Hollweg vorbei, der ein führendes Mitglied der Bekennenden Kirche in Mönchengladbach war.[28]

Doch letztlich waren es nur wenige Personen, denen Gerstein seine Absichten offenlegen konnte, wenn er sich nicht leichtsinnig in Gefahr bringen wollte. So spielte er vor allen anderen Freunden durchaus den überzeugten SS-Mann, der sich von vormaligen Überzeugungen und Bindungen getrennt zu haben schien. Sein Freund Martin Günther aus der Neuruppiner Schulzeit erlebte ihn in dieser Weise bei einer Begegnung im Sommer 1942:

> „Er trat sogar aus der Kirche aus und ließ seinen damals geborenen Sohn nicht taufen. Er hat mir hierüber nie eine andere Erklärung gegeben, als die, daß er nun genug von politischen Verfahren habe und endlich loyal mitarbeiten wolle.“[29]

Tatsächlich ist Gerstein aber niemals aus der Kirche ausgetreten, nur hat er die Kirchensteuer einfach nicht mehr bezahlt. Die drei Kinder Gersteins wurden alle getauft, auch der jüngste, im Dezember 1942 geborene Sohn Olaf wurde wenige Tage nach der Geburt getauft.[30]

Der Hagener Pfarrer Rehling berichtete darüber, wie wichtig es gewesen sei, sich gegenüber „harmlosen Gemütern“ mit kritischen oder gefährlichen Bemerkungen zurückzuhalten:

27 So O. Hanisch, Ein Spion Gottes, in: Jungenwacht H. 12.1963, 18 f. Ehlers bestätigt diese Schilderung indirekt, weil auch er von Gerstein erfahren haben will, er habe schon in seiner Haft 1938 eine innere Wandlung glaubhaft machen können und so den Weg in die nationalsozialistischen Verbände gesucht.

28 S. dazu H.-G. Hollweg, Eine Begegnung in meiner Jugend, in: Der Rotarier H. 9.1979, 360–365, und Gesprächsprotokoll über die Unterredung vom 14.3.87 in Mönchengladbach des Verf. mit Hans-Georg Hollweg.

29 Brief Martin Günthers an Martin Niemöller vom 4.6.49 (ZAdEKHN 62/3210).

30 Siehe dazu den Auszug aus dem Taufregister Tübingen (LkA Bielefeld 5,2 NS Nr. 371) und die Schreiben wegen der nicht bezahlten Kirchensteuer im LKA 5,2 NS Nr. 60, Nr. 366 und Nr. 367.

„Gerstein hat sich manchmal über sie lustig gemacht und [sie, JS] auf seine Art benutzt. Ihnen gegenüber spielte er den ‚gläubigen Nationalsozialisten'. Sie erzählten es dann schon an der richtigen Stelle und in der besten Form, die man sich nur wünschen konnte, nämlich ohne jede Heuchelei!"[31]

Rehling war 1940 wieder aus der Wehrmacht entlassen worden und hörte von einer Sinneswandlung Gersteins:

„Gerstein solle sein nationales Herz entdeckt haben, er wolle mit den Nationalsozialisten Frieden schließen. Ich konnte es mir nicht denken. An Liebe zu seinem Vaterland hatte es Gerstein zwar nie gefehlt, aber nach seinen inneren Voraussetzungen konnte er in dem Krieg nur ein hereinbrechendes Gericht Gottes sehen. Eines Tages kam er zu mir: ‚Wenn Sie merkwürdige Dinge von mir hören, so denken Sie nicht, ich sei ein anderer geworden. Sagen Sie das auch bitte Präses D. Koch. Es liegt mir daran, daß er nicht schlecht von mir denkt. Ich habe mich zur SS gemeldet und rede jetzt manchmal deren Sprache. Ich tue das aus zwei Gründen: Der Zusammenbruch kommt. Das ist absolut gewiß. Es kommt Gottes Gericht. In dem Augenblick werden diese gewissenlosen Desperados alle jene noch umbringen, die sie als ihre Gegner ansehen. Dann hilft kein Widerstand von außen. Die einzige Hilfe kann nur durch einen kommen, der dann Befehle unterschlägt oder sie verstümmelt weitergibt. Dahin gehöre ich jetzt! – Und der andere Grund: Ich bin so vielen Verbrechen auf der Spur. Meine Tante [richtig: Schwägerin, JS] ist in Hadamar getötet worden. Ich will wissen, an welcher Stelle und durch wen diese Mordbefehle gegeben werden.'"[32]

Alle angeführten Aussagen von Freunden Gersteins belegen deutlich, daß Gerstein nach seinem Eintritt in die SS, aber schon vor seiner Verstrickung in die Mordmaschinerie, seine Absicht zu spionieren und zu sabotieren, anderen mitgeteilt hat.[33] Da er bei seinem Eintritt in die Waffen-SS seine frühere Parteimitgliedschaft und den Ausschluß aus der Partei verschwiegen hatte, kam er gegen Ende des Jahres 1941 in Schwierigkeiten.[34] In die Weihnachtszeit fiel der Tod von Gersteins Bruder Alfred, der seinen schweren Kriegsverletzungen erlegen war.[35] Bei der Beerdigung erkannte der Parteiberichterstatter beim Gaugericht Westfalen-Süd den aus der Partei ausgeschlossenen ehemaligen Parteigenossen Gerstein wieder, der nun SS-Uniform trug.[36] Dieser

31 Brief Rehlings an die Redaktion des Spiegels vom 29.12.68 (LkA Bielefeld 5,2 AS Nr. 5/2 Fasc. 1).

32 Rehling, Außenseiter, 31 f.

33 Anders die Spruchkammer Tübingen im Urteil vom 17.8.50 auf Blatt 4 und 5, die der Ansicht war, Gerstein habe nicht von vornherein die Absicht gehabt zu spionieren, sondern habe sich erst nach den grauenhaften Erlebnissen in Belzec zur Informierung Dritter entschlossen (Handakten des Verf.).

34 Auf einem SS-Fachführerbogen fehlt jeder Hinweis auf seine Parteizugehörigkeit (LkA Bielefeld 5,2 NS Nr. 247). In einem Personalbogen vom 20.3.41 ist vermerkt: „noch nicht Pg., erst Anwärter" (BDC, PA Kurt Gerstein).

35 Siehe dazu die Todesanzeige für Alfred Gerstein vom 29.11.41 (LkA Bielefeld 5,2 NS Nr. 461).

36 Vgl. Friedländer, Zwiespältigkeit, 86, der sich auf einen Bericht Karl Gersteins bezieht. Im Gerstein-Bericht vom 4.5.45 heißt es dazu: „Weihnachten 1941 erhielt das Gericht, das meinen Ausschluß aus der NSDAP verfügt hatte, Kenntnis von meinem Eintritt in die SS an führender Stelle. Es folgte ein starkes Kesseltreiben gegen mich. Aber wegen meiner großen Erfolge und meiner Persönlichkeit wurde ich von meiner Dienststelle geschützt und gehalten."

zeigte den Fall umgehend bei der Partei und der SS-Führung an, doch aufgrund des Schutzes seiner Vorgesetzten konnte Gerstein bleiben und wurde im Januar sogar zum Abteilungsleiter einer von Gerstein eigens ins Leben gerufenen Abteilung „Gesundheitstechnik" ernannt.[37]

c. Gersteins Abteilung „Gesundheitstechnik"

Der Erfolg bei der Konstruktion von Desinfektionsanlagen, die einen maßgeblichen Anteil an der erfolgreichen Bekämpfung der Fleckfieberepidemien unter den deutschen Heeres- und Besatzungskräften hatten, sicherte ihm das Wohlwollen seiner Vorgesetzten, die Gerstein eigenständig arbeiten ließen. Beim Aufbau seiner Abteilung „Gesundheitstechnik" schleuste Gerstein alte Bekannte und ihm zuverlässig erscheinende Personen in das SS-Hygiene-Institut ein. So wurde Armin Peters, ein Freund aus der B.K.-Zeit, der Meteorologe bei der Luftwaffe war, gegen seinen Willen ins Hygiene-Institut versetzt. Auch Horst Dickten, ein zeitweiliges „Pflegekind" der Gersteins, und der Ausbilder aus Arnhem, Robert Weigelt, wurden Mitarbeiter dieser Abteilung.[38]

In einer Beurteilung vom 19.2.43, die sein Chef Mrugowsky anläßlich seiner Beförderung zum Obersturmführer abgegeben hatte, heißt es über Gersteins Arbeit:

> „Die Waffen-SS ist von allen Wehrmachtsteilen die, die sich durch ein solches Konstruktionsbüro nicht in die Abhängigkeit von Privatfirmen begeben hat. Dieser Vorsprung vor anderen Wehrmachtsteilen ist vor allem Herrn Gerstein zu verdanken."[39]

Mit seiner neugegründeten Abteilung „Gesundheitstechnik" gelang es Gerstein offenbar, den ihm gewährten Freiraum für die Verbesserung der hygienischen und gesundheitlichen Bedingungen von Soldaten und Lagerinsassen zu nutzen. Doch die Belobigung seiner Arbeit in der oben zitierten Beurteilung weist zugleich darauf hin, daß Gerstein ein „Rädchen" in dem sich ausbreitenden und verzweigten Wirtschafts- und Unternehmensimperium der SS war, welches schon bald in die von der SS betriebene Vernichtungsmaschinerie mit einbezogen werden sollte.

37 In der Beurteilung Gersteins durch seinen Chef Mrugowsky vom 13.2.43 (BDC, PA Kurt Gerstein u. Kopie im LkA Bielefeld 5,2 NS Nr. 246) wird der Aufbau der Abteilung Gesundheitstechnik durch Gerstein besonders hervorgehoben.

38 Siehe dazu Joffroy, Spion (1), 113 ff.

39 Beurteilung Gersteins durch Mrugowsky vom 13.2.43.

3. Der Belzec-Auftrag

a. Das Schädlingsbekämpfungsmittel „Zyklon B“

Als Fachmann für Fragen der Desinfektion hatte Gerstein mit hochgiftigen Desinfektionsgasen zu tun. Das nach dem Ersten Weltkrieg bekannteste und gebräuchlichste Schädlingsbekämpfungsmittel war das Blausäurepräparat „Zyklon B“. Es handelte sich dabei um in porösem Trägermaterial gebundene flüssige Blausäure. Die wegen ihres niedrigen Siedepunktes leicht zersetzliche Blausäure war in Verbindung mit diesem Trägermaterial besser zu handhaben und ihr Einsatz für Entwesungszwecke in größerem Umfang möglich geworden.[40] „Zyklon B“ wurde in Blechdosen gelagert und transportiert. Nach dem Öffnen der Dose kam es dann bei normalen Temperatur- und Druckverhältnissen zu einer Zergasung der Blausäure. Der Bedarf an diesem hochgiftigen Entwesungsmittel stieg mit Kriegsbeginn enorm an. Die Produktion von „Zyklon B“ wurde von 179,8 t im Jahre 1939 auf 242 t im Jahre 1940 gesteigert und erreichte im Jahre 1943 den Höchststand von 411,2 t, bevor durch Kriegseinwirkung die Produktionskapazität stark eingeschränkt wurde.[41] „Zyklon B“ wurde zu allgemeinen Desinfizierungsvorgängen in Kasernen, Baracken, Lagerräumen etc. verwendet. Besonderer Bedarf bestand vor allem in den Konzentrations- und Gefangenenlagern, wo die Gefahr bestand, daß die von der Kleiderlaus übertragenen Fleckfiebererreger auch auf die Bewachungsmannschaften und die kämpfende Truppe übertragen werden könnten. In den Ostgebieten waren auch Siedlungen und Häuser vor dem Aufkommen wirksamer Bekämpfungsmittel so stark mit Läusen, Wanzen und anderem Ungeziefer verseucht, daß für die Eindringlinge große Ansteckungsgefahr bestand, weil ihnen die Immunität gegen Fleckfieber fehlte. Zu Entlausungs- und Entwesungszwecken war „Zyklon B“ in den Konzentrationslagern seit längerem vorhanden. Im September 1941 wurde es zum ersten Mal in Auschwitz zur Vergasung von sowjetischen Kriegsgefangenen verwendet.[42] Damit war für die

40 Zum Giftgas „Zyklon B“ s. G. Peters: Blausäure zur Schädlingsbekämpfung, Stuttgart 1933, und Nationalsozialistische Massentötungen durch Giftgas. Eine Dokumentation, hrsg. von E. Kogon/H. Langbein/A. Rückerl, Frankfurt 1983, 282–287. Auch im Urteil des Schwurgerichts Frankfurt vom 28.3.49 finden sich informative Ausführungen über Patent und Herstellung von Zyklon B, in: Justiz und NS-Verbrechen, 136–138.

41 Justiz und NS-Verbrechen, 109, und Hilberg, Vernichtung, 600 f.

42 Diese Vergasung fand am 3.9.41 im Kellergeschoß von Block 11 in Auschwitz statt und wurde – angeblich in Abwesenheit von Höß – auf Anordnung des SS-Hauptscharführers Fritzsch an ca. 600 sowjetischen Offizieren und politischen Kommissaren durchgeführt. Siehe dazu die Schilderung in: KL Auschwitz, 89 f., besonders 90 Anm. 12. Zu einer anderen Datierung kommt Jean-Claude Pressac, Die Krematorien von Auschwitz, München ^{2}1995, 41. Hier wird die erste Vergasung mittels Zyklon B auf den Zeitraum zwischen dem 5. Dezember und Ende Dezember datiert.

unmittelbar bevorstehende Ausrottungsaktion an der jüdischen Bevölkerung ein zur Massentötung geeignetes Gas gefunden. In seinen autobiographischen Aufzeichnungen schrieb der Lagerkommandant Höß:

> „Über die Tötung der russischen Kriegsgefangenen an und für sich machte ich mir damals keine Gedanken. Es war befohlen, ich hatte es durchzuführen. Doch ich muß offen sagen, auf mich wirkte diese Vergasung beruhigend, da ja in absehbarer Zeit mit der Massen-Vernichtung der Juden begonnen werden mußte, und noch war weder Eichmann noch mir die Art der Tötung dieser zu erwartenden Massen klar. Durch Gas sollte es wohl sein, aber wie und was für ein Gas? Nun hatten wir das Gas und auch den Vorgang entdeckt."[43]

Im Frühjahr 1942 wurde dann auf dem Gelände des Lagers Birkenau in zwei umgebauten kleinen Bauerngehöften mit der Vergasung begonnen.

b. Der Besuch des Sturmbannführers Günther

Auf welche Weise wurde nun Gerstein in die Vernichtungsmaschinerie einbezogen? Gerstein selbst berichtet von dem Besuch des Sturmbannführers Rolf Günther aus Eichmanns Dienststelle beim Reichssicherheitshauptamt:

> „Am 8. Juni [1942, JS] erhielt ich in meinem Dienstzimmer Besuch von dem SS-Sturmbannführer Günther vom Reichssicherheitshauptamt in der Kurfürstenstraße. G. kam in Zivil, ich kannte ihn bis dahin nicht. Er gab mir unter allerlei geheimnisvollen Andeutungen den Befehl, ein Quantum Blausäure (– 260 kg –) zu beschaffen und mit diesem Gift mittels eines Kraftwagens des SD an einen Ort zu fahren, der nur dem Chauffeur bekannt sei. Die Sache liefe als eine der zurzeit geheimsten Reichssachen."[44]

Aus der Darstellung Gersteins geht nicht hervor, aus welchem Grund man in dieser Angelegenheit auf ihn zurückgriff. In seiner Vernehmung vom 15. Juli 1945 gab er an, Günther habe seinen Namen von einem „Offizier aus dem Chemie-Bereich" bekommen, an den dieser sich zuerst gewandt habe.[45] Möglicherweise kam Gersteins Name auch deshalb ins Spiel, weil er seinen Chef Mrugowsky in einem Ausschuß zur Fleckfieber- und Seuchenbekämpfung mehrfach vertreten hatte.[46] Dieser Ausschuß wurde von Dr. Gerhard Peters, dem Direktor der Firma DEGESCH, geleitet. Günther erteilte Gerstein mündlich den Befehl,

43 Ebd., 91.

44 So im Gerstein-Bericht vom 6. Mai 1945. Allerdings handelte es sich bei dem Sturmbannführer Rolf Günther nicht, wie Gerstein vermutete, um den Sohn des Rassetheoretikers Hans Friedrich Karl Günther (1891–1968). Rolf Günther darf aber nicht verwechselt werden mit seinem Bruder Hans Günther, der ebenfalls Mitarbeiter Eichmanns war und die Zentralstelle für jüdische Auswanderung in Prag leitete.

45 So in der Vernehmung Kurt Gersteins vor dem 2. Ständigen Militärtribunal Paris vom 15.7.45 (LkA Bielefeld 5,2 NS Nr. 489).

46 Justiz und NS-Verbrechen, 113.

der dann 48 Stunden später auch schriftlich bestätigt wurde, sich eine Menge von 260 kg „Zyklon B" zu besorgen und mit einem Wagen des RSHA an einen Ort zu transportieren, den nur der Fahrer des Wagens kannte. Über die Verwendung des Giftes blieb Gerstein nicht im unklaren. Günther beauftragte ihn, die technischen Möglichkeiten einer Umstellung der Vergasung durch Motorabgase auf Vergasung durch „Zyklon B" zu prüfen. Nach Aussage Gersteins hatte Günther keine genaue Vorstellung über die technische Durchführung einer solchen Vergasung und überließ es Gerstein, an Ort und Stelle technische Vorschläge zu machen.[47]

Interessant ist, daß Gerstein in seinem Bericht wie in seinen Vernehmungen sich niemals auf die unbedingte Bindung an den gegebenen Befehl berufen hat.[48] Die Annahme des Auftrages rechtfertigte er vielmehr mit seiner Absicht, Einblick in die Todesmaschinerie zu erhalten:

> „Ich konnte mir die Art des Auftrages ungefähr denken. Ich übernahm ihn jedoch, weil mich hier der Zufall an das Ziel führte, in diese Maschinerie den lang ersehnten Einblick zu erhalten. Ich hatte auch nicht die leisesten Bedenken. Denn wenn ich den Auftrag nicht übernommen hätte, hätte ihn ein anderer im Sinne des SD ausgeführt, während ich als Autorität auf dem Gebiet der hochgiftigen Gase ohne Schwierigkeit die ganze Ladung – als zersetzt oder gefährlich geworden oder verdorben – verschwinden lassen konnte. So konnte ich jeden Mißbrauch der Blausäure zur Tötung von Menschen verhindern."[49]

c. Die schreckliche Wahrheit

Die Reise fand in der zweiten Hälfte des August 1942 statt. Gerstein wurde von dem SS-Obersturmbannführer Pfannenstiel begleitet, der Professor für Hygiene an der Universität Marburg war.[50] Nach eigenen Aussagen war Pfannenstiel mit der Überwachung der städtischen Trink- und Abwasserversorgung der Stadt Lublin betraut und nutzte die Gelegenheit, mit dem Wagen Gersteins dorthin zu fahren.[51] Die Fahrt ging zuerst zu den Kaliwerken bei Kolin, 57 km östlich von Prag, wo die Blausäure hergestellt und in Blechdosen zu 100, 200, 500, 1.000 und 1.200 Gramm ausgeliefert wurde. Von Kolin aus fuhr der Konvoi, bestehend aus vorausfahrendem Personenwagen mit nachfolgendem LKW, nach Lublin, wo Gerstein und Pfannenstiel von SS-Gruppenführer Globocnik empfangen wurden. Dieser zeigte Pfannenstiel und Gerstein

47 So in der Vernehmung vom 15.7.45.

48 Zum Argument des Befehlsnotstandes siehe A. Rückerl, Die Strafverfolgung von NS-Verbrechen 1945 bis 1978. Eine Dokumentation, Heidelberg/Karlsruhe 1979, 81 ff.

49 So im Gerstein-Bericht, Abschnitt „6. Die Reise nach Lublin (17. August)".

50 Siehe in der Dokumentation, S. 218 ff., den Abschnitt „6. Die Reise nach Lublin (17. August)".

51 So Pfannenstiel in der Vernehmung vom 6.6.1950 beim Darmstädter Landgericht (Abschrift im LkA Bielefeld 5,2 AS Nr. 5/9 Fasc. 1).

zunächst das noch im Bau befindliche spätere Vernichtungslager Maidanek und das Betriebsbüro der „Aktion Reinhard", wie Globocnik das Unternehmen nach dem ermordeten Reinhard Heydrich genannt hatte. Am nächsten Tag ging die Fahrt nach Belzec, wo am Nachmittag eine Besichtigung des Lagers Belzec ohne jede Vergasung stattfand. Am nächsten Tag, dem 19. August, erlebten Gerstein und Pfannenstiel in Belzec die Vergasung eines Eisenbahntransports mit deportierten Juden. Gerstein berichtete später darüber:

> „Am anderen Morgen um kurz vor sieben Uhr kündigt man mir an: In zehn Minuten kommt der erste Transport! – Tatsächlich kam nach einigen Minuten der erste Zug von Lemberg aus an. 45 Waggons mit 6.700 Menschen, von denen 1.450 schon tot waren bei ihrer Ankunft. Hinter den vergitterten Luken schauten, entsetzlich bleich und ängstlich, Kinder durch, die Augen voll Todesangst, ferner Männer und Frauen."[52]

Gerstein schildert, wie die Menschen von ukrainischen Hilfskräften aus den Waggons getrieben wurden, wie sie ihre Wertsachen, Brillen, Prothesen und Kleider abgeben mußten. Gerstein konnte den Vernichtungsvorgang von einer Rampe zwischen den Gaskammern aus beobachten. Er schildert die zynischen Beruhigungsversuche von SS-Männern, die gegenüber den verängstigten Menschen von dringend notwendigen Inhalationen sprachen und sie aufforderten, in der Kammer tief durchzuatmen. Trotzdem hatte Gerstein den Eindruck, daß die Mehrzahl der in die Gaskammern getriebenen Menschen durch den pestilenzartigen Geruch über ihr Schicksal keinen Zweifel hatten. Die Vergasung wurde mit den Auspuffgasen eines Dieselmotors durchgeführt. Gerstein erlebte jedoch, daß der Diesel nicht ansprang und die Menschen in den dicht gefüllten Gaskammern länger als zwei Stunden ausharren mußten, bis der Vergasungsvorgang durchgeführt wurde. Nach Gersteins Angaben dauerte es noch einmal quälende zweiunddreißig Minuten, bis die Menschen in den Gaskammern tot waren.

Es ist nun nicht ganz klar, ob die Fahrt zum Vernichtungslager Treblinka noch am selben Tag stattfand oder am nächsten Morgen. Gerstein schreibt zwar, die Fahrt hätte am nächsten Tag stattgefunden, gibt aber zugleich als Datum den 19. August an. Wahrscheinlich irrt sich Gerstein hier im Datum und meint den 20. August.

Von Treblinka aus erreichte Gerstein Warschau und nahm von dort den Nachtzug nach Berlin.[53]

52 So im Gerstein-Bericht, Abschnitt „8. Die erlebte Vergasung in Belzec (19. August)".

53 Pfannenstiel hat den anschließenden gemeinsamen Aufenthalt in Treblinka abgestritten. Vgl. Vernehmung Pfannenstiels vom 6.6.1950.

4. Die ganze Welt muß es wissen!

a. Begegnung mit dem schwedischen Diplomaten von Otter

Noch ganz unter dem Eindruck des grauenhaften Erlebens begegnete Gerstein auf der Rückfahrt im Zug von Warschau nach Berlin dem schwedischen Legationssekretär Göran von Otter. Noch im Zug nahm Gerstein Kontakt zu dem Diplomaten auf. Über diese Begegnung berichtete von Otter später:

> „Ich war in Warschau gewesen, um einen Landsmann zu besuchen, einen Kaufmann, der Kontakt mit der polnischen Widerstandsbewegung gehabt hatte und von der Gestapo verhaftet worden war. Er saß in Warschau im Gefängnis. Ich hatte keinen Schlafwagenplatz mehr bekommen – genau wie Gerstein –, und beide planten wir die Fahrt nach Berlin schlecht und recht im Gang durchzustehen. Ich merkte, wie er mir zunickte ‚Na das wird ja eine schöne Reise . . . ' Ich baute ihm ganz bewußt eine Brücke. Ich bot ihm eine Zigarette an. Er dankte, gab Feuer und fragte im gleichen Atemzug, ob er mir eine schlimme Geschichte erzählen dürfe. ‚Geht es um die Juden?' ‚Ja, um die Juden, die im Osten umgebracht werden. Hier ist meine Identitätskarte. Hier sind Instruktionen des Lagerkommandanten, eine Bestellung für Blausäure.' . . . Gerstein war nur mit Mühe zu bewegen, leise zu sprechen . . . Wir standen die ganze Nacht zusammen, sechs Stunden, vielleicht auch acht Stunden. Und immer wieder sprach Gerstein von dem, was er erlebt hatte. Er schluchzte und schlug die Hände vors Gesicht. Ich dachte, er wird diese Gewissensqualen nicht mehr lange aushalten. Er wird sich verraten, und sie werden ihn dann verhaften . . ."[54]

Baron von Otter ließ sich von Gerstein den von seinem Amt suspendierten ehemaligen Generalsuperintendenten Dibelius als Referenz nennen, bei dem er dann in Berlin Informationen über Gerstein einholte. Gerstein sprach wohl noch zweimal bei der schwedischen Botschaft vor und erhielt von Otter die Antwort, daß seine Berichte die schwedisch-deutschen Beziehungen schwer belastet hätten. Tatsächlich hatte von Otter auch Meldung nach Stockholm gemacht, doch wurde die Information von den Schweden nicht weitergeleitet.[55]

54 Friedländer, Zwiespältigkeit, 111 f., zitiert aus einem Interview mit dem Rheinischen Merkur vom 24.7.64.

55 Dazu W. Laqueur, Was niemand wissen wollte. Die Unterdrückung der Nachrichten über Hitlers „Endlösung", Frankfurt/Berlin/Wien 1981, 64–67. Demzufolge hat von Otter dem Chef der politischen Abteilung im Außenministerium in Stockholm mündlichen Bericht über die Begegnung mit Gerstein erstattet. Dieser hielt es jedoch für zu riskant, die Nachrichten an eine kriegführende Macht weiterzugeben. Erst am 23.7.1945, zwei Tage vor Gersteins Tod, schrieb von Otter wegen Gerstein an den schwedischen Botschafter in London. Vom 7.8.45 existiert ein Aktenvermerk des schwedischen Außenministeriums, in welchem Gersteins Bericht über das Vernichtungslager Belzec gegenüber einem schwedischen Diplomaten vermerkt wurde. Der Aktenvermerk ist abgedruckt bei L. Poliakov/J. Wulf, Das Dritte Reich und die Juden, 115.

b. Die Evangelische Kirche in Berlin

Kaum nach Berlin zurückgekehrt, setzte Gerstein alles daran, seine Erlebnisse aus den Vernichtungslagern anderen mitzuteilen. Zunächst wandte er sich an einflußreiche Vertreter der beiden christlichen Kirchen. Otto Dibelius berichtete über den Besuch Gersteins:

> „Nach langer Zeit kam er wieder, spät in der Nacht, erregt, verstört. Er erzählte folgendes: Die SS habe ihn beauftragt, ein Verfahren auszuarbeiten, wie man eine große Zahl von Leichen beseitigen könne, ohne die Luft zu verpesten oder sonstige unangenehme Spuren zu hinterlassen. Mit diesem Auftrag habe man ihn in eins der großen Konzentrationslager geschickt. Dort sei er Zeuge einer Verbrennungsaktion geworden: ... [es folgt eine Schilderung der Vergasung, JS] ... So erzählte Kurt Gerstein mit halberstickter Stimme. Und dann schrie er es förmlich heraus: ‚Helfen Sie! Helfen Sie! Das Ausland muß es wissen! Es muß Weltgespräch werden! Es gibt kein anderes Mittel, um diesen wahnsinnigen Scheußlichkeiten ein Ende zu machen!' Ich war erschüttert. Niemand hatte mir, bis dahin, von diesen Dingen gesagt."[56]

Was tat Dibelius nach diesem Gespräch? Wie reagierte er auf die erste Nachricht von der beginnenden Ausrottung der deportierten Juden? Zu dieser Frage hat sich Dibelius nur sehr vage geäußert. Im Anschluß an die oben zitierte Äußerung über das Gespräch mit Gerstein fuhr Dibelius fort: „Was ich daraufhin getan habe, gehört nicht hierher. Es konnte nur wenig genug sein." An anderer Stelle verwies er darauf, Gersteins Informationen an den Bischof von Uppsala weitergegeben zu haben.[57] Angaben über Zeitpunkt, Ort und Form der Mitteilung machte Dibelius nicht. Für eine Weitergabe von Gersteins Informationen an britische Kirchenvertreter, wie Stupperich annimmt, gibt es keinen Anhaltspunkt.[58]

Welche Konsequenzen aber hatte diese Nachricht für die Bekennende Kirche in der altpreußischen Union? Auch in dieser Frage sind die Auskünfte von den damals Beteiligten überaus vage. Oskar Hammelsbeck, den Gerstein ebenfalls öfters in der Nacht aufsuchte, äußerte sich in einem Leserbrief an die FAZ dahingehend, er habe den Bruderrat über diese Dinge informiert.[59] Aber auch hier keine Namen, kein Zeitpunkt und keine für uns erkennbaren Reaktionen.

Der altpreußische Bruderrat hatte am 7. Juli 1942 einen Ausschuß zur Frage der Geltung des „primus usus legis" berufen, der sich unter ausdrücklicher Einbeziehung der Judenfrage mit der Anwendung und Gel-

56 Dibelius, Obrigkeit, 140 f.

57 So im Brief von Dibelius an Küpper vom 5.7.46 (LkA Bielefeld 5,2 NS Nr. 19).

58 Dies behauptet Stupperich, Dibelius, 345, bringt jedoch keine Belege. Seine Informationen über die Verbindung zwischen Gerstein und Dibelius stützen sich ausschließlich auf Friedländers Biographie, Dokumente aus dem Nachlaß werden nicht zitiert.

59 Frankfurter Allgemeine Zeitung vom 6.2.64. Dort schrieb Hammelsbeck im Leserbrief: „Diese Mitteilungen sind von mir damals mit seinem Wissen im Bruderrat der Bekennenden Kirche zur Sprache gebracht worden und für alles Weitere Otto Dibelius anvertraut worden."

tung der Dekaloggebote im öffentlichen Leben befassen sollte. Die erste Ausschußsitzung fand am 10. August 1942 in Marburg statt, also noch vor Gersteins Reise nach Lublin. Zu einer zweiten Sitzung, auf der eine von Bonhoeffer in der Zwischenzeit erarbeitete Vorlage diskutiert wurde, kam es am 15. März 1943, wenige Wochen vor Bonhoeffers Verhaftung am 5. April.[60]

Nach Auskunft von Wilhelm Niesel, der auf beiden Sitzungen anwesend war, waren Gersteins Informationen niemals Gegenstand der Ausschußarbeit.[61] Doch gibt es Grund zu der Annahme, daß zumindest Niesel und vielleicht auch Bonhoeffer Gersteins Informationen kannten. Bonhoeffer könnte von Hammelsbeck über Gersteins Erlebnisse gehört haben, denn Hammelsbeck und Bonhoeffer waren beide Mitglieder des Ausschusses zum primus usus legis und trafen sich darüber hinaus 1942/43 öfters zu Gesprächen in Bonhoeffers Elternhaus.[62]

Niesel selbst kannte Gerstein und seine Informationen über die Tötungsverbrechen im Osten. Er teilte dem Verfasser folgende Erinnerung mit:

> „Ich erinnere mich, daß Gerstein mich und Dibelius unterrichtet hat. ... Die Erde trüge das Blut der erschossenen Juden nicht mehr. Daher sei man zur Vergasung in Wagen übergegangen, wie er es gesehen habe."[63]

c. Gerstein bei der Vertretung des Papstes in Berlin

In gleicher Sache wandte Gerstein sich an die Vertretung des Heiligen Stuhls in Berlin. Er wurde von einem Nuntiaturrat empfangen und gefragt, ob er Soldat bei der Wehrmacht sei. Gerstein, der in Zivil war, bejahte die Frage. Daraufhin wurde jedes weitere Gespräch abgelehnt und er gebeten, die Nuntiatur umgehend zu verlassen.[64] Danach wandte er sich an Dr. Winter, den Syndikus des katholischen Bischofs von Berlin, dem er berichten konnte, und der ihm versprach, diese Informationen weiterzugeben.[65]

d. ... von Mann zu Mann weitersagen

Neben diesen Informationsversuchen an einflußreicher Stelle informierte Gerstein in der Folgezeit eine Vielzahl von Freunden und Bekannten, er

60 Vgl. Niesel, Kirche unter dem Wort, 258–260; dazu auch Bethge, Bonhoeffer, 795–798.
61 Mitteilung Niesels an den Verf. vom 15.10.1986.
62 So O. Hammelsbeck, Mit Bonhoeffer im Gespräch, in: W. D. Zimmermann (Hg.), Begegnungen mit Dietrich Bonhoeffer, München ²1965, 142–153.
63 Mitteilung Niesels an den Verf. vom 15.10.86.
64 So im Gerstein-Bericht, Abschnitt „11. Die Rückfahrt nach Berlin und die Benachrichtigungen".
65 Ebd. S. Friedländer, Pius XII. und das Dritte Reich, Frankfurt 1965, 123, geht von einer Weitergabe der Information an den Vatikan aus, da – wie Friedländer spitzfindig schlußfolgert – der Vatikan den Empfang eines solchen Berichts bisher nie dementiert habe.

selber sprach von Hunderten von Personen.[66] Stellvertretend für viele sei hier das Gespräch mit Pfarrer Rehling wiedergegeben, wie es dieser später schilderte:

> „Ich sehe Gerstein noch vor mir auf dem Küchenstuhl sitzen, den Kopf vornüber geneigt. Die Mütze des SS-Offiziers liegt auf dem Küchentisch. Ein vom Grauen gequälter Mann. Wir haben von zweierlei gesprochen ... 1. Können wir noch etwas tun, um das zu verhindern? 2. Wie halten die Menschen das aus, die solche Verbrechen im Dienst Adolf Hitlers ausführen?
> Können wir etwas tun? Als ich die Frage aufwarf, ob man nicht von der Rathaustreppe in die vorbeigehenden Menschen hineinschreien oder am nächsten Sonntag auf der Kanzel davon erzählen sollte, selbst auf die Gefahr hin, ins KZ zu kommen, wehrte Gerstein mit beiden Händen ab. Das käme in keine Zeitung. Und die Menschen, die es gehört hätten, würden am nächsten Tage – auf Wunsch gleich mit ärztlichen Attesten – vernehmen: Der allseits geliebte und geachtete Pastor mußte wegen eines Anfalls von Geistesverwirrung in eine Heilanstalt gebracht werden. ‚Dort würden Sie alle meine Freunde verraten und so jede Hilfsaktion unmöglich machen.' Meine Gegenfrage lautete: ‚Soll man etwas Derartiges unter dem Gesichtspunkt der Erfolgsmöglichkeit tun oder unter dem Gesichtspunkt der sittlichen Notwendigkeit?' Gersteins Meinung: ‚Man soll so etwas nicht tun, wenn es sinnlos ist und nur andere gefährdet! Eine Möglichkeit, etwas geheimzuhalten, wenn man verhaftet ist, gibt es nicht. Unter der Folter sagen alle aus... Damit ich keinen Mithelfer hereinlege, habe ich in diesem Siegelring unter dem Stein Zyankali!'"[67]

Armin Peters, ein alter Freund aus der Bibelkreisarbeit und späterer Mitarbeiter in Gersteins Abteilung beim Hygiene-Institut, erfuhr noch am Tag von Gersteins Rückkehr von dem Schrecklichen. Er berichtete später:

> „Gerstein kam am Spätnachmittag von seiner Reise zurück und rief mich sofort in meiner Luftwaffen-Dienststelle an und bat mich um eine dringende persönliche Unterredung. Ich fuhr sofort nach Berlin und suchte ihn in seiner Wohnung, die sich damals in der Agricolastrasse befand, auf. Gerstein war völlig erschöpft, von der Reise müde und hungrig, jedoch ausserstande, irgendetwas zu sich zu nehmen oder gar auszuruhen. Vollkommen aus dem seelischen Gleichgewicht, schilderte er mir in allen Einzelheiten den genauen Hergang der Exekutionen sowie die Mittel, deren man sich hierzu bediente. ... Es war weder für Gerstein noch für mich möglich, diese besagte Nacht auch nur ein Auge zuzutun, und so besprachen wir die neue Situation und das, was hier von uns aus getan werden könnte. Wir kamen überein, diese Tatsachen um der Wahrheit willen zunächst von Mann zu Mann weiterzutragen."[68]

Armin Peters erhielt von Gerstein im Herbst 1942 einen Brief an seine Frau für den Fall, daß ihm etwas zustoßen würde. Darin kündigt er seiner Frau den möglichen Selbstmord an. Er schrieb:

> „Es ist Dir genau bekannt – und war es Dir damals schon – daß mir im Ernstfall nichts übrigbleibt als die Freiheit der Entscheidung, von der ich Dir schrieb. Schon aus rein praktischen Gründen würde ich keinen Augenblick zögern, als

66 So im Gerstein-Bericht, Abschnitt „11. Die Rückfahrt nach Berlin und die Benachrichtigungen".
67 Rehling, Außenseiter, 32. S. auch den Bericht von: Egon Franz, Ich weiß seit 1942 vom Holocaust, in: Spenerbote. Gemeindeblatt der Königin-Luise-Gedächtniskirche 30, H. 3–12. 1979.
68 Die Aussage vor dem Schwurgericht Frankfurt wird zitiert nach: Justiz und NS-Verbrechen, 147.

letztes nach dieser Freiheit zu suchen, weil sie mir unendlich viel Schlimmeres und Bitteres ersparen würde. Ich habe dies auch meinem Vater, der mich nach dem Wert und den Konsequenzen dieser Andeutung fragte, unmißverständlich zum Ausdruck gebracht. Ja, sie hat mich in der Gewalt, wenn Du so willst, sie und diese freiwillig gewählte Freiheit, die bleiben mir noch. Zugegeben, das Wort (Niemöller) ist tödlich. Es verheißt, wenn ich nicht schneller bin, einen qualvollen bitteren Tod."[69]

e. Kontakt zum holländischen Widerstand

Als ihn sein holländischer Freund Ubbink im Februar 1943 in Berlin besuchte, beschwor Gerstein diesen, die Informationen über die Massentötungen an holländische Widerstandskreise weiterzugeben, damit sie per Funkspruch nach London gelangen könnten.[70] Obwohl Ubbink selbst die Erzählungen Gersteins kaum glauben konnte, leitete er die Schilderungen seines Freundes doch an holländische Widerstandskreise weiter. Er informierte Cornelius van der Hooft, der aktives Mitglied der Widerstandsorganisation LO (Nationale Organisation zur Unterstützung Untergetauchter) war.[71] Auch van der Hooft bezweifelte den Wahrheitsgehalt der Informationen Gersteins. Trotzdem kam es gegen Ende März 1943 zur Abfassung eines dreiseitigen Berichts mit dem Titel „Todesfabriken in Polen", den van der Hooft niederschrieb. Man überlegte wohl auch, ob man das Risiko auf sich nehmen könne, Gerstein und seiner Familie in den Niederlanden Unterschlupf zu gewähren, aber letztlich setzte sich die Skepsis durch. Van der Hoofts Bericht wurde nicht weitergegeben, sondern im Hühnerstall seines Kontaktmannes in der Nähe von Doesburg versteckt. Nachdem van der Hooft im April 1944 verhaftet worden war, mußte auch sein Kontaktmann bei Doesburg untertauchen. Dessen Haus wurde von den Deutschen angesteckt, nur der Hühnerstall blieb unbeschädigt und mit ihm der einzige Bericht über die polnischen Vernichtungslager in holländischer Sprache, der mit folgenden Worte begann:

„Verbunden mit der dringenden Bitte um Bekanntgabe an alle Welt erreichte uns aus Polen folgende völlig abscheuliche, unsäglich grausame und unmenschliche Geschichte. Ihr Wahrheitsgehalt wird durch einen hohen deutschen SS-Offizier verbürgt, der die folgende Erklärung unter Eid abgab und um ihre Veröffentlichung bat . . ."[72]

69 Zitat aus einem Brief von Armin Peters an Rehling vom 12.3.47; eine Abschrift befindet sich im ZAdEKHN 62/3210.

70 So J. H. Ubbink in einem Brief an das Departement of Justice in München vom 14.9.49 (Abschrift in den Handakten des Verf.).

71 L. de Jong, Die Niederlande und Auschwitz, in: VZG 17.1969, 1–16, zuerst in englischer Sprache abgedruckt in: Yad Vashem Studies, Bd. VII, Jerusalem 1968, 39–55.

72 Jong, Niederlande und Auschwitz, 8.

f. Informationen über den Holocaust sickern durch

Gersteins Informationen waren in der zweiten Hälfte des Jahres 1942 nicht die einzigen Nachrichten über die im Osten begonnene systematische Vernichtung der deportierten Juden in den Vernichtungslagern. Sie waren auch nicht die einzigen Informationen, die wegen ihres „unglaublichen" Inhalts nicht ernst genommen und zurückgehalten wurden.

Aus den einzelnen ins Ausland gelangten Nachrichten über Deportationen und Massaker im Gebiet des besetzten Polens hoben sich zwei Informationen besonders hervor. Die erste zuverlässige Nachricht über eine von den Nazis geplante und umfassend angelegte Vernichtung der Juden Europas gelangte in den letzten Tagen des Juli 1942 in die Schweiz. Ein hochrangiger deutscher Industrieller, der über gute Verbindungen zu Schweizer Finanz- und Geheimdienstkreisen verfügte, überbrachte diese Information einem Basler Geschäftsfreund. Die Identität dieses Industriellen, der den Krieg überlebte und nicht genannt werden wollte, konnte erst in jüngster Zeit gelüftet werden. Es handelte sich um Eduard Schulte (1891–1966), den Generaldirektor der oberschlesischen Bergwerksgesellschaft „Georg von Giesches Erben" in Breslau.[73] Die Information wurde von Schultes Geschäftsfreund an Gerhart Riegner, den Direktor des Genfer Büros des Jüdischen Weltkongresses, weitergegeben. Dieser zögerte einige Tage und gab die Nachricht durch Vermittlung des britischen und amerikanischen Konsulats in Genf per Telegramm an die Führer des Jüdischen Weltkongresses in London und New York weiter. In dem Telegramm hieß es:

> „Alarmierenden Bericht erhalten, demzufolge im Führerhauptquartier ein Plan besprochen worden und in Erwägung ist, nach dem alle Juden in von Deutschland besetzten oder kontrollierten Ländern, 3,5 bis 4 Millionen an der Zahl, nach Deportation und Konzentration im Osten mit einem Schlag vernichtet werden sollen, damit die jüdische Frage in Europa ein für allemal gelöst ist. ... Über die Tötungsarten wird noch debattiert, wobei auch die Verwendung von Blausäure im Spiel ist."[74]

Das amerikanische Außenministerium in Washington war nicht bereit, das Telegramm an Steven Wise, den Präsidenten des Jüdischen Weltkongresses in New York, weiterzuleiten. Das Auswärtige Amt in London zögerte ebenfalls mit der Weitergabe, leitete es aber dann doch an Sydney Silvermann weiter, den Leiter der britischen Sektion des Jüdischen Weltkongresses. Von einer Publikation der Nachricht riet das Auswärtige Amt jedoch ausdrücklich ab.[75]

73 Zur Biographie Eduard Schultes und der Aufdeckung seiner Identität siehe W. Laqueur/R. Breitmann, Der Mann, der das Schweigen brach. Wie die Welt vom Holocaust erfuhr, Frankfurt/Berlin 1986. Vgl. auch Laqueur, Was niemand wissen wollte, 100 f., und M. Gilbert, Auschwitz und die Alliierten, München 1982, 64 f.

74 Gilbert, Auschwitz und die Alliierten, 65.

75 Ebd., 66 ff.

Nachdem das Auswärtige Amt in London schon im August 1942 im Zusammenhang mit der Liquidierung des Warschauer Gettos den Hinweis auf ein Vernichtungslager in Belzec bekommen hatte, wurde diese Information im November durch den in London eingetroffenen Polen Jan Karski (Kozielewski) bestätigt. Er schilderte die Vorgänge im Warschauer Getto, die Menschenjagden und anschließende Deportation in Zügen:

> „Die Leute sind so eng hineingepfercht, daß diejenigen, die ersticken und sterben, Schulter an Schulter mit den noch Lebenden und denen, die langsam an den Kalk- und Chlordämpfen und am Mangel an Luft, Wasser und Nahrung zugrundegehen, stehen bleiben. Wenn die Züge irgendwo ankommen, ist stets die Hälfte der Leute tot. Die Überlebenden werden in besondere Lager in Treblinka, Belzec und Sobibor geschickt. Dort angekommen, werden die sogenannten ‚Siedler' haufenweise umgebracht."[76]

Karski gelang es sogar, in das Vernichtungslager Belzec eingeschleust zu werden. Dort sah er unzählige Leichen, aber keine Gaskammern. Gerüchteweise erfuhr er, die Tötungen würden durch elektrischen Strom durchgeführt.[77] Doch auch diese weitere konkrete Information löste keine nennenswerten politischen Reaktionen aus.

Hitler erinnerte unterdessen am 30. September 1942 in seiner Rede zur Eröffnung des Winterhilfswerks 1942/43 an seine zu Anfang 1939 ausgesprochene Drohung, das Ergebnis eines neuen Weltkrieges werde nicht die „Bolschewisierung der Erde und damit der Sieg des Judentums sein, sondern die Vernichtung der jüdischen Rasse in Europa".[78] In Anspielung auf diese Passage seiner damaligen Rede erklärte er nun:

> „Die Juden haben einst auch in Deutschland über meine Prophezeiungen gelacht. Ich weiß nicht, ob sie auch heute noch lachen, oder ob ihnen das Lachen bereits vergangen ist. Ich kann aber auch jetzt nur versichern: Es wird ihnen das Lachen überall vergehen."[79]

5. Gerstein und die Blausäurelieferungen der DEGESCH

Im Juni 1943 sollte Gerstein ein zweites Mal in die Vernichtungsmaschinerie einbezogen werden. Diesmal wurde er von Günther vom Reichssicherheitshauptamt (RSHA) mit der Beschaffung und Lagerung einer größeren Menge „Zyklon B" beauftragt. Hatte er den ersten Auftrag dazu nutzen können, um Informationen über die Vernichtungslager, das Ausmaß und den Ablauf der Massentötungen weiterzugeben, so han-

76 Ebd., 108.
77 Ebd., 109; zu Karskis Besuch des Lagers Belzec vgl. Laqueur, Was niemand wissen wollte, 286 f.
78 Zitiert nach: Ursachen und Folgen, Bd. XIII, 21.
79 Zitiert nach Gilbert, Auschwitz, 83.

delte es sich bei diesem Auftrag um die Beschaffung erheblicher Mengen von „Zyklon B“ unter Umgehung des offiziellen Beschaffungsweges. Einige Historiographen des Holocaust sehen in Gerstein den maßgeblichen Einkäufer und Verteiler der SS in Sachen Giftgas.[80] Warum es sich dabei um eine Fehleinschätzung handelt, wird im Folgenden deutlich werden.

a. Das Gespräch zwischen Dr. Peters und Gerstein im Mai/Juni 1943

Offenbar nahm Gerstein schon im Jahre 1942 in Vertretung seines Vorgesetzten Mrugowsky an den Sitzungen des im Mai gegründeten Arbeitsausschusses für „Raumentwesung und Seuchenabwehr“ teil, der von Dr. Peters, dem Geschäftsführer der DEGESCH, geleitet wurde.[81] Dieser Ausschuß unterstand dem Reichsminister für Rüstung und Kriegsproduktion und befaßte sich hauptsächlich mit der Überwachung und Lenkung von Seuchenabwehr- und Entwesungsmaßnahmen, um durch geregelte Material- und Rohstoffzuteilung die Seuchenabwehr auch unter Kriegsbedingungen zu gewährleisten.

Dr. Peters war seit 1940 Geschäftsführer der DEGESCH und ein ausgewiesener Experte für Schädlingsbekämpfungs- und Entseuchungsfragen. Er selbst bezeichnete sich in den Nachkriegsprozessen als einen „gläubigen Nationalsozialisten“, der bis Ende 1944 bestrebt war, nationalsozialistische Ideale zu verwirklichen.[82]

Dr. Peters erinnerte sich später an Gerstein, der auch Anfang Januar 1943 anstelle von Mrugowsky zu einer Sitzung in Frankfurt erschienen war. Er sagte aus, Gerstein habe sich nicht aktiv beteiligt und einen sehr zurückhaltenden und wenig sachkompetenten Eindruck gemacht. Daher habe er persönlich den Kontakt mit Mrugowsky bevorzugt. Andere Ausschußmitglieder widersprachen dieser von Peters gegebenen Darstellung. Ihnen war Gerstein als ein sehr sachlich orientierter und zugänglicher Gesprächspartner in Erinnerung.[83]

Neben diesen Begegnungen im Ausschuß kam es aber Anfang Juni 1943 zu einem weiteren Treffen zwischen Dr. Peters und Gerstein, bei dem es um Sonderlieferungen von „Zyklon B“ für die Tötung von Menschen ging.[84] Direkte Folge dieses Gesprächs war die Einrichtung eines Dauerauftrages zur monatlichen Lieferung einer bestimmten Menge

80 Hilberg, Vernichtung, 602 f.
81 Justiz und NS-Verbrechen, 137.
82 Ebd., 141.
83 Ebd., 113.
84 Ebd., 116. Das Schwurgericht Frankfurt kam 1949 zu der Feststellung, das Gespräch zwischen Gerstein und Peters könne frühestens Anfang Juni 1943 stattgefunden haben. Die Sonderlieferungen sind auf einem Kontoblatt Gersteins bei der DEGESCH (NI-7278) festgehalten.

„Zyklon B" nach Auschwitz und Oranienburg. Die Besonderheit des Auftrages bestand darin, daß die Lieferungen unter Ausschaltung des offiziellen Weges über die DEGESCH-Vertriebsfirmen Tesch & Stabenow („Testa") in Hamburg und Heerdt & Lingler („Heli") in Frankfurt von der DEGESCH direkt vorgenommen wurden. Nach 1945 wurde wegen dieser Sonderlieferungen gegen Dr. Peters, den Geschäftsführer der DEGESCH, vor einem deutschen Gericht Anklage wegen Beihilfe zum Mord erhoben. Im Zentrum der gerichtlichen Untersuchung stand die Aufklärung über den Inhalt jenes Gesprächs mit Gerstein, über welches jedoch allein der Angeklagte noch Auskunft geben konnte. Dessen Aussagen standen natürlich ganz in dem Bemühen, sich nicht selbst zu belasten und nur zuzugeben, was nicht zu leugnen war. Eine Rekonstruktion des Gesprächs und seines Inhalts aufgrund der von Peters gemachten Aussagen wird daher immer unter diesem Vorbehalt stehen. Peters äußerte sich insgesamt sechsmal zu diesem Gespräch mit Gerstein und hat sich dabei in wesentlichen Punkten widersprochen und korrigiert. In einer ersten Vernehmung vom 11.12.45 in Bad Nauheim durch die englische Kriegsverbrecher-Untersuchungskommission Nr. 2 wurde Peters nach Direktlieferungen der DEGESCH unter Ausschaltung der Vertriebsfirmen „Testa" und „Heli" befragt. Peters sagte dazu aus:

> „Die zweite Gelegenheit war im Jahre 1943, als ich einen geheimen Befehl erhielt, auf Antrag von Dr. Mrugowsky reines Blausäuregas an die persönliche Adresse, nämlich Berlin, Oranienburg, Knesebeckstraße, einem Mann, der Gerstein hieß, zu liefern. Der erste Auftrag war über 200 kg, und ich glaube, daß die ganze Lieferung 600–800 kg betrug. Man gab mir keine Gründe, aber es war für Versuche für die SS und das OKH."[85]

Knapp zwei Jahre später befragten amerikanische Dienststellen am 26.10.47 Dr. Peters erneut wegen dieser Direktlieferungen der DEGESCH.[86] Peters sprach nun im Zusammenhang mit dem von Gerstein gegebenen Auftrag von monatlich 200–300 kg nach Oranienburg geliefertem „Zyklon B". Zunächst stritt er ab, von Gerstein den wahren Verwendungszweck der Sonderlieferung erfahren zu haben. Im Laufe der weiteren Vernehmung berichtigte er sich dann selbst und sagte aus, Gerstein habe ihm gesagt: „Wir müssen eine Reihe von minderwertigen Leuten, Idioten, Kranken beseitigen."[87] Gerstein habe ihn, Dr. Peters, um Hilfe gebeten, damit die Tötungen ohne unnötige Qualen rasch durchgeführt werden könnten. Er habe Gerstein daraufhin die Lieferung reizstoffloser Blausäure empfohlen, aber niemals geglaubt, daß die Lieferungen nach Oranienburg und Auschwitz in vollem Umfang für

85 Vernehmung von Dr. Peters vom 11.12.45 (NI-12110), hier zitiert nach: Justiz und NS-Verbrechen, 151.
86 Vernehmung von Dr. Peters vom 27.10.47 (NI-12111).
87 Ebd.

Massenmorde verwendet werden würden. In späteren Aussagen hat Peters die Kenntnis von Lieferungen nach Auschwitz bestritten.[88]

In der auf diese Vernehmung folgenden Nacht fertigte Peters eine Notiz an, in der es heißt:

> „Mrugowsky ließ mir mitteilen, daß Assessor Gerstein mich beim nächsten Besuch in Berlin zu sprechen wünsche. Gerstein empfing mich mit der Mitteilung, er habe mich in einer geheimen Reichssache zunächst zu strengstem Schweigen zu verpflichten; es handle sich um die Anwendung von Blausäure, aber nicht zur Entwesung, sondern gegen Menschen. Ich mißverstand zuerst und antwortete (vorschnell, wie ich mir später vorwarf), daß mir die Aufgabe von der Wehrmacht bereits seit längerem bekannt sei. (Ich dachte an einen mir übertragenen Geheimauftrag im Rahmen von Wehrmachtsabsichten, die offenbar zur Verwendung von HCN [= Blausäure, JS] zu Kampfzwecken führen sollten, von mir aber als sinnlos immer bekämpft –). Gerstein klärte das Mißverständnis mit der Feststellung auf, daß auf Befehl des Reichsführers SS gewisse Verbrecher, unheilbar Kranke und geistig Minderwertige getötet würden, daß die hierzu verwendeten Verfahren zuerst grausam und quälend gewesen seien, daß man nun mit Blausäure versucht hätte, um humaner vorzugehen, daß aber hierin noch eine große Grausamkeit liege, weil man nur behelfsmäßig mit dem der SS verfügbaren Zyklon die Tötungen vorgenommen hätte . . .“[89]

Gerstein selbst habe – so Peters weiter in der Notiz – zur schnelleren Tötung flüssige Blausäure anfordern wollen, was allerdings nicht möglich gewesen sei. Daraufhin habe Gerstein auf der Lieferung reizstofflosen Zyklons bestanden, der er zugestimmt habe. Im Hinblick auf die großen Mengen dieser Sonderlieferung führte Peters aus, Gerstein habe für die Tötungszwecke keine großen Mengen benötigt. Doch ihm sei es aus Gründen der Geheimhaltung wichtig erschienen, daß Gerstein größere Mengen anfordere und davon einen großen Teil auch zu Entwesungszwecken verwende. Von daher sei es falsch, aus der Menge des gelieferten Zyklons auf die Anzahl der getöteten Menschen zu schließen.[90]

In einer weiteren Vernehmung vom 3. April 1948 korrigierte Peters seine Aussage ein weiteres Mal. Er betonte nun, Gerstein habe ihn unter Drohungen zur Lieferung des reizstofflosen „Zyklon B“ gezwungen und die Lieferung einer größeren Menge gefordert, um sich eine Reserve an Giftgas anzulegen.[91] Den Kreis der zur Tötung vorgesehenen Personen beschrieb Peters nun dahingehend, es habe sich um „zum Tode Verurteilte und körperlich und geistig Unheilbare“ gehandelt, deren Tötung er für legal gehalten habe.

88 Auf dem Kontoblatt Gersteins bei der DEGESCH (NI-7278) sind die Bestimmungsorte der einzelnen Lieferungen erst ab dem Jahre 1944 vermerkt. Peters stellte sich daher in den späteren Vernehmungen auf den Standpunkt, der Lieferauftrag sei nachträglich auch auf Auschwitz ausgedehnt worden.

89 „Notiz für Herrn von Halle bestimmt“ von Dr. Peters vom 27.10.47 (NI-15071).

90 Ebd.

91 Justiz und NS-Verbrechen, 152 f.

In der Frankfurter Schwurgerichtsverhandlung im Jahre 1949 ist Dr. Peters bei seiner Aussage geblieben, Gerstein habe nur sehr geringe Mengen für den Tötungszweck benötigt und sich eine zusätzliche Reserve für Entwesungszwecke anlegen wollen.[92]

Analysiert man die unterschiedlichen Auslassungen von Dr. Peters im Hinblick auf die Tendenz seiner Korrekturen und Richtigstellungen, so fallen drei Punkte auf:

1. Im Hinblick auf den zur Tötung vorgesehenen Personenkreis hat Peters anfangs von „minderwertigen Leuten, Idioten, Kranken" gesprochen. Er präzisierte diese Aussage dahingehend, daß von „gewissen Verbrechern, unheilbar Kranken und geistig Minderwertigen" die Rede gewesen sei. Auf Vorhaltungen wegen des Ausdrucks „minderwertige Menschen" hat Peters diese Aussage so verstehen wollen, daß damit nicht drei Personengruppen gemeint waren, sondern er nur von den beiden Gruppen der verurteilten Kriminellen und der unheilbar Kranken habe reden wollen.
2. Über das Anliegen Gersteins in jenem Gespräch hat Peters ausgesagt, Gerstein habe ihm die Tatsache der Tötungen durch Blausäure mitgeteilt und ihn um Hilfe gebeten, wie die Tötungen menschenwürdiger durchgeführt werden könnten. Gerstein habe hier zunächst an flüssige Blausäure gedacht, diese sei aber nicht zu beschaffen gewesen. Nachdem Peters die Unterredung zunächst so dargestellt hatte, als habe er, Peters, den Vorschlag des reizstofflosen Zyklons gemacht, korrigierte er sich dahingehend, Gerstein habe die Ursache für die Qualen auf den beigegebenen Reizstoff zurückgeführt und von sich aus Dr. Peters zur Lieferung reizstofflosen Zyklons aufgefordert.
3. Über Umfang und Bestimmungsort der mit Gerstein vereinbarten Giftgaslieferungen hat Peters sehr unterschiedliche Angaben gemacht. Nachdem er zunächst von Lieferungen im Umfang von insgesamt 600–800 kg gesprochen hatte, gestand er später monatliche Lieferungen von 200 kg ein. Als Zielort nannte er anfangs neben Oranienburg auch Auschwitz, wobei er betonte, er habe nicht geglaubt, daß die gesamte gelieferte Menge zu Tötungen verwendet worden sei. Diese Aussage korrigierte er später in zweierlei Hinsicht: Von dem Bestimmungsort Auschwitz will er nichts gewußt haben. Peters hat diesen Punkt in allen folgenden Aussagen bestritten, obwohl einige Lieferungen im Lieferbuch ausdrücklich als an Auschwitz adressierte Lieferungen ausgewiesen worden sind. Hinsichtlich der mit Gerstein vereinbarten Menge erklärte Peters, er

92 Ebd., 143 f.

selbst habe gegenüber Gerstein auf der Lieferung einer größeren Menge Zyklon bestanden, damit die Geheimhaltung des zu Tötungszwecken verwendeten reizstofflosen Zyklons gewährleistet sei. Nachdem Peters auf die Unlogik dieses Arguments hingewiesen worden war, da doch die Lieferung einer großen Menge auffälliger sei als eine kleine, gelegentliche Lieferung, korrigierte Peters auch diese Aussage. Er sprach später davon, Gerstein habe sich einen Reservevorrat für Entwesungszwecke anlegen wollen und daher die monatliche Lieferung eines größeren Quantums Blausäure gefordert. So habe man sich auf monatliche Lieferungen von 200 kg geeinigt.

b. Der Umfang der Sonderlieferungen der DEGESCH an Gerstein

Das Schwurgericht Frankfurt hat sich 1949 und im Wiederaufnahmeverfahren von 1955 ausführlich mit den widersprüchlichen und daher zum Teil unglaubhaften Aussagen des Dr. Peters befaßt und sah es in seinem Urteil vom März 1949 als erwiesen an, „daß bei der Unterredung im Juni 1943 Gerstein dem Angeklagten Dr. Peters den Auftrag erteilt hat, laufend je 200 kg Zyklon ohne Reizstoff im Monat an das KZ Oranienburg und an das KZ Auschwitz zu liefern“.[93]

Anhand der vorhandenen Unterlagen lassen sich diese Lieferungen zweifelsfrei belegen.

Datum	**Menge**	**Lieferort**
30.06.43 01.07.43	240	ohne Angabe, wahrscheinlich Belzec
21.09.43	200	ohne Angabe, wahrscheinlich Auschwitz
21.09.43	200	ohne Angabe, wahrscheinlich Oranienburg
14.10.43	195	ohne Angabe, wahrscheinlich Auschwitz
14.10.43	195	ohne Angabe, wahrscheinlich Oranienburg
09.11.43	195	ohne Angabe, wahrscheinlich Auschwitz
09.11.43	195	ohne Angabe, wahrscheinlich Oranienburg
14.02.44	195	Auschwitz
14.02.44	195	Oranienburg

93 Ebd., 159.

Datum	Menge	Lieferort
08.03.44	210	Auschwitz
08.03.44	210	Oranienburg
20.03.44	195	Auschwitz
20.03.44	195	Oranienburg
11.04.44	195	Auschwitz
11.04.44	195	Oranienburg
27.04.44	195	Auschwitz
12.05.44	195	Oranienburg
26.05.44	195	Oranienburg
31.05.44	195	Auschwitz

Tab. 1: Zyklon B-Sonderlieferungen der DEGESCH an Gerstein 1943/44.

Ab September lief der Dauerauftrag von monatlich 200 kg bzw. 195 kg „Zyklon B“ an die Lager Auschwitz und Oranienburg. Zwar sind die Lieferorte lediglich für die Aufträge aus dem Jahre 1944 belegt, doch dürfen wir von der Annahme ausgehen, daß die Lieferungen aus dem Jahre 1943 ebenfalls jeweils an Auschwitz und Oranienburg gingen.

Lediglich zwei Rechnungen sind beglichen worden. Zum einen hat die Standortverwaltung des Lagers Auschwitz die Rechnung für die Lieferung vom 9.11.1943 beglichen. Die unter gleichem Datum erfolgte Lieferung an das Lager Oranienburg wurde durch eine Überweisung von Gersteins Postscheckkonto bezahlt.

Nach den Unterlagen ergibt sich eine Menge von 3.790 kg, die im Rahmen des Gerstein-Auftrages geliefert wurde. Davon gingen 1.775 kg nach Auschwitz und 1.970 kg nach Oranienburg.

Gerstein selbst bezifferte die Menge des von ihm beschafften „Zyklon B“ auf 8.500 kg und legte über 1.590 kg die Rechnungen der DEGESCH zusammen mit seinem Augenzeugenbericht vor.[94] Damit liegt die von Gerstein angegebene Menge erheblich über den 3.790 kg, von denen das Gericht aufgrund der vorhandenen Buchungsunterlagen der DEGESCH ausgehen konnte.

Um die Bedeutung der über Gerstein gelieferten Giftgasmengen ermessen zu können, müssen sie in ein Verhältnis zu den übrigen nach

94 PS-1553.

Auschwitz gegangenen Lieferungen gesetzt werden. Für die Jahre 1942 und 1943 liegen die außerhalb des Gerstein-Auftrages über die Vertriebsfirma Testa ergangenen Zyklon-Lieferungen bei 7,5 t und 12,2 t. Für das Jahr 1944 lassen sich mangels Unterlagen nur 2 t Zyklon für Auschwitz nachweisen.[95] Bei den im Rahmen des Gerstein-Auftrages zwischen Juni 1943 und Mai 1944 nachweislich gelieferten 3.790 kg handelte es sich also um erhebliche Mengen, erst recht dann, wenn die von Gerstein genannte Menge von 8.500 kg zugrunde gelegt wird.

Damit ist festgestellt, daß es sich bei dem Gerstein-Auftrag um vom Volumen her erhebliche Giftgaslieferungen gehandelt hat. Um so wichtiger ist daher die Frage, ob diese erheblichen Mengen an „Zyklon B" tatsächlich für Tötungen bereitgestellt und verwendet wurden oder ob es Gerstein tatsächlich gelang, einen Teil dieser Mengen unschädlich zu machen.

c. Gersteins Darstellung des Auftrags für die Sonderlieferungen

Wie hat sich Gerstein zu diesen Sonderlieferungen der DEGESCH geäußert?

In seinem Augenzeugenbericht findet sich über das Gespräch mit Peters nur eine knappe Notiz, in der er berichtet, Dr. Peters habe ihm im Gespräch berichtet, Blausäure in Ampullen für die Tötung von Menschen geliefert zu haben.[96] Über Zeitpunkt und Inhalt dieses Gesprächs hat Gerstein keine weiteren Angaben gemacht. Die knappe Notiz findet sich jedoch im Zusammenhang mit der Schilderung eines zweiten Auftrages durch Günther vom RSHA. Demnach beauftragte Günther Gerstein mit der Beschaffung einer größeren Menge Blausäure, die im RSHA gelagert werden sollte:

> „Das Gift sollte in seine Dienststelle in der Kurfürstenstraße geliefert werden und dort in einem Schuppen, den er mir zeigte, verwahrt werden. Es handelte sich um große Mengen, insgesamt um mehrere Waggons, die nach und nach aufgehäuft und zu seiner Verfügung gehalten werden sollten. Das Gift genügte zum Umbringen vieler Millionen Menschen. Günther sagte, er wisse noch nicht und könne noch nicht übersehen, ob, wann, wo, zu welchem Zweck, für welchen Personenkreis das Gift gebraucht oder auch nicht gebraucht werde. Jedenfalls müsse es ständig verfügbar sein. – Aus manchen Fragen zum Technischen, die Günther stellte, entnahm ich, daß wohl beabsichtigt gewesen sein muß, in einer Art Lese- oder Klubräumen eine sehr große Anzahl von Menschen umzubringen."[97]

Gerstein konnte Günther jedoch von dem Plan einer Lagerung in der Kurfürstenstraße abbringen, da die Gefahr für die Bevölkerung zu groß sei:

95 Ebd., 110.
96 So im Gerstein-Bericht.
97 Ebd.

„Mit Mühe gelang es mir dann, ihn zu überreden, das Gift in den Konzentrationslagern Oranienburg und Auschwitz zu verwahren. Ich richtete es dann so ein, daß ich das Gift dort sofort nach Eintreffen jeweils für Zwecke der Desinfektion, die dort laufend Waggons Blausäure brauchte, verschwinden ließ."[98]

Im Unterschied zu den Aussagen von Dr. Peters bleibt bei Gerstein kein Zweifel über den Umfang, den Zielort und den Bestimmungszweck der Sonderlieferungen. Gerstein erwähnt nie den reizstofflosen Zustand des Zyklons und beruft sich auch nie auf dadurch mögliche „humanere" Tötungen, wie Dr. Peters es dargestellt hat. Möglicherweise wählte Gerstein absichtlich reizstoffloses Zyklon, um die Zyklondosen leichter für undicht oder beschädigt erklären zu können, ohne dabei den typischen Bittermandelgeruch nachweisen zu müssen. Möglicherweise lag ihm aber auch daran, die über ihn laufenden Sonderlieferungen von den übrigen Lieferungen besonders abzuheben, denn auf den Dosen prangte deutlich lesbar der Aufdruck: „Vorsicht, ohne Warnstoff!"

Daß Zyklon ohne Reizstoff in besonderer Weise für Tötungszwecke benutzt worden wäre, Zyklon mit Reizstoff hingegen nur für Entwesungszwecke, läßt sich nicht nachweisen. Außerdem wurde der Reizstoffgehalt des Zyklons während des Krieges so weit herabgesetzt, daß er faktisch nicht mehr vorhanden war.[99]

d. Die Abteilung „Entwesung und Entseuchung"

Die Lieferungen von „Zyklon B" an das Konzentrationslager Auschwitz erfolgten normalerweise über die Vertriebsfirma Testa an die Verwaltung der Konzentrationslager. Die Lieferungen im Rahmen des Gerstein-Auftrages erfolgten jeweils an die „Abteilung Entwesung und Entseuchung" in den Lagern Oranienburg und Auschwitz. Da es im Lager Oranienburg nicht zu Vergasungen durch Giftgas gekommen ist, konzentriert sich das Interesse auf das Lager Auschwitz und die dortige Abteilung „Entwesung und Entseuchung".

Worum handelte es sich bei dieser Abteilung?

In den DEGESCH-Prozessen gab es dazu unterschiedliche Vermutungen. Während ein Zeuge darin die Tarnanschrift des Verwaltungsführers Möckel vermutete, ordneten andere diese Anschrift einer zum Hygiene-Institut gehörenden Abteilung zu, die außerhalb des Lagers gelegen war.[100]

98 Ebd.
99 Justiz und NS-Verbrechen, 122 f. und 167.
100 Ebd., 122.

Das Gericht kam über Mutmaßungen nicht hinaus und war der Auffassung: „... die Bedeutung der ‚Abteilung Entwesung und Entseuchung', ihr Zweck, ihre Stellung in der Organisation des Lagers Auschwitz und die Verbindung, in der Gerstein mit ihr stand, haben sich eindeutig nicht feststellen lassen."[101]

Aus dem Umstand, daß die Rechnung der Lieferung an Auschwitz vom 9.11.1943 von der Standortverwaltung Auschwitz beglichen wurde, kann man schließen, daß diese Lieferung im Lagerbetrieb verwendet worden ist. Dann ergibt sich daraus aber die umgekehrte Schlußfolgerung, daß die übrigen Lieferungen nicht in den Lagerbetrieb eingegangen sind, sondern diesem tatsächlich entzogen waren.

e. Gersteins Brief an die DEGESCH vom 24. Mai 1944

Gerstein führt zu seiner Entlastung nicht die Reizstofflosigkeit des „Zyklon B" an, sondern vielmehr die Tatsache, daß die Rechnungen auf seinen eigenen Namen liefen:

> „Die Rechnungen der Lieferfirma – Deutsche Gesellschaft für Schädlingsbekämpfung, Frankfurt a. M. und Friedberg – ließ ich auf meinen Namen ausstellen, angeblich wegen der Geheimhaltung, in Wahrheit, um in meinen Dispositionen ungestörter zu sein und um das Gift besser verschwinden lassen zu können. Aus dem gleichen Grund habe ich es stets vermieden, die vielen auflaufenden Rechnungen je zur Bezahlung vorzulegen, da ich dadurch den SD dauernd an diesen Vorrat hätte erinnern müssen und über den ordnungsgemäßen Befund von den bezahlenden Stellen sicher Recherchen angestellt worden wären. So zog ich es vor, die Firma auf Mahnungen hin zu vertrösten und die Rechnungen unbezahlt zu lassen."[102]

Die Direktlieferungen der DEGESCH an die Lager Oranienburg und Auschwitz stellten in jedem Fall eine Umgehung der offiziellen Lieferwege und einen Vertragsbruch gegenüber der zuständigen Vertriebsfirma Testa dar.[103] Die Frage ist, warum Gerstein sich an Dr. Peters persönlich wandte. Zwei Motive sind denkbar: Entweder sollte Gerstein – möglicherweise auf Anweisung Günthers – den normalen Anforderungsweg umgehen, um so der SS zusätzliche Mengen an „Zyklon B" zu verschaffen. Oder Gerstein wollte den normalen Lieferweg umgehen, um in Dr. Peters einen Helfer und Mitwisser zu finden, der bei der Sabotage der Giftlieferungen behilflich sein würde.

101 Ebd.
102 So im Gerstein-Bericht.
103 In einem Vertrag zwischen DEGESCH und den Vertriebsgesellschaften Tesch & Stabenow und Heerdt & Lingler vom 27.6.1942 war die Belieferung der Konzentrationslager im Osten geregelt worden (NI-11393). Siehe dazu auch K. H. Roth, Ein Spezialunternehmen für Verbrennungskreisläufe: Konzernskizze Degussa, in: 1999. Zeitschrift für Sozialgeschichte des 20. und 21. Jahrhunderts 3.1988, H. 2, 8–45, hier besonders 32.

Für die erste Annahme spricht einerseits die von Günther geäußerte Absicht, das für Tötungszwecke bestimmte „Zyklon B" zunächst zu lagern, andererseits der Umstand, daß in der Mitte des Jahres 1943 ein Mangel an verfügbarem „Zyklon B" eintrat. So forderte der Chef des Hygiene-Instituts Mrugowsky seine Mitarbeiter gegen Ende August 1943 auf, „Zyklon B" nur noch im Falle akuter Fleckfiebergefahr zur Durchgasung von Unterkünften in Konzentrationslagern einzusetzen.[104]

Angesichts einer solchen Mangellage bleibt es unerklärlich, warum Peters zwei Monate zuvor der Sonderlieferung an Gerstein zugestimmt hat. Im Ausschuß „Raumentwesung und Seuchenabwehr" hatte er sich gegenüber Ansprüchen der SS zu wehren verstanden und auch eine Lieferung der DEGESCH an Auschwitz im Jahre 1944 entschieden abgelehnt.[105] Wie aus allen von Dr. Peters gemachten Aussagen hervorgeht, war dieser offenbar bereit, „Zyklon B" für geheime Tötungsversuche zur Verfügung zu stellen. Aus diesem Grunde war er wohl auch bereit, die Lieferungen auf Gersteins Namen laufen zu lassen und Außenstände in Höhe von immerhin 17.000 RM hinzunehmen.[106] Da Gerstein selbst keine Angaben über das Gespräch mit Peters gemacht hat, läßt sich nur vermuten, er habe Peters deshalb ins Vertrauen gezogen, um mit ihm gemeinsam die Verwendung des „Zyklon B" zu Tötungszwecken zu verhindern. Ein Brief Gersteins an die DEGESCH vom 24. Mai 1944 gibt Anlaß zu dieser Vermutung. Er bat darin um die Aufstellung der bisher noch nicht bezahlten Lieferungen und fragte wegen der Haltbarkeit der Lieferungen an:

> „Außerdem bitte ich um Angabe, wie lange Sie die Haltbarkeit der Sonderlieferungen Oranienburg und Auschwitz ansehen. Falls Bedenken wegen der Dauer der Lagerung bestehen sollten, müßten wir die Lieferungen aus den ersten Sendungen mit zu Entwesungszwecken verbrauchen und jeweils nur frische Lieferungen verwahren. Bisher ist von diesen Mengen noch nichts verbraucht. Andererseits werden erhebliche Mengen – d. h. eigentlich die ganzen verwahrten Mengen – unter Umständen plötzlich benötigt. Aber die Sicherheit bzw. die Haltbarkeit steht natürlich obenan."[107]

Was hat Gerstein mit diesem Schreiben bezweckt? War er wirklich ernsthaft um die Haltbarkeit der Lieferungen besorgt, wie Hilberg ver-

104 In einem Schreiben Mrugowskys vom 24.8.43 heißt es (zitiert nach: Justiz und NS-Verbrechen, 139 f.): „In Zukunft kann Blausäure nur noch zur Vergasung von Unterkünften bereit gestellt werden, wenn eine erhebliche Fleckfiebergefahr vorliegt. Nach bisherigen Erfahrungen ist eine solche nur in Konzentrationslagern gegeben. In Zukunft darf daher Blausäure nur noch zur Vergasung von Baracken in Konzentrationslagern verwendet werden."

105 Ebd., 143.

106 In einem Schreiben der DEGESCH an Dr. Peters vom 8.1.46 (NI-15028) wird Peters an die Außenstände in Höhe von 17.000 RM erinnert, die von der Buchhaltung schon öfter angemahnt worden waren und für deren Bezahlung Dr. Peters selbst hatte sorgen wollen. In seiner Antwort an die DEGESCH vom 20.1.46 rechtfertigte sich Peters damit, er habe sich damals mehrfach an die Dienststelle Gersteins gewandt, die mit der von Mrugowsky identisch gewesen sei, habe aber nichts erreichen können (NI-15028).

107 Brief Gersteins an Dr. Peters vom 24.5.44 (NI-9908).

mutet? In Auschwitz war im April 1944 das zur Tötung eingesetzte Zyklon knapp geworden, nachdem gegen Ende März die Dessauer Produktionsstätte für Zyklon durch Bombenangriffe schwer beschädigt worden war. Da man in Auschwitz große Transporte deportierter Juden erwartete, wurde dringend „Zyklon B" für die geplanten Massentötungen benötigt. Dr. Peters berichtete, ein SS-Mann aus Auschwitz habe ihn im April in Friedberg aufgesucht und die sofortige Herausgabe von „Zyklon B" verlangt. In gleicher Sache ging ein Telegramm am 5.4.44 von Auschwitz an die DEGESCH, in welchem die sofortige Lieferung von 5 t Zyklon gefordert wurde.[108]

Hilberg stellt nun zwischen den dringenden Anforderungen von Zyklon im April und Gersteins Schreiben vom 24. Mai 1944 einen einfachen Zusammenhang her. Nach Hilbergs Auffassung drückte sich in Gersteins Schreiben die Sorge der SS aus, sie habe das Zyklon nun doch zu früh besorgt, und es könne möglicherweise unbrauchbar werden. Daher kann Hilberg in Gerstein auch den für die Zyklonbeschaffung der SS maßgeblichen Einkäufer und Verteiler sehen.[109]

Diese Darstellung ist jedoch in wesentlichen Punkten unzutreffend. Eine leichte Verderblichkeit des Zyklons, die Hilberg aufgrund einer Aussage von Höß annimmt, war in Wirklichkeit nicht gegeben. Bei den in Gersteins Schreiben ausdrücklich genannten „Sonderlieferungen Oranienburg und Auschwitz" kann es sich auch nicht um im April oder Mai 1944 erfolgte Lieferungen nach Auschwitz gehandelt haben, sondern gemeint waren die seit Juni 1943 erfolgten Sonderlieferungen auf Gersteins Namen. Berücksichtigt man diesen Tatbestand, dann wird zu fragen sein, ob nicht eine andere Beziehung zwischen der dringenden Anforderung von Zyklon aus Auschwitz und dem Schreiben Gersteins bestand. Angesichts der im April und Mai vorliegenden akuten Mangellage an „Zyklon B" für die Menschenvernichtung bekommt die Aussage Gersteins, bislang sei noch nichts von den angesammelten Lieferungen verbraucht, ein ganz anderes Gewicht. Sie würde bedeuten, daß die im Rahmen des Gerstein-Auftrages angesammelten Mengen an Zyklon dem Zugriff der mit der Durchführung der Massentötungen Beauftragten entzogen waren, denn sonst wären sie entweder längst aufgebraucht oder spätestens im April mit Eintreten der Mangellage eingesetzt worden. In jedem Fall wäre Gersteins Schreiben überflüssig gewesen. Wenn die Sonderlieferungen an Gerstein bis zum Mai 1944 tatsächlich unverbraucht waren oder er sie zwischenzeitlich für Entwesungszwecke verbraucht hatte, dann mußte er angesichts des dringenden Bedarfs an Zyklon fürch-

108 Telegramm des Sanitätszeugmeisters A. Behmenburg an Dr. Peters vom 5.4.44 (NI-9909).
109 Hilberg, Vernichtung, 602.

ten, daß Günther nun auf die angesammelte Reserve würde zurückgreifen wollen. Genau dieser Befürchtung scheint Gerstein in seinem Schreiben an Dr. Peters Ausdruck gegeben zu haben, wenn er schrieb:

> „Bisher ist von diesen Mengen noch nichts verbraucht. Andererseits werden erhebliche Mengen – d. h. eigentlich die ganzen verwahrten Mengen – unter Umständen plötzlich benötigt.“

Wofür diese Mengen plötzlich benötigt werden würden, darüber konnte bei Dr. Peters, der von Gerstein über die Verwendung des Zyklons für Tötungen informiert worden war, kein Zweifel bestehen. Ihm kann deshalb nicht entgangen sein, daß Gersteins Anfrage wegen der Haltbarkeit der Sonderlieferungen ein Angebot zur Unschädlichmachung der Mordreserve enthielt. Denn bei Bedenken wegen der langen Lagerzeit des Zyklons bot Gerstein an, dieses für Entwesungszwecke – und damit nicht für Tötungen – zu verbrauchen. Von Dr. Peters erwartete Gerstein entgegen allem fachmännischen Wissen eine Attestierung der mangelnden Haltbarkeit des Zyklons. Mit einer solchen Attestierung durch den Zyklon-Experten Peters hätte Gerstein eine Verwendung der Sonderlieferungen zu Entwesungszwecken gegenüber Günther rechtfertigen können. Doch Peters ging auf dieses Angebot Gersteins nicht ein. Ihm wird klar gewesen sein, welcher Gefahr er sich selbst aussetzen würde. So beantwortete Peters den Brief Gersteins nicht persönlich, sondern übergab ihn seinen Mitarbeitern zur Beantwortung und ließ durch diese eine unbedenkliche Haltbarkeit des „Zyklon B“ von mehreren Jahren attestieren.[110]

Ob Gerstein die Blausäurelieferungen tatsächlich gleich nach Eingang unschädlich machen konnte und zu Zwecken der Entwesung verbrauchen ließ, wie er selbst angab, läßt sich nicht mehr beweisen. Möglicherweise entzog es sich ja auch seiner Kenntnis, was aus den nach Auschwitz und Oranienburg gelieferten Zyklon-Mengen geworden ist.

Allein der Umstand, daß die Lieferungen an die „Abteilung Entwesung und Entseuchung“ erfolgten, gibt Anlaß zu der Vermutung, daß es Kurt Gerstein gelungen ist, die Lieferungen im Rahmen des auf seinen Namen laufenden Auftrages tatsächlich für Entwesungszwecke zu verwenden. Gerade die Tatsache, daß die Rechnungen unbezahlt blieben, spricht für diese Annahme.

Mehrere Freunde berichteten von einem starken physischen Verfall Gersteins in den letzten Jahren. Manche sehen darin ein Indiz für eine solch verhängnisvolle Verstrickung in den Vernichtungsapparat. Doch andererseits kann ein solches Indiz auch auf den gegenteiligen Sachverhalt hindeuten. Wenn ihm die Unschädlichmachung einer größeren

110 Dieser Brief ist Bestandteil des Dokuments PS-1553 und bei Poliakov/Wulf, Drittes Reich, 113 f., abgedruckt.

Menge dieses Zyklons gelungen ist, dann mußte er den Tag fürchten, an dem Günther die gelagerten Mengen anfordern würde.[111]

Man wird gegen die hier angestellten Überlegungen geltend machen können, daß im Ergebnis letztlich keine Gewißheit über die wirkliche Rolle Gersteins im Zusammenhang mit den Sonderlieferungen erzielt werden kann und es doch eigentlich als undenkbar erscheint, daß Gersteins Giftreserven von Günther niemals eingefordert worden sind. Man wird – wie das Schwurgericht Frankfurt – auch die Auffassung vertreten können, Gersteins Aussagen über den Verbleib der Sonderlieferungen seien zwar psychologisch verständlich, aber in der Sache wissentlich unwahr. Solche Überlegungen sind nicht abwegig, in gewisser Weise jedoch auch Ausdruck unserer Unfähigkeit, Sabotagebemühungen in dem Umfang, wie Gerstein sie betrieben haben will, für glaubhaft oder gar möglich zu halten.

Demgegenüber stellt sich die Frage, warum Gerstein ausgerechnet das Antwortschreiben der DEGESCH vom 7.6.44 auf seine Anfrage vom 24. Mai 1944 und die Rechnungen der DEGESCH auf den Namen Kurt Gerstein zusammen mit seinem Augenzeugenbericht zwei Offizieren der Alliierten im Mai 1945 übergeben hat. Wenn diese Dokumente ihn tatsächlich belasten konnten, warum hat er sie dann nicht vernichtet und den Komplex der Sonderlieferungen verschwiegen, wie das fast alle großen und kleinen Kriegsverbrecher getan haben?

6. Warten auf das Kriegsende

a. Ein Kreis von Nazigegnern

Gerstein bewohnte in Berlin eine große Wohnung in der Bülowstraße 47. Dort hatte er eine Haushälterin, die zuvor bei der SS erniedrigende Arbeiten hatte machen müssen und voller Haß auf die Nazis war. In dieser Wohnung empfing er von Zeit zu Zeit Freunde, so auch Hermann Ehlers, den Freund aus der Bibelkreisarbeit, der ihn während eines Fronturlaubes in der Bülowstraße besuchte. Ehlers schilderte diese Begegnung:

111 Gerstein selbst erwähnt nur eine weitere Begegnung mit Günther, bei der dieser anfragte, „ob es möglich sei, in Maria-Theresienstadt in den dortigen Festungsgräben, in denen die dort internierten Juden spazieren gehen durften, diese durch von oben hineingeworfene Blausäuredosen zu vergiften". Gerstein erklärte dies für unmöglich, und Günther gab sich mit dieser Antwort zufrieden. Daß in Theresienstadt große Mengen an „Zyklon B" verbraucht wurden, geht aus einem Schreiben der DEGESCH an den „Reichsarzt SS und Polizei" und den „Obersten Hygieniker" vom 27.6.44 (NI-7277) hervor. Darin wird um ein Einführungsschreiben für Dr. Rasch von der DEGESCH gebeten, der Theresienstadt besuchen will, um den Verbrauch an Zyklon durch geeignete Ratschläge zu minimieren.

„Ich habe Gerstein im Kriege zuletzt mehrere Male im Oktober 1944 gesehen, als ich mich zufällig als Offizier zu einem Lehrgang in Berlin aufhielt und G.[erstein, JS] zufällig im Gottesdienst eines Bekenntnispfarrers traf. Ich bin wiederholt bei ihm zu Besprechungen in der Nähe des Bahnhofs Großgörschenstraße gewesen. Der Kreis, der sich um ihn versammelte, war in einer Weise antinationalsozialistisch eingestellt, daß es schwer vorstellbar war, daß etwas Derartiges im Herbst 1944 in Berlin unentdeckt existieren konnte.“[112]

Dieser Kreis von „Antinazis“, wie Gerstein selber schrieb, traf sich öfter in Gersteins Wohnung. Ihm gehörten Prälat Buchholz aus Plötzensee, Walter Eckhardt, ein alter Corpskamerad, Felix Buss, Justitiar bei Telefunken, und andere an. Prälat Buchholz bestätigte später die Existenz dieses Kreises:

„Durch einen früheren politischen Häftling von Tegel, einen Industriellen, dessen Name mir leider entfallen ist ... und an dessen Freilassung Herr Gerstein persönlich mitgewirkt hat, wenn ich nicht irre durch Beiseiteschaffung der Akten, bin ich mit ihm [Gerstein, JS] bekanntgeworden. Durch diesen Herrn aus Tegel wurde ich im Sept. 44 zu einem Abend in die Wohnung des Herrn Gerstein eingeladen, wo ich noch eine Reihe von anderen Herrn traf, die alle entweder politisch gemaßregelt oder als politische Häftlinge durch die Gestapo-Gefängnisse gegangen waren. Von meinem Bekannten wurde mir versichert, daß alle Herren durchaus zuverlässig waren, und daß alle, besonders auch Herr Gerstein, den Wunsch hätten, von mir nähere Einzelheiten zu hören über die Massenhinrichtungen in Plötzensee. Ich habe davon dann auch ohne jede Hemmung in voller Offenheit berichtet, zumal auch jene furchtbare Nacht erwähnt im September 1943, wo 186 politische Häftlinge durch Erhängen hingerichtet worden sind. ... [Es folgt die Schilderung der Erzählungen Gersteins über die Massenvergasungen] ... Ebenso darf als Beweis für die wahre Gesinnung des Herrn Gerstein bezeichnet werden, daß er mir nicht nur jede Hilfe für meine politischen Häftlinge versprach, sondern mir auch kofferweise Lebensmittel, Zigaretten etc. brachte, die ich heimlich an sie weitergeben konnte.“[113]

b. Angst vor dem Ende und Hilfe für Freunde

Im Bereich humanitärer Hilfeleistungen versuchte Kurt Gerstein also die Vorzüge seiner Position in der SS zu nutzen, womit er sich selbst ständig in Gefahr begab. Neben den Lebensmittellieferungen an Buchholz versorgte er auch andere Notleidende während des Krieges mit Lebensmitteln. Als sein Freund Robert Weiß aus Straßburg wegen Hilfe für inhaftierte Franzosen selbst verhaftet wurde, setzte sich Gerstein bei den zuständigen Behörden für dessen Freilassung ein; nach der obigen Aussage von Prälat Buchholz riskierte er es sogar, Akten eines politischen Gefangenen verschwinden zu lassen. Auch der Frau seines

112 Erklärung von Dr. Ehlers vom 26.1.49 (LkA Bielefeld 5,2 NS Nr. 202).
113 So Domkapitular Buchholz in einem Brief vom 10.7.46 an Pfr. Küpper (LkA Bielefeld 5,2 NS Nr. 18).

Freundes Walter Eckhardt konnte er helfen, als diese wegen Begünstigung französischer Kriegsgefangener angezeigt worden war.[114]

Der Zustand Gersteins in den Jahren 1943 bis 1945 wurde von mehreren Zeugen als sehr schlecht geschildert. So kam Gerstein nach einer Predigt über das 5. Gebot „Du sollst nicht töten!" zu dem Pfarrer Mochalski, der die Vertretung im Pfarramt Niemöllers in Dahlem innehatte, und berichtete ihm von seiner Situation als Lieferant von Giftgas für die Ermordung Tausender. Er dachte wohl auch an Selbstmord, aber auch an seine zwei Bürgen beim Eintritt in die SS, die er nicht gefährden wollte. Mochalski konnte ihm damals wohl auch nicht raten, er traf ihn jedoch ein Jahr später in der Straßenbahn und stellte fest, daß Gerstein stark ergraut und eingefallen war. Ihm sei klar gewesen, daß Gerstein den damals berichteten Blausäureauftrag durchgeführt habe.[115]

Gerstein hielt auch die ganze Zeit über Kontakt zur Familie Niemöllers, dessen Frau er mit Lebensmitteln für sich und ihren Mann versorgte. Gegen Ende 1944 wandte sich Mochalski auf Hinweis der Familie Niemöller noch einmal an Gerstein, um sich von diesem einen Passierschein zum Verlassen Berlins ausstellen zu lassen:

> „Eine Haushälterin öffnete die Klappe und erkundigte sich nach dem Begehren. Dann öffnete sie die Tür ... Gerstein lag auf dem Bett, apathisch und voller Angst. Er erklärte mir dann, daß er sich von der SS verfolgt fühle und immer mit dem Erscheinen von SS- oder SD-Leuten rechne ..."[116]

Auch andere Zeugen berichten von dem starken Ergrauen Gersteins, den Weinkrämpfen und den Selbstmordgedanken. Walter Eckhardt berichtete:

> „Körperlich und geistig erschien mir Gerstein zuletzt durch die ständigen Konflikte, denen er ausgesetzt war, so sehr belastet, daß ich ernstlich um seine Gesundheit besorgt war. Wiederholt kamen bei ihm Selbstmordgedanken zum Vorschein, die er dann aus religiösen Erwägungen unterdrückte."[117]

Auch von seiner Familie wollte er sich durch Scheidung von seiner Frau trennen, damit diese nicht in sein Verhängnis mit einbezogen würde.[118] Auch war er in diesen Jahren mehrfach krank und im Lazarett, wo er unter anderem wegen einer starken Zuckererkrankung behandelt wurde.[119]

114 Erklärung von Dr. Walter Eckhardt vom 31.1.49 (Handakten des Verf.). Über eine ähnliche Hilfsaktion Gersteins berichtet der Straßburger Freund Robert Weiß in einem Brief vom 23.2.58 (Handakten des Verf.).

115 Friedländer, Zwiespältigkeit, 150 f., zitiert Mochalski. Daß Gerstein öfter im Pfarrhaus Niemöller war, geht auch aus der Erinnerung der Niemöller-Tochter Hertha von Klewitz hervor, in: Frauen im Kirchenkampf. Beispiele aus der Bekennenden Kirche Berlin-Brandenburg 1933–1945, hrsg. von W. See/R. Weckerling, Berlin 1984, 84 f.

116 Ebd., 181.

117 Erklärung von Dr. Eckhardt vom 31.1.49 (Handakten des Verf.).

118 Erklärung von Otto Völckers vom 16.2.49 (LkA Bielefeld 5,2 NS Nr. 6).

119 Erklärung von Dr. Nissen vom 1.10.57 (Handakten des Verf.).

c. Ein Briefwechsel mit dem Vater

Im Jahre 1944 kam es zu einem Briefwechsel mit seinem Vater, in welchem sich das spannungsvolle Verhältnis zu diesem ausdrückt. Am 5. März schrieb der Sohn von einer Dienstreise nach Helsinki an den Vater:

> „Lieber Vater! Einen einsamen Sonntagabend benutze ich, um Dir den lange fälligen Brief zu schreiben. An sich schreibe ich – sehr im Gegensatz zu früher! – sozusagen überhaupt keine Briefe. Nicht, als ob ich niemand etwas zu sagen hätte. Was ich aber zu sagen habe, ist in mir selber noch so sehr am Arbeiten, daß ich es nicht immer zu Papier bringen kann. Zudem ist eine der Mindestanforderungen und Voraussetzungen eines Briefes wenigstens ein gewisses Maß an innerer Wahrhaftigkeit. Durch höhere Gewalt sind dieser enge Grenzen gezogen, und gebranntes Kind scheut das Feuer. ... Es ist nun nicht so, daß ich Dir nichts zu sagen hätte. Ganz im Gegenteil. Oft und viel führe ich Selbstgespräche mit Dir.
>
> Ich glaube Euch gern, daß es besonders schwer für Euch war, in mich die Fundamente unserer sittlichen Bildung zu legen. ... Was mir so außerordentlich schwierig ist, ist dies, zu begreifen, wie dem Zweck so nahezu jede Hemmungen, Begriffe und Maßstäbe geopfert werden. Weitgehend hattet doch gerade Ihr diese Maßstäbe in uns hineingelegt und sie als unveräußerliches Unterpfand in uns genährt und gefestigt. Ich denke an die Mühle auf Deinem Schreibtisch mit unserem Namen: Gerechtigkeit, Ehrenhaftigkeit, Ruhe, Sicherheit, Treue, Ehrlichkeit, INnigkeit – gilt das alles nur für das Leben des Einzelnen? Gibt es Ziele und Werte – und seien es die höchsten –, denen ich, denen wir alle diese Werte nachordnen und u. U. opfern dürfen? Haben wir überhaupt ein Verfügungsrecht über ein uns anvertrautes Pfand, die Gerechtigkeit? Dürfen wir je die Güte preisgeben, von der es heißt, daß wir darin allein uns von allen Geschöpfen, die wir kennen unterscheiden? Kann irgend etwas Verheißung haben, wenn es diese Höchstwerte und die Grundlagen allen Seins mit Füßen tritt? Ich weiß nicht, was in Dir vorgeht, maße mir auch nicht im leisesten ein Recht an, dies wissen zu wollen. Aber wenn jemand ein Leben [lang, JS] beruflich dem Recht gedient hat, muß doch in den letzten Jahren einiges in ihm vorgegangen sein. Tief erschreckt hat mich Dein Wort, das Du mir in einem bitteren Augenblick meines Lebens zuriefst oder vielmehr schriebst, als ich mit schwersten Dingen rang: Harte Zeiten erfordern harte Mittel! – Nein, ein solches Wort reicht nicht aus, um Geschehenes vertretbar zu machen. Ich kann es nicht glauben, daß dies das letzte Wort meines alten Vaters zu so beispiellosem Geschehen ist, meines alten Vaters, der mit einem solchen Wort und einem solchen Denken nicht von hinnen gehen darf. Mir will scheinen, daß wir alle, die wir noch einige Zeit zu leben haben, noch genügend Veranlassung [haben werden, JS], allein über die praktischen Möglichkeiten und Grenzen, auch über die Folgen der Hemmungslosigkeit nachzudenken. Es gibt so manche Binsenwahrheiten, die einfach als Fundamente der uns gesetzten Ordnungen nicht ignoriert werden dürfen: Hochmut kommt vor dem Fall. – Der Krug geht so lange zum Wasser, bis er bricht. Viele, viele Worte anderer Art und Herkunft könnte und müßte ich zufügen, um mich voll verständlich zu machen. Aber ich will das lassen ... – Ich will Dir, der Du soviel erlebt und viel geopfert hast, das Herz nicht schwerer machen als nötig. Aber, lieber Vater, wenn wir überhaupt außer Belanglosem Fühlung halten wollen, wie Sohn und Vater, so erfordert das in der Grundlage ein Maß von Wahrhaftigkeit. Sonst gerät man ins Plätschern. Ich bin

weit entfernt von meiner Enge von vorgestern. Aber ich kenne unveräußerliche Begriffe und Maßstäbe, gegen die man nicht ohne schwerste Folgen und Auswirkungen verstoßen kann. Mögen dem einzelnen auch noch so enge Grenzen gesetzt sein und mag in vielem die Klugheit als die vorherrschende Tugend befolgt werden, niemals dürfte der Einzelne seine Maßstäbe und Begriffe verlieren. Nie darf er sich seinem Gewissen und der ihm gesetzten obersten Ordnung gegenüber darauf herausreden vor sich selbst: Das geht mich nichts an, das kann ich nicht ändern. – Sileat, sed cogitet: mea res agitur, ich stehe in dieser Verantwortung und in dieser Schuld, und zwar als ein Wissender mit entsprechendem Maß an Verantwortung.
Lieber Vater, es gibt Situationen, wo der Sohn verpflichtet ist, dem Vater, der selbst in ihn die Grundlagen legte und die Begriffe formte, einen Rat zu geben. Du wirst zu irgend einem Zeitpunkt für Deine Zeit, für das Geschehen in ihr, mit gerade stehen müssen. Wir würden uns auch nicht mehr verstehen und uns nichts Wesentliches mehr zu sagen haben, wenn ich Dir nicht sagen könnte und dürfte: Unterschätze diese Verantwortung und diese Rechenschaftsverpflichtung nicht. Sie kann eher kommen als man meint. Ich werde von dieser Verpflichtung, zugegeben, ich werde davon zerfressen (consumor in ea). Aber das schadet nichts. Ich grüße Dich herzlich als Dein Sohn."[120]

Der Antwortbrief ist nicht mehr erhalten. Der Vater hat wohl auch nicht verstanden, was ihm sein Sohn in diesen knappen Andeutungen sagen wollte. Er wird aber herausgespürt haben, daß sein Sohn mit dem Hinweis auf die „unveräußerlichen Begriffe und Maßstäbe" auf etwas anspielte, was im Denken des Vaters nach soldatischem Ungehorsam klang. Die Antwort lautete nach späterer Auskunft des Vaters sinngemäß so:

„Du bist Soldat, Beamter und hast die Befehle Deiner Vorgesetzten auszuführen. Die Verantwortung trägt der Befehlende, nicht der Ausführende. Ungehorsam gibt es nicht, Du hast zu tun, was befohlen wird, so habe ich es als alter preußischer Beamter und als Offizier gelernt."[121]

Kurt war über diese Antwort seines Vaters sehr enttäuscht und äußerte dies auch seinem Schwager Hans gegenüber. Ein halbes Jahr später schrieb er dem Vater einen zweiten Brief, in welchem er sich noch einmal zu erklären versuchte:

„. . . unsere Einstellung zu all dem Geschehen ist so grundanders, daß man da zunächst gar keine Brücken zwischen Feuer und Wasser schlagen kann. Mir ist es wohl zugefallen, all diese Dinge zwischen Weiß und Schwarz, zwischen Gut und Böse bis in die letzten Konsequenzen durchzudenken und – versteh dies bitte recht! – durchzuleiden. Das Meiste, was in diesem Zusammenhang zu sagen wäre, müßte mündlich besprochen werden. Das wußte ich auch schon, als Du bei mir in Berlin warst. Aber ich habe mich gehütet und werde mich hüten,

120 Brief Gersteins an seinen Vater 5.3.44 (LkA Bielefeld 5,2 NS Nr. 29).
121 So der Vater Gersteins in einem Brief an Elfriede Gerstein vom 24.11.46 (LkA Bielefeld 5,2 AS 5,9 Fasc. 1).
Darin schreibt der Vater Kurt Gersteins weiter: „Zu meiner Rechtfertigung muß ich sagen, daß ich solche Scheußlichkeiten, wie sie später aufgedeckt worden sind, nicht für möglich gehalten habe. Ich habe damals noch an Hitler geglaubt, wenn ich auch vieles von dem, was er tat, nicht gebilligt habe."

dies alles mit Dir zu besprechen. ... Lies doch bitte einmal in Schillers prosaischen Schriften die Abhandlung ‚Die Gesetzgebung des Solon und des Lykurg'. Vieles, was ich zu sagen hätte, ist dort gesagt. ... In einem gehst Du allerdings von unrichtigen Voraussetzungen aus: Ich habe meine Hände zu nichts hergegeben, was mit diesem allen zu tun hat. Wenn ich und soweit ich derartige Befehle erhielt, habe ich sie nicht ausgeführt und die Ausführung abgedreht. Ich selbst gehe aus dem ganzen mit reinen Händen und einem engelreinen Gewissen heraus. Das ist mir außerordentlich beruhigend. Und zwar: Nicht aus Klugheit. Was heißt hier Sterben? Sondern aus Prinzip und Haltung: Habe Du nichts zu schaffen ..."[122]

Wenn er sich auch gegenüber dem Vater mit den Worten rechtfertigte „Ich selbst gehe aus dem ganzen mit reinen Händen und einem engelreinen Gewissen heraus.", so zeigt doch sein psychischer und physischer Zustand die selbstzerstörerischen inneren Konflikte. Gerstein hatte nur begrenzte Möglichkeiten zu sabotieren, zu einem guten Teil mußte er mitmachen und machte er mit, da seine Person ohne weiteres zu ersetzen gewesen wäre. Wie aus seinem später verfaßten Bericht hervorgeht, besuchte Gerstein verschiedene Lager, u. a. auch das Frauenkonzentrationslager Ravensbrück, wo er Zeuge von grauenhaften Menschenversuchen wurde. Er erlebte Exekutionen in Mauthausen, die anläßlich seines Besuches durchgeführt wurden. Dazu konnte er sich durch Berichte, die ihm im Hygiene-Institut zugänglich waren, über die vielfältigen medizinischen Perversionen informieren, in die sein Vorgesetzter Mrugowsky verstrickt war.

Wir wissen nicht, welche Befehle Gerstein im einzelnen noch bekam, zu welchen Handlungen er durch seine Vorgesetzten herangezogen wurde. Sein in Kriegsgefangenschaft abgefaßter Bericht ist kein vollständiger Rechenschaftsbericht über die eigenen Tätigkeiten und Verstrickungen. Doch gibt es wohl keinen Grund und Anlaß, zu vermuten, Gerstein habe wesentliche Aspekte seiner Tätigkeit zu verschweigen versucht.

Die Berichte über seinen psychischen und physischen Zustand, die zunehmende Angst vor dem Entdecktwerden durch die SS und die Gestapo, all dies ließ ihn immer wieder an Selbstmord denken. Doch blieb es bei dem Gedanken. Er überlebte, überlebte auch die Bombenangriffe auf Berlin im Schutze seines Kellers in der Bülowstraße, den er als Bergingenieur fachmännisch durch Holzbalken abgestützt hatte. In Hochhuths Stück „Der Stellvertreter" kommt es in der dritten Szene des dritten Aktes zur Entlarvung Gersteins, als er einen Häftling in Auschwitz retten will. SS-Männer führen ihn daraufhin ab, das Stück ist zu Ende. Hochhuth erdichtet das vielleicht bessere Ende, die Entlarvung Gersteins durch die SS-Schergen. Als Opfer der SS-Schergen

122 Brief Gersteins aus dem Lazarett an den Vater im Herbst 1944 (LkA Bielefeld 5,2 NS Nr. 1).

in den letzten Kriegsmonaten wäre Gersteins subversive Rolle in den Reihen der Waffen-SS für die Nachwelt offensichtlicher geworden. Sein Tod durch das Regime hätte sein Leben eindeutiger erscheinen lassen, er wäre wie einer der anderen Widerstandskämpfer gewesen, die ihren Widerstand gegen das Regime mit ihrem Leben bezahlen mußten.

Gerstein sehnte das Kriegsende herbei. In der zweiten Märzhälfte verließ er Berlin und fuhr zu seiner Familie nach Tübingen, um sich den Amerikanern als Zeuge zur Verfügung zu stellen.

7. Die Abfassung des Gerstein-Berichts und Tod in französischer Kriegsgefangenschaft

Am 26. März 1945 traf Kurt Gerstein in Tübingen bei seiner Frau und seinen Kindern ein.[123] Er hatte gehofft, sich in Tübingen den Amerikanern stellen zu können, doch war die Front noch weiter entfernt als erwartet. Helmut Franz begegnete Gerstein Ende März in Tübingen:

> „Ich stellte ihm die bange Frage, wie er es anstellen wolle, den anmarschierenden alliierten Truppen klarzumachen, daß er kein wirklicher SS-Offizier war, sondern nur ein vorgetäuschter, daß es also von ihm gerade ein Akt des Widerstandes gegen das System war, diese Uniform anzuziehen. Er war da voller Hoffnung. ... Angesichts der Jahre tausendfältigen Risikos, die er hinter sich hatte, sah er dem Kommenden mit Zuversicht entgegen. Ja, er glaubte, daß gerade ihm als unmittelbarem Augenzeugen der schlimmsten Naziverbrechen eine wichtige Funktion der Aufklärung des deutschen Volkes zufallen würde, und sah einen wichtigen Lebensabschnitt voller positiver Aufgaben vor sich."[124]

Wegen der noch ausbleibenden amerikanischen Truppen verließ Gerstein Tübingen schon nach wenigen Tagen wieder. Er sollte seine Frau und seine Kinder nicht mehr wiedersehen. Möglicherweise kehrte er noch einmal zurück nach Berlin, um aus dem Pfarrhaus Niemöllers einige Gegenstände in Sicherheit zu bringen. Ein Freund traf ihn im April in Dresden an, als Gerstein gerade aus dem sächsischen Annaberg eintraf, wo er eine große Zahl an Kisten bzw. Koffern deponiert hatte, in denen sich Eigentum Niemöllers befand.[125]

Am 19. April traf er auf der Rückfahrt nach Tübingen bei der Familie eines früheren Klassenkameraden in Metzingen ein, wo er einige Tage

123 So Friedländer, Zwiespältigkeit, 182.

124 Franz, Außenseiter, 33 f.

125 Dies geht aus einem an Niemöller gerichteten Schreiben vom 2.2.46 hervor. Der Absender ist unbekannt, da Niemöller den Namen ausgerissen hat; die Unterschrift ist unleserlich. Niemöller wurde auf diesem Weg der Verbleib dieser Koffer mitgeteilt, die sich als unverzolltes Transitgut im Zollamt Annaberg befunden haben sollen. Bei dem Treffen in Dresden war Gerstein auf dem Weg nach Tübingen (ZAdEKHN 62/3210).

blieb, und erfuhr, daß Tübingen bereits von französischen Truppen besetzt war.[126] Als nach wenigen Tagen das Gerücht umging, von Urach her seien SS-Truppen im Anmarsch auf Metzingen, nahm er am 22. April ein Fahrrad und fuhr Richtung Reutlingen, wo er sich dem französischen Kommandanten stellte.[127] Gerstein hatte die beiden Schutzhaftbefehle von 1936 und 1938 bei sich, mit denen er sich gegenüber den französischen Behörden als Nazigegner ausweisen konnte. Der Reutlinger Kommandant stellte Gerstein daraufhin einen provisorischen Ausweis aus, in welchem es hieß: „Der Inhaber dieses [Papiers, JS] ist kein wirklicher SS-Mann und darf nicht als solcher behandelt werden, sondern mit allem Entgegenkommen."[128]

Mit Hilfe dieses Passierscheins und in Begleitung französischer Soldaten gelang es ihm, noch einmal nach Tübingen in die Wohnung in der Gartenstraße zu gelangen. Doch traf er seine Frau mit den Kindern dort nicht an, da diese die Wohnung auf Anordnung des Ortskommandanten vorübergehend hatten räumen müssen. Er hinterließ seiner Frau, versteckt in einer Zeitung auf der Kommode im Flur, etwas Geld und die beiden Schutzhaftbefehle. Anschließend wurde er von seinen Begleitern nach Rottweil gebracht, wo er zunächst bis zum nächsten Tag inhaftiert wurde.[129] Auf seinen energischen Protest hin durfte er ein beschlagnahmtes Zimmer im Hotel Mohren beziehen, wo er sich daranmachte, einen Bericht über seine Erlebnisse in französischer Sprache niederzuschreiben. Unter der Auflage, sich täglich bei den französischen Behörden zu melden, konnte er sich in der Stadt frei bewegen. Die Wirtin des Hotels erinnerte sich an diesen merkwürdigen Gast:

> „Er war ein Mann, der ganz durcheinander war. Er hat uns von Konzentrationslagern erzählt, von seinen früheren Erlebnissen. Da er allein und ohne Nachricht von seiner Familie war, haben wir ihn ein paarmal zum Kaffee eingeladen. Er ging oft zum Beten in die katholische Kirche, da die protestantische nicht zu benutzen war. Er hatte freiwillig die Reinigung der alten Dominikanerkirche organisiert, die als Unterkunft für Gefangene gedient hatte, und diese Arbeit sehr gut gemacht. Nachdem er Pastor Hecklinger kennengelernt hatte, borgte er sich von ihm dessen Schreibmaschine, um seine Berichte zu tippen. Er lief immer in die Papierhandlung Spitznagel, um sich mit Papier zu versorgen; aber Papier wurde damals immer knapper."[130]

126 Friedländer, Zwiespältigkeit, 182, wo er aus einem Brief von Frau Gerstein zitiert.
127 Der handschriftliche Entwurf der französischen Textfassung vom 26. April 1945 enthält auf Seite 9 eine kurze Passage, in der Gerstein die Begegnung mit den frz. Behörden schildert (LkA Bielefeld 5,2 NS Nr. 32).
128 Zitiert nach Friedländer, Zwiespältigkeit, 182 f. Übersetzung der in vorstehender Anmerkung erwähnten Textpassage.
129 So Kurt Gerstein im letzten Brief an seine Frau vom 26.5.45 (LkA 5,2 NS Nr. 30).
130 Zitiert nach Joffroy, Spion (1), 271.

Auch Pfarrer Albert Hecklinger erinnert sich noch an jene Tage:

„Nach dem Einmarsch der Franzosen am 20. April 1945 wurden im ehemaligen Dominikanerkloster Hunderte von deutschen Kriegsgefangenen, die im ganzen Bodenseegebiet aufgegriffen waren, zusammengepfercht und warteten auf ihren Abtransport nach Frankreich. Nach der eiskalten Nacht vom 28. auf 29. April sahen am Sonntagmorgen die Kirchgänger, daß diese Gefangenen die ganze Nacht dichtgedrängt stehend im Hof hinter der Predigerkirche hatten zubringen müssen. Nach dem Gottesdienst wurden etwa 300 von ihnen in die Kirche eingewiesen, ‚um sich aufzuwärmen'. Jeder suchte sich ein Plätzchen, in den Bänken, in der Sakristei, auf dem Dachboden, sogar in der Orgel. Aber sie durften 14 Tage nicht die Kirche verlassen, Wachposten standen an den Türen; und in der Kirche gab es doch kein Wasser und keinen Abort! Man kann sich den Zustand kaum vorstellen, als die Nischen knöcheltief mit Kot angefüllt waren und die Decke mit ihrer pfeilerlosen Konstruktion voll Soldaten war; wie leicht hätte die herrliche Decke auf die Soldaten unten herab stürzen können!

In jenen Tagen kam Kurt Gerstein zu mir, ein großer schlanker Mann in Zivilkleidung, einer von vielen Bittstellern der damaligen Zeit. Er bat um eine Schreibmaschine, auf der er einen Bericht an die französische Sicherheitspolizei über seine Erlebnisse in den Konzentrationslagern des Dritten Reiches niederschreiben könnte. Er habe sich in Reutlingen freiwillig bei den Besatzungstruppen gemeldet und sei zur Untersuchung nach Rottweil überstellt worden. Obwohl man damals Unbekannten gegenüber sehr vorsichtig sein mußte, ging von ihm doch etwas Vertrauenerweckendes aus, und so gab ich ihm meine private Schreibmaschine mit. Als er nach ein paar Tagen wiederkam, fragte er, ob er sich irgendwie nützlich machen könne, er habe viel Zeit, weil er sich zwar jeden Tag bei der französischen Gendarmerie melden müsse, aber sonst sich frei bewegen könne.

Nun sollten in den nächsten Tagen die Gefangenen abtransportiert und die Kirche wieder frei werden; dann wollten wir die Kirche sofort reinigen und wieder benutzbar machen. Ich sagte ihm also, wenn er dabei helfen wolle, so sei er herzlich willkommen. Und wirklich, er kam sofort am Montag und von da an jeden Tag und half mit; er packte überall zu, wo andere sich zuerst scheuten, und war ein guter Kamerad bei dieser unangenehmen Arbeit. Nur fiel es mir auf, daß er sich sehr zurückhielt, als wolle er keine nähere Bekanntschaft machen; ich stellte ihn zwar vor, aber er ging unter in der Schar der Mithelfenden. ...

Gerstein kam noch mehrmals zu mir; er brachte die Schreibmaschine zurück und ließ mich seinen abenteuerlichen Bericht lesen."[131]

Das Interesse der französischen Behörden an Gersteins Bericht kann nicht sonderlich groß gewesen sein. Man wünschte von Gerstein wahrscheinlich aktuellere Informationen über sogenannte „Wehrwolf-Aktionen" – befürchtete Sabotage- und Mordanschläge auf die Besatzungstruppen. Als am Abend des 5. Mai in Rottweil ein amerikanischer und ein britischer Offizier eintrafen, wandte sich Gerstein an sie. Es handelte sich bei den Offizieren um den Amerikaner Haught und den Briten Evans, beide Chemiker, die als Voraustrupp des Combined Intelli-

131 Albert Hecklinger, Kurt Gerstein in Rottweil, in: Kurt Gerstein. Ein Außenseiter im Widerstand gegen den Nationalsozialismus. Dokumentation des Historikerkolloquiums im „Kurt-Gerstein-Haus" der eSw am 25./26. Oktober 1996, Hagen 1997, 37–39.

gence Objectives Sub-Committee (CIOS) die Herstellungsorte von Kampfgasen ermitteln sollten.[132]

Gerstein sprach die beiden Offiziere an und versuchte, sie für seinen Bericht zu interessieren. So kam es, daß Gerstein diesen beiden Offizieren seinen französischen, maschinengeschriebenen Bericht vom 26. April 1945, einige Rechnungen der DEGESCH über Blausäurelieferungen und weitere Dokumente übergab. Diese Dokumente bildeten zusammen mit einem am selben Tag verfaßten Bericht der beiden Offiziere das amerikanische Beutedokument PS-1553 (RF-350). In einer den Unterlagen beigefügten und von Gerstein in englischer Sprache abgefaßten Notiz erklärte er:

> „Mein Bericht ist von Interesse für den Geheimdienst. Die Dinge, die ich gesehen habe, haben nur vier oder fünf andere gesehen, und die waren Nazis. Von den Männern, die für Belsen, Buchenwald, Maidanek, Oswiecim, Mauthausen, Dachau usw. verantwortlich waren, gehörten viele meiner Dienststelle an, und ich sah sie täglich in meiner doppelten Stellung im:
> 1) SS-Führungshauptamt, D, Hygiene und
> 2) beim Reichsarzt SS und Polizei, Berlin.
> Ich bin in der Lage, die Namen und Verbrechen der tatsächlich Verantwortlichen anzugeben, und ich bin bereit, das Anklagematerial einem internationalen Gerichtshof zu übergeben. Ich selbst bin ein intimer Freund Pastor Niemöllers und seiner Familie (zur Zeit in Leoni/Starnbergersee Bayern). Ich stand, nach zweimaliger Gefangenschaft im KZ, im Dienst der Bekenntniskirche, war SS-Obersturmführer und Abteilungsleiter im SS-Führungshauptamt und Reichsarzt SS und Polizei, und befand mich auf einem gefährlichen Posten.
> Die Dinge, die ich gesehen habe, hat niemand gesehen. Im August 1942 habe ich Bericht an die schwedische Gesandtschaft in Berlin erstattet. Ich bin bereit und in der Lage, meine Beobachtungen Ihrem Geheimdienst mitzuteilen."[133]

Während die beiden Offiziere ihren Bericht über die Begegnung mit Gerstein mit der Erwägung abschlossen, ob es nicht geboten sei, ihn vor den örtlichen Nazis zu schützen[134], konnten die Franzosen offensichtlich wenig mit seinen Aussagen anfangen. Als wenige Tage später ein Offizier aus dem Generalstab der 1. Französischen Armee nach Rottweil kam, teilte ihm der Ortskommandant mit, er habe hier einen merkwürdigen Mann, der sich schmeichle, über eine Million Menschen umgebracht zu haben. Der Offizier nahm Gerstein daraufhin ins Verhör und warf ihm vor, er rühme sich seiner verbrecherischen Taten, indem er sie in seinen Berichten noch überhöhe. Gerstein habe daraufhin mit Leidenschaft reagiert und ein Blatt Papier genommen und ihm vorgerechnet, wie er auf die Zahl von über einer Million Ermordeten komme. Der Offizier, der mit dem Aufspüren von Kriegsverbrechern beauftragt

132 Joffroy, Spion (1), 272; Friedländer, 183.
133 Zitiert nach Friedländer, Zwiespältigkeit, 185 f.
134 Ebd.

war, verließ Rottweil mit dem Eindruck, es handle sich bei Gerstein um einen Verrückten.[135]

Am 26. Mai 1945 erfuhr Gerstein von den französischen Behörden, daß er verlegt werden sollte, und schrieb seiner Frau einen letzten Brief, den er zusammen mit der deutschen Fassung des Berichts vom 4. Mai 1945 und einer unvollständigen Fassung vom 6. Mai 1945 im Hotel Mohren für seine Frau deponierte. Er schrieb:

> „... Wann ich zurückkomme, weiß ich noch nicht. Ich genieße alle Freiheiten bisher und hoffe auch bei der nächsten Instanz. Auch mit der Verpflegung und Unterbringung ... hatte ich Glück. Aber ich kann, da man sich für meinen Fall sehr stark interessiert und da ich als einer der Hauptzeugen gegen die Kriegsverbrecher vor dem internationalen Gerichtshof aufzutreten habe, noch nichts Näheres sagen. Dir, Deinem Vater und den Kindern herzliche Grüße und Wünsche. gez. Kurt." [136]

Im Bewußtsein, ein wichtiger Kronzeuge zu sein, ließ sich Gerstein nach Konstanz bringen, wo er Offizieren des „Organe de Recherche des Criminels de Guerre" (ORCG) übergeben wurde, einer Sondergruppe des Französischen Geheimdienstes zur Aufspürung von Kriegsverbrechern. Offenbar wurde Gerstein dort vernommen und anschließend an die Zentrale des ORCG in Paris überstellt. In einem Schreiben vom 28. Mai an Gilbert Mantout, den Chef des ORCG, wird Gerstein zusammen mit Karl Wilhelm Buck erwähnt. Buck war Kommandant des Schutzhaftlagers Welzheim und hat den Entlassungsausweis von Gerstein aus dem Jahre 1938 unterzeichnet. In dem Schreiben heißt es:

> „Ich habe die Ehre, Ihnen beigefügt eine von der örtlichen Securité angelegte Akte betreffend Buck, Lagerkommandant in Schirmeck, zu übermitteln ... Ein gewisser Gerstein, der ebenfalls nach Paris geschickt wird, kann als Zeuge gegen Buck dienen." [137]

Wurde Gerstein zu diesem Zeitpunkt noch als Zeuge betrachtet und deshalb in Paris zunächst in einem Hotel untergebracht, so sollte sich dies schnell ändern.[138] Nach nur wenigen Tagen wurde auch er in der Zentrale des ORCG in der Rue de Villejust inhaftiert, wo er auch Buck wiedertraf.

Der Chef des ORCG hatte sich entschlossen, Gerstein nicht als Zeugen anzusehen, sondern als Kriegsverbrecher anzuklagen. Er übersandte am 5. Juni an Professor Gros von der französischen Botschaft in London ein Vernehmungsprotokoll oder ein Exemplar des Gerstein-Berichts und bat diesen um die Entscheidung, ob dieser Fall der War Crimes Commission vorzulegen sei.[139] Am 13. Juni erklärte er in einem

135 Joffroy, Spion (1), 274 ff.
136 Brief Kurt Gersteins an seine Frau vom 26.5.45 (LkA Bielefeld 5,2 NS Nr. 30).
137 Joffroy, Spion (1), 279.
138 Ebd., 283, geht dies aus der Aussage von Buck hervor.
139 Friedländer, Zwiespältigkeit, 189.

Schreiben an den Militärgouverneur von Paris, Abteilung Militärgerichtsbarkeit, er wolle Gerstein und Buck anklagen und sie daher möglichst schnell in ein bewachtes Gefängnis verlegen lassen. Aus dem ehemaligen Zeugen Gerstein war inzwischen der Hauptangeklagte geworden. Gerstein sei anzuklagen,

> „daß er als Chef der technisch-sanitären Direktion im SS-Generalstab in Berlin seit dem Februar 1942 (das Datum deckt sich anscheinend mit der Erfindung der Gaskammern als Ausrottungsverfahren) Weisungen erteilt hat, eine Vielzahl von Menschen in den erwähnten Gaskammern zu Tode zu bringen; daß er gewaltige Mengen von Blausäure dem RSHA mit dem Ziel der Vergiftung von Millionen Menschen zur Verfügung gestellt und damit die Mittel zur Ausführung einer ungeheuerlichen verbrecherischen Aktion geliefert hat; daß er wissentlich den Urhebern der Vernichtung in den Gaskammern geholfen und beigestanden hat“[140].

Unter dem Datum vom 26. Juni 1945 existiert ein Vernehmungsprotokoll Gersteins durch den Kommandanten Beckhardt vom ORCG.[141] In diesem Verhör wiederholte Gerstein im wesentlichen die in seinem Bericht gemachten Aussagen. Auf Befragen benannte er weitere für die Tötung von Menschen Verantwortliche, wobei seine Aussagen hier vage blieben. In den Augen der Vernehmungsbeamten belastete Gerstein sich in erster Linie selbst. Da er für seine Widerstandstätigkeit kaum Referenzen angeben konnte, sich aber auf Kontakte zu Niemöller berief, obwohl dieser seit 1937 im KZ inhaftiert war, konnten die Vernehmungsbeamten den Eindruck gewinnen, hier wolle sich ein an Tötungsverbrechen Beteiligter aus der Verantwortung stehlen.

Am 5. Juli wurden Buck und Gerstein ins Militärgefängnis Cherche Midi eingeliefert und dort mit zwei weiteren SS-Männern zusammengelegt. An diesem Tag erschien die Zeitung France-Soir mit der Schlagzeile:

> „Ein Henker der Nazilager gesteht. Ich habe bis zu 11.000 Menschen täglich ausgelöscht. Ingenieur Gerstein hat französischen Untersuchungsbeamten erklärt: ‚Ich bin mit meinem Gewissen im Reinen.‘ “[142]

Bei den beiden anderen SS-Leuten handelte es sich um Heinrich Birnbrauer und Walter Köhler, die später wegen der Beteiligung an Tötungsverbrechen verurteilt worden sind.[143] Wie der Mitgefangene Buck berichtete, litt Gerstein unsäglich unter dem zahlreich vorhandenen Ungeziefer.[144] Nachdem Gerstein am 13. Juli zum ersten Mal vor dem 2. Ständigen Militärgericht Paris unter Vorsitz von Untersuchungsrichter Major Matthei hatte erscheinen müssen, wo ihm die Eröffnung

140 Joffroy, Spion (1), 285 f.
141 Verhör Gersteins durch Beckhardt vom 26.6.45 (Handakten des Verf.).
142 Joffroy, Spion (1), 288.
143 Ebd., 289.
144 Ebd., 290.

einer Untersuchung gegen ihn mitgeteilt und ein Haftbefehl ausgestellt worden war, forderte Gerstein am 15. Juli auf einem in Großbuchstaben beschriebenen Blatt in französischer Sprache einen Anwalt für sich an.[145] Dort heißt es:

„Vorgestern kannte ich keinen Namen eines solchen Rechtsanwaltes. Aber ich bitte Sie, mir zu gestatten, entweder den Vertrauensanwalt der Gesandtschaft des Heiligen Vaters in Paris oder den Anwalt der Kongregation ‚Societas Jesus' in Paris [zu wählen, JS]. Mein Fall berührt die Angelegenheit der christlichen Kirchen, um deren willen bitte ich um einen Anwalt mit besonderen christlichen Interessen und Kenntnissen. Ich selbst habe nur ca. 1000,- Mark bei mir, bin aber sicher, daß sich zur Bezahlung bereit erklären werden:
1) die Bekenntniskirche in Westfalen-Süd ...
2) die Bekenntniskirche von Saarbrücken ...
3) der Fabrikant Dipl. Ing. Ubbink aus Doesburg, Holland ...
Die oben genannten Personen kennen meinen Fall. – Ich bitte den hochwürdigen Herrn Gefängnispfarrer, mir einen solchen Anwalt zu verschaffen."

Aus dieser Zeit stammt wohl auch ein Brief an seinen Freund Ubbink, der nicht abgesandt wurde und sich später unter den nachgelassenen Papieren fand:

„Lieber Freund Ubbink! Du bist einer der ersten, die einen Gruß haben sollen: Dir darf ich von Herzen zur Befreiung Deines Landes von unserem Verbrecher-Otterngezücht Glück wünschen. So dunkel auch unser Los jetzt sein mag: Diese entsetzlichen Leute durften nicht siegen. Frage Deine Leute, ob sie jetzt wenigstens glauben, was in Belzec usw. vorgegangen ist!! Ich bin Gott dankbar, daß ich alles in meinen Kräften Stehende getan habe, um diese Eiterbeule am Körper der Menschheit aufzustechen.
Tu mir einen Gefallen: Bring das Wichtigste, was Du zu meiner Person weißt, zu Papier, laß dasselbe von einer autoritären Stelle ... beglaubigen und schicke es mir in zwei Stücken zu, sobald wieder Postverbindung mit Deutschland ist. Man kann nicht wissen, wofür so etwas noch mal gut sein kann ... Nicht, daß man mir nicht glaubte – aber meine Lage war doch eben ein Fall für sich ... Dir und all den Deinen wünsche ich ein Aufatmen nach all den schweren Zeiten ..."[146]

Zur Vernehmung Gersteins vor dem 2. Ständigen Militärtribunal am 19. Juli erschien der Anwalt Pierre Lehmann, der allerdings nur vormittags anwesend war. Die Vernehmung Gersteins dauerte von 9.00 bis 12.15 Uhr vormittags und wurde am Nachmittag von 15.00 bis 18.15 Uhr fortgesetzt.[147]

Gerstein wurde das Vernehmungsprotokoll vom 26.6.45 vorgelegt. Er bestätigte die darin festgehaltenen Aussagen und gab hinsichtlich seines SS-Eintritts folgende Präzisierung:

145 Protokoll der ersten Vorführung vor dem 2. Militärtribunal Paris vom 13.7.45 (LkA Bielefeld 5,2 NS Nr. 489a) und Anforderung eines Anwalts vom 15.7.45 (LkA Bielefeld 5,2 NS Nr. 489d).
146 Zitiert nach Friedländer, Zwiespältigkeit, 191 f.
147 So im Vernehmungsprotokoll vom 19.7.45 (LkA Bielefeld 5,2 NS Nr. 489b).

„Was meinen Eintritt in die Waffen-SS betrifft, so waren es nicht so sehr die Ratschläge und Vorschläge der Unteroffiziere, die mich dazu trieben, einzutreten, als vielmehr mein persönlicher Wunsch, mich über das zu informieren, was diese Leute taten.“[148]
Auf die Frage, welche einzelnen Aufträge er in den Lagern ausgeführt habe, antwortete er: „Ich wurde geschickt: zweimal zum Lager Oranienburg, zweimal nach Droegen, einmal nach Ravensbrück, einmal in ein Lager nahe Riga, einmal zu den Vernichtungslagern von Belcec, Treblinka und Maidanek, schließlich zweimal ins Lager Heinkelwerk bei Oranienburg. In den Lagern, außer den drei Vernichtungslagern, bestand meine Tätigkeit darin, die sanitären Installationen (Desinfektion, Trinkwasser usw.) zu untersuchen und zu kontrollieren, meine Rolle war rein technisch.“[149]

Über den Belzec-Auftrag wurde Gerstein eingehender vernommen. Über die in seinem Bericht gemachten Aussagen hinaus gab er an, von Günther über den Verwendungszweck des Gifts zu Tötungszwecken informiert worden zu sein. Günther beauftragte Gerstein nicht nur mit dem Transport, sondern auch mit der Prüfung einer technischen Anwendung des Zyklons in den vorhandenen Gaskammern. Gersteins Versicherung, es sei das von ihm transportierte Zyklon nicht zur Anwendung gekommen, weil Hauptmann Wirth keinerlei Interesse an dieser von Höß favorisierten Tötungsart gehabt habe, schien dem Gericht jedoch unglaubhaft. Man hielt ihm vor:

„Sie haben also, Ihrem eigenen Geständnis zufolge, in Berlin in Ihrer Eigenschaft als Techniker eine wichtige Aufgabe erhalten; diese Aufgabe war so wichtig, daß Sie sie als Staatsgeheimnis anzusehen hatten; Sie haben drei Lager besucht, Sie erhielten eine Audienz bei einem General, der im Hinblick auf das Ziel Ihrer Mission geglaubt hat, Ihnen die Worte der zwei großen Nazi-Chefs wiedergeben zu müssen. Wie können Sie darauf bestehen, uns glauben machen zu wollen:
1) daß Sie das eigentliche Ziel Ihrer Mission nicht erfüllt haben;
2) daß Sie niemandem Rechenschaft über Ihren Auftrag abgelegt haben;
3) daß Sie auch niemand zu diesem Thema befragt hat.“[150]

Nachdem Gerstein noch kurz zu seinen Aufenthalten in Frankreich verhört worden war, begann er zuerst auf Französisch, später dann wieder in deutscher Sprache über die Einrichtung der Vernichtungslager und die Durchführung der Tötungen zu berichten. Die Vernehmung endete damit, daß Untersuchungsrichter Matthei die Anklage gegen ihn unterzeichnete, da er in den Augen der französischen Behörden „unmittelbar oder mittelbar an der Ermordung zahlreicher Deportierter in Deutschland teilgenommen hat, indem er 260 Kilo Blausäure lieferte, die dazu bestimmt waren, die Opfer in den Gaskammern ersticken zu lassen“.

148 Ebd.
149 Ebd.
150 Ebd.

Gleichzeitig wurde für den Gefangenen Einzelhaft angeordnet, so daß Gerstein ab dem 20. Juli in Einzelhaft saß. Was wird in ihm in diesen Tagen vor sich gegangen sein? In seinen Nachlaßpapieren aus dem Gefängnis fand sich ein Zettel mit einigen Stichworten. Zu den nationalsozialistischen Verbrechen notierte Gerstein hier:

> „Dynamisches Prinzip – Lawinen-System der Schuld. Biologischer Materialismus: 1) Sterilisation (gesehen), 2) Sterilisation ohne Rechtsgrund (Zigeuner), 3) Judenverfolgung, 4) Umbringung der Geisteskranken.“[151]

Am 23. Juli setzte Baron von Otter in Helsinki ein Schreiben an Baron Lagerfelt in London auf, in welchem er darum bat, einem gewissen Gerstein beizustehen, falls er von den Alliierten in Gewahrsam genommen würde.[152] Für Donnerstag, den 26. Juli, war ein erneutes Erscheinen vor dem Militärgericht anberaumt. Anwalt Lehmann entschuldigte sich am 25. Juli in einem Schreiben an den Untersuchungsrichter Matthei, daß er zu der Verhandlung am nächsten Tag nicht kommen könne.[153] Darin heißt es:

> „Meine Bedenken [nicht teilnehmen zu können, JS] werden etwas gemildert bei dem Gedanken an die Unparteilichkeit, die ich seit dem ersten Verhör zu schätzen weiß und die die Rechte jenes Angeklagten vollkommen schützen wird, der – wie mir scheint – überdies keine Schuld trägt.“

Was in Gerstein und in seiner Zelle an diesem Tag vor sich gegangen ist, liegt weitgehend im dunkeln. Folgt man den Ergebnissen von Joffroys Recherchen, dann beschloß Gerstein an diesem Mittwoch, einen Tag vor der erneuten Verhandlung vor dem Militärtribunal, seinem Leben ein Ende zu setzen. Von den Abschiedsbriefen, die er geschrieben haben soll und die seinen Tod zweifelsfrei als Selbstmord erweisen könnten, ist in den französischen Archiven keiner mehr auffindbar.[154] Einer dieser Briefe soll an Untersuchungsrichter Matthei gerichtet gewesen sein. Joffroy spürte 1967 einen Major Chiaramonti auf, der diesen Brief irrtümlich geöffnet und gelesen haben will:

> „Ich erinnere mich seiner in großen Zügen, mehr nicht. Er war kurz. Er besagte, daß er an all den Verbrechen, die man ihm vorwarf, unschuldig sei, und er bat, man möge seinen Leichnam nicht verstümmeln.“[155]

151 Joffroy, Spion (1), 294.

152 Ebd., 292.

153 Kopie liegt mir vor, o. D. (Handakten des Verf.).

154 Untersuchungsbericht des Militärarchives in Meaux vom 26.10.60 und Auszug aus dem Register des Militärgefängnisses Cherche Midi in Kopie im LkA Bielefeld 5,2 AS Nr. 5,7 Fasc. 1. In den Zentralarchiven der frz. Militärgerichtsbarkeit in Meaux haben sich keine Briefe Gersteins finden lassen. Dort ist auch niemals ein Einstellungsbeschluß über das gegen Gerstein angestrengte Verfahren eingegangen. Statt dessen findet sich der Vermerk „Akte verlorengegangen“. Weiterhin geht aus anderen Schriftstücken hervor, daß die Genehmigung zur Weiterleitung der Akte an den Fahndungsdienst für Kriegsverbrechen erteilt worden ist. Die Akte wurde an Prof. Gros von der frz. Gesandtschaft in London übermittelt, mit der Bitte, sie an den polnischen Delegierten der War Crimes Commission weiterzuleiten. Trotz mehrmaliger Recherchen war der Verbleib der Akte nie mehr zu ermitteln.

155 Joffroy, Spion (1), 300.

Am Nachmittag des 25. Juli 1945 erhängte sich Kurt Gerstein am Fensterkreuz seiner Einzelzelle im Cherche Midi. Er wurde gegen 17.00 Uhr vom Wachpersonal gefunden; ein Arzt stellte um 17.25 Uhr den Tod durch Erhängen fest und verwies dazu auf eine am Hals sichtbare Spur.[156]

156 Eine entsprechende Eintragung findet sich im Register des Militärgefängnisses (LkA Bielefeld 5,2 AS 5,7 Fasc. 1).

VIII. Der Gerstein-Bericht

1. Der „Skandal von Nantes“ – der Gerstein-Bericht in der apologetischen Literatur

Der Bericht des Obersturmführers der Waffen-SS über die erlebten Massenvergasungen in den Vernichtungslagern Belzec und Treblinka ist mit zunehmendem Bekanntheitsgrad auch Gegenstand und Ziel rechtsextremistischer, apologetischer Bestrebungen geworden. Unbelehrbaren alten und jungen Neonazis erschienen die Aussagen des Obersturmführers Gerstein besonders anstößig, da sie doch freiwillig und mit dem festen Willen, die erlebten Verbrechen zu bezeugen, niedergeschrieben worden waren. Anders als bei den in den NS-Prozessen gewonnenen Zeugenaussagen konnten Gersteins freiwillige Aussagen nicht so leicht verdächtigt werden, sie seien in Gerichtsverhandlungen dem Angeklagten manipulativ nahegelegt oder „abgepreßt“ worden.[1] Neonazis und Apologeten des Dritten Reiches sahen in Gerstein daher von vornherein einen „Nestbeschmutzer“ und opportunistischen Lügner, dessen Schilderungen kein Glaube geschenkt werden dürfe.

Spielten sich solche Vorgänge bisher in der einschlägigen Traktat- und Broschürenliteratur ab, so wurde 1985 in Frankreich der Versuch unternommen, unter dem Deckmantel einer linguistischen Dissertation die Glaubwürdigkeit des Gerstein-Berichts zu bestreiten und dessen Verfasser als unglaubwürdigen und krankhaften Psychopathen darzustellen. Henri Roques, von 1955 bis 1958 unter dem Namen Henri Jalin Generalsekretär der rechtsradikalen und später verbotenen Vereinigung „Phalange française“[2], versuchte im Jahre 1985 mit einer als linguistische Arbeit ausgewiesenen Untersuchung des Gerstein-Berichts an der Universität Paris zu promovieren. Dort ergaben sich Bedenken gegen ein Promotionsverfahren. So kam es am 15. Juni 1985 – unbemerkt von der Öffentlichkeit – an der Universität in Nantes zur Annahme von Roques’ Arbeit und zur Zuerkennung eines „Doctorat d’Université“. Neuer Doktorvater war nunmehr Professor Rivière, Spe-

1 Die Argumentation der Apologeten läuft immer wieder darauf hinaus, alle Aussagen der an Verbrechen Beteiligten als „abgepreßte Geständnisse“ abzuwerten. So erklärt sich auch der Titel von Roques’ Arbeit: „Les CONFESSIONS de K. Gerstein“ (1985; unveröffentlichtes Ms.), der in der deutschen Ausgabe übersetzt wird als Die „Geständnisse“ des Kurt Gerstein. Zur Problematik eines Schlüsseldokuments (Leoni am Starnberger See 1986).

2 Diese und zahlreiche andere Informationen verdanke ich dem Artikel von Peter Kunze, Der Skandal von Nantes, in: Lendemains 43/44.1986, 157–160, sowie der Berichterstattung von Hans-Hagen Bremer in der Frankfurter Rundschau vom 6.6.86, 3. Siehe dazu auch J. Fourquet/R. Thalmann, L’affaire Roques ou le dévoiement de la recherche, in: Allemagnes d’aujourd’hui, Nr. 97, Paris 1986, 67–71.

zialist für okzitanische Sprache und Literatur. Sowohl bei Professor Rivière als auch bei den anderen Mitgliedern des Prüfungsausschusses handelte es sich um einschlägig bekannte Vertreter der äußersten Rechten.[3]

Es dauerte fast ein Jahr, bis Einzelheiten über diese eigenartige Promotion bekannt wurden und im Mai/Juni 1986 ein Sturm der Entrüstung durch die internationale Presse ging. Eine auf Verlangen des Ministers für Forschung und Hochschule eingesetzte Untersuchungskommission entdeckte eine Reihe von Formfehlern beim Promotionsverfahren, so daß diese für die französischen Hochschulen peinliche Affäre durch die Aberkennung des Doktortitels bereits am 15. Juli 1986 ein Ende fand.

Die Untersuchung Roques' trägt den Titel „Les Confessions de Kurt Gerstein. Etude comparative des differentes versions – Edition critique". Sie erschien im Herbst 1986 in einer stark gekürzten Fassung unter dem Titel „Die ‚Geständnisse' des Kurt Gerstein. Die Problematik eines Schlüssel-Dokuments" im einschlägig bekannten Druffel-Verlag in deutscher Übersetzung.[4]

Nach eigenem Bekunden steht Roques in der Nachfolge von Paul Rassinier, der sich in seinen Büchern seit dem Eichmann-Prozeß in Jerusalem 1961/62 gegen die Glaubwürdigkeit des Gerstein-Berichts ausgesprochen und auf Differenzen in den von dem Historiker Poliakov veröffentlichten Textfassungen hingewiesen hatte.[5] Den aktuelleren Hintergrund für Roques' Arbeit bildete eine im Jahre 1979 von 34 Historikern abgegebene Erklärung zur Hitlerschen Vernichtungspolitik, die in der Zeitung „Le Monde" am 21.2.79 veröffentlicht worden war. In dieser Erklärung war eine Passage aus dem Gerstein-Bericht eingearbeitet, in welchem Gerstein eine wohl überhöhte Zahlenangabe hinsichtlich der in einer Gaskammer zusammengepreßten Menschenmenge macht. Im Anschluß an diese Historikererklärung strengten rechtsextreme Hi-

3 Die Mitglieder des Prüfungsausschusses weisen alle Beziehungen zu rechtsextremen Gruppierungen wie „Europa Action" oder „GRECE" auf. Siehe dazu Hans-Hagen Bremer in der Frankfurter Rundschau vom 6.6.86.
Da ein Mitglied des Prüfungsausschusses an der Prüfungsrunde nicht teilnahm, wurde seine Unterschrift im Protokoll gefälscht. Dies war der formelle Grund zur Annullierung der Dissertation.

4 Zu den Publikationen des Druffel-Verlags siehe H. D. Loock, Der Druffel-Verlag, in: Gutachten des Instituts für Zeitgeschichte, Bd. 2, Stuttgart 1966, 448–468. Loock kam in seinem Gutachten aus dem Jahre 1961 zu folgendem Ergebnis (468): „Der Druffel-Verlag spricht mit seinen Schriften zielbewußt die noch vorhandenen nationalsozialistischen Stimmungen und Ressentiments an, gibt ihnen neue Nahrung und sucht durch Rechtfertigung des Nationalsozialismus, durch Propaganda im üblen Sinne und durch Formulierung eines neo-nazistischen Programms den Boden für eine Wiedererstehung des Nationalsozialismus publizistisch vorzubereiten."

5 Paul Rassinier, ein ehemaliger Häftling aus Buchenwald, kämpfte in Frankreich seit dem Eichmann-Prozeß 1961/62 in zahlreichen Traktaten gegen die sog. „Auschwitz-Lüge". Robert Faurisson trat 1978 ebenfalls mit der Behauptung an die Öffentlichkeit, es habe in den deutschen Konzentrationslagern keine einzige Gaskammer gegeben. Auf deutscher Seite war es Robert Stäglich, der in seinem Buch „Der Auschwitz-Mythos" den nationalsozialistischen Völkermord leugnete. Ähnlich Arthur R. Butz in seiner Schrift „Der Jahrhundertbetrug".

storikerkreise um Robert Faurisson einen Prozeß an, in dem es um die Glaubwürdigkeit dieser zitierten Passage des Gerstein-Berichts ging.[6]

Man muß sich klarmachen, daß es in diesen Auseinandersetzungen weniger um die relativ belanglose Frage geht, ob diese oder jene von Gerstein gemachte Zahlenangabe tatsächlich zutreffend sein kann oder nicht. Die Strategie der Apologeten des Naziregimes zielt vielmehr darauf, den Gerstein-Bericht in den Rang eines „Schlüsseldokuments" für den Nachweis der Existenz von nationalsozialistischen Vernichtungslagern zu erheben[7], um ihn dann durch Aufweis von „Ungereimtheiten" in seiner Aussagekraft zu destruieren, um dann die sich aufdrängende Frage zu stellen, ob es denn solche Vernichtungslager überhaupt gegeben habe.

Roques' Untersuchung ist ein klassisches Beispiel für diese Vorgehensweise der Leugner des nationalsozialistischen Massenmordes. Dabei macht sich Roques den Umstand zunutze, daß Gerstein seinen Bericht mehrfach handschriftlich und auch mit Schreibmaschine niedergeschrieben hat. Daher existieren mehrere Fassungen seines Berichts, die darüber hinaus auch noch sowohl in französischer wie auch in deutscher Sprache niedergeschrieben worden sind.

Im Vergleich dieser verschiedenen Textfassungen und Entwürfe versucht Roques angebliche Ungereimtheiten und Abweichungen aufzuzeigen, die als Beleg für seine These dienen könnten, der Gerstein-Bericht sei in einigen Passagen die Fälschung alliierter „Dunkelmänner".[8] Statt die Textfassungen einem wirklichen kritischen Vergleich zu unterziehen, der Rückschlüsse auf die Entstehungsgeschichte der einzelnen Fassungen ermöglicht, begnügt sich Roques mit dem Aufweis von „Unwahrscheinlichkeiten und Ungereimtheiten". Auch scheut er nicht davor zurück, selbst verfälschend in die dokumentierten Texte einzugreifen, um anschließend mit Akribie jeden Schreibfehler, jede differierende Schreibweise aufzulisten.[9] Seine Untersuchung führt denn auch geradewegs zu dem Ergebnis, die deutschen Textfassungen könnten nicht von Gerstein selbst stammen, sondern es müsse sich um Fälschungen handeln.

6 Über diesen Prozeß ist mir nichts weiter bekannt, als daß Pierre Joffroy, der Verfasser einer der Biographien über Gerstein, am 29. Mai 1981 vor Gericht über Person und Lebensweg Gersteins aussagen mußte. Bei diesen oben genannten Zahlenangaben handelt es sich tatsächlich um sichtlich überhöhte Zahlenangaben. Nur wird man solche auf subjektive Schätzung Gersteins zurückgehenden Zahlenangaben nicht gegen die Glaubwürdigkeit des Berichteten ausspielen dürfen. Vielmehr spiegelt sich in diesen überhöhten Zahlenangaben das entsetzliche Ausmaß der erlebten Tötungsvorgänge wider.

7 Roques, Geständnisse, 13 und 27.

8 Ebd., 106–114; besonders 113.

9 So dokumentiert er in seiner „Dissertation" die deutsche Textfassung III – deren Authentizität er widerlegen will – in französischer Übersetzung, um diese Textfassung mit den stilistischen Merkmalen eines fremden Verfassers zu versehen. In der deutschen Ausgabe wird III dann im deutschen Originaltext dokumentiert, in den Roques nun wegen fehlender Argumente einige Fehler einfügte. In Abweichung vom Original und seiner eigenen Übersetzung im „Dissertationsexemplar" finden sich in dieser transskribierten Textfassung III drei verschiedene Schreibweisen des Lagernamens Belzec, nämlich

Für authentisch erklärt er lediglich die französischen Textfassungen, deren Authentizität durch Gersteins Handschrift belegt ist. Da Gerstein sich nur in sehr schlechtem Französisch ausdrücken konnte, ist es dann ein leichtes, dem Verfasser der französischen Texte ein krankhaftes, zu Übertreibungen und Ungereimtheiten neigendes Wesen zu unterstellen, das sich in den von ihm verfaßten Texten niedergeschlagen habe. Die Aussagen Gersteins werden somit, soweit ihre Authentizität sich nicht bestreiten läßt, als zwanghafte „Geständnisse" eines Psychopathen abgewertet.[10]

Ein solches Vorgehen bedarf kaum eines weiteren Kommentars und legt die Intention von Roques' Bemühungen offen. Er will die Glaubwürdigkeit des Gerstein-Berichts mit allen Mitteln destruieren und denen zuarbeiten, die, wie er, die Existenz von Gaskammern und die Massentötungen durch Gas für nur „schwer zu glauben" und gänzlich „unbewiesen" halten.[11] Daß es ihm um die Bestreitung der nationalsozialistischen Tötungsverbrechen in den Vernichtungslagern geht, spricht er natürlich nicht offen aus, er ist ja nur darum bemüht, „Unwahrscheinlichkeiten" und „Ungereimtheiten" aufzudecken. Dazu nur ein Zitat aus dem Vorwort zur deutschen Ausgabe, wo Roques in der ihm eigenen Logik sein Anliegen formuliert:

> „Ich versuche ein Beweisstück (und zwar ein sehr wesentliches) für das Vorhandensein von Gaskammern auszuschalten. Es wäre abwegig, aus meiner Doktorarbeit die Schlußfolgerung zu ziehen, ich hätte zu beweisen versucht, daß es in den polnischen [!] KZs keine Vergasung [man beachte den Singular!, JS] gegeben hat."[12]

Soweit zu den Bemühungen Roques'. Sie sind ein aktuelles Beispiel für das in rechtsextremen Kreisen noch immer vorherrschende Bedürfnis nach Bagatellisierung und Verdrängung des unter der nationalsozialistischen Herrschaft durchgeführten Massen- und Völkermordes.

2. Überlegungen zur Entstehung der Textfassungen

Die Existenz der verschiedenen Textfassungen des Gerstein-Berichts erfordert eine Untersuchung ihrer Entstehungsgeschichte. Gerstein hat in der Zeit vom 26. April bis zum 6. Mai 1945 seinen Bericht in franzö-

Belsec, Balcec und Belcec. In einer Anmerkung auf Seite 69 bemerkt Roques dazu: „Die Schreibweise [des Lagernamens, JS] ist stets falsch. Gerstein hätte sie gekannt, d. Verfasser."
Doch tatsächlich findet sich an all diesen Stellen im Original – zwar schlecht lesbar, aber doch eindeutig – die Schreibweise Belcec.

10 Ebd., 146, 159 und öfter.
11 Ebd., 155 f.
12 Ebd., 13.

Zum heutigen Zeitpunkt sind folgende Textfassungen bekannt:

Textfassung	**Datum**	**Merkmale**	**Herkunft**	**Fundort**
I a	26.04.45	handschriftlich abgefaßt in französischer Sprache auf Gersteins Briefpapier	Diese Textfassung befand sich unter dem Nachlaß, der Frau Gerstein im März 1949 von den französischen Behörden zugeschickt worden ist.	Seit dem 31.7.72 im Landeskirchlichen Archiv Bielefeld 5,2 NS Nr. 32
I b	26.04.45	maschinenschriftlich abgefaßt in französischer Sprache und unterschrieben	Dieses Dokument wurde am 5. Mai 1945 in Rottweil zwei Offizieren übergeben und gelangte so unter der Bezeichnung PS-1553 in die Sammlung der alliierten Beutedokumente	National Archives Washington PS-1553
II a	04.05.45	handschriftlich abgefaßt in deutscher Sprache	Dieses Dokument wurde von Kurt Gerstein im Hotel Mohren in Rottweil zusammen mit einem Brief und dem Dokument II b für seine Frau hinterlegt. Diese erfuhr davon erst nach einem Jahr und ließ die Dokumente abholen.	Seit dem 31.7.72 im Landeskirchlichen Archiv Bielefeld 5,2 NS Nr. 31
II b	06.05.45	handschriftlich in französischer Sprache abgefaßt	wie II a	Seit dem 31.7.72 im Landeskirchlichen Archiv Bielefeld 5,2 NS Nr. 33/34
III a	06.05.45	maschinenschriftlich in französischer Sprache	Gelangte möglicherweise von der ORCG über die französische Botschaft in London an die War Crimes Commission (WCC) und von dort ins Archiv nach Washington.	Befindet sich in den National Archives Washington unter der Bezeichnung WCC Nr. 01.0813
III b	06.05.45	maschinenschriftlich in deutscher Sprache abgefaßt	Weg unklar.	National Archives Washington PS-2170
III c	06.05.45	maschinenschriftlich in deutscher Sprache abgefaßt	Dieses Dokument erhielt Erich Capito, ein Freund Gersteins, im Mai/Juni 1945.	Seit dem 31.7.72 im Landeskirchlichen Archiv Bielefeld, Bestand 5,2 NS Nr. 563
III d	06.05.45	maschinenschriftlich in deutscher Sprache abgefaßt	Dieses Dokument erhielt Dr. Hollweg aus Mönchengladbach im Frühsommer 1945.	Seit dem 10.4.86 im Landeskirchlichen Archiv Bielefeld Bestand 5,2 NS Nr. 309

Tab. 2: Übersicht über die Textfassungen des Gerstein-Berichts.

sischer und deutscher Sprache verfaßt. Er hat sich handschriftliche Entwürfe gemacht, die er mit einer vom Ortspfarrer ausgeliehenen Schreibmaschine dann niederschrieb.

Die uns vorliegenden Textfassungen lassen sich klar in drei Gruppen aufteilen (s. a. Tab. 2, S. 205):

Gruppe I: Zwei in französischer Sprache verfaßte Textfassungen vom 26.4.1945.

Gruppe II: Zwei im Hotel Mohren für seine Frau hinterlassene Textfassungen vom 4.5. (deutsch) und 6.5.1945 (französisch).

Gruppe III: Textfassungen verschiedener Herkunft vom 6.5.1945.

Die Textfassungen unterscheiden sich in Sprache, Art der Verschriftlichung (hand- oder maschinenschriftlich) und in Umfang und Inhalt. Die Tabelle zeigt den inhaltlichen Umfang der einzelnen Textfassungen.

		I		II		III			
		a	b	a	b	a	b	c	d
1.	Angaben zur Person	o	o	o	o	o	o	o	o
2.	Lebenslauf	o	o	o	o	o	o	o	o
3.	Der Eintritt in die Waffen-SS	o	o	o	o	o	o	o	o
4.	Grundausbildung	o	o	o	o	o	o	o	o
5.	Im SS-Hygyiene-Institut	o	o	o	o[5]	o	o	o	o
6.	Die Reise nach Lublin (17. August 1942)	o	o	o		o	o	o	o
7.	Besichtigung im Lager Belzec (18. August 1942)	o	o	o		o	o	o	o
8.	Die im Lager Belzec erlebte Vergasung (19. August 1942)	o	o	o		o	o	o	o
9.	Einschub über das Ausmaß der Tötungsaktion	o[1]	o	o		o	o	o	o
10.	Der vierte Tag im Lager Treblinka (20. August 1942)	o	o	o		o	o	o	o
11.	Die Rückfahrt nach Berlin und die Benachrichtigungen	o	o	o		o[6]	o	o	o
12.	Ein zweiter Auftrag	o[2]	o	o		o	o	o	o
13.	Weitere Anfragen		o	o		o	o	o	o
14.	Erlebnisse und Kenntnisse aus anderen Lagern		o	o		o	o	o	o
15.	Eindrücke aus Belzec			o[4]	o	o	o	o	o
16.	Eindrücke aus Treblinka			o[4]	o	o	o	o	o
17.	Berichte von Villing			o[4]	o	o	o	o	o
18.	Erinnerungen an die Haftzeit in Stuttgart			o[4]		o	o	o	o
19.	Berichte aus unsicherer Quelle			o[4]		o	o	o	o
20.	Der Polizeichef von Bromberg			o[4]	o	o	o	o	o
21.	Der Chef der Krakauer Regierung			o[4]	o	o	o	o	o
22.	Bauleute aus Lublin			o[4]	o	o	o	o	o
23.	Nachträge zu Belzec und Treblinka			o[4]	o	o	o	o	o

	I		II		III			
	a	b	a	b	a	b	c	d
24. Antinazis in der Waffen-SS			o[4]		o	o	o	o
25. Beurteilungen von SS und Polizei			o[4]	o		o	o	o
26. Der Berliner Kreis	o[3]	o				o	o	o
27. Beeidigungsformel		o	o			o	o	o
28. Weitere Referenzen		o	o			o	o	o
29. Unterschrift		o						

1 Dieser Abschnitt steht in I a ganz am Ende
2 Im Anschluß an Abschnitt 12 berichtet Gerstein, wie er sich der französischen Armee gestellt hat. Diese Bemerkungen finden sich nur in I a.
3 Dieser Abschnitt steht in I a zwischen Abschnitt 11 und 12.
4 Dieser Textabschnitt ist der Textfassung II a als Ergänzung angehängt.
5 Der Abschnitt endet hier mit der Beauftragung zur Desinfizierung der aufgestapelten Textilien.
6 Sehr starke Abweichungen gegenüber den anderen Textfassungen.

Tab. 3: Inhaltlicher Umfang der einzelnen Textfassungen.

a. Textfassungen der Gruppe I

Zur Textgruppe I gehören zwei Textfassungen in französischer Sprache. Bei der Textfassung I a handelt es sich um Gersteins handschriftlichen Bericht in französischer Sprache vom 26. April 1945. Die Authentizität von Textfassung I a steht aufgrund der Handschrift außer Frage. Unter gleichem Datum erstellte Gerstein offensichtlich nach der Vorlage der handschriftlichen Fassung I a eine maschinenschriftliche Fassung in französischer Sprache. Sie wird im Folgenden mit I b bezeichnet. Diese Textfassung übergab Gerstein in Rottweil an zwei Offiziere eines Erkundungskommandos der Alliierten. Auf diesem Weg fand I b unter der Bezeichnung PS-1553 Eingang in die Sammlung der alliierten Beutedokumente. Sie weist als einzige Textfassung die Unterschrift Gersteins auf.

Das Dokument I a erhielt Frau Gerstein zusammen mit einigen Nachlaßsachen von den französischen Justizbehörden.

b. Textfassungen der Gruppe II

Zur Gruppe II gehörten eine maschinenschriftliche deutsche Textfassung II a vom 4. Mai 1945 und eine handschriftliche französische Textfassung II b vom 6. Mai 1945. II a weist gegenüber den Fassungen der Textgruppe I angehängte Ergänzungen auf (Abschnitte 15–25), in denen verschiedene Erinnerungen, Begebenheiten und Kenntnisse vom Hörensagen nachgetragen werden. II a wurde zusammen mit einer weiteren handschriftlichen französischen Textfassung II b von Gerstein zusammen mit einem Abschiedsbrief im Hotel Mohren in Rottweil für seine Frau hinterlegt, die davon jedoch erst im Frühjahr 1946 erfuhr und die hinterlegten Dokumente abholen ließ. Die Textfassung II b ist nur unvollständig niedergeschrieben worden. Sie sollte wohl ein französisches Pendant zu II a bilden und auch die in II a gemachten Ergänzungen umfassen. Die Niederschrift brach Gerstein jedoch vor Schilderung der Vergasung in Belzec ab. Statt dessen setzte er die Niederschrift mit den in II a enthaltenen Ergänzungen fort, wie sie in den französischen Textfassungen der Gruppe I noch nicht enthalten waren.

Die Authentizität der beiden Textfassungen der Textgruppe II ist durch handschriftliche Vermerke in Gersteins Handschrift eindeutig belegt.[13]

c. Textfassungen der Gruppe III

Während bei den Textfassungen der Gruppen I und II die Authentizität durch Gersteins Handschrift verbürgt ist, finden sich bei den Textfassungen der Gruppe III solche Hinweise nicht mehr. Statt dessen häufen sich hier Schreibfehler, die darauf hindeuten, daß es sich um Abschriften des Gerstein-Berichts von seiten Dritter handelt.

Bei der Textfassung III a handelt es sich um eine französische, maschinenschriftliche Textfassung mit dem Datum des 6. Mai 1945 und mit den in Gruppe II enthaltenen Ergänzungen (nur Abschnitt 25: „Beurteilungen von SS und Polizei“ ist weggelassen). Roques fand diese Textfassung in den National Archives Washington im Bestand der War Crimes Commission unter der Signatur WCC 010813.[14]

Diese Textfassung ist überschrieben als „Rapport du Dr. Gerstein de Tubingen du 6. Mai 1945“ und läßt schon durch die falsche Bezeichnung „Dr. Gerstein“ darauf schließen, daß es sich vermutlich um eine Abschrift durch einen französischen Vernehmungsbeamten handelt. Auch das qualitativ bessere Französisch spricht für diese Vermutung. Die Textfassung weist keinerlei handschriftliche Vermerke Gersteins und auch keine Unterschrift auf.

Man kann nur vermuten, daß es sich bei ihr um eine von der französischen Dienststelle für die Nachforschungen nach Kriegsverbrechern (ORCG) an die französische Botschaft in London übersandte Textfas-

13 Die deutsche Textfassung III umfaßt insgesamt 32 quer beschriebene DIN-A5-Seiten. Auf Blatt 7 befindet sich ein mehrzeiliger handschriftlicher Zusatz über die von Gerstein durchgeführte Desinfektion der anfallenden Bekleidungsstücke der Ermordeten. Auf Blatt 25 findet sich ebenfalls ein mehrere Worte umfassender handschriftlicher Vermerk Gersteins.

14 Roques, Geständnisse, 96 f., gibt an, für die hier als IIIa bezeichnete Textfassung eine Vorlage im Archiv der Militärjustiz gefunden zu haben. Sie soll dort seit dem 3.8.71 einsehbar sein und eine direkte Vorlage von IIIa sein. Für diese Untersuchung konnte die von Roques ermittelte Textfassung nicht herangezogen werden.

sung handelt, die an die War Crimes Commission weitergeleitet wurde. Auf diesem nicht mehr vollständig rekonstruierbaren Weg gelangte III a schließlich in die National Archives Washington.

Die Textfassung III b ist wiederum maschinenschriftlich in deutscher Sprache und ebenfalls unter dem Datum vom 6. Mai 1945 abgefaßt worden. Sie fand sich ebenfalls in der Sammlung alliierter Beutedokumente in den National Archives Washington im Bestand RG 238 unter der Nummer PS-2170.

Das Dokument endet mit „gez.: Kurt Gerstein“ und stellt somit die Abschrift einer von Gerstein unterzeichneten Textfassung dar.

Auch bei diesem Dokument ist völlig unbekannt, auf welchem Weg es dorthin gelangte.[15]

Schon dem Schwurgericht Frankfurt lag eine Textfassung vom 6. Mai 1945 vor. Sie stammte von einem Mann namens Staß, der diesen Text von einem Polizeibeamten erhalten haben will, der mehrere Durchschläge des Gerstein-Berichts hatte.

Im Landeskirchlichen Archiv in Bielefeld finden sich zwei weitere Abschriften einer Textfassung vom 6. Mai 1945, die Freunde Gersteins im Sommer 1945 erhalten hatten.

3. Der dokumentarische Wert des Gerstein-Berichts

Abschließend soll nun nach dem zeitgeschichtlichen und dokumentarischen Wert des Gerstein-Berichts gefragt werden. Neben den biographischen Angaben zu Person und Lebenslauf enthält Gersteins Bericht Beobachtungen aus den beiden Vernichtungslagern Belzec und Treblinka und die Schilderung des miterlebten Vergasungsvorgangs in Belzec. Welcher Stellenwert kommt diesen Beobachtungen Gersteins im Vergleich mit anderen Zeugnissen über die Arbeit dieser Vernichtungslager zu? Dieser Frage soll im folgenden nachgegangen werden.

Daß die Fahrt nach Lublin mit der Besichtigung des Lagers Belzec tatsächlich stattgefunden hat, steht zweifelsfrei fest. Der Begleiter Gersteins, der SS-Obersturmbannführer Wilhelm Pfannenstiel, Professor für Hygiene an der Universität Marburg, hat sowohl das Datum des Aufenthalts in Lublin (18./19. August 1942) wie auch den im Lager

15 Nach Friedländer, Zwiespältigkeit, 12, stammt sie „von einem gewissen Staß, der sie von einem Bad Hersfelder Polizeibeamten im Sommer 1945 erhalten haben soll, als er selbst aus dem Lager Buchenwald nach Köln zurückkehrte“.

Belzec erlebten Vergasungsvorgang bestätigt.[16] In einigen Punkten gibt er jedoch eine von Gersteins Beobachtungen abweichende Darstellung. So dauerte die erlebte Vergasung nach Pfannenstiels Beobachtung nur 18 Minuten. Gerstein hingegen schildert den Ausfall des für Tötung mit Auspuffgasen verwendeten Dieselmotors und gibt als Dauer des ganzen Vorgangs die Zeit von 3 Stunden und 21 Minuten an. Ebenso hat Pfannenstiel den gemeinsamen Besuch des Vernichtungslagers Treblinka am darauffolgenden Tag bestritten. In beiden Fällen berichtet Gerstein jedoch beiläufig auch Äußerungen Pfannenstiels, die auf diesen kein gutes Licht werfen.[17] Von daher hatte Pfannenstiel allen Grund, eine in wenigen Punkten abweichende Darstellung zu geben. Zur Widerlegung oder Bestreitung der von Gerstein gemachten Angaben können Pfannenstiels Aussagen also nicht herangezogen werden.

Gerstein schildert nur die in Belzec erlebte Vergasung, obwohl er in Treblinka offenbar auch Zeuge einer Vergasung wurde. Als Tag der Besichtigung in Treblinka gibt er den 19. August an, obwohl am gleichen Tag die Besichtigung in Belzec stattgefunden haben soll. Da Gerstein erst in der Nacht vom 20./21. August die Rückfahrt von Warschau nach Berlin antrat, wird man den 20. August für die Besichtigung in Treblinka annehmen müssen.

An den von Gerstein gemachten Angaben über die Zahl der getöteten Menschen wurden schon immer Zweifel geäußert. Besonders die Angabe, in Belzec seien 700–800 Personen auf einer Grundfläche von 25 Quadratmetern in der Gaskammer zusammengepfercht worden, scheint weit überzogen zu sein. Auch die Zahl von 200 Ukrainern, die die Deportierten aus den Waggons peitschten, scheint eher zu hoch gegriffen zu sein.[18] Man wird in dieser Frage jedoch berücksichtigen

16 Aussage von Pfannenstiel vor dem Landgericht Darmstadt am 6. Juni 1950 (LkA 5,2 AS Nr. 5/9 Fasc. 1), teilweise abgedruckt bei Friedländer, Zwiespältigkeit, 105–109; Pfannenstiel wurde auch von der Staatsanwaltschaft Marburg am 9. Jan. 1951 vernommen, teilweise bei Friedländer, Zwiespältigkeit, 109 f., abgedruckt. Eine weitere Aussage Pfannenstiels wird wiedergegeben in: Nationalsozialistische Massentötungen, 173 f., zitiert nach Staatsanwaltschaft München I, Az.: 22 Js 64–83/61 Bd. 1, Bl. 135 ff.

17 So im Gerstein-Bericht, Abschnitt „8. Die erlebte Vergasung in Belzec" und Abschnitt „10. Der vierte Tag in Treblinka (20. August)".
Demnach soll Pfannenstiel das Jammern der in den Gaskammern Eingeschlossenen mit der Bemerkung kommentiert haben: „Wie in der Synagoge". In Treblinka soll er in einer Ansprache an das Lagerpersonal von der Wichtigkeit und Nützlichkeit ihrer Arbeit gesprochen haben. Pfannenstiels eigene Aussagen sind in sich widersprüchlich. So gab er einmal an, er sei nur auf Anregung von Globocnik mit nach Belzec gefahren, ein andermal erklärte er, auf ausdrücklichen Wunsch mit nach Belzec genommen worden zu sein, um sich ein Bild von den Vernichtungsvorgängen zu machen.
Die erlebte Vergasung in Treblinka wird von Gerstein nicht im Abschnitt „10. Der vierte Tag in Treblinka" geschildert; erst aus dem Abschnitt „16. Eindrücke aus Treblinka" geht hervor, daß er auch in Treblinka Zuschauer bei einer Vergasung gewesen sein muß.

18 Man wird eher von 60 bis 80 ukrainischen Hilfskräften auf der Rampe ausgehen müssen; vgl. Nationalsozialistische Massentötungen, 156. Das Fassungsvermögen der einzelnen Gaskammern dürfte bei ca. 400 Personen gelegen haben; vgl. ebd., 157.

müssen, daß Gerstein einen solchen Vorgang ja nur einmal erlebt hat und von daher seine Angaben aufgrund eines schockierenden Erlebnisses macht. Dazu kommt Gersteins Bemühen, das schreckliche Ausmaß des Gesehenen deutlich zu machen. Besonders deutlich wird dieses Anliegen Gersteins, wenn er die von ihm selbst hochgerechnete Zahl von insgesamt 20–25 Millionen Ermordeten angibt. Wenn er von einer täglichen Vernichtungskapazität von 15.000–20.000 Personen pro Lager ausging, dann war eine solche Zahl in einem entsprechenden Zeitraum natürlich denkbar. Jedoch konnte Gerstein nicht abschätzen, in welchem Zeitraum die Vernichtungen abliefen und wie viele Züge mit Deportierten nun tatsächlich jeden Tag zu deren Vernichtung eintrafen.

Für das Lager Belzec z. B. erstreckt sich der Zeitraum der Vernichtungstätigkeit von März 1942 bis November 1942. Davon fanden die ersten großen Vernichtungsaktionen mit ca. 80.000 Ermordeten von Mitte März bis Ende April statt. Dann wurden die Vernichtungsaktionen in Belzec vorübergehend gestoppt und erst gegen Ende Juli 1943 nach der Errichtung größerer Gaskammern wieder in größerem Umfang fortgesetzt.[19] Auch war Gerstein der begrenzte Auftrag der Lager der sog. „Aktion Reinhard“ – die Ausrottung der 2 ½ Mio. Juden im „Generalgouvernement“ – wohl nicht bekannt; er erwähnt ihn jedenfalls nicht.[20]

Daß Gerstein nur kurz und nur einmal in Belzec und Treblinka gewesen ist, zeigt sich auch in seiner fehlerhaften Wiedergabe von Namen. So schreibt Gerstein ständig „Globocnek“ statt richtig „Globocnik“, „Obermeyer“ statt „Oberhauser“ und „Heckenholt“ statt „Hackenholt“. Es sind keine aufgrund längerer Tätigkeit gewonnenen Kenntnisse, die Gerstein wiedergibt, sondern es sind Eindrücke eines einmaligen Besuchs im Vernichtungslager, die einen tiefen Schock und durchaus subjektive, quantitativ überhöhte Wahrnehmungen auslösen konnten. So gibt Gerstein u. a. auch ein Gespräch mit Globocnik wieder, in welchem dieser einen Besuch Hitlers und Himmlers vom Vortage erwähnte. Ein Beleg für solch einen Besuch Hitlers in den Vernichtungslagern wäre von außerordentlicher Wichtigkeit, doch läßt sich ein Besuch Hitlers nicht wahrscheinlich machen, da er sich zu diesem Zeitpunkt ständig in seinem Führerhauptquartier aufgehalten haben soll.[21] Hier wird man zwar eine getreue Gesprächswiedergabe Gersteins voraussetzen dürfen, zumal der Inhalt – die möglichst rasche und unverzügliche Durchführung der Vernichtungsaktionen – deutlich Globocniks Lieblingsthema widerspiegelt. Globocnik neigte zu Übertreibungen und wollte vermutlich durch seinen

19 So im Gerstein-Bericht, Abschnitt „9. Einschub über das Ausmaß der Vernichtungen“.
20 Gerstein gab in der Befragung vor dem 2. Militärtribunal in Paris vom 15.7.45 (LkA Bielefeld 5,2 NS Nr. 489) an, er habe niemals von einem Ende der Vernichtungsaktionen gehört.
21 So Rothfels, Augenzeugenbericht, 189 Anm. 39a.

Hinweis auf den Führerbesuch nur die Wichtigkeit seiner Person und seiner Tätigkeit gegenüber den Besuchern herausstellen.[22] Der Hinweis auf die absolute Schweigepflicht stimmt mit anderen Informationen überein. Es war in Lublin sogar üblich, schriftliche Erklärungen über die Schweigepflicht zu unterzeichnen.[23]

Die Aufzählung der Anlagen mit Angabe der jeweiligen Vernichtungskapazität dürfte auch eher eine Übertreibung Globocniks sein als eine von Gerstein geschätzte Angabe. Für Belzec betrug die „Kapazität" der erweiterten Gaskammer (also ab Juli 1942) 1.500 Personen pro Vergasungsvorgang. Es konnten also bei Durchführung von sieben bis acht Vergasungsvorgängen pro Tag zwischen 10.500 und 12.000 Menschenleben vernichtet werden.

Die Schilderung der Anlagen in Belzec stimmt mit anderen Aussagen überein. So berichtet Gerstein von der Baracke an den Gleisen, in der die Deportierten Kleider und Wertsachen abgeben mußten und den Frauen die Haare abgeschnitten wurden. Auch die Reisighecken, die die Lagereinrichtungen von den Gleisen abschirmten, sind anderweitig bestätigt.[24] Von diesem Lagerbereich aus führte der Weg durch den sogenannten „Schlauch", einen durch Bretter und Stacheldraht abgeschirmten engen Gang, der zu den Gaskammern führte.[25] Auch das Schild zu den Inhalier- und Baderäumen sowie die Betontöpfe mit Geranien rechts und links der kleinen Treppe sind von verschiedenen Zeugen verbürgt.[26] Die von Gerstein erwähnte Windfahne in Gestalt eines schmiedeeisernen Davidsterns wird in Belzec so nicht bezeugt, es hat eine solche aber in Treblinka gegeben.[27] Möglicherweise stammt diese Erinnerung auch aus Treblinka, und Gerstein vermischt auch hier Erinnerungen aus Treblinka und Belzec. Die Inschrift „Heckenholt-Stiftung" ist anderweitig nicht bezeugt. Die Größe der Gaskammern gibt Gerstein mit 5 m x 5 m x 1,90 m an, was im Rahmen anderer Angaben liegt.[28] Die Gaskammern befanden sich zu je dreien rechts und links eines schmalen Ganges.[29]

22 Nach J. Wulf, Das Dritte Reich und seine Vollstrecker, Frankfurt 1984, 271 f., hat sich der Gouverneur von Lublin am 27. Juli 1943 bei Himmler für die Versetzung Globocniks nach Triest bedankt. In diesem Zusammenhang sprach er von Schwindeleien Globocniks, der mit seiner Macht und Befehlsgewalt angebe. Auch wird Globocnik ein übereifriges Wesen und die Tendenz zu Alleingängen von verschiedenen Seiten nachgesagt.

23 Ebd., 266.

24 Der Pole Stanislaw Kozak, der im Nov./Dez. bei der Errichtung des Lagers Belzec dabei war, berichtet u. a.: „Ein Teil dieser Umzäunung war auf der Seite des Nebengleises darüber hinaus mit Kiefern und Tannen verdeckt, die speziell dazu gefällt wurden, um das Nebengleis unsichtbar zu machen" (Nationalsozialistische Massentötungen, 152).

25 Ebd., 156. Dort wird die Länge dieses Ganges mit 50–60 m angegeben. Gerstein gibt 150 m an.

26 Ebd., 183.

27 Ebd., 185.

28 Lediglich in den Textfassungen der Gruppe I gibt Gerstein die Größe mit 4 m x 5 m an. Ebd., 183. Demnach schwanken die Angaben über die Größe der Gaskammern in Belzec zwischen 4 m x 4 m und 4 m x 8 m.

29 Ebd., 162.

Die Vergasungsszene entspricht den Schilderungen auch anderer Zeugen, wobei Gerstein sehr viele Kleinigkeiten und subjektive Eindrücke schildert, die jedoch die Besonderheit und Eindringlichkeit seines Berichts ausmachen. Daß der Abtransport der Leichen auf Holzwagen stattfand, wird aus Belzec so nicht berichtet. In Treblinka benutzte man zeitweilig Loren auf Schienen, um die Leichen bis zu den Gruben zu transportieren.[30]

Das geschilderte Hochgären der Leichen, welches Gerstein wahrscheinlich so nicht erlebt hat, sondern wohl geschildert bekam, stellte tatsächlich ein Problem in den Lagern dar, wie aus der Aussage des SS-Obersturmführers Franz Stangl hervorgeht, der folgendes bei einem Besuch in Belzec erlebte:

> „Wirth war nicht in seinem Büro, sie sagten, er sei oben im Lager ... Ich fragte, was denn los sei. Der Mann, mit dem ich redete, sagte, daß eine der Gruben überflutet sei. Sie hatten zuviele der Leichen hineingeworfen, und die Verwesung war zu schnell fortgeschritten, so daß die sich unten ansammelnde Flüssigkeit die Körper nach oben gedrückt hatte, bis an die Oberfläche und darüber, und die Leichen waren den Berg heruntergerollt. Ich sah einige von ihnen. – O Gott, es war entsetzlich ...“[31]

Die in den Textfassungen der Textgruppen II und III enthaltenen Ergänzungen beziehen sich auf Kenntnisse aus anderen Lagern, die Gerstein nur vom Hörensagen bekannt geworden sind.

Gerstein erwähnt das KZ Mauthausen-Gusen bei Linz, das ihm vor allem wohl durch Berichte seines Kollegen Krantz bekannt war und das er neben Auschwitz als eines der schlimmsten Lager bezeichnete. Aus Mauthausen waren ihm Tötungen in Gaskammern und Gasautos sowie durch Herabstürzen von einem sehr hohen Steinbruch bekannt, aus Auschwitz war ihm die Tötung kleiner Kinder durch Unterhalten eines Blausäuretupfers unter die Nase berichtet worden. Diese Verbrechen werden auch von anderen Überlebenden bezeugt.

Im Frauenkonzentrationslager Ravensbrück fanden medizinische Versuche mit Medikamenten, Seren und Lymphen statt, die z. T. bis zum Tode der behandelten Frauen durchgeführt wurden. Im Nürnberger Prozeßmaterial, vor allem im Prozeß gegen die Ärzte, sind Umfang und Einzelheiten dieser Menschenversuche zahlreich belegt. Mitarbeiter Gersteins aus dem SS-Hygieneamt waren auch darin verwickelt.[32]

In diesem Zusammenhang nennt Gerstein auch Namen, wie den von Dr. Gebhardt aus der Heilanstalt Hohenlychen und dessen Assistenten

30 Ebd., 181.
31 Ebd., 169.
32 So waren Dr. Ding-Schuler und der Leiter des SS-Hygiene-Instituts, Dr. Mrugowsky, an Menschenversuchen beteiligt. Mrugowsky wurde nach dem Krieg zum Tode verurteilt. Siehe dazu: R. Schnabel, Macht ohne Moral. Eine Dokumentation über die SS, Frankfurt 1957, 315 ff.

Dr. Gundlach, die für die Versuche an Menschen in Ravensbrück verantwortlich waren.

Die Vernichtung von Homosexuellen war Gerstein aus Oranienburg bekannt. Auch war ihm bekannt, daß Versuche mit Preßluft an Häftlingen gemacht wurden. Dies scheint ihm Wirth erzählt zu haben. Des weiteren erfuhr er von Massenerschießungen polnischer Geistlicher und der polnischen Intelligenz. Alle diese knappen Erzählungen werfen ein Licht auf die Brutalität und Unmenschlichkeit, die die Handlungen der SS-Verbände und sogenannten Einsatzgruppen begleiteten, und entsprechen dem, was anderweitig über deren „Einsatz" in den Ostgebieten bekannt geworden ist.

Worin besteht nun der dokumentarische Wert des Gerstein-Berichts? Man wird im Hinblick auf die von Gerstein mitgeteilten Zahlenangaben feststellen müssen, daß es sich hier nur um geschätzte Angaben handeln kann. Möglicherweise gehen sie aber auch auf Angaben von Globocnik zurück, der gegenüber seinen Gästen die Vernichtungskapazität der ihm unterstellten Lager eher über- als untertrieben haben wird. Zugleich spricht aus derart überhöhten Angaben das fassungslose Grauen vor dem kaum vorstellbaren Ausmaß der Vernichtungsaktionen. Gerade in diesem Punkt unterscheidet sich der Gerstein-Bericht von vielen anderen dokumentarischen Belegen. Verglichen mit den eher nüchtern gehaltenen Aussagen der später vor Gericht gestellten Lagermannschaften klingt in den Aussagen Gersteins das grauenvolle Erleben nach. Ein Vergleich mit zwei anderen Schilderungen des Vergasungsvorgangs mag dies verdeutlichen. So schilderte der SS-Obersturmbannführer Prof. Pfannenstiel die zusammen mit Gerstein erlebte Szene im Lager Belzec:

> „... Eine Vergasung hat an diesem Tag nicht mehr stattgefunden, sondern erst am nächsten Morgen. Es wurden mehrere Eisenbahnwaggons in das Lager geschoben, in welchen sich etwa 500 Juden befanden, und zwar Männer, Frauen und Kinder. Es waren keine deutschen Juden. Die Juden mußten aus den Wagen aussteigen und wurden sodann nach Geschlechtern getrennt. Vorher hatten sie noch ihre Schuhe ausziehen müssen ... Nach dem Marsch in das Lager und der Aufteilung nach Geschlechtern mußten sie sich entkleiden. Den Frauen wurden die Haare geschnitten. Während dieser Vorgänge wurden die neuangekommenen Juden von den Arbeitsjuden belehrt, daß sie zum Arbeitseinsatz kämen und vorher noch desinfiziert werden müßten. Davon, daß ihnen der Tod bevorstand, wurde ihnen nichts gesagt. Diese Juden gingen daher völlig ahnungslos in die Gaskammern. ... Die Juden gingen ruhig und ohne Widerstand zu leisten in die Kammern. Es wurde erst unruhig, als das Licht ausgeschaltet wurde. Hierauf wurde der Motor angeworfen."[33]

33 Nationalsozialistische Massentötungen, 173 f.

Zum Vergleich noch eine Schilderung des SS-Mannes Karl Alfred Schluch, der in Belzec war:

„... Die gehfähigen Juden hatten sich nach der Entladung an den Sammelplatz zu begeben. Bei der Entladung wurde den Juden gesagt, daß sie zur Umsiedlung kämen und zuvor noch gebadet und desinfiziert werden sollten. Die Ansprache wurde von Wirth, aber auch von seinem Dolmetscher, einem jüdischen Capo, gehalten. Daran anschließend wurden die Juden zu den Entkleidungsbaracken geführt. In der einen Baracke mußten sich die männlichen, in der anderen die weiblichen Juden und Kinder entkleiden. Nach der Entkleidung wurden die Juden getrennt nach Männern und Frauen mit Kindern durch den Schlauch geführt. ... Mein Standort am Schlauch war in unmittelbarer Nähe der Entkleidungsbaracke. Wirth hatte mich dort eingewiesen, weil ich seiner Meinung nach beruhigend auf die Juden einwirken konnte. Nach Verlassen der Entkleidungsbaracke mußte ich den Juden den Weg zur Gaskammer weisen. Ich glaube, daß ich den Juden den Weg dorthin erleichterte, denn sie mußten aus meinen Worten oder meinen Gesten zur Überzeugung kommen, daß sie tatsächlich gebadet werden sollten. Nachdem die Juden die Gaskammern betreten hatten, wurden die Türen von Hackenholt selbst oder von den ihm zugeteilten Ukrainern fest verschlossen. Sodann setzte Hackenholt den Motor in Betrieb, mit dem die Vergasung ausgeführt wurde. ..."[34]

Vergleicht man diese Schilderungen mit der entsprechenden Passage aus dem Gerstein-Bericht, so fällt auf, daß fast alle Angaben über die Situation der Opfer fehlen. Da ist die Rede davon, die Juden hätten sich auf den Sammelplatz „zu begeben“, sie werden zu den Entkleidungsbaracken „geführt“, und es wurde beruhigend auf die Juden eingeredet. In der Schilderung aus der Sicht der Beteiligten, der Täter, fehlt jede Angabe über das Leid und die menschenunwürdige Situation der Opfer. Im Gerstein-Bericht finden sich dagegen viele detaillierte Schilderungen über die verzweifelte Situation der Opfer. Da ist von entsetzlich bleichen Kindern die Rede, von Augen voller Angst, von Lederpeitschen, die die armen Opfer vorantreiben. Der beruhigende SS-Mann mit pastoraler Stimme erscheint nicht als menschenfreundlicher Beruhiger, sondern als Instrument des ganzen menschenverachtenden Vorgangs, der den wenigsten ihre Todesangst nehmen konnte. Der Verfasser – als SS-Untersturmführer zwangsläufig in den Reihen der Täter – schildert das Leiden der Opfer und den menschenverachtenden Tötungsmechanismus des Vernichtungslagers. Gerade diese Vielzahl von Eindrücken eines mitfühlenden Beobachters machen den besonderen Charakter des Gerstein-Berichts aus. Die Rezeption des Gerstein-Berichts vor allem von jüdischer Seite – jüdische Mitbürger waren maßgeblich an der Rehabilitation Gersteins beteiligt – deutet darauf hin, daß man im Bericht des SS-Obersturmführers Gerstein eine Schilderung der Vernichtungsvorgänge unter Berücksichtigung der Opfer sah.

34 Ebd., 167 f.

Diese im Gerstein-Bericht enthaltene Perspektive zeichnet ihn vor vielen anderen Zeugnissen aus.

Hinzu kommt, daß das Vernichtungslager Belzec als einziges der Lager der „Aktion Reinhard“ keiner systematischen Durchleuchtung in einem Nachkriegsverfahren unterzogen worden ist.[35] Es gab aus diesem Lager kaum Überlebende. So ist der Gerstein-Bericht eines der wenigen Zeugnisse über den Betrieb dieses Vernichtungslagers.

35 So I. Arndt/W. Scheffler, Organisierter Massenmord an Juden in nationalsozialistischen Vernichtungslagern, in: K. D. Bracher/M. Funke/M.-A. Jacobsen (Hg.), Nationalsozialistische Diktatur 1933–45, Bonn 1983, 554 Anm. 30.

IX. Dokumentation der Textfassung II a vom 4. 5. 1945

Bei der Überlegung, welche der Textfassungen für eine Dokumentation des Gerstein-Berichts die geeignetste sei, fiel die Wahl auf die deutsche Textfassung II a.

Wie die Übersicht über den inhaltlichen Umfang der Textfassungen zeigt, sind die Textfassungen der Textgruppe III inhaltlich umfangreicher als die französischen Textfassungen der Gruppe I. Wie die Untersuchung der verschiedenen Textfassungen aber gezeigt hat, weisen gerade die Textfassungen der Gruppe III eine Reihe von Fehlern auf, die vermuten lassen, daß es sich um Abschriften des Gerstein-Berichts handelt. Die Textfassungen der Gruppe III sind daher für Dokumentationszwecke nicht geeignet.

Die französischen Textfassungen sind nicht nur inhaltlich kürzer gefaßt, gegen sie spricht auch, daß Gerstein sich in französischer Sprache nur unbeholfen ausdrücken konnte. So bleibt allein die Textfassung II a. Sie ist einerseits in deutscher Sprache abgefaßt und kommt den umfangreichen Textfassungen der Gruppe III durch die angehängten Ergänzungen sehr nahe. Bei II a handelt es sich um die auch von Rothfels editierte Textfassung, die dieser allerdings nur mit Auslassungen und ohne die angehängten Ergänzungen dokumentiert hat. Darüber hinaus ist das Original dieser Textfassung, die für Frau Gerstein hinterlegt worden war, leicht zugänglich. Es befindet sich im Landeskirchlichen Archiv in Bielefeld (LkA Bielefeld 5,2 NS Nr. 31).

Die im folgenden dokumentierte Textfassung II a ist durch eingefügte Zwischenüberschriften übersichtlich gegliedert. Dabei sind die in dieser Textfassung angehängten Ergänzungen so in den Text eingegliedert worden, wie es in den Textfassungen der Gruppe III der Fall ist. Diese Umstellung ist kenntlich gemacht durch Kursivdruck der Ergänzungen.

Orthographische Fehler sind verbessert und heutigen Schreibregeln angepaßt worden. Nur die Schreibweise von Orts- oder Personennamen ist grundsätzlich beibehalten, auch dann, wenn sie falsch ist. Bei der jeweils ersten Erwähnung eines falsch wiedergegebenen Namens wird in einer Anmerkung auf die richtige Schreibweise hingewiesen. In den Anmerkungen wird in der Regel auf ergänzende Informationen aus anderen Textfassungen verwiesen. Sinngemäße Ergänzungen im fortlaufenden Text und editorische Zusätze sind in eckige Klammern [] gesetzt. Der Beginn eines neuen Textblattes im Original ist durch die Einfügung [Blatt ...] gekennzeichnet, so daß die fortlaufende Anordnung des Textes im Original erschlossen werden kann.

Dokumentation

[Blatt 1]
Tübingen/Württemberg, Gartenstr. 24
z. Zt. Rottweil, den 4. Mai 1945.

[1. Angaben zur Person]
Zur Person: Kurt Gerstein, Bergassessor außer Dienst, Diplomingenieur. Am 27. September 1936 wegen staatsfeindlicher Betätigung aus dem Höheren Preußischen Berg-Dienst entfernt.[1]
Geboren am 11. August 1905 zu Münster/Westfalen. – Teilhaber der Maschinenfabrik De Limon Fluhme & Co zu Düsseldorf, Industriestraße 1–17, Spezialfabrik für automatische Schmieranlagen für Lokomotiven, Knorr- und Westinghouse-Bremsen.
Vater: Landgerichtspräsident Ludwig E. Gerstein, Landgerichtspräsident in Hagen/Westf. außer Diensten.
Mutter: Clara Gerstein, geb. Schmemann, gestorben 1931.
Verheiratet seit 1937 mit Elfriede *Bensch* in Tübingen, Gartenstraße 24.
Drei Kinder: Arnulf 5 Jahre, Adelheid 3 ½ Jahre, Olaf 2 Jahre.

[2. Lebenslauf]
[Blatt 2] 2.) Lebenslauf: 1905–1910 in Münster Westf. 1910–1919 in Saarbrücken. 1919–1921 Halberstadt, 1921–1925 Neuruppin bei Berlin. Dort 1925 Abitur am humanistischen Gymnasium. Studien: Universität Marburg[/]Lahn 1925–1927, Berlin 1927–1931, Technische Hochschule Aachen 1927. Diplomingenieur-Examen 1931 in Berlin-Charlottenburg. – Seit 1925 aktives Mitglied der organisierten evangelischen Jugend (CVJM = YMCA[)] und der Bibelkreise an Höheren Schulen. –

Politische Betätigung: Aktiver Anhänger von Brüning und Stresemann. – Seit Juni 1933 von der Gestapo verfolgt wegen christlicher Betätigung gegen den Nazi-Staat. – Am 2. Mai 1933 Eintritt in die NSDAP[2], am 2. Oktober 1936 Ausschluß aus der NSDAP wegen staatsfeindlicher (religiöser) Betätigung für die Bekenntnis-Kirche. Gleichzeitig Ausschluß als Beamter aus dem Staatsdienst. – Am 30. Januar 1935 wegen Störung einer Partei-Weihefeier im Stadttheater Hagen[/]Westfalen – Aufführung des Dramas Wittekind – öffentlich verprügelt und verletzt.

1 Diese Angabe ist ungenau. Gerstein wurde am 24.9.36 verhaftet. Der Schutzhaftbefehl stammt vom 26.9. (LkA Bielefeld 5,2 NS Nr. 9). Die Entlassungsurkunde als Bergassessor stammt vom 9.2.37 (LkA Bielefeld 5,2 NS Nr. 5).

2 Das Parteieintrittsdatum Kurt Gersteins geht aus seiner Personalakte nicht hervor (BDC, PA Kurt Gerstein).

– Am 27. Oktober[3] 1935 Bergassessor-Examen vor dem Wirtschaftsministerium in Berlin, sämtliche Examen mit Prädikat. Bis zur Verhaftung am 27. September [19]36 Staatsbeamter der Saargruben-Verwaltung in Saarbrücken. Diese erste Verhaftung erfolgte wegen Versendung von 8.500 staats(nazi-)feindlicher[4] Broschüren an sämtliche Ministerialdirektoren und hohen Justizbeamten in Deutschland. – Einem Lieblingswunsch entsprechend studierte ich alsdann in Tübingen am Deutschen Institut für Ärztliche Mission Medizin. Dies wurde mir durch meine wirtschaftliche Unabhängigkeit ermöglicht. Als Teilhaber der Firma De Limon Fluhme & Co. in Düsseldorf bezog ich ein durchschnittliches Einkommen von jährlich 18.000,– Reichsmark. Etwa ein Drittel dieses Einkommens pflegte ich für meine religiösen Ideale auszugeben. Insbesondere habe ich rund 23.000 religiöse und nazifeindliche Broschüren drucken lassen und dieselben auf meine Kosten an
[Blatt 3] Interessenten versandt.
Am 14. Juli 1938 erfolgte meine zweite Verhaftung und Einlieferung in das Konzentrationslager Welzheim wegen staatsfeindlicher Betätigung.[5] Ich wurde vorher häufig von der Gestapo verwarnt und verhört und bin mit einem Redeverbot für das ganze Reichsgebiet belegt worden.[6]

[3. Der Eintritt in die Waffen-SS]

Als ich von der beginnenden Umbringung der Geisteskranken in Grafeneck und Hadamar und andernorts hörte, beschloß ich auf jeden Fall den Versuch zu machen, in diese Öfen und Kammern hineinzuschauen um zu wissen, was dort geschieht.[7] Dies um so mehr, als
[Blatt 4] eine angeheiratete Schwägerin – Bertha Ebeling – in Hadamar zwangsgetötet wurde. Mit zwei Referenzen der Gestapobeamten, die meine Sachen bearbeiteten, gelang es mir unschwer, in die SS einzutre-

3 Statt Oktober ist wohl der November gemeint. Die Ernennung zum Bergassessor erfolgte am 27.11.1935 (LkA Bielefeld 5,2 NS Nr. 4).

4 In den Textfassungen der Textgruppe III heißt es „antinationalsozialistische".

5 Das Datum der Verhaftung stimmt. Trotzdem trägt der Schutzhaftbefehl der Gestapo Berlin das Datum des 27.7.1938 (LkA Bielefeld 5,2 NS Nr. 3).

6 HStA Düsseldorf, Bestand RW 58, Personenakte Nr. 62964. Nach einem Schreiben der Gestapo Berlin vom 15.5.37 an alle Staatspolizei-Leitstellen wurde gegen Gerstein ein Redeverbot im Reichsgebiet wegen „zersetzender Angriffe gegen den Reichsarbeitsdienst" verhängt.

7 In den Textfassungen der Textgruppe III schildert Gerstein seine Motive etwas ausführlicher. Hier nach III b zitiert: „Ich brauchte hierbei keine Skrupel zu haben, da ich selbst zweimal das Opfer von SD[-]Agenten geworden war, die in den engsten Bruderrat der Bekenntniskirche sich eingeschlichen hatten und sogar [in] die engsten Gebetsgemeinschaften, dort mit auf die Kniee gingen und mitbeteten. Ich dachte mir: Was ihr könnt, das kann ich schon lange, und meldete mich freiwillig zum Eintritt in die SS. Dies um so mehr, als meine Schwägerin Bertha Ebeling aus Saarbrücken in Hadamar umgebracht worden war."

ten. Die Herren waren der Ansicht, daß mein Idealismus, den sie wohl bewunderten, der Nazi-Sache zugute kommen müßte. –

[4. Grundausbildung]

Am 10. März 1941 trat ich in die SS ein.[8] Ich erhielt meine Grundausbildung in Hamburg-Langenhoorn, in Arnhem – Holland [–] und in Oranienburg. In Holland nahm ich sofort die Fühlung mit der holländischen Widerstandsbewegung auf (Diplomingenieur Ubbink, Doesburg). Wegen meines Doppelstudiums wurde ich bald in den technisch-ärztlichen Dienst übernommen und dem SS-Führungshauptamt, Amtsgruppe D-Sanitätswesen der Waffen-SS, Abteilung Hygiene, zugeteilt. Die Ausbildung machte ich mit einem Ärzte-Kursus von 40 Ärzten. –

[5. Im Hygiene-Institut der Waffen-SS]

Beim Hygiene-Dienst konnte ich mir meine Tätigkeit selbst bestimmen. Ich konstruierte fahrbare und ortsfeste Desinfektionsanlagen für die Truppe, für Gefangenenlager und Konzentrationslager. Hiermit hatte ich unverdientermaßen große Erfolge und wurde von da ab für eine Art technisches Genie gehalten.[9] In der Tat gelang es wenigstens, die schreckliche Fleckfieberwelle von 1941 in den Lagern einiger-
[Blatt 5] maßen einzudämmen. Wegen meiner Erfolge wurde ich bald Leutnant und Oberleutnant.[10] – Weihnachten 1941 erhielt das Gericht, das meinen Ausschluß aus der NSDAP verfügt hatte, Kenntnis von meinem Eintritt in die SS an führender Stelle. Es folgte ein starkes Kesseltreiben gegen mich. Aber wegen meiner großen Erfolge und wegen meiner Persönlichkeit wurde ich von meiner Dienststelle geschützt und gehalten. Im Januar 1942 wurde ich Abteilungsleiter der Abteilung Gesundheitstechnik und gleichzeitig in Doppelstellung für den gleichen Sektor vom Reichsarzt SS und Polizei übernommen.[11] Ich übernahm in dieser Eigenschaft den ganzen technischen Desinfektionsdienst einschließlich der Desinfektion mit hochgiftigen Gasen.

8 Tatsächlich gehörte Gerstein seit dem 10.3.1941 der Waffen-SS an, obwohl sein aktiver Dienst erst am 15.3.1941 begann (BDC, PA Kurt Gerstein).

9 In III a heißt es ergänzend: „Ohne daß ich persönliche Verdienste dabei hatte, erzielte ich einen großen Erfolg, und von diesem Moment an betrachtete man mich zu Unrecht als ein technisches Genie. Ich besitze ganz einfach einen stabilen, gesunden Menschenverstand und eine große Instinktsicherheit. Von diesem Moment an wurde ich für Vorhaben des Reichsarbeitsministeriums und des Ostministeriums benutzt. Ich mußte mich daran machen, das sehr unzureichende Desinfektionssystem des OKW neu zu gestalten. Dieses System war schon so sehr verpfuscht, daß es nicht mehr viel zu reparieren gab."

10 Mit Datum des 1.11.1941 wurde Gerstein zum SS-Untersturmführer befördert (Ernennungsurkunde vom 17.2.42; BDC, PA Kurt Gerstein).

11 Siehe dazu die Beurteilung Gersteins durch seinen Chef Mrugowsky vom 13.2.43 (BDC, PA Kurt Gerstein).

[6. Die Reise nach Lublin (17. August)]

In dieser Eigenschaft erhielt ich am 8. Juni 1942 Besuch von dem mir bis dahin unbekannten SS-Sturmbannführer Günther vom Reichssicherheitshauptamt, Berlin W, Kurfürstenstraße.[12] Günther kam in Zivil.

Er gab mir den Auftrag, sofort für einen äußerst geheimen Reichs-Auftrag 100 kg[13] Blausäure zu beschaffen und mit dieser mit einem Auto zu einem unbekannten Ort zu fahren, der nur dem Fahrer des Wagens bekannt sei.

Wir fuhren alsdann einige Wochen **[Blatt 6]** später nach Prag. Ich konnte mir ungefähr die Art des Auftrages denken, übernahm ihn aber, weil mir hier durch Zufall sich eine mir seit langem ersehnte Gelegenheit ergab, in diese Dinge hineinzuschauen. Auch war ich als Sachverständiger für Blausäure so autoritär und kompetent, daß es mir auf jeden Fall ein leichtes sein mußte, die Blausäure unter irgend einem Vorwand als untauglich – weil zersetzt oder dergl. – zu bezeichnen und ihre Anwendung für den eigentlichen Tötungszweck zu verhindern.[14]

Mit uns fuhr noch – mehr zufällig – der Professor Dr. med. Pfannenstiel, SS-Obersturmbannführer, Ordinarius der Hygiene an der Universität Marburg-Lahn.[15] Wir fuhren alsdann mit dem Wagen nach Lublin,

12 Es handelte sich hier um den SS-Sturmbannführer Rolf Günther (geb. 8.1.1913), nicht um seinen älteren Bruder Hans Günther (geb. 22.8.1910), der im Range eines SS-Obersturmführers die Zentralstelle für jüdische Auswanderung in Prag leitete. S. die abgedruckten Personalbögen der beiden bei Lang, Eichmannprotokoll, Dokumentenanhang.

13 In den Textfassungen der Gruppe III ist von 260 kg die Rede.

14 In Textfassung III a ist Gerstein ausführlicher: „Ich konnte mir annähernd die Art des Auftrages vorstellen, um den es sich handelte. Ich nahm ihn dennoch an, denn heute noch scheint es mir, daß ein unheimlich seltener Zufall mich in die Lage versetzte, genau dort einen Blick hineinzuwerfen, wo ich unter allen Umständen hinsehen wollte. Unter tausenden von möglichen Posten hatte man mir unter hunderten von anderen genau den Posten anvertraut, der mich dieser Art von Dingen am nächsten brachte und mir die Aufgabe gab, neben vielen anderen dort zu arbeiten. Wenn ich daran denke, erscheint mir das unglaublich und dies umso mehr, wenn man an meine Geschichte denkt, die mich wegen antinationaler Betätigung mehrere Male in den Gefängnissen der Gestapo und des SD und vor nicht allzulanger Zeit in ein Konzentrationslager geführt hatte, wobei dies meinen Chefs aufgrund der Anzeige bei der Partei sicher bekannt war. Der SD und meine Arbeitgeber, das RSHA, haben in diesem Fall wirklich wunderbar geschlafen und auf beispielhafte Art und Weise den Bock zum Gärtner gemacht. Jedoch in Beachtung eines erhaltenen Befehls behielt ich dieses absolute Geheimnis über diesen Auftrag, der selbst im Büro nicht bekannt war, für mich und sprach mit niemandem über diese Dinge. Ohne Zweifel, wenn ich mir in meiner Situation eine Indiskretion erlaubte, würde ich nach unvorstellbaren Folterungen getötet werden und meine Familie gleichzeitig mit mir. Ich hatte nicht den geringsten Skrupel, diesen Auftrag anzunehmen, da jeder andere ihn im Geist des SD ausgeführt hätte, während ich, der ich als Autorität auf dem Gebiet der Blausäure und der hochgiftigen Gase angesehen wurde, sehr leicht diese Ladung unter dem Vorwand, das Material sei zersetzt, verschwinden lassen konnte. Nur so konnte der Gebrauch von Blausäure für die Tötung von Menschenleben verhindert werden. Auf jeden Fall tat ich das Notwendige von diesem Moment an, um im Notfall für meinen persönlichen Gebrauch eine Portion Gift und eine geladene Pistole Tag und Nacht bei mir zu tragen."

15 Prof. Wilhelm Pfannenstiel war von 1930 bis 1939 Inhaber des Lehrstuhls für Hygiene und Bakteriologie an der Universität Marburg und zugleich Direktor des Hygienischen Institutes in Marburg. Im April 1940 wurde er im Range eines SS-Sturmbannführers zur Waffen-SS eingezogen und als beratender Hygieniker – meist in der vorlesungsfreien Zeit – eingesetzt. Vgl. die Aussagen Pfannenstiels in: „Schöne Zeiten". Judenmord aus der Sicht der Täter und Gaffer, hrsg. von E. Klee/W. Dreßen/V. Rieß, Frankfurt ^{2}1988, 216 ff.

wo uns der SS-Gruppenführer Globocnek[16] erwartete. In der Fabrik in Collin hatte ich absichtlich durchblicken lassen, daß die Säure für die Tötung von Menschen bestimmt sei. Prompt erschien dann auch nachmittags ein Mensch, der sich sehr stark für das Fahrzeug interessierte und, als er bemerkt wurde, in rasender Fahr[t] floh. – Globocnek sagte: Diese ganze Angelegenheit ist eine der geheimsten Sachen, die es zurzeit überhaupt gibt, man kann sagen die geheimste. Wer darüber spricht, wird auf der Stelle erschossen.

[Blatt 7] Erst gestern seien zwei Schwätzer erschossen worden. – Dann erklärte er uns: Im Augenblick – das war am 17. August 1942 – haben wir drei Anstalten in Betrieb, nämlich:

1) Belcec, an der Chaussee und Bahnstrecke Lublin-Lemberg an der Schnittlinie mit der Demarkationslinie mit Rußland. Höchstleistung pro Tag 15.000 Personen.
2) Sobibor. Auch in Polen, ich weiß nicht genau wo. 20.000 Personen Höchstleistung pro Tag.
3) Treblinca, 120 km nordnordöstlich von Warschau. Höchstleistung 25.000 Personen pro Tag.
4) – Damals in Vorbereitung – Maidanek bei Lublin.

Belcec, Treblinka und Maidanek habe ich persönlich eingehend mit dem Leiter dieser Anstalten, dem Polizeihauptmann Wirth[17], zusammen besichtigt.

Globocnek wendete sich ausschließlich an mich und sagte: Es ist Ihre Aufgabe, insbesondere die Desinfektion des sehr umfangreichen Textilgutes durchzuführen. Die ganze Spinnstoffsammlung ist doch nur durchgeführt worden, um die Herkunft des Bekleidungsmaterials für die Ostarbeiter usw. zu erklären und als ein Ergebnis des Opfers des deutschen Volkes darzustellen. In Wirklichkeit ist das Aufkommen

16 Gerstein schreibt „Globocnek“ statt richtig „Globocnik“. Odilo Globocnik, geb. 1904 in Triest, trat schon 1922 der NSDAP bei. Er war eine wichtige Verbindungsfigur zwischen Hitler und den österreichischen Nationalsozialisten, wurde im Mai 1938 sogar zum Gauleiter von Wien ernannt, wegen Devisenvergehen im Januar 1939 aber schon wieder amtsenthoben. Als SS- und Polizeiführer im Distrikt Lublin wurde er von Himmler mit der Durchführung der sog. „Aktion Reinhard“ betraut und organisierte in den vier Vernichtungslagern Belzec, Sobibor, Maidanek und Treblinka die Ermordung der ca. 3 Mio. Juden des Generalgouvernements und erbeutete dabei Gegenstände im Werte von ca. 178,7 Mio. RM. Nachdem er in Triest zum Höheren SS- und Polizeiführer ernannt worden war, entzog er sich nach seiner Verhaftung am 31.5.1945 der Gefangenschaft durch Selbstmord. Vgl. dazu R. Wistrich, Wer war wer im Dritten Reich? Ein biographisches Lexikon. Anhänger, Mitläufer, Gegner aus Politik, Wirtschaft und Militär, Kunst und Wissenschaft, München 1983, 109, und neuerdings S. J. Pucher, „. . . in der Bewegung führend tätig“. Odilo Globocnik – Kämpfer für den „Anschluß“, Vollstrecker des Holocaust, Klagenfurt 1997.

17 Christian Wirth, geb. 1885 in Oberbalzheim/Württ., war Kriminaloberkommissar bei der Stuttgarter Kriminalpolizei gewesen. Seine Verhörmethoden waren berüchtigt. Gegen Ende des Jahres 1939 wurde er zur „Euthanasie“-Aktion herangezogen und war als Inspekteur der Vergasungsanlagen in Grafeneck, Brandenburg, Hadamar und Schloß Hartheim an der Vergasung unheilbar Kranker beteiligt. Zu Wirth siehe Wistrich, Wer war wer, 379, und bei Lang, Eichmannprotokoll, Dokumentenanhang.

unserer Anstalten das zehn- bis 20fache der ganzen Spinnstoffsammlung.

[handschriftlicher Einschub:][18]

Ich habe alsdann mit den leistungsfähigsten Firmen die Möglichkeit, solche Textilmengen, es handelte sich allein um einen aufgelaufenen Vorrat von etwa 40 Millionen kg = 60 komplette Güterzüge voll – in den vorhandenen Wäschereien und Desinfektionsanstalten zu desinfizieren, durchgesprochen. Es war aber völlig unmöglich, so große Aufträge unterzubringen. Ich benutzte alle diese Verhandlungen, um die Tatsache der Judentötung in geschickter Weise bekannt zu machen oder durchblicken zu lassen. – Es genügte Globocnek alsdann, daß das ganze Zeug mit etwas Detenolin[19] übersprüht wurde, damit es wenigstens nach Desinfektion röche. Das ist dann auch geschehen.

[Ende des handschriftlichen Einschubs]

[Blatt 8] – Ihre andere – noch weit wichtigere Aufgabe ist die Umstellung unserer Gaskammern, die jetzt mit Dieselauspuffgasen arbeiten, auf eine bessere und schnellere Sache. Ich denke da vor allem an Blausäure. Vorgestern waren der Führer und Himmler hier.[20] Auf ihre Anweisung muß ich Sie persönlich dorthin bringen, ich soll niemand schriftliche Bescheinigungen und Einlaßkarten ausstellen. – Darauf fragte Pfannenstiel: Was hat denn der Führer gesagt? – Glob.: Schneller, schneller die ganze Aktion durchführen. Sein Begleiter, der Ministerialrat Dr. Herbert Lindner[21][,] hat dann gefragt: Herr Globocnec, halten Sie es für gut und richtig, die ganzen Leichen zu vergraben, anstatt sie zu verbrennen? Nach uns könnte eine Generation kommen, die das ganze nicht versteht! – Darauf Glb.: Meine Herren, wenn je nach uns eine Generation kommen sollte, die so schlapp und so knochenweich ist, daß sie unsere große Aufgabe nicht versteht, dann allerdings ist der ganze Nationalsozialismus umsonst gewesen. Ich bin im Gegenteil der Ansicht, daß man Bronzetafeln versenken sollte, auf denen festgehalten

18 Der mehrzeilige handschriftliche Einschub ist nicht als Ergänzung angehängt, sondern auf Blatt 7 in Ergänzung des maschinenschriftlichen Textes angefügt.

19 Pfannenstiel („Schöne Zeiten", 217) berichtet darüber: „Zu dieser Zeit wurde ein gewisser SS-Obersturmführer Gerstein, der ebenfalls zum SS-Sanitätsamt der SS in Berlin gehörte, in Lublin von Globocnik darüber befragt, wie man am besten diese großen Spinnstofflager desinfizieren könnte. Gerstein hatte einen bestimmten Stoff empfohlen, der auf die einzelnen Kleiderschichten aufgesprüht werden könne. Mir selbst war dieser Stoff unbekannt."

20 Diese Aussage ist wohl unzutreffend. Hitler soll das Führerhauptquartier in der Zeit vom 16.7. bis 27.9.42 nicht verlassen haben. Himmler hingegen hat, nachdem er am 16.7.42 bei Hitler gewesen war, das Konzentrationslager Auschwitz inspiziert. Vgl. dazu G. Fleming, Hitler und die Endlösung. „Es ist des Führers Wunsch . . .", München/Wiesbaden 1982, 139.

21 Gemeint ist hier der Ministerialrat Dr. Herbert Linden von der Abteilung Gesundheitswesen im Reichsinnenministerium. Er war von Beginn an in die „Euthanasie"-Aktion eingeschaltet und arbeitete zunächst als Obergutachter, ab dem 23.10.41 war er „Reichsbeauftragter für die Heil- und Pflegeanstalten". Am 27.4.45 nahm er sich selbst das Leben. Vgl. E. Klee, Was sie taten – Was sie wurden. Ärzte, Juristen und andere Beteiligte am Kranken- oder Judenmord, Frankfurt 1986, 284 u. ö.

ist, daß wir, wir den Mut gehabt haben, dieses große und so notwendige Werk durchzuführen. – Darauf der Führer: Gut, Globocnek, das ist allerdings auch meine Ansicht! –
Später hat sich
[Blatt 9] die andere Ansicht durchgesetzt.[22] Die Leichen sind dann auf großen Rosten, die aus Eisenbahnschienen improvisiert wurden, verbrannt worden unter Zuhilfenahme von Benzin und Dieselöl.

[7. Besichtigung in Belzec (18. August)]
Am anderen Tage fuhren wir nach Belcec. Ein kleiner Spezialbahnhof war zu diesem Zweck an einem Hügel hart nördlich der Chaussee Lublin-Lemberg im linken Winkel der Demarkationslinie geschaffen worden. Südlich der Chaussee einige Häuser mit der Inschrift „Sonderkommando Belcec der Waffen-SS".

Da der eigentliche Chef der gesamten Tötungsanlagen, der Polizeihauptmann Wirth, noch nicht da war, stellte Globocnec mich dem SS-Hauptsturmführer Obermeyer[23] (aus Pirmasens) vor. Dieser ließ mich an jenem Nachmittag nur das sehen, was er mir eben zeigen mußte.

Ich sah an diesem Tage keine Toten, nur der Geruch der ganzen Gegend im heißen August war pestilenzartig, und Millionen von Fliegen waren überall zugeg[e]n. – Dicht bei dem kleinen zweigleisigen Bahnhof war eine große Baracke, die sogenannte Garderobe, mit einem großen Wertsachen-Schalter. Dann folgte ein Zimmer mit etwa 100 Stühlen, der Friseurraum. Dann eine kleine Allee im Freien unter Birken, rechts und links von doppeltem Stacheldraht umsäumt, mit Inschriften: Zu den Inhalier- und Baderäumen! –
[Blatt 10] Vor uns eine Art Badehaus, rechts und links davor große Betontöpfe mit Geranien, dann ein Treppchen, und dann rechts und links je drei Räume 5 x 5 Meter, 1,90 m hoch[24], mit Holztüren wie Gara-

22 Himmler hatte bereits im Frühjahr 1942 den Befehl zur Spurenbeseitigung von Massengräbern in den besetzten Gebieten der Sowjetunion gegeben. In Belzec wurde im November 1942 mit der Leichenverbrennung begonnen. S. dazu: Nationalsozialistische Massentötungen, 187 ff.

23 Es muß sich bei „Obermeyer" um Josef Oberhauser gehandelt haben. Oberhauser, geb. 1915, war in Grafeneck, Brandenburg und Bernburg als „Brenner" beschäftigt gewesen und wurde im November 1941 nach Lublin abkommandiert. Nachdem er zuletzt im Januar 1945 in Triest zum SS-Obersturmführer befördert worden war, geriet er bei Kriegsende in englische Kriegsgefangenschaft; er konnte fliehen und setzte sich in die sowjetische Besatzungszone ab, wo er am 13.4.48 verhaftet wurde. Er wurde von einem Gericht zu 15 Jahren Zuchthaus verurteilt, die er aufgrund einer Amnestie im April 1956 abgebüßt hatte. Er wechselte in den Westen und war in München als Schankkellner beschäftigt. Im Januar 1965 wurde er vor einem westdeutschen Gericht nochmals mit 4 Jahren und 6 Monaten Zuchthaus bestraft. Zu Oberhauser siehe Klee, Was sie taten, 161 f., sowie 317 Anm. 71; „Schöne Zeiten", 208–210; auch C. Lanzmann, Shoa, Düsseldorf 1986, 89–91.

24 In den Textfassungen der Gruppe I findet sich die Angabe: 4 x 5 Meter, 190 cm hoch. Die genaue Größe der erweiterten Gaskammern in Belzec ist nicht mehr zu ermitteln. Die vorliegenden Angaben schwanken zwischen 4 x 4 und 4 x 8 Metern. Vgl. Nationalsozialistische Massentötungen, 183.

gen. An der Rückwand, in der Dunkelheit nicht recht sichtbar, große hölzerne Rampentüren. Auf dem Dach als „sinniger kleiner Scherz" der Davidstern!![25] – Vor dem Bauwerk eine Inschrift: Hecken-Holt-Stiftung! – Mehr habe ich an jenem Nachmittag nicht sehen können. –

[8. Die erlebte Vergasung in Belzec (19. August)]

Am anderen Morgen um kurz vor sieben Uhr kündigt man mir an: In zehn Minuten kommt der erste Transport! – Tatsächlich kam nach einigen Minuten der erste Zug von Lemberg aus an. 45 Waggons mit 6.700 Menschen, von denen 1.450 schon tot waren bei ihrer Ankunft. Hinter den vergitterten Luken schauten, entsetzlich bleich und ängstlich, Kinder durch, die Augen voll Todesangst, ferner Männer und Frauen. Der Zug fährt ein: 200 Ukrainer reißen die Türen auf und peitschen die Leute mit ihren Lederpeitschen aus den Waggons heraus. Ein großer Lautsprecher gibt die weiteren Anweisungen: Sich ganz ausziehen, auch Prothesen, Brillen usw. Die Wertsachen am Schalter abgeben, ohne Bons oder Quittung.[26] Die Schuhe sorgfältig zusammenbinden (wegen der Spinnstoffsammlung)[,] **[Blatt 11]** denn in dem Haufen von reichlich 25 Meter Höhe hätte sonst niemand die zugehörigen Schuhe wieder zusammenfinden können.[27]

Dann die Frauen und die jungen Mädchen zum Friseur, der mit zwei, drei Scherenschlägen die ganzen Haare abschneidet und sie in Kartoffelsäcken verschwinden läßt. Das ist für irgendwelche Spezialzwecke für die U[-]boote bestimmt, für Dichtungen oder dergleichen! – sagt mir der SS-Unterscharführer, der dort Dienst tut.[28] – Dann setzt sich der Zug der Menschen in Bewegung. Voran ein bildhübsches junges Mädchen, so gehen sie alle die Allee entlang, alle nackt, Männer, Frauen, Kinder, ohne Prothesen.

Ich selbst stehe mit dem Hauptmann Wirth oben auf der Rampe zwischen den Kammern. Mütter mit ihren Säuglingen an der Brust, sie kommen herauf, zögern, treten ein in die Todeskammern! – An der Ecke steht ein starker SS-Mann, der mit pastoraler Stimme zu den

25 Für Belzec ist der Davidsstern auf dem Dach des Gebäudes mit den Gaskammern auch von Pfannenstiel bezeugt; siehe „Schöne Zeiten", 219. In Treblinka befand er sich ebenfalls auf dem Giebel über der Eingangstür. Dort soll sich am Eingang des Korridors ein dunkler Festvorhang aus einer Synagoge befunden haben, auf dem in Hebräisch stand: „Dies ist das Tor, durch das die Gerechten eingehen." Vgl. dazu ebd., 185.

26 III b ergänzend: „(Zu einem Mädchen sagte ein Posten: Tun Sie die Brille ab, Sie bekommen darin eine ganz andere Brille!)"

27 III b ergänzend: „Ein kleines Judenbüblein kriegt eine Handvoll Bindfäden unter den Arm gedrückt, die das dreijährige Kind versonnen an die Leute austeilt: Zum Zusammenbinden der Schuhe! Denn in dem Haufen von 35 oder 40 Meter Höhe hätte keiner nachher die passenden Schuhe wieder zusammenfinden können."

28 III b ergänzend: „Ich sagte schon damals vielen Leuten voraus, daß diese U-Boote bald nicht mehr fahren würden, weil die noch so sinnreiche Waffe stumpf werden müsse, wenn sie mit Strömen unschuldigen Blutes besudelt würde. Gott würde es irgendwie so einrichten, daß sie nicht mehr *führen*! – In der Tat habe ich damit ja kurze Zeit später recht behalten!"

Armen sagt: Es passiert euch nicht das geringste! Ihr müßt nur in den Kammern tief Atem holen, das weitet die Lungen, diese Inhalation ist notwendig wegen der Krankheiten und Seuchen. Auf die Frage, was mit ihnen geschehen würde, antwortet er: Ja, natürlich, die Männer müssen arbeiten, Häuser und Chausseen bauen, aber die Frauen brauchen nicht zu arbeiten. Nur wenn sie wollen, können sie im Haushalt oder in der Küche mithelfen.–

Für einige von diesen Armen ein klei-
[Blatt 12] ner Hoffnungsschimmer, der ausreicht, daß sie ohne Widerspruch die paar Schritte in die Kammern gehen – die Mehrzahl weiß Bescheid, der Geruch kündet ihnen ihr Los ! –

So steigen sie die kleine Treppe herauf – und dann sehen sie alles. Mütter mit Kindern an der Brust, kleine, nackte Kinder, Erwachsene, Männer und Frauen, alle nackt – sie zögern – aber sie treten in die Todeskammern, von den anderen hinter ihnen vorgetrieben oder von den Lederpeitschen der SS getrieben. Die Mehrzahl ohne ein Wort zu sagen. Eine Jüdin von etwa 40 Jahren mit flammenden Augen ruft das Blut, das hier vergossen wird, über die Mörder. Sie erhält fünf oder sechs Schläge mit der Reitpeitsche in's Gesicht, vom Hauptmann Wirth persönlich, – dann verschwindet auch sie in der Kammer.[29] –

Viele Menschen beten. Ich bete mit ihnen, ich drücke mich in eine Ecke und schreie laut zu meinem und zu ihrem Gott.[30] Wie gern wäre ich mit ihnen in die Kammern gegangen, wie gern wäre ich ihren Tod mitgestorben. Sie hätten dann einen uniformierten SS-Offizier in ihren Kammern gefunden – die Sache wäre als Unglücksfall aufgefaßt und behandelt worden und sang- und klanglos verschollen.[31] Noch also darf ich nicht, ich muß noch zuvor künden, was ich hier erlebe![32] –

Die Kammern füllen sich. Gut vollpacken, – so hat es der Hauptmann Wirth befohlen. Die Men-
[Blatt 13] schen stehen einander auf den Füßen, 700–800 auf 25 Qudratmetern, in 45 Kubikmetern! Die SS zwängt sie physisch zusammen,

29 III b ergänzend: „Manche wenden sich an mich: Oh Herr, helfen Sie uns doch, helfen Sie uns doch!"

30 III b ergänzend: „Es ist laut genug um mich her, ich kann mir das leisten, laut zu meinem Gott zu schreien."

31 III b ergänzend: „. . . auf einen Protest wären sie gar nicht gekommen, sie hätten die Sache als Unglücksfall aufgefaßt, ich wäre gemeldet worden: ‚Im treuen Dienst für seinen geliebten Führer in Erledigung einer großen Aufgabe für den Reichsführer starb im Dienst . . .' Nein, so gehts also nicht."

32 III b ergänzend: „Noch darf ich dieser Versuchung, mit diesen Leuten zu sterben nicht nachgeben. Ich weiß genau: Noch nicht 10 Personen sehen, was ich sehe und gesehen habe, der das ganze hier übersieht, alle Anstalten und ihre Organisationen. Sicher noch nicht einer außer mir sieht das als Gegner, als Feind dieser Meuchelbande. Ich muß also noch leben und zuvor verkünden, was ich hier erlebe! Gewiß, es ist der viel, viel schwerere Dienst!"

soweit es überhaupt geht.[33] Die Türen schließen sich. Währenddessen warten die anderen draußen im Freien, nackt. Man sagt mir: auch im Winter genau so! – Ja, aber sie können sich ja den Tod holen! sage ich. – Ja grad for das sinn se ja doh! – sagt mir ein SS-Mann darauf in seinem Platt. –

Jetzt endlich verstehe ich, warum die ganze Einrichtung „Heckenholt-Stiftung" heißt. Heckenholt[34] ist der Chauffeur des Dieselmotors, ein kleiner Techniker, gleichzeitig der Erbauer der Anlage. Mit den Dieselauspuffgasen sollen die Menschen zu Tode gebracht werden. Aber der Diesel funktioniert nicht!

Der Hauptmann Wirth kommt. Man sieht, es ist ihm peinlich, daß das gerade heute passieren muß, wo ich hier bin. Jawohl, ich sehe alles! und ich warte. Meine Stoppuhr hat alles brav registriert. 50 Minuten[,] 70 Minuten – der Diesel springt nicht an! Die Menschen warten in ihren Gaskammern. Vergeblich. Man hört sie weinen, schluchzen. „Wie in der Synagoge", bemerkt Professor Pfannenstiel, das Ohr an der Holztür. Der Hauptmann Wirth schlägt mit seiner Reitpeitsche dem Ukrainer, der dem Unterscharführer Heckenholt beim Diesel helfen soll, zwölf-, 13mal in's Gesicht.

Nach zwei Stunden 49 Minuten – die Stoppuhr hat alles wohl registriert! – springt der Diesel an. Bis zu diesem Augenblick leben **[Blatt 14]** die Menschen in diesen vier Kammern, viermal 750 Menschen in viermal 45 Kubikmetern! – Von neuem verstreichen 25 Minuten. Richtig, viele sind jetzt tot. man sieht das durch das kleine Fensterchen, in dem das elektrische Licht die Kammer einen Augenblick beleuchtet. Nach 28 Minuten leben nur noch wenige. Endlich, nach 32 Minuten ist alles tot! – Von der andren Seite öffnen Männer vom Arbeitskommando die Holztüren. Man hat ihnen – selbst Juden – die Freiheit versprochen und einen gewissen Promillesatz von allen gefundenen Werten für ihren schrecklichen Dienst. Wie Basaltsäulen stehen die Toten aufrecht aneinandergepreßt in den Kammern. Es wäre auch kein Platz, hinzufallen oder auch nur sich vornüber zu neigen. Selbst im Tode verkrampft noch die Hände, so daß man Mühe hat, sie auseinander zu reißen, um die Kammern für die nächste Charge freizumachen. Man wirft die Leichen – naß von Schweiß und Urin, kotbeschmutzt,

33 III b ergänzend: „Ich überschlage: Durchschnittsgewicht höchstens 35 kg, mehr als die Hälfte sind Kinder, spez. Gewicht 1, also 25.250 kg Menschen pro Kammer. Wirth hat recht, wenn die SS etwas nachhilft, kann man 750 Menschen in 45 Kubikmetern unterbringen!"

34 Statt „Heckenholt" muß es richtig heißen: Hackenholt. Der SS-Scharführer Lorenz Hackenholt betreute die Vergasungsanlage in Belzec. Er wurde am 1.4.1954 auf Betreiben der Ehefrau zum 31.12.1945 für tot erklärt, soll aber 1946 und 1947 in Ingolstadt und Dortmund gesehen worden sein. Dazu siehe E. Klee, Was sie taten, 156.

Menstruationsblut an den Beinen, heraus. Kinderleichen fliegen durch die Luft. Man hat keine Zeit, die Reitpeitschen der Ukrainer sausen auf die Arbeitskommandos. Zwei Dutzend Zahnärzte öffnen mit Haken den Mund und schauen nach Gold. Gold links, ohne Gold rechts. Andere Zahnärzte brechen mit Zangen und Hämmern die Goldzähne und Kronen aus den Kiefern.
[Blatt 15] Unter allen springt der Hauptmann Wirth herum. Er ist in seinem Element. – Einige Arbeiter kontrollieren Genitalien und After nach Gold, Brillanten und Wertsachen. – Wirth ruft mich heran und: Heben sie mal diese Konservenbüchse mit Goldzähnen, das ist nur von gestern und vorgestern! In einer unglaublich gewöhnlichen und falschen Sprechweise sagt er zu mir: Sie glauben garnicht, was wir jeden Tag finden an Gold und Brillanten – er sprach es mit zwei L – und Dollar. Aber schauen Sie selbst. – Und nun führte er mich zu einem Juwelier, der alle diese Schätze zu verwalten hatte, und ließ mich dies alles sehen. – Man zeigte mir dann noch einen früheren Chef des Kaufhauses des Westens in Berlin und einen Geiger: Das ist ein Hauptmann von der alten Kaiserlich Königlich Österreichischen Armee, Ritter des Eisernen Kreuzes I. Klasse, der jetzt Lagerältester beim jüdischen Arbeitskommando ist! –

Die nackten Leichen wurden auf Holztragen[35] nur wenige Meter weit in Gruben von 100 x 20 x 12 Meter geschleppt. Nach einigen Tagen gärten die Leichen hoch und fielen alsdann kurze Zeit später stark zusammen, so daß man eine neue Schicht auf dieselben draufwerfen konnte. Dann wurde 10 cm Sand darüber gestreut, so daß nur noch vereinzelte Köpfe und Arme herausragten.

Ich sah an einer solchen Stelle Juden in den Gräbern
[Blatt 16] auf den Leichen herumklettern und arbeiten. Man sagte mir, daß versehentlich die tot Angekommenen eines Transportes nicht entkleidet worden seien. Dies müsse natürlich wegen der Spinnstoffe und Wertsachen, die sie sonst mit ins Grab nähmen, nachgeholt werden.[36]

[9. Einschub über das Ausmaß der Vernichtungen]

Weder in Belcec noch in Treblinka hat man sich irgendeine Mühe gegeben, die Getöteten zu registrieren oder zu zählen. Die Zahlen waren

35 Pfannenstiel berichtet die Verbrennung der Leichen: „Wenn die Grube ziemlich voll war, hat man die Leichen mit Benzin übergossen – es kann auch eine andere brennbare Flüssigkeit gewesen sein – und hat sie dann angezündet. Ich konnte lediglich feststellen, daß die Leichen nur unvollkommen verbrannten. Dann wurde wieder eine Schicht Erde über die Leichen geworfen, und dann wurden wieder Leichen in die gleiche Grube gelegt" („Schöne Zeiten", 221).

36 III b ergänzend: „An dem Tage meines Besuches trafen in Belcec nur 2 Transporte mit zusammen ungefähr 12.500 Personen ein."

nur Schätzungen nach dem Waggoninhalt.[37] – Außer den Juden aus aller europäischen Herren Ländern wurden insbesondere Tschechen und Polen Nr. III in den Gaskammern getötet.[38]

Kommissionen von SS-Männern – teils nicht einmal mit kompletter Volksschulbildung – fuhren mit feinen Limousinen und ärztlichem Gerät in weißen Mänteln von Dorf zu Dorf, ließen die Bevölkerung vorbeidefilieren, taten, als wenn sie sie ärztlich untersuchten und bezeichneten diejenigen, die biologisch wertlos und darum zu töten seien, in der Hauptsache Alte, Schwindsüchtige und Kranke. –

Ja, sagte mir ein SS-Sturmbannführer, ohne diese Maßnahmen wäre das übervölkerte Polen für uns völlig wertlos. Wir holen nur nach, was die Natur überall im Tier- und Pflanzenreich von selbst besorgt und beim Menschen leider versäumt. –

Der Hauptmann Wirth bat mich, in Berlin keine Änderungen seiner Anlagen

[Blatt 17] vorzuschlagen und alles so zu lassen, wie es wäre und sich bestens eingespielt und bewährt habe.[39] – Die Blausäure habe ich unter meiner Aufsicht vergraben lassen, da sie angeblich in Zersetzung geraten sei.

[10. Der vierte Tag in Treblinka (20. August)]

Am anderen Tage – den 19. August 1942[40] – fuhren wir mit dem Auto des Hauptmann Wirth nach Treblinka 120 km NNO von Warschau. Die Einrichtung war dieselbe, nur viel größer als in Belcec. Acht Gaskammern und wahre Gebirge von Koffern, Textilien und Wäsche. Zu unseren Ehren wurde im Gemeinschafts-Saal in typisch himmlerschen Altdeutschen Stil ein Bankett gegeben. Das Essen war einfach, aber es stand alles in jeder Menge zur Verfügung. Himmler hatte selbst angeordnet, daß die Männer dieser Kommandos soviel Fleisch, Butter und sonstiges erhielten, insbesondere Alkohol, wie sie wollten. Professor Pfannenstiel hielt eine große Rede, in der er den Männern die Nützlichkeit ihrer Aufgabe und die Wichtigkeit ihrer großen Mission klar-

37 III b ergänzend: „Wenn mein Freundeskreis und ich den Londoner Sender oder die Stimme Amerikas hörten, wunderten wir uns oft über die ahnungslosen Engel, die mit hunderttausenden von Toten aufwarteten, wo es schon zig Millionen waren. Die holländische Widerstandsbewegung ließ mir im Jahre 1943 durch Diplomingenieur Ubbink aus Doesburg bestellen, ich möchte ihr nicht mit Greueln aufwarten, sondern sie mit der strengsten Wahrhaftigkeit bedienen."

38 III b hier ausführlicher: „Denn es handelte sich beileibe nicht nur um die vielleicht fünf oder sechs Millionen Juden Europas, die so umgebracht worden sind, sondern vor allem noch um die polnische und einen großen Teil der tschechischen Intelligenz sowie um die führenden Schichten anderer Volkstümer, z. B. der Serben, insbesondere aber um die Polen und Tschechen Nr. III. Diese waren sogenannte biologisch Wertlose, die, da sie nicht mehr richtig arbeiten konnten, nach Ansicht der Nazis keine Existenzberechtigung mehr besaßen."

39 III b ergänzend: „Ich bin merkwürdigerweise in Berlin nie nach derartigem gefragt worden."

40 Da die in Belzec erlebte Vernichtung auch schon am 19. August gewesen sein soll, meint Gerstein hier wohl den 20. August.

machte. Zu mir selbst sprach er von „sehr humanen Methoden und von Schönheit der Arbeit!" Ich verbürge mich dafür, daß er dies Unglaubliche wirklich gesagt hat![41] – Den Mannschaften sagte er insbesondere: Wenn man diese Judenkörper sieht, dann wird einem erst recht klar, wie dankenswert eure Aufgabe ist.
[Blatt 18] Beim Abschied wurden uns noch mehrere Kilogramm Butter und viel Likör zum Mitnehmen angeboten. Ich hatte Mühe, glaubhaft zu machen, daß ich von meinem – angeblichen – Gut genug von alledem hätte, worauf Pfannenstiel beglückt auch noch meine Portionen einstrich.

[11. Die Rückfahrt nach Berlin und die Benachrichtigungen]

Wir fuhren mit dem Auto nach Warschau. Dort traf ich, als ich vergeblich ein Schlafwagenbett zu erhalten versuchte, im Zuge den Sekretär der Schwedischen Gesandtschaft in Berlin, Baron von Otter. Ich habe noch unter dem frischen Eindruck der entsetzlichen Erlebnisse diesem alles erzählt, mit der Bitte, dies seiner Regierung und den Alliierten sofort zu berichten, da jeder Tag Verzögerung weiteren Zehntausenden das Leben kosten müsse.[42] Er bat mich um eine Referenz, als welche ich ihm Herrn Generalsuperintendent D. Otto Dibelius, Berlin, Brüderweg 2, Lichterfelde West, angab, einen vertrauten Freund des Pfarrers Martin Niemöller und Mitglied der kirchlichen Widerstandsbewegung gegen den Nazismus.

Ich traf den Herrn von Otter noch zweimal in der schwedischen Gesandtschaft. Er hatte inzwischen nach Stockholm berichtet und teilte mir mit, daß dieser Bericht erheblichen Einfluß auf die schwedisch-deutschen Beziehungen gehabt habe. Ich versuchte in gleicher Sache dem Päpstlichen Nuntius in Berlin Bericht zu erstatten. Dort wurde ich gefragt, ob ich Soldat sei. Daraufhin wurde jede weitere Unterhaltung mit mir abgelehnt
[Blatt 19] und ich zum Verlassen der Botschaft Seiner Heiligkeit aufgefordert.[43] Beim Verlassen der Päpstlichen Botschaft wurde ich von

41 Pfannenstiel hat den Besuch Treblinkas und diese Äußerungen energisch bestritten. Doch Gerstein muß das Auftreten Pfannenstiels tief entrüstet haben. In III a heißt es dazu: „All dies klingt unwahrscheinlich, aber ich garantiere, daß Pfannenstiel, selbst Vater von fünf Kindern, weder Scherze machte noch ironisch sprach. Vielmehr behandelte er als Arzt diese ganze Angelegenheit in vollem Ernst."

42 III a ergänzt hier: „Ich sagte ihm: ‚Wenn die Alliierten anstelle der vielen Bomben Millionen von Broschüren und intelligenten und gutgemachten Flugblättern schicken würden, die das deutsche Volk über all das, was vor sich geht, informieren, wäre es möglich, daß in einigen Wochen oder Monaten das deutsche Volk mit Adolf Hitler Schluß machen könnte."

43 III b ergänzend: „Ich sage dies hier deswegen, weil daraus erhellt, wie schwer es einem Deutschen gemacht wurde, sich in seiner *Not* irgendwie Rat zu schaffen, wenn er sogar bei dem Vertreter Seiner Heiligkeit als dem Stellvertreter Christi auf Erden nicht einmal in so entsetzlicher Not Rat und Hilfe finden konnte!"

einem Polizisten mit dem Rade verfolgt, der kurz an mir vorbei fuhr, abstieg, mich dann unbegreiflicherweise laufen ließ.[44] Ich habe dann alles Hunderten von Persönlichkeiten berichtet, unter anderem dem Syndikus des katholischen Bischofs von Berlin, Herrn Dr. Winter, mit der ausdrücklichen Bitte um Weitergabe an den päpstlichen Stuhl.[45]

[12. Ein zweiter Auftrag]

Ich muß noch hinzufügen, daß der SS-Sturmbannführer Günther vom Reichssicherheitshauptamt – ich glaube, er ist der Sohn des Rassen-Günthers[46] – Anfang 1944[47] nochmals sehr große Mengen Blausäure von mir verlangte für einen sehr dunklen Zweck. Er zeigte mir in der Kurfürstenstraße in Berlin einen Schuppen, in dem er die Blausäure zu lagern gedachte. Ich erklärte ihm darauf, daß ich dafür ausgeschlossenerweise die Verantwortung übernehmen könne. Es handelte sich um mehrere Waggons, genug, um viele Millionen Menschen damit umzubringen. Er sagte mir, daß er selbst noch nicht wisse, ob das Gift gebraucht würde, wann, für wen, auf welche Weise usw. Aber es müsse ständig verfügbar gehalten werden. Ich habe später oft an die Worte von Goebbels denken müssen.[48]

[Blatt 20] Ich kann mir denken, daß sie einen großen Teil des deutschen Volkes töten wollten, sicher einschließlich der Pfarrerschaft oder der mißliebigen Offiziere. Das sollte in einer Art Lesesälen oder Klubräumen geschehen, soviel entnahm ich den Fragen der technischen Durchführung, die Günther an mich richtete. Es kann auch sein, daß er die Fremdarbeiter umbringen sollte, oder Kriegsgefangene – ich weiß es nicht. Auf jeden Fall richtete ich es so ein, daß die Blausäure sofort nach ihrer Ankunft in den beiden Konzentrationslagern Oranienburg

44 III b ergänzend: „Ich hatte meinen Revolver entsichert in der Tasche, um mich gerade tot zu schießen, als dieser Polizist völlig unbegreiflicherweise zwar dicht an mich heranfuhr, aber dann kehrt machte."

45 III a etwas ausführlicher: „Von diesem Tag an habe ich unter Einsatz meines Lebens Hunderten von einflußreichen Persönlichkeiten über diese entsetzlichen Morde Bericht erstattet: der Familie Niemöller, dem Presseattaché der schweizerischen Botschaft in Berlin, Dr. Hochstrasser, dem Syndikus des katholischen Bischofs von Berlin, Dr. Winter, ihn bat ich auch um eine Übermittlung an den Bischof und an den Papst, Dr. Dibelius und vielen anderen, sowie Tausenden, die von mir informiert worden sind."

46 Gerstein denkt hier an Hans Friedrich Karl Günther (1891–1968), der einer der führenden Rassentheoretiker des Nationalsozialismus und u. a. Verfasser der „Kleinen Rassenkunde des deutschen Volkes" (1922) war. Zu Günther siehe Wistrich, Wer war wer?, 132 f. Doch Gersteins Vermutung, Rolf Günther sei der Sohn dieses Rassentheoretikers, trifft nicht zu.

47 Gerstein irrt sich in der Jahresangabe. Die erneute Beauftragung durch Günther muß Anfang 1943 erfolgt sein, da ab Juni 1943 Lieferungen der DEGESCH nach Auschwitz und Oranienburg auf dem Kontoblatt Gersteins vermerkt worden sind. S. dazu Kapitel VI.1, Abschnitt e.

48 Dazu III b an anderer Stelle: „Namentlich als Goebbels später davon sprach, gegebenenfalls würde der Nationalsozialismus die Tür gewaltig hinter sich zuschlagen, habe ich nochmals sorgfältig geprüft, ob diese Mordreserve wirklich vernichtet war. Der Befehl Himmlers zur Umbringung aller Insassen von KL im Ernstfall war damals schon ohne weiteres vorauszusehen."

und Auschwitz für irgendwelche Zwecke der Desinfektion verschwand.[49] Das war etwas gefährlich für mich, aber ich hätte einfach sagen können, daß das Gift sich bereits in einer gefährlichen Zersetzung befunden habe. Ich bin sicher, daß Günther das Gift beschaffen wollte, um Millionen Menschen eventuell umzubringen. Es reichte für ca. acht Millionen Menschen, 8.500 kg. Über 2.175 kg habe ich die Rechnungen eingereicht. Die Rechnungen ließ ich stets auf meinen Namen ausstellen, angeblich wegen der Diskretion, in Wahrheit um in meiner Verfügung freier zu sein und um das Gift verschwinden lassen zu können. Vor allem vermied ich es, durch Vorlage von Rechnungen die Sache immer wieder in Erinnerung zu bringen, sondern ließ die Rechnungen lieber völlig unbezahlt, unter Vertröstung der Firma.
[Blatt 21] Der Direktor Dr. Peters der DEGESCH, Frankfurt a. M. und Friedberg, der diese Lieferung ausgeführt hat, hat mir erzählt, daß er Blausäure in Ampullen zum Töten von Menschen geliefert hat.[50]

[13. Weitere Anfragen]
Ein anderes Mal fragte mich Günther, ob es möglich sei, in den Festungsgräben von Maria-Theresienstadt Juden, die dort spazieren gehen durften, im Freien mit Blausäure zu töten. Um diesen schrecklichen Plan zu vereiteln, erklärte ich dies für unmöglich. Ich habe dann später erfahren, daß das SD-Kommando Maria-Theresienstadt sich auf andere Weise doch Blausäure verschafft und die Juden umgebracht hat.[51]

[14. Erlebnisse und Kenntnisse aus anderen Lagern]
Die scheußlichsten Konzentrationslager waren übrigens nicht Oranienburg oder Belsen oder Dachau, sondern Auschwitz, wo Millionen Menschen umgebracht worden sind, teils in Gaskammern, teils in sogenannten Todesautos, und Mauthausen-Gusen bei Linz. In Auschwitz war es üblich, Kinder dadurch umzubringen, daß man ihnen Tupfer mit Blausäure unter die Nase hielt. –

Ich habe im übrigen selbst im Lager Ravensbrück bei Fürstenberg in Mecklenburg – dem Frauenkonzentrationslager – Versuche an Lebenden gesehen. Diese wurden auf Veranlassung von SS-Gruppenführer Dr. Gebhardt-Hohenlychen durch SS-Hauptsturmführer Dr. Gundlach

49 In III b heißt es dazu: „Mit Mühe gelang es mir dann, ihn zu überreden, das Gift in den Konzentrationslagern Oranienburg und Auschwitz zu verwahren."
50 III b ergänzend: „Der Direktor der DEGESCH erzählte mir übrigens gesprächsweise, daß er für Tötung von Menschen Blausäure in Ampullen geliefert habe."
51 Diese Information ist wohl unzutreffend. Über Vergasungen in Theresienstadt ist nichts Näheres bekannt.

durchgeführt.[52] Auch in Buchenwald wurden derartige Versuche an lebenden Menschen z. B. mit bis zu 100 Tabletten Pervitin

[Blatt 22] durchgeführt, bis unter Umständen zum tödlichen Ausgang. Für diese Experimente hatte sich Himmler selbst die Zustimmung vorbehalten.[53] Insbesondere wurde Fleckfieberimpfstoff und Lymphe sowie andere Sera dort ausprobiert. Die Versuche umfaßten bis zu 100 oder 200 Menschen im Einzelfall, und zwar von der Lagerleitung bzw. S.D. zum Tode Verurteilte. – Ich wunderte mich in Oranienburg, daß innerhalb von Tagen alle Homosexuellen – viele Hunderte – verschwanden – und zwar in den Öfen. – Ich habe es im übrigen vermieden, allzu oft in Konzentrationslagern zu erscheinen, denn es war manchmal üblich, zu Ehren der Besucher Leute aufzuhängen oder Exekutionen vorzunehmen. Der SS-Hauptsturmführer Dr. Fritz Krantz, der solche Dinge in großer Zahl erlebt hat, erzählte mir oft hiervon mit tiefer Entrüstung.

Z. B. wurden in Gusen-Mauthausen fast täglich zahlreiche Juden, die in einem großen Steinbruch arbeiten sollten, die steile Wand hinuntergestoßen und unten als tödliche Unglücksfälle registriert. In Auschwitz sind derartige Gemeinheiten ebenfalls in viel größerer Zahl begangen worden als in Belsen.[54] –

[15. Eindrücke aus Belzec]

[Ergänzungen Blatt 1] *In Belcec hatte ich den Eindruck, daß alle wirklich tot waren, obwohl mir Hauptmann Wirth erzählte, daß sie die absonderlichsten Dinge erlebt hätten, z. B. ein munter lebendes Kind morgens in einer über Nacht unausgeladen stehengebliebenen Kammer vorgefunden hätten. Namentlich sagte Wirth, hätten sie bei den Geisteskranken die merkwürdigsten Dinge und die unterschiedlichsten Empfindlichkeiten festgestellt. Die Erprobung der verschiedenen Tötungsarten wird sich nicht auf große Zahlen erstreckt haben. Aber versucht wurde manche. Z. B. – wohl auch in größerer Zahl – Tötungen mit Preßluft in alten Dampfkesseln, in die diese mit Kompressoren eingepreßt wurde, wie diese zum Asphaltaufreißen üblich sind. –*

52 III a ergänzend: „Die Versuche an den Frauen waren in gewisser Weise noch viel abstoßender und widerwärtiger als das, was in den Konzentrationslagern für Männer geschah. Dort sagte man den Männern ehrlicherweise: Gib acht, Du wirst eine Spritze bekommen und krepieren; im Frauenkonzentrationslager Ravensbrück ging man anders vor: So, Frau Meyer, wir haben festgestellt, daß Sie einen Leberabszeß haben. Sie werden eine Behandlung mit Spritzen bekommen, und dann wird sich Ihr Zustand bessern. Was am schrecklichsten war, war der Zynismus und die Ironie, mit der all dies geschah. Es war wahrhaft ein Wettbewerb vom Davidsstern auf den Todeskammern bis hin zu jenen humoristischen Diagnosen."

53 III a ergänzend: „Die Berichte über diese Versuche liefen alle in meiner Dienststelle ein. Der Stabsscharführer Holländer gab sie mir."

54 In Ib heißt es dazu: „Die in Belsen und Oranienburg aufgedeckten Verbrechen sind unbeträchtlich im Vergleich zu den anderen, die in Auschwitz und Mauthausen verübt wurden. Ich habe die Absicht, ein Buch über meine Erlebnisse mit den Nazis zu schreiben."

[16. Eindrücke aus Treblinka]
In Treblinka hatte ich den Eindruck, daß manche noch lebten. Fast alle hatten die Augen offen und sahen daher entsetzlich aus. Bewegungen habe ich jedoch nicht mehr gesehen, obwohl ich darauf genau aufgepaßt habe.[55] –

[17. Berichte von Villing]
Von einem geradezu heroischen Sterben erzählte mir mit tiefster Ergriffenheit der SS-Hauptsturmführer Dr. med. Villing aus Dortmund. Es betraf Tausende polnischer Geistlicher, die sich selbst Gruben ausheben mußten und dann ausgezogen vor den Gruben erschossen wurden. **[Ergänzungen Blatt 2]** *Auf die höhnischen Fragen, ob sie nun noch immer an Christus und Maria glaubten, antworteten sie mit einem festen Bekenntnis zu Christus unter Anrufung der Heiligen Mutter Gottes von Tschenstochau.*[56] *Dies Sterben sei ergreifend und überzeugend gewesen, sagte mir der Dr. Villing. – Auch andere Intellektuelle in Polen – namentlich Lehrerinnen und Lehrer – sind auf eine ähnliche vorbildliche und anständige Art zu Hunderttausenden gestorben.*[57]

[19. Berichte aus unsicherer Quelle]
Eine mir verbürgt erzählte Todesart war, die Leute die Treppe zu einem Hochofen heraufsteigen zu lassen, sie dort immerhin mit einem Fangschuß zu töten und dann im Ofen verschwinden zu lassen. Auch in Ziegeleirundöfen sollen viele Menschen getötet und verbrannt worden sein. Diese meine Quelle ist jedoch nicht genügend zuverlässig. –

[20. Der Polizeichef von Bromberg]
Ein hoher Polizeichef von Bromberg, SS-Obersturmführer Haller, erzählte mir und den Ärzten des SS-Kursus, daß vor seinem Eintreffen in Bromberg es dort üblich war, Judenkinder in den Wohnungen gleich mit dem Kopf an die Wand zu klacken. Er habe diesen Unfug abgestellt und für Erschießung gesorgt.

55 III b ergänzend: „Im Ganzen hat man sich so gut wie keine Mühe gegeben, die Tötungen irgendwie ‚human' durchzuführen, soweit man in diesem Zusammenhang überhaupt dieses Wort gebrauchen darf! – Das wohl weniger aus Sadismus, als aus einer völligen Gleichgültigkeit und Bequemlichkeit diesen Dingen gegenüber."

56 III b ergänzend: „Auf die höhnischen und spöttischen Fragen, ob sie nun noch immer an Jesus Christus, an Maria, an ihr polnisches Volk glaubten, antworteten sie mit einem festen Bekenntnis zu Christus, zur Heiligen Mutter Gottes, insbesondere an die von Tschenstochau, und an ein Auferstehen ihres Volkstums."

57 In den Textfassungen der Gruppe III folgt hier ein Abschnitt mit Erinnerungen aus dem Polizeigefängnis in Stuttgart. In Textfassung III a heißt es: „Als ich von all diesem hörte, erinnerte ich mich an meine eigene Gefängniszeit in der Büchsenstr. in Stuttgart. Eine ungeübte Hand hatte in den Metallrahmen meines Bettes geritzt: Bete, Mutter Gottes hilft. Dies ist für mich in den schlimmen Tagen ein großer Trost gewesen, und meine Zelle erschien mir wie eine kleine Kirche. Ich grüße diesen unbekannten Bruder mit Anerkennung, der mir dieses Zeichen und diese Ermutigung in meiner tiefen Not geschickt hat. Gott möge es ihm vergelten."

[Ergänzungen Blatt 3] *Besonders tragisch sei ihm in Erinnerung, wie zwei kleine Mädchen vor ihnen niedergekniet seien und gebetet hätten – fünf und acht Jahre alte – und wie sie dann doch erschossen werden „mußten"!! – Haller sagte ferner: Bei den Massenhinrichtungen der Polen mußten diese sich lange Gräben ausheben und sich dann auf dem Bauch in diese hineinlegen. Sie wurden alsdann von oben mit Maschinenpistolen erschossen. Die Nächsten mußten sich dann auf die noch warmen Leichen drauflegen und wurden gleichfalls erschossen. Viele seien noch gar nicht tot gewesen und mußten dann beim Versuch, aus den fünf bis sechs Lagen herauszukriechen, am Grabenrand erschossen werden. –*

[21. Der Chef der Krakauer Regierung]

Ein hohes Mitglied der deutschen Regierung in Krakau erzählte mir, während er die Pute tranchierte, von einem besonders glücklichen Fang, den sie gemacht hätten. Sie hätten ein führendes Mitglied der polnischen Widerstandsbewegung gefaßt, einen Juden. Dieser hätte sich beim Verhör in Schweigen gehüllt. Darauf habe man ihm die Handgelenke gebrochen. Auch da noch habe er geschwiegen. Darauf hätte man ihn mit dem Hintern auf eine glühende Herdplatte gesetzt: Sie hätten mal sehen sollen, wie der Kerl gesprächig wurde!!! –

[22. Bauleute aus Lublin]

[Ergänzungen Blatt 4] *Bei einem Besuch bei der örtlichen Bauleitung der Waffen-SS in Lublin am 18. August 1942 erzählten uns die beiden Bausonderführer von einer am Vormittag stattgehabten Besichtigung der Leichenhalle eines SS-Kriegsgefangenenlagers bei Lublin. Dort seien die Leichen zu Tausenden aufgetürmt gewesen. Während sie wegen des Umbaus Messungen durchgeführt hätten, hätten sich plötzlich zwei Menschen bewegt. Der begleitende SS-Rottenführer habe darauf nur gefragt: Wo denn?? – Dann habe er ein bereitliegendes Stück Rundeisen genommen und den beiden den Schädel eingeschlagen. – Nicht die Tatsache, meinten die Bauführer – habe sie überrascht, sondern die Selbstverständlichkeit, mit der das geschah! –*

[23. Nachträge zu Belzec]

– Am Tage meiner Besichtigung in Belcec passierte es, daß eine Jüdin mit einem verborgen gehaltenen Rasiermesser einigen Juden des Arbeitskommandos einige Schnitte in den Hals beibrachte. Wirth bedauerte lebhaft, daß die Frau schon tot sei, sie hätte exemplarisch bestraft werden müssen. – Die verletzten Arbeitsjuden ließ er sorgfältig pflegen und ärztlich betreuen,

[Ergänzungen Blatt 5] *wie er sagte, um den Glauben wach zu halten, daß sie angesiedelt, belohnt und am Leben erhalten werden sollten. Er – Wirth – konnte sich selbst nicht genug darüber wundern und amüsieren, daß die das glaubten ... Und das glauben die Kerle!!! – rief er vor sich hin!!*

In Belcec wurden nach dem Öffnen der Waggons und dem Entkleiden die Männer und die Jungen durch den Lautsprecher aufgefordert, die überall herumliegenden Kleidungsstücke sofort zu den Waggons zu bringen, mit denen sie in einem großen Lager verschwanden. „Wer am besten schafft, kann beim Arbeitskommando bleiben!" – Nun begann ein Wettlauf auf Leben und Tod dieser nackten Menschen beim Aufräumen, unter dem Hohngelächter der Mannschaften. Natürlich verschwanden sie alle nachher in den Gaskammern. – Lediglich einige ganz alte und schwache Personen wurden seitwärts getragen und dann erschossen. – Ich denke an einige für mich tief ergreifende Bilder: An das drei- bis vierjährige Judenbübchen, dem man ein Bündel Bindfäden in die Hand drückte zum Zusammenbinden der Schuhe, wie es versonnen die Bindfäden an die Leute austeilte. Oder an ein kleines Korallenkettchen, das ein **[Ergänzungen Blatt 6]** *kleines Mädchen einen Meter vor der Gaskammer verlor: Wie sich ein Bübchen von vielleicht drei Jahren danach bückte, um es aufzuheben, wie es seine Freude daran hat – und dann in die Kammer gestoßen, nein, in diesem Fall sachte hineingedrückt wird! – SS-Hauptsturmführer Obermeyer erzählte mir: Ich habe in einem Dorf hier in der Gegend einen Juden nebst Frau aus meiner Heimatstadt Pirmasens angetroffen. Der Mann war im Weltkrieg Wachtmeister und ist ein sehr ordentlicher Kerl. Als Kind hat er mich vor dem Tode des Überfahrenwerdens gerettet. Ich werde jetzt die Leute mitnehmen und in das Arbeitskommando eingliedern. – Auf meine Frage, was weiter aus den beiden würde, sagte Obermeyer: Nachher genau wie die andern, da darf man sich nichts von annehmen, da gibt's nur eins! Ich werde sie immerhin erschießen lassen! –*

[24. Antinazis in der Waffen-SS]

[Blatt 22] *Ich hatte das Glück, in meiner Dienststelle einige radikale Antinazis zu treffen, so den SS-Hauptsturmführer und Stabsscharführer Heinrich Holländer, einen guten Katholiken, und den* **[Blatt 23]** *eben genannten Dr. Fritz Krantz. Holländer gab mir alle interessanten Sachen zur Kenntnis. Seine Frau hat einmal bei einem Essen dem Reichsarzt SS und Polizei, SS-Obergruppenführer Dr. Grawitz, Berlin, gleichzeitig Präsident des Roten Kreuzes, heftige Vorwürfe wegen der Judentötung gemacht. Sie erhielt daraufhin einen erheblichen Rüffel und es wurde ihr verboten, diese Sache je wieder anzurühren.*

[Ergänzungen Blatt 6] *Ich habe auch innerhalb der SS eine größere Anzahl von Leuten getroffen, die diese Methoden schärfstens verurteilten und die darüber zur Ablehnung oder gar zu einem glühenden Haß gegen den Nationalsozialismus gelangten. Ich nenne – auch wieder in letzter Verantwortung – hier einige Namen:*
SS-Sturmbannführer Dr. med. Focht aus Hagen i. Westf. Chef der **[Ergänzungen Blatt 7]** *Inneren Abteilung des SS-Lazaretts Berlin –.*
SS-Hauptsturmführer Dr. med. Nissen, Itzehoe.
SS-Obersturmführer Dr. med. Sorge aus Jena,
SS-Hauptscharführer, Stabsscharführer beim Reichsarzt SS Heinrich Holländer, Antinazi-Aktivist und glühender Hasser des Nazismus.
Hauptsturmführer Dr. Fritz Krantz, beim Reichsarzt SS Abteilungsleiter.
SS-Gruppenführer Dr. med. pharm. Blumenreuther, Oberster Sanitätszeugmeister beim Reichsarzt SS und Polizei,
Dr. Rudolphi, SS-Sturmbannführer, ebendort.
Dr. Behmenburg, ebendort. Rudolphi trat Oktober [19]44 das Hitlerbild mit den Füßen.

[25. Beurteilung von SS und Polizei]
Überhaupt ist es weit gefehlt, die SS auch nur einigermaßen als einen einheitlichen Haufen anzusehen. Ich weiß, wie schwer es ist, da Unterschiede zu machen in der Beurteilung und Behandlung. Ich verstehe, daß man sich an irgend eine Formation besonders halten möchte und kenne die von der SS begangenen Greuel wohl am besten. Aber dabei ist nicht zu übersehen, daß z.B. mindestens ⅔ der holländischen SS gezwungen zur SS durch Lug und Betrug durch sogenannte Sportkurse gepreßt wurde.[58] *Ebenso ging es vielen*

58 III b ergänzend: „Von der belgischen, holländischen und luxemburgischen SS waren ⅔ der Mannschaften durch unglaubliche Lügen und Betrugsmanöver über angebliche Sportkurse und dergleichen mit Gewalt hereingepreßt worden. Ehe die Leute sich versahen – noch bevor sie eingekleidet waren – waren sie durch bloße Anwesenheit bei einem Vereidigungsakt mit vereidigt und wurden im Falle der Weigerung als fahnenflüchtig behandelt oder wegen Gehorsamsverweigerung gehängt oder bestenfalls erschossen. Wie streng derartige Dinge gehandhabt wurden, erhellt z. B. aus der Tatsache, daß zahlreiche ganz jugendliche Angehörige der Waffen-SS lediglich deswegen erschossen worden sind, weil sie einem Kameraden von außen in der Stallgegend an die Hose gefaßt haben. Dieser Befehl zur Ahndung auch nur des geringsten Anzeichens einer perversen Neigung wurde allen Angehörigen der SS vorgelesen und war von Himmler selbst unterzeichnet. – Tausende von Hitlerjungen sind auf dieselbe Weise wie die oben erwähnten Ausländer gegen ihren Willen in die SS gepreßt worden. Das Gleiche gilt für die auf Hitlers und Himmlers Befehl in die SS gepreßten Angehörigen anderer Wehrmachtsteile, insbesondere der Luftwaffe und der Marine. Es wäre ganz falsch und ungerecht – höchst ungerecht, ohne Prüfung dieser Verhältnisse jeden SS-Angehörigen für die Verbrechen der SS mitverantwortlich machen zu wollen. Es muß hier auch noch erwähnt werden, daß vielfach die Polizei viel übler war als die SS. Sie hat z. B. bei der Erfassung der Juden, bei ihrer Zusammenstellung zu den Transporten und bei der Ablieferung bei Himmlers Schlachthäusern die übelsten Handlangerdienste geleistet, obwohl es den alten und erfahrenen Beamten sicher ein leichtes gewesen wäre, mindestens einen großen Teil der Juden karteimäßig verschwinden zu lassen. Außerdem ist es billig, an diese alten, gereiften Beamten, die wissen mußten, was Recht und Unrecht ist, andere Anforderungen zu stellen, als an unreife Hitlerjungen und junge

[Ergänzungen Blatt 8] *Deutschen, namentlich der Hitlerjugend, die ahnungslos überrumpelt und übertölpelt wurden. Ferner den vielen, die von der Luftwaffe oder Marine auf Himmlers Veranlassung einfach in die SS gepreßt wurden. Das muß um der Wahrheit und Gerechtigkeit willen berücksichtigt werden!*[59]

[27. Beeidigungsformel]
[Blatt 23] *Alle meine Angaben sind wörtlich wahr. Ich bin mir der außerordentlichen Tragweite dieser meiner Aufzeichnungen vor Gott und der gesamten Menschheit voll bewußt und nehme es auf meinen Eid, daß nichts von allem, was ich registriert habe, erdichtet oder erfunden ist, sondern sich alles genau so verhält.*

[28. Weitere Referenzen]
[Blatt 24] Als Referenzen über meine Person gebe ich an:
Frau Pfarrer Martin Niemöller, z. Zt. Leoni am Starnberger See; Generalsuperintendent D. Dibelius (Otto), Berlin-Lichterfelde; Pfarrer Dr. Martin Niemöller, Dachau ?????; Pfarrer Rehling, Hagen, Westfalen, Lutherkirche; Dorothea Schulz, Sekretärin von Pfarrer Niemöller, Leoni bei München
Dr. Felix Buss, Justitiar von Telefunken, Berlin SW II
Direktor Alexander Menne, Direktor der Glasurit-Werke, bis 1939 in England in der Farbindustrie tätig, von Juli [19]44 bis Februar [19]45 in SD-Gefängnis
Präses Dr. Koch, Westf. Bekenntniskirche, Bad Oeynhausen; Pfarrer Buchholz, Anstaltspfarrer von Berlin-Gefängnis Plötzensee. Er begleitete die Offiziere des 20. Juli [19]44 zum Schafott.

SS-Leute. Die Tatsache, daß Himmler nicht nur Reichsführer der SS, sondern gleichzeitig Chef der deutschen Polizei war, wird vielfach lange nicht genug berücksichtigt. Die Blutschuld der Polizei an der reibungslosen Durchführung der Judenschlachtung ist ungeheuer, auch wenn sie größtenteils vom sicheren Schreibtisch aus oder aus der Geborgenheit der Büros erfolgte. In dieser Beziehung ist weitgehend zwischen Gestapo und Polizei kaum ein Unterschied zu machen. Das schließt nicht aus, daß mancher Gendarm und Polizeibeamte sich ernsthaft bemüht haben mag, dem Recht zu dienen und seine Pflicht nach seinem Gewissen, nicht nach den Nazibefehlen auszurichten. Das aber wäre seine Sache, dies zu beweisen. Grundsätzlich müßte jeder Polizeibeamte genauso angesehen werden wie jeder SS-Mann. –

59 Hier folgt in den Textfassungen der Textgruppe III ein Abschnitt „26. Der Berliner Kreis". In III b heißt es darin: „In meiner Wohnung in Berlin W 35, Lützowstrasse [richtig: Bülowstr., JS] 47 I links hatte ich einen größeren Kreis bewährter und leidenschaftlicher Antinazis um mich versammelt. Ich nenne hier einige Namen: . . .".

Abbildungen

Alle Bilder stammen aus dem Landeskirchlichen Archiv (Bielefeld)

Kurt Gerstein mit Kaninchen im Kreise seiner Geschwister in Saarbrükken 1915

Die Eltern Ludwig und Klara Gerstein mit ihren Söhnen Fritz und Karl Gerstein (ca. 1930)

Klassenfoto mit Kurt Gerstein (hintere Reihe, 3. v. links)

Kurt Gerstein (2. v. rechts) mit Vater in Corpsuniform (ca. 1925/26)

Kurt Gerstein
in Bergmannskluft

Kurt Gerstein (rechts) bei der Arbeit unter Tage

Das Polizeigefängnis Welzheim

Hauptgebäude des Zingsthofes mit Hakenkreuz und Westfalenflagge

Hochzeitsbild in Bad Saarow; v. l. n. r.: Alfred Bensch, Frau Hoegg, Johanna Bensch, Rahel Hagen, Elfriede Gerstein, geb. Bensch, Frida Freiin v. Heintze, Kurt Gerstein, Otto Dibelius, Ernst Bensch und Karl Börngen

Ehepaar Gerstein in seiner Tübinger Wohnung im Mai 1938

Kurt Gerstein in Venedig im Herbst 1938

Kurt Gerstein
während der
Grundausbildung
bei der Waffen-SS
in Hamburg 1941

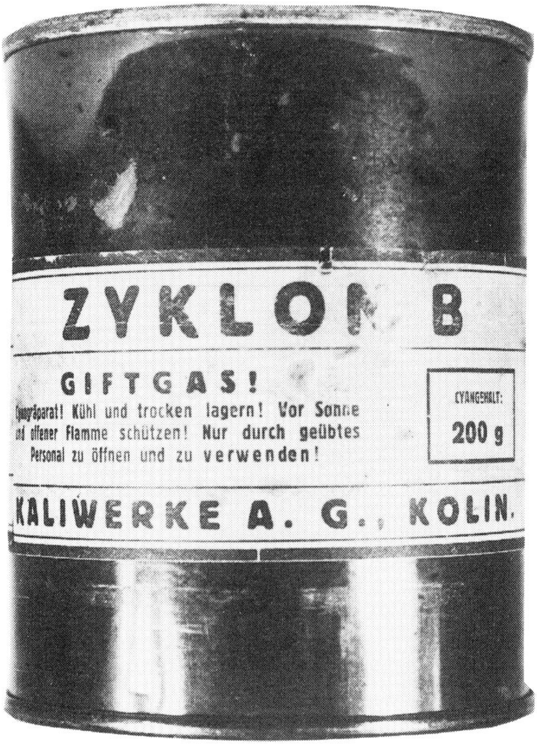

Behälter
mit Zyklon B

Das Militärgefängnis Cherche Midi auf einer Aufnahme aus dem Jahre 1958 von H. Schinke

Elfriede Gerstein mit ihren Kindern Olaf, Arnulf und Adelheid (Aufnahme vom 24.4.1944)

Gedenkstein für Kurt Gerstein auf dem Grab seiner Eltern auf dem Buschoyfriedhof in Hagen

Verzeichnis der Abkürzungen

ADW	Archiv des Diakonischen Werkes
AKZG	Arbeiten zur Kirchlichen Zeitgeschichte
AS	Alte Sammlung (LkA Bielefeld)
B.K.	Schülerbibelkreise
BA	Bundesarchiv
BDC	Berlin Document Center
CA	Centralausschuß
CDJC	Centre de Documentation Juif Contemporaine
CVJM	Christlicher Verein junger Menschen
DAF	Deutsche Arbeiterfront
DAZ	Deutsche Allgemeine Zeitung
DC	Deutsche Christen
DCSV	Deutsche Christliche Studentenvereinigung
DDP	Deutsche Demokratische Partei
DDR	Deutsche Demokratische Republik
DEGESCH	Deutsche Gesellschaft für Schädlingsbekämpfung
DEK	Deutsche Evangelische Kirche
DNVP	Deutschnationale Volkspartei
DVP	Deutsche Volkspartei
EJW	Evangelisches Jugendwerk
eSw	Evangelische Schülerinnen- und Schülerarbeit in Westfalen
EZA	Evangelisches Zentralarchiv
FAZ	Frankfurter Allgemeine Zeitung
HJ (H.J.)	Hitlerjugend
HStA	Hauptstaatsarchiv
IfZ	Institut für Zeitgeschichte
IMT	Internationales Militärtribunal
JWKG	Jahrbuch für Westfälische Kirchengeschichte
JS	Jürgen Schäfer
KL	Konzentrationslager
LkA	Landeskirchliches Archiv Bielefeld
MdR	Mitglied des Reichstages
NS	allgemein: Nationalsozialismus
NS	im Zusammenhang des Bestandes 5/2 im LkA Bielefeld: Neue Sammlung
NSDAP	Nationalsozialistische Deutsche Arbeiterpartei
o. D.	ohne Datum
OKH	Oberkommando des Heeres
OKRiR	Oberkirchenrat im Ruhestand
PA	Personalakte
Pg.	Parteigenosse
P. N.	Pastor Noa
PS	Paris Storey
RM	Reichsmark
RMdI	Reichsministerium des Inneren

RSHA	Reichssicherheitshauptamt
SA	Sturmabteilung
SD (S.D.)	Sicherheitsdienst
SS	Schutzstaffel
StA	Staatsarchiv
SVRKG	Schriftenreihe des Vereins für Rheinische Kirchengeschichte
TV	Totenkopfverbände
v. J.	vorigen Jahres
VKL	Vorläufige Kirchenleitung
VT	Verfügungstruppen
WCC	War Crimes Commission
WS	Wintersemester
YMCA	Young Men's Christian Association
ZAdEKHN	Zentralarchiv der Evangelischen Kirche in Hessen-Nassau in Darmstadt

Quellen- und Literaturverzeichnis

A. Ungedruckte Quellen

I. Archivalien

1. Archiv des Diakonischen Werkes in Berlin:

Bestand CA ERBA 59 CA 1685 II CA 1266
CA 2499 CA 1767/146 CA 1685 Nr. 1–15
CA 2122 CA 1414 II

2. Archiv des Diakonischen Werkes im Rheinland in Düsseldorf:

Bestand Ohl 75/8,1 und 75/8,2

3. Archiv der Evangelischen Kirche im Rheinland in Düsseldorf:

Bestand „Sammlung Wehr" Nr.15

4. Archiv des Kirchenkreises Barmen in Wuppertal:

Bestand Gemarke J 5

5. Bundesarchiv Koblenz:

Bestand Alliierte Prozesse 2
Nachlaß Wulle (NL–204)
NS 19 HR (Himmlerreden) 4003
Bestand Berlin Document Center:
Personalakten „Kurt Gerstein",
„Ludwig Gerstein",
„Joachim Mrugowsky"
Bestand Zentrales Staatsarchiv Potsdam:
Bestand „Reichsjustizministerium"

6. Evangelisches Zentralarchiv in Berlin:

Bestand 1/A4/328 und 1/C3/210

7. Landeskirchliches Archiv in Bielefeld:

Bestand 5,1 Nr. 337
Bestand 5,2 AS
Bestand 5,2 NS

8. Landesarchiv des Saarlandes in Saarbrücken:

Bestand „Strafanstalt Saarbrücken",
Akte „Kurt Gerstein"

9. National Archives Washington

PS-1553
PS-2170
WCC Nr. 01.0813

10. Nordrhein-Westfälisches Hauptstaatsarchiv Düsseldorf:

Bestand RW 58:
Personenakte Nr. 62964

11. Nordrhein-Westfälisches Staatsarchiv Münster:

Bestand Personalakten I, Nr. 1850:
Oberbergamt Dortmund Nr. 1996
Oberbergamt Dortmund, Bergreferendare Nr. 142

12. Synodalarchiv des Kirchenkreises Bochum:

Bestand Mittleres Archiv II,14

13. Zentralarchiv der Evangelischen Kirche in Hessen-Nassau in Darmstadt:

Bestand 62/3210 35/444 62/1005

14. Universitätsarchiv Tübingen:

Signatur 364: Studentenakte „Kurt Gerstein"

II. Unveröffentlichte Manuskripte

Hammelsbeck, O.: Vita. Pädagogische Autobiographie (masch.), Wuppertal 1959.

Roques, H.: Les Confessions de K. Gerstein. Etude comparative des differentes Versions – Edition critique (masch.), 1985.

III. Handakten des Verfassers

1. Briefe an den Verfasser und Gesprächsprotokolle

Protokoll des Gesprächs mit Dr. Eberhard Elß vom 9.7.1986.

Protokoll des Gesprächs mit Frau Elfriede Gerstein vom 8.1.1987.

Protokoll des Gesprächs mit H.-G. Hollweg vom 14.3.1987.

Schreiben von Elfriede Gerstein an den Verf. vom 4.7.1990.

Schreiben von Werner Koch an den Verf. vom. 26.1.1987.

Schreiben des Hessischen Staatsarchivs Marburg an den Verf. vom 19.2.1990.

Schreiben des Saarländischen Landesarchivs an den Verf. vom 7.3.1990.

Schreiben von Heinz Schmidt an den Verf. vom 17.2.1987.

Schreiben des Staatsarchivs Ludwigsburg an den Verf. vom 4.1.1990.

2. Kopien und Abschriften von Dokumenten

Briefe und Briefauszüge Kurt Gersteins an seine Verlobte bzw. Ehefrau vom 8.3.1936, 10.12.1936, 7.2.1937, 13.2.1937, 22.8.1939, 17.11.1939, o.D. November 1939, o.D. mit Vermerk 8.4., 7.6.1941 (LkA Bielefeld 5,2 NS Nr. 131), 7.8.1941 (Original im Besitz von Frau Gerstein).

Brief Kurt Gersteins an Robert Weiß von Ende Oktober 1939.

Brief Heinrich Rörichts an Gerstein vom 16.1.1940 (Abschrift im Besitz des Verf.).

Brief Kurt Gersteins an seinen Vater vom 5.3.1944 (LkA Bielefeld 5,2 NS Nr. 29).

Briefe Martin Günthers an Martin Niemöller vom 4.6.1949 und 21.6.1949 (ZAdEKHN 62/32/10).

Kurt Gerstein, Notwendigkeiten, Wege und Möglichkeiten auf dem Gebiete des sexuellen Jugendschutzes, als Typoskript gedruckt, Schwelm/Westf. 1937.

Protokoll eines Besuchs (2.4.1968) von H. Weißelberg und P. Joffroy bei Ernst Zerrer, o.D.

Personalbogen der Saargrubenverwaltung vom 13.6.1936.

Spruchkammerentscheidungen im Fall Kurt Gerstein vom 17.8.1950 (Az. N 3451 in der Ausfertigung vom 11.10.1950) und vom 16.11.1950 (Az. N 3451 in der Ausfertigung vom 2.1.1951).

Kopie der Geburtsanzeige Arnulf Gersteins.

Brief J. H. Ubbink an das Department of Justice vom 14.9.1949 (LkA Bielefeld 5,2 NS 365).

Erklärung von Dr. Walter Eckhardt vom 31.1.1949.

Robert Weiß in einem Brief vom 23.2.1958.

Erklärung von Dr. Nissen vom 1.10.1957.

Verhör Gersteins durch Beckhardt vom 26.6.1945.

Schreiben Anwalt Lehmanns o. D. an den Untersuchungsrichter Matthei.

B. Gedruckte Quellen und Literatur

Abrath, G.: Subjekt und Milieu im NS-Staat. Die Tagebücher des Pfarrers Hermann Klugkist Hesse 1936–1939. Analyse und Dokumentation, AKZG, Reihe B, Bd. 21, Göttingen 1994.

Arendt, H.: Eichmann in Jerusalem. Ein Bericht von der Banalität des Bösen, München 1964.

Arndt, I./Scheffler, W.: Organisierter Massenmord an Juden in nationalsozialistischen Vernichtungslagern. Ein Beitrag zur Richtigstellung apologetischer Literatur, in: K.D. Bracher/M. Funke/H.-A. Jacobsen (Hg.): Nationalsozialistische Diktatur 1933–1945. Eine Bilanz, Bonn 1983, 539–571.

Beckmann, J. (Hg.): Briefe zur Lage der Evangelischen Bekenntnissynode im Rheinland, Neukirchen 1977.
Behnken, K. (Hg.): Deutschlandberichte der Sozialdemokratischen Partei Deutschlands 1934–1940, 2.1935, Frankfurt a. M. ²1980.
Die Bekenntnisschriften der evangelisch-lutherischen Kirche, hrsg. im Gedenkjahr der Augsburgischen Konfession 1930, Göttingen ¹¹1992.
Benz, W./Graml, H. (Hg.): Biographisches Lexikon zur Weimarer Republik, München 1988.
Besier, G./Sauter, G. (Hg.): Wie Christen ihre Schuld bekennen. Die Stuttgarter Erklärung 1945, Göttingen 1985.
Bethge, E.: Dietrich Bonhoeffer. Theologe – Christ – Zeitgenosse, München ⁵1983.
Ders.: Schoah (Holocaust) und Protestantismus, in: J.-Chr. Kaiser/M. Greschat (Hg.): Der Holocaust und die Protestanten. Analysen einer Verstrickung, München 1989, 1–37.
Bockermann, D.: Die Anfänge des evangelischen Kirchenkampfes in Hagen 1932 bis 1935, Bielefeld 1988.
Bonhoeffer, D.: Widerstand und Ergebung. Briefe und Aufzeichnungen aus der Haft, hrsg. von E. Bethge, München 1970.
Borkin, J.: Die unheilige Allianz der IG-Farben. Eine Interessengemeinschaft im Dritten Reich, Frankfurt a. M. ³1981.
Bosch, M.: Liberale Presse in der Krise. Die Innenpolitik der Jahre 1930 bis 1933 im Spiegel des „Berliner Tageblatts", der „Frankfurter Zeitung" und der „Vossischen Zeitung", Bern/Frankfurt a. M./München 1976.
Bracher, K. D.: Die deutsche Diktatur. Entstehung, Struktur, Folgen des Nationalsozialismus, Frankfurt a. M. ⁶1979.
Brinkmann, E.: Im „Engagement für die christliche Sache" – Kurt Gersteins Lebensweg, in: H. O. Swientek (Hg.): Beiträge zur Geschichte Dortmunds und der Grafschaft Mark, 62 (1965), 1–18.
Broszat, M.: Kommandant von Auschwitz. Autobiographische Aufzeichnungen von Rudolf Höß, Stuttgart ⁸1958.
Buchheim, L.: Mitgliedschaft bei der NSDAP, in: Gutachten des Instituts für Zeitgeschichte, Bd. I, München 1958, 313–322.
Burgsmüller, R./Weth, A. (Hg.): Die Barmer theologische Erklärung. Einführung und Dokumentation, Neukirchen-Vluyn ⁴1984.
Chelain, A.: Faut-il Fusiller Henri Roques?, Paris 1986.
Cartarius, U.: Opposition gegen Hitler. Bilder, Texte, Dokumente, Berlin ²1994 (1984).
Dawidowicz, L. S.: Der Krieg gegen die Juden 1933–45, München 1979.
Degeners Wer ist's, 10. Ausgabe, Berlin 1935.
Dibelius, O: Obrigkeit, Stuttgart 1963.
Ders.: Reden-Briefe. 1933–1967, hrsg. von J. W. Winterhagen, Zürich 1970.
Domarus, M.: Adolf Hitler. Reden und Proklamationen 1932–45. Kommentiert von einem deutschen Zeitgenossen, Bd. II, Neustadt 1963.
Dreßen, W.: Die Rolle eines Toten im sogenannten „DEGESCH-Prozeß". Kurt Gerstein und die Zyklon-B-Lieferungen, in: JWKG 91.1997, 199–210.
Eyshold, T.: Evangelische Jugendarbeit zwischen „Jugendpflege" und „Jugendbewegung". Die deutschen Schülerbibelkreise (BK) von 1919 bis 1934, SVRKG 124, Düsseldorf 1997.
Ders.: Kurt Gerstein – BKler und SS-Mann, in: Förderkreis „Kurt Gerstein" in der eSw und der eSw Ev. Schülerinnen- und Schülerarbeit in Westfalen (BK) e.V. (Hg.): Kurt Gerstein – Eine fesselnde Biographie. Dokumentation der 3. Gerstein-Tagung im „Kurt-Gerstein-Haus" der eSw am 21./22. November 1997, Hagen 1998, 37–42.
Falter, J. W.: Wahlen und Abstimmungen in der Weimarer Republik. Materialien zum Wahlverhalten 1919–1933, München 1986.
Fleming, G.: Hitler und die Endlösung. „Es ist des Führers Wunsch . . .", München/Wiesbaden 1982.
Fourquet, J./Thalmann, R.: L'affaire Roques devoiement de la recherche, in: Allemagnes d'aujourd'hui, Nr. 97, Paris 1986, 67–71.
Franz, E.: Die sexualpädagogische Missionsarbeit Kurt Gersteins im Rahmen seines Widerstandes gegen die Machthaber des 3. Reiches, in: Die Innere Mission 60.1970, 208–216.

Ders.: Der „Spion Gottes“ wohnte in der Bülowstraße. Erinnerungen an Kurt Gerstein, in: Leben in Schöneberg/Friedenau 1933–45. Nationalsozialistische Gewaltherrschaft und Widerstand. Broschüre zur gleichnamigen Ausstellung des Schöneberger Kulturarbeitskreises im Haus am Kleistpark vom 16.10 bis 16.11.1983, Berlin 1983, 119–121.
Ders.: Ich weiß seit 1942 vom Holocaust, in: Spenerbote. Gemeindeblatt der Königin-Luise-Gedächniskirche 30.1979, Nr. 3–12.
Franz, H.: Kurt Gerstein. Außenseiter des Widerstandes der Kirchen gegen Hitler, Zürich 1964, Schiffsweiler 1987.
Friedländer, S.: Pius XII. und das Dritte Reich, Frankfurt a. M. 1965.
Ders.: Kurt Gerstein ou L'ambiguité du bien, Paris 1967
Ders.: Kurt Gerstein oder die Zwiespältigkeit des Guten, Gütersloh 1968.
Friemert, Ch.: Produktionsästhetik im Faschismus. Das Amt „Schönheit der Arbeit“ von 1933 bis 1939, München 1980.
Gädeke, R.: „Es klingt ein Ruf . . .“ Zur Geschichte der Schülerbibelkreise Westfalen, Wetter/Ruhr 1983.
Ders.: Der „Spion Gottes“ aus Hagen, in: Heimatbuch Hagen und Mark, Hagen 1985.
Ders.: Theodor Noa. Der erste evangelische Jugendpfarrer von Hagen. Ein Opfer der Rassengesetze des „Dritten Reiches“, in: JWKG 80.1987, 69–104.
Gerber, W.: Schinken für den Erzbischof. Beiträge aus zwanzig Jahren, Hagen 1970.
Gerlach, W.: Als die Zeugen schwiegen. Bekennende Kirche und die Juden, Berlin 1987.
Gerstein, L.: Geschichte der Familie Gerstein, Hagen 1934.
Gerstein, K. (Hg.): Um Ehre und Reinheit, Ausgabe A, Tübingen ^{2}1937.
Gilbert, M.: Auschwitz und die Alliierten, München 1982.
Ginzel, G. B.: Christen und Juden nach Auschwitz, in: ders. (Hg.): Auschwitz als Herausforderung für Juden und Christen, Heidelberg 1980, 234–274.
Greschat, M. (Hg.): Zwischen Widerspruch und Widerstand. Texte zur Denkschrift der Bekennenden Kirche an Hitler (1936), München 1987.
Hammelsbeck, O.: Mit Bonhoeffer im Gespräch, in: W. D. Zimmermann (Hg.): Begegnungen mit Dietrich Bonhoeffer, München ^{2}1965, 142–153.
Hanisch, O.: Ein Spion Gottes, in: Jungenwacht o. Jg., H. 12.1963, 18 f.
Harder, G. (Hg.): „Die Stunde der Versuchung“ – Gemeinde im Kirchenkampf 1933–1945, München 1963.
Hausner, G.: Justice in Jerusalem, Jerusalem 1966.
Ders.: Die Vernichtung der Juden, München 1979.
Hecklinger, A.: Kurt Gerstein in Rottweil. Auszug aus der Festschrift anläßlich der Wiedereinweihung der Predigerkirche in Rottweil, in: Kurt Gerstein. Ein Außenseiter im Widerstand gegen den Nationalsozialismus. Dokumentation des Historikerkolloquiums im „Kurt-Gerstein-Haus“ der eSw am 25./26. Oktober 1996, in Zusammenarbeit mit der Kommission für kirchliche Zeitgeschichte in Westfalen und dem Verein für Westfälische Kirchengeschichte e. V. hrsg. von der eSw Ev. Schülerinnen- und Schülerarbeit in Westfalen (BK) e. V., Hagen 1997, 37–39.
Herbert, K.: Der Kirchenkampf. Historie oder bleibendes Erbe?, Frankfurt a. M. 1985.
Hey, B.: Die Kirchenprovinz Westfalen 1933–1945, Bielefeld 1974.
Ders.: Kurt Gerstein, in: Aktuelle Gespräche 34, H. 3.1986, 22–24.
Ders.: Das Kurt-Gerstein-Archiv, in: Kurt Gerstein. Ein Außenseiter im Widerstand gegen den Nationalsozialismus. Dokumentation des Historikerkolloquiums im „Kurt-Gerstein-Haus“ der eSw am 25./26. Oktober 1996, in Zusammenarbeit mit der Kommission für kirchliche Zeitgeschichte in Westfalen und dem Verein für Westfälische Kirchengeschichte e. V. hrsg. von der eSw Ev. Schülerinnen- und Schülerarbeiten in Westfalen (BK) e. V., Hagen 1997, 25–30.
Hilberg, R.: The destruction of the european jews, Chicago 1961.
Ders.: The destruction of the european jews. With a postscript by the author, New York 1978
Ders.: Die Vernichtung der europäischen Juden. Die Gesamtgeschichte des Holocaust, Berlin 1982.
Hochhuth, R.: Der Stellvertreter. Ein christliches Trauerspiel, Reinbek bei Hamburg 1984.
Hockerts, H. G.: Die Sittlichkeitsprozesse gegen katholische Ordensangehörige und Priester 1936/37. Eine Studie zur nationalsozialistischen Herrschaftstechnik und zum Kirchenkampf, Mainz 1971.

Höhne, H.: Der Orden unter dem Totenkopf. Die Geschichte der SS, Gütersloh 1967.
Hörsch, U./Stötzel, A.: Theodor Noa (1891–1938), Siegen 1991.
Hoffmann, P.: Widerstand – Staatsstreich – Attentat. Der Kampf der Opposition gegen Hitler, München [4]1985.
Hollweg, H.-G.: Eine Begegnung in meiner Jugend, in: Der Rotarier o. Jg., H. 9.1979, 360–365.
Holz, K. H.: Die Diskussion um den Dawes- und Young-Plan in der deutschen Presse, Bd. 1 u. 2., Frankfurt a. M. 1977.
Joffroy, P.: L'espion de Dieu. La passion de Kurt Gerstein, Paris 1971.
Ders.: Der Spion Gottes. Die Passion des Kurt Gerstein, Stuttgart 1972.
Ders.: Der Spion Gottes. Kurt Gerstein – ein SS-Offizier im Widerstand?, Berlin 1995.
Jong, L. de: The Netherlands and Auschwitz, in: Yad Vashem Studies, Bd. VII, Jerusalem 1968, 39–55.
Ders.: Die Niederlande und Auschwitz, in: VZG 17.1969, 1–16.
Jüngst, H./Weßler, E.: Aus der Geschichte der Siegerländer Schüler-Bibelkreise, in: W. Thiemann (Hg.): Unter dem Wort. Das evangelische Siegerland in Vergangenheit und Gegenwart, Siegen 1967, 70–73.
Kaiser, J.-Chr.: „Politische Diakonie" zwischen 1918 und 1941. Der Rechenschaftsbericht Horst Schirmachers über seinen „Dienst in der Inneren Mission der Deutschen Evangelischen Kirche", in: JWKG 80.1987, 207–228.
Katthagen, A.: Kurt Gerstein. Eine deutsche Passion in der Hitlerzeit, Wetter/Ruhr 1985.
KL Auschwitz in den Augen der SS, Katowice 1981.
Klee, E.: Was sie taten – Was sie wurden. Ärzte, Juristen und andere Beteiligte am Kranken- oder Judenmord, Frankfurt a. M. 1986.
Ders.: Auschwitz, die NS-Medizin und ihre Opfer, Frankfurt 1997.
Klee, E./Dreßen, W./Rieß, V. (Hg.): „Schöne Zeiten". Judenmord aus der Sicht der Täter und Gaffer, Frankfurt a. M. [2]1988.
Klein, Th. (Hg.): Die Lageberichte der Geheimen Staatspolizei über die Provinz Hessen-Nassau 1933–1936, Teilbd. 1, Köln/Wien 1986.
Kluke, P.: Der Fall Potempa, in: VZG 5.1957, 279–297.
Koch, W.: Sollen wir K. weiter beobachten?, Stuttgart 1982.
Kogon, E./Langbein, H./Rückerl, A. (Hg.): Nationalsozialistische Massentötungen durch Giftgas. Eine Dokumentation, Frankfurt a. M. 1983.
Krausnick, H.: Dokumentation zur Massenvergasung, in: Schriftenreihe der Bundeszentrale für Heimatdienst o. Jg., H. 9.1955, 3–15.
Kunze, P.: Der Skandal von Nantes, in: Lendemains 43/44.1986, 157–160.
Kupisch, K. (Hg.): Quellen zur Geschichte des deutschen Protestantismus (1871–1945), Göttingen 1960.
Kurt Gerstein – Eine fesselnde Biographie. Dokumentation der 3. Gerstein-Tagung im „Kurt-Gerstein-Haus" der eSw am 21./22. November 1997, hrsg. vom Förderkreis „Kurt Gerstein" in der eSw und der eSw Ev. Schülerinnen- und Schülerarbeit in Westfalen (BK) e.V., Hagen 1998.
Kurt Gerstein. Ein Außenseiter im Widerstand gegen den Nationalsozialismus. Dokumentation des Historikerkolloquiums im „Kurt-Gerstein-Haus" der eSw am 25./26. Oktober 1996, in Zusammenarbeit mit der Kommission für kirchliche Zeitgeschichte in Westfalen und dem Verein für Westfälische Kirchengeschichte e. V. hrsg. vom Förderkreis „Kurt Gerstein" in der eSw und der eSw Ev. Schülerinnen- und Schülerarbeit in Westfalen (BK) e.V., Hagen 1997.
Lang, J. von: Das Eichmannprotokoll. Tonbandaufnahmen der israelischen Verhöre, Berlin 1982.
Lanzmann, C.: Shoa, Düsseldorf 1986.
Lauber, H./Rothstein, D. (Hg.): Der 1. Mai unter dem Hakenkreuz. Hitlers „Machtergreifung" in Arbeiterschaft und Betrieben. Augen- und Zeitzeugen, Daten, Fakten, Dokumente, Quellentexte, Thesen und Bewertungen, Gerlingen 1983.
Laqueur, W.: Was niemand wissen wollte. Die Unterdrückung der Nachrichten über Hitlers „Endlösung", Frankfurt a. M./Berlin/Wien 1981.
Ders./Breitmann, W.: Der Mann, der das Schweigen brach. Wie die Welt vom Holocaust erfuhr, Frankfurt a. M./Berlin 1986.
Lautmann, R. (Hg.): Seminar Gesellschaft und Homosexualität, Frankfurt a. M. 1977.
Less, A. W. (Hg.): Der Staat Israel gegen Adolf Eichmann. Mit einem Nachwort von Jochen von Lang, Weinheim [2]1995.

Lifton, R. J.: Ärzte im Dritten Reich, Stuttgart 1988.
Loock, H. D.: Der Druffel-Verlag, in: Gutachten des Instituts für Zeitgeschichte, Bd. 2., Stuttgart 1966, 448–468.
Meier, K.: Kirche und Judentum. Die Haltung der evangelischen Kirche zur Judenpolitik des Dritten Reiches, Göttingen 1968.
Mendelsohn, P. de: Zeitungsstadt Berlin. Menschen und Mächte in der Geschichte der deutschen Presse, Berlin 1959.
Michalka, W. (Hg.): Das Dritte Reich. Dokumente zur Innen- und Außenpolitik, Bd. 1, München 1985.
Mommsen, H./Obst, D.: Die Reaktionen der deutschen Bevölkerung auf die Verfolgung der Juden 1933–1943, in: H. Mommsen/S. Willems (Hg.): Herrschaftsalltag im Dritten Reich. Studien und Texte, Düsseldorf 1988, 374–426.
Müller, Chr.-R.: Bekenntnis und Bekennen. Dietrich Bonhoeffer in Bethel (1933). Ein lutherischer Versuch, München 1989.
Neusüß-Hunkel, E.: Die SS, Frankfurt a. M./Hannover 1956.
Niemöller, W.: Die Evangelische Kirche im Dritten Reich. Handbuch des Kirchenkampfes, Bielefeld 1956.
Niesel, W.: Kirche unter dem Wort. Der Kampf der Bekennenden Kirche der altpreußischen Union, Göttingen 1978.
Norden, G. van: Der deutsche Protestantismus im Jahr der nationalsozialistischen Machtergreifung, Gütersloh 1979.
Ders.: Widerstand im deutschen Protestantismus, in: K.-J. Müller (Hg.): Der deutsche Widerstand 1933–45. Eine Dokumentation, Paderborn/München/Wien 1986, 108–134.
Ders./Schoenborn, Chr./Wittmütz, V. (Hg.): Barmer Theologische Erklärung. Kirchenkampf, Wuppertal 1984.
Nowak, K.: ‚Euthanasie' und Sterilisierung im ‚Dritten Reich'. Die Konfrontation der evangelischen und katholischen Kirche mit dem ‚Gesetz zur Verhütung erbkranken Nachwuchses' und der ‚Euthanasie'-Aktion, Göttingen ^{2}1980.
Oschilewski, W. G.: Zeitungen in Berlin. Im Spiegel der Jahrhunderte, Berlin 1975.
Peters, G.: Blausäure zur Schädlingsbekämpfung, Stuttgart 1933.
Poliakov, L.: Le Bréviere de la Haine. Le 3e Reich et les Juifs, Paris 1951.
Ders./Wulf, J.: Das Dritte Reich und die Juden. Dokumente und Aufsätze, Berlin 1955.
Pressac, J.-C.: Die Krematorien von Auschwitz, München ^{2}1995.
Priepke, M.: Die Evangelische Jugend im Dritten Reich 1933–36, Frankfurt a. M. 1960.
Prolingheuer, H.: „Wir sind in die Irre gegangen." Die Schuld der Kirche unterm Hakenkreuz nach dem Bekenntnis des „Darmstädter Wortes" von 1947, Köln 1987.
Der Prozeß gegen die Hauptkriegsverbrecher, Bd. IV, Nürnberg 1947.
Pucher, S. J.: „... in der Bewegung führend tätig". Odilo Globocnik – Kämpfer für den „Anschluß", Vollstrecker des Holocaust, Klagenfurt 1997.
Rehling, K.: Ein Außenseiter des Widerstandes, in: Hagener Heimatkalender 1989, 27–34.
Reitlinger, G.: Die SS. Tragödie einer deutschen Epoche, Wien 1956.
Ders.: Die Endlösung. Hitlers Versuch einer Ausrottung der Juden Europas, Berlin ^{4}1961.
Riedel, H.: Kampf um die Jugend. Evangelische Jugendarbeit 1933–1945, München 1976.
Roon, G. van: Widerstand im Dritten Reich, München ^{3}1984.
Roques, H.: Die „Geständnisse" des Kurt Gerstein. Zur Problematik eines Schlüsseldokuments, Leoni 1986.
Roth, K. H.: Ein Spezialunternehmen für Verbrennungskreisläufe: Konzernskizze Degussa, in: 1999. Zeitschrift für Sozialgeschichte des 20. und 21. Jahrhunderts 3.1988, 8–45.
Rothfels, H.: Augenzeugenbericht zu den Massenvergasungen, in: VZG 1.1953, 177–194.
Rückerl, A.: NS-Vernichtungslager im Spiegel deutscher Strafprozesse. Belzec, Sobibor, Treblinka, Chelmno, München ^{2}1978.
Ders.: Die Strafverfolgung von NS-Verbrechen 1945 bis 1978. Eine Dokumentation, Heidelberg/Karlsruhe 1979.
Sagel-Grande, I./Fuchs, H. H./Rüter C. F. (Hg.): Justiz und NS-Verbrechen. Sammlung deutscher Strafurteile wegen nationalsozialistischer Tötungsverbrechen 1945–1966, Bd. XIII, Amsterdam 1975.

Schäfer, J./Schreiber, M.: Kompromiß und Gewissen. Der Weg des Pastors Wilhelm Schümer im Dritten Reich, Waltrop 1994.
Scholder, K.: Die Kirchen und das Dritte Reich, Bd. 1, Berlin 1977.
Schmidt, J.: Martin Niemöller im Kirchenkampf, Hamburg 1971.
Schnabel, R.: Macht ohne Moral. Eine Dokumentation über die SS, Frankfurt a. M. 1957.
Schwarz, M. (Hg.): MdR. Biographisches Handbuch der Reichstage, Hannover 1965.
See, W./Weckerling, R. (Hg.): Frauen im Kirchenkampf. Beispiele aus der Bekennenden Kirche Berlin-Brandenburg 1933–1945, Berlin 1984.
Serlo, W.: Westdeutsche Berg- und Hüttenleute und ihre Familie, Essen 1938.
Smidt, U. (Hg.): Dokumente Evangelischer Jugendbünde. Wandlungen zwischen zwei Weltkriegen, Stuttgart 1975.
Stein, G. H.: Geschichte der Waffen-SS, Düsseldorf 1967.
Steinbach, P.: Kurt Gerstein. Der Einzeltäter im Dilemma des exemplarischen Handelns, in: JWKG 91.1997, 183–197.
Stupperich, R.: Otto Dibelius. Ein evangelischer Bischof im Umbruch der Zeiten, Gütersloh 1989.
Talazko, H.: Kurt Gerstein und der Central-Ausschuß für die Innere Mission der Deutschen Evangelischen Kirche, in: Die Innere Mission 60.1970, 196–208.
Tenfelde, K.: Proletarische Provinz: Penzberg, in: M. Broszat/E. Fröhlich/A. Großmann (Hg.): Bayern in der NS-Zeit. Herrschaft und Gesellschaft im Konflikt, Bd. IV, Teil C, München 1983, 1–382.
Thielicke, H.: Theologische Ethik, Bd. 2, Tübingen 1955.
Traub, A.: Vereinzelte Spuren, Selbstverlag, Bietigheim 1997.
Michaelis, H./Schraepler, E. (Hg.): Ursachen und Folgen. Vom deutschen Zusammenbruch 1918 und 1945 bis zur staatlichen Neuordnung Deutschlands in der Gegenwart. Eine Urkunden und Dokumentensammlung zur Zeitgeschichte, Bde. VIII, IX und XIII, Berlin 1959.
Vogel, H.: Der Prediger von Buchenwald. Das Martyrium Paul Schneiders, Berlin ^{12}1979.
Warns, E. u.a. (Hg.): Evangelische Schülerarbeit in 100 Jahren, Wuppertal 1983.
Wegner, B.: Hitlers politische Soldaten. Die Waffen-SS 1933–1945, Paderborn 1982.
Wentorf, R.: Paul Schneider. Der Fall des Pfarrers Paul Schneider. Eine biographische Dokumentation, Neukirchen 1989.
Wistrich, R.: Wer war wer im Dritten Reich? Ein biographisches Lexikon. Anhänger, Mitläufer, Gegner aus Politik, Wirtschaft und Militär, Kunst und Wissenschaft, München 1983.
Wortmann, M.: Baldur von Schirach. Hitlers Jugendführer, Köln 1982.
Wulf, J.: Das Dritte Reich und seine Vollstrecker, Frankfurt a. M. 1984.

C. Zeitungen und Zeitschriften

Frankfurter Allgemeine Zeitung vom 6.2.1964.
Frankfurter Rundschau vom 6.6.1986.
Le Monde vom 21.2.1979.
Le Monde Juif, H. 1.1980, 27–34.

Corpszeitung Teutonia Nr. 1, Jg. 1969.
Neue Jugend, 13.1931.
Schwarzes Korps, 24. November 1938.
Schwertkreuz. Das Blatt der Führer und Jungmannen im Bund Deutscher Bibelkreise (BK). Zweimonatsschrift, hrsg. von U. Smidt (1.–4. Jg. 1932–1935).

Der Spiegel. Das deutsche Nachrichten-Magazin, H. 50/51/52/53.1968.
Der Spiegel. Das deutsche Nachrichten-Magazin, H. 3.1969.
Rheinischer Merkur vom 24.7.1964.
Süddeutsche Zeitung, H. 184.1985.

Namensregister